北京师范大学史学文库

史学在社会中的位置

瞿林东　著

商务印书馆

2011年·北京

图书在版编目(CIP)数据

史学在社会中的位置/瞿林东著—北京：商务印书馆，2011
(北京师范大学史学文库)
ISBN 978-7-100-07398-1

Ⅰ.①史… Ⅱ.①瞿… Ⅲ.①史学—文集 Ⅳ.①K0-53

中国版本图书馆CIP数据核字(2010)第188385号

史学在社会中的位置
瞿林东 著

商 务 印 书 馆 出 版
(北京王府井大街36号 邮政编码 100710)
商 务 印 书 馆 发 行
北京瑞古冠中印刷厂印刷
ISBN 978-7-100-07398-1

2011年3月第1版 开本880×1230 1/32
2011年3月北京第1次印刷 印张16
定价：37.00元

《北京师范大学史学文库》总序

北京师范大学历史学系是中国高校最早形成的系科之一，由1902年创办的京师大学堂“第二类”分科演变而来。1912年称北京高等师范学校史地部，1928年单独设系。1952年院系调整，北京师范大学历史学系与辅仁大学历史学系合并。北京师范大学历史学系的师资力量与综合实力，由此得到了前所未有的加强，为日后的发展奠定了良好的基础。

在百年的演进历程中，一批享誉海内外的著名学者，如李大钊、钱玄同、邓之诚、朱希祖、王桐龄、张星烺、楚图南、陈垣、侯外庐、白寿彝、柴德赓、赵光贤等，先后在北京师范大学历史学系辛勤耕耘。经几代人的努力开拓，北师大历史学系学术积累丰厚，学风严谨，久已形成了自身的优势与特色。

如今的北京师范大学历史学系是我国历史教学与研究的重镇，学科门类大体齐备，师资力量较为雄厚，既有国内外知名的老教授何兹全、龚书铎、刘家和等，又有一批崭露才华并在国内外史学界颇具影响的中青年学者，综合实力居全国高校历史学科前列。在教学方面，我系的课程改革、教材编纂、教书育人，都取得了显著的成绩，曾荣获国家教学改革重大成果一等奖。在科学研究方面，同样取得了令人瞩目的成就，如由白寿彝教授任总主编、我系众多教师参与编写的多卷本《中国通史》，被学术界誉为“20世纪中国史学的压轴之作”。其他教师的学术论著也多次荣膺国内外各类学术奖项，得到学界好评。

北京师范大学历史学系业已铸就自己的辉煌，但学术的发展无止境。今天，中国社会政通人和，学术研究也日新月异，我们又面临着新的挑战与机遇。为了更好地传承先辈学者的治学精神，光大其传统，进一步推动学科与学术的发展，本系决定编辑《北京师范大学史学文库》，陆续出版我系学者的学术论著，以集中展示北京师范大学历史学系的整体学术水准。同时，相信这也将有助于推动我国历史学的发展。

商务印书馆向以奖掖学术、传播文化著称，此次《北京师范大学史学文库》的编辑出版，也承蒙其大力支持。在此，谨致由衷谢忱！

《北京师范大学史学文库》编辑委员会

目 次

下编 历史实际之部

自　序

史学和社会有什么关系？史学在社会中应处于什么位置？人是社会的主体，史学和人又是什么关系？史学在人的社会实践中应占有什么位置？对于这些问题，人们或许很少作认真的考虑，甚至许多人并不关注以致并未意识到这些问题的存在。

然而，事实上每一个时代的人都面临着这样的问题，都是自觉或不自觉地用自己的行动在“回答”这些问题。诚如唐代史学家刘知幾所说：“史之为务，其利甚博，乃生人之急务，为国家之要道。”（《史通·史官建置》）刘知幾用“急务”和“要道”来说明史学同人、社会、国家的关系，可以想见其关系之密切，其位置的重要。

古人如此。那么，今人应当怎样看待这个问题呢？毛泽东作为 20 世纪的一位伟大历史人物，他曾经这样说过：“学习我们的历史遗产，用马克思主义的方法给以批判的总结，是我们学习的另一任务。我们这个民族有数千年的历史，有它的特点，有它的许多珍贵品。对于这些，我们还是小学生。今天的中国是历史的中国的一个发展；我们是马克思主义的历史主义者，我们不应当割断历史。从孔夫子到孙中山，我们应当给以总结，承继这一份珍贵的遗产。这对于指导当前的伟大的运动，是有重要的帮助的。”（《毛泽东选集》第 2 卷，第 533～534 页）这些话，一方面说明马克思主义者不应当“割断”历史，另一方面则着重指出历史知识“对于指导当前的伟大的运动”的重要作用。其语气之重，有逾前人。

我们可以毫不夸张地说，在中国历史上，古往今来，人们关于史学同社会的关系，尤其是史学在社会中处于重要位置的认识及其相关的史学活动与社会活动，种种嘉言懿行，史不绝书。这是中国史学的一个优良传统，也是中国社会历来存在的一个特点。在当今的中国社会，人们有必要进一步认识史学在社会中的位置，为的是更好地发挥史学的社会功能，推进社会进步和历史发展，迎接中华民族的伟大复兴。从这个意义上说，史学是中华民族一个精神家园，让我们真诚地爱护它的存在，努力地促进它的发展。

本书是作者近三十年来在这方面的点滴思考及与之相关问题的研究所得。全书辑为上下两编。上编所收 14 篇文章，是关于这方面的一些理论上的认识，略分为四组。其中前四篇为一组，是从总的方面论述史学在社会中的重要位置；其后五篇为第二组，是讨论古代史学的特点和现代价值；之后两篇为第三组，是分析中国史学的优良传统及其重要意义；最后三篇为第四组，是从历史观和史学观方面提出的几点认识。下编所收 14 篇文章，是关于史学在社会中的各方面作用的具体表述，略分为三组。起首三篇是从史学发展的视角阐述中国历史上的历史文化认同的传统；中间八篇是举魏晋南北朝隋唐两宋为例，从不同的侧面评析史学与社会的密切关系，而以唐代史学与唐代社会为重点；末了三篇是论述近代以来逐步面向世界、走向世界的中国史学。

古往今来的无数事实表明，史学在社会中的位置，不仅仅是人们的认识问题，在一定的意义上说，这是一个人们在社会活动中的实践问题：一方面，史学以其求真的精神记录着过往社会的历史，同时又以其经世的品格关注并影响着现实及未来社会的行程；另一方面，社会在其千头万绪的活动中，应当自觉地体察到史学对于自身行程中之治乱盛衰的记载及其启示，是何等重要，因而必须给予史学应有的重视及应有的位置，以便充分发挥它对社会的积极作用。

应当指出，不论是史学对社会的作用，还是社会对史学的定位，说到底，都是人的中介、人的态度和人的作用。一句话，关键在于人的自觉认识和人的积极参与，即史学—人—社会，或社会—人—史学。由此看来，所谓史学在社会中的位置之恰当与否，本质上是人在起着决定性作用。东汉思想家王充指出："知古不知今，谓之陆沉"，"知今不知古，谓之盲瞽"（《论衡·谢短篇》）。这表明，在古与今的联系中，在史学与社会的联系中，人不仅充当着桥梁的作用，而且也反映出其知识的丰约与智慧的高低。清代思想家、史论家龚自珍所说的"欲知大道，必先为史"（《龚自珍全集·尊史》），如果把这里的"道"理解为治理社会之道，则是从积极的方面提出了人在史学与社会之间所扮演的关键角色。

还应当指出，关于史学在社会中的位置问题，既是一个古老的问题，又是一个与时俱进的新问题，而每一时代都会向人们提出新的问题，要求人们作出新的回答，以丰富和发展已有的认识。本书所提出的问题及对有关问题的阐述，力图反映古今的这一联系，并希望提出一些新的认识，与同行及读者共同探讨，使更多的人关注史学在社会中应有的位置，也使更多的人从社会的角度更加关注发挥史学的作用。李大钊说得好，对于史学的兴趣，是一个民族兴旺发达的表现。

是为序。

作　者

2008年5月29日

撰于北京师范大学史学理论与

史学史研究中心

上编　理论认识之部

论史学在社会中的位置

——为中国史学步入21世纪而作

21世纪已经到来，人类历史开始了又一个新的百年的征程。中国社会以前所未有的面貌和姿态迎接新世纪的到来，参与新世纪的建设。中国史学作为文化事业的一部分，随着中国社会前进的步伐，步入21世纪。作为一个史学工作者，此时此刻想得最多的一个问题，其实也是一个老问题，那就是：史学在社会中的位置。

这些年来，人们重视发展经济，重视科学技术，无疑是顺乎历史潮流的。与此同时，人文社会科学自亦应有合适的位置。这里说的合适的位置，一是指它应有的位置，二是指它实际上是否处在应有的位置之上。对于其他学科的情况，不可妄说；对于史学来说，它在社会中所应有的位置和实际所处的位置，恐怕是值得认真思考、认真对待的一个重要问题。其所以重要，一则是这个问题的性质非常重要，二则是这些年来史学被人们误解得太多、太深。这两点，不讨论清楚，其消极影响当不仅仅是关系到史学的发展，还会涉及社会的发展。兹事重大，不可轻视，更不可忽视，乃旧题新议，陈述浅见，愚者千虑，或有一得，藉以祝福步入21世纪的中国史学前程远大，为社会进步作出新的贡献。

一 一个有长久传统的重要话题

史学在社会中应处于怎样的位置？这是一个有古老传统的话题。古人虽然没有用这样的语言来表述它，但他们的所言所作，往往都表明了他们对于这个问题的关注和意向。在久远的古代，史学在社会中的位置，突出地表现为它对于政治统治的重要。譬如，所谓“君举必书，书而不法，后嗣何观？”[①]这里一方面说明了史官的职责和记事的原则，一方面说明应让后人读到合乎“法度”的历史记载，而更重要的是使当时的“君”懂得自律，谨慎地处理政事和其他事务，以保证社会的稳定和发展。由此我们可以懂得孟子说的这句话的含义：“《春秋》，天子之事也。”[②]其意谓撰写史书，必然包含对有的人和事或是赞扬，或是指摘，使人们有所警示。在西周，这是天子主持下史官们要做的事情。春秋时期，“礼崩乐坏”，“孔子惧，作《春秋》”，并说：“知我者其惟《春秋》乎！罪我者其惟《春秋》乎！”[③]可见，从天子主持撰写史书，到诸侯主持撰写史书，再到孔子以私人身份撰写史书，其中贯串着一个基本思想，即史书对于社会生活特别是对于政治统治的重要意义。到了司马迁所处的时代即西汉前期，司马迁对《春秋》的认识是“《春秋》辩是非，故长于治人。”“《春秋》以道义”；“拨乱世反之正，莫近于《春秋》”[④]。司马迁强调了“辩是非”、“治人”、“道义”、拨乱反正等等，把《春秋》的社会作用阐述得更加清晰了，其主旨则仍在于政治统

---

① 《左传·庄公二十三年》，杨伯峻《春秋左传注》本，中华书局 1981 年版。
② 《孟子·滕文公下》，杨伯峻译注本，中华书局 1963 年版。
③ 《孟子·滕文公下》，杨伯峻译注本。
④ 《史记》卷 130《太史公自序》，中华书局 1959 年版。

治的原则。

但是，在这个问题上，司马迁还是提出了新的认识，他指出："居今之世，志古之道，所以自镜也，未必尽同。帝王者各殊礼而异务，要以成功为统纪，岂可绲乎？"①司马贞"索引"解释此话的核心思想是："言居今之代，志识古之道，得以自镜当代之存亡也。"以历史为"鉴"的思想，至晚在西周的政治家那里已经十分明确和深刻；司马迁所说的"自镜"是以"居今之世，志古之道"为前提，可见他是就史学的社会作用来说明"自镜"的价值的。人们从历史与现实的关系中，进而认识到史学与社会的关系，表明了人们史学意识的深化。

诚然，人们的史学意识，随着史学的发展而发展，随着史学与社会关系的更加密切而不断深化。隋及盛唐时代，这种发展和深化又达到一个新的阶段。在魏晋南北朝史学多途发展的基础上，唐初史家把史书分为 13 类，即正史、古史、杂史、霸史、起居注、旧事、职官、仪注、刑法、杂传、地理、谱系、簿录，并对每类史书都说明其性质、源流、著述成就②。从各类目录名称来看，史学在社会中的位置更加扩大了和加重了：政治仍占有主要的分量，而民族、家族、人物、文献积累等，也从不同的方面显示出了史学内涵的丰富以及它对于社会面貌的影响。盛唐时期的史家们认为："夫史官者，必求博闻强识，疏通知远之士，使居其位，百官众职，咸所贰焉。是故前言往行，无不识也；天文地理，无不察也；人事之纪，无不达也。内掌八柄，以诏王治，外执六典，以逆官政。书美以

---

① 《史记》卷 18《高祖功臣侯者年表》。

② 《隋书》卷 33《经籍志二》，中华书局 1973 年版。

彰善，记恶以垂戒，范围神化，昭明令德，穷圣人之至赜，详一代之亹亹”。[①] 这里，一是反映了史官的职责和人们对史官的要求，二是反映了史学的极其广泛的社会作用：历史、天文、地理、人事，都在史学的视野之内；彰善，垂戒，揭示圣人治国安邦的智慧，描述朝代兴盛的风貌，都是史学社会功能的表现。

如果说，司马迁把史学在社会中的位置从反映伦理（法度）的层面进一步发展到总结历史经验（自镜）的层面；那么，盛唐时期的人们便是在这些层面上的自觉行动者，同时又进而开辟新的层面，即史学在“树之风声”方面的社会教育层面。如果说，在司马迁那里，表现出了许多天才的发现的话；那么，盛唐时期的人们，就显示出了他们是站在天才的肩膀上高瞻远瞩的群体，把史学在社会中的位置审视得更加清晰，看待得更加重要。

在这个群体当中，有两个人是应该特别予以强调的：一是政治家唐太宗，一是史学家刘知幾。

唐太宗命房玄龄、魏徵等大臣撰写梁、陈、齐、周、隋五代史，于贞观十年（636 年）成书，他很高兴，并深刻地指出：

> 朕睹前代史书，彰善瘅恶，足为将来之戒。秦始皇奢淫无度，志存隐恶，焚书坑儒，用缄谈者之口。隋炀帝虽好文儒，尤疾学者，前世史籍竟无所成，数代之事殆将泯绝，朕意则不然，将欲览前王之得失，为在身之龟镜。公辈数年之间，勒成五代之史，深副朕怀，极可嘉尚。[②]

唐太宗对秦始皇、隋炀帝的批评是正确的，他所持的“览前王之得

---

① 《隋书》卷 33《经籍志二》。

② 王钦若等：《册府元龟》卷 554《国史部·恩奖》，中华书局 1960 年版。

失，为在身之龟镜”的态度是诚恳的，这从“贞观之治”的政治作风和社会面貌可以得到充分的证明。我们甚至可以说，唐太宗在对待历史经验和对待史学的重视程度上，在中国封建社会的几百个皇帝中，是前无古人，后无来者的。这还可以从他与大臣的关系中得到进一步证明。贞观初年，边臣李大亮“论今引古，远献直言”，婉拒唐太宗“使遣献鹰”的要求。唐太宗很是感动，送李大亮荀悦《汉纪》一部，并致书李大亮说：“卿立志方直，竭节至公，处职当官，每副所委，方大任使，以申重寄。公事之闲，宜寻典籍。然此书叙致既明，论议深博，极为治之体，尽君臣之义，今以赐卿，宜加寻阅也。”[①]唐太宗不仅重视史书的思想、功用，还重视史书的叙述和论议，可见他对于史学的关注和评价是真诚的，绝非随意说说而已。他同大臣虞世南的交往，更是反映出史学与政治的密切关系，史载：

> 太宗重其博识，每机务之隙，引之谈论，共观经史。世南虽容貌儒愞，若不胜衣，而志性抗烈，每论及古先帝王为政得失，必存规讽，多所补益。太宗尝谓侍臣曰：“朕因暇日与虞世南商略古今，有一言之失，未尝不怅恨，其恳诚若此，朕用嘉焉。群臣皆若世南，天下何忧不理。”[②]

由此可以看出，虞世南的渊博的历史知识，对唐太宗的治国安邦之举产生了重要的影响。贞观十二年（638年）虞世南辞世，唐太宗感叹地说：“石渠、东观之中，无复人矣，痛惜岂可言耶！”[③]唐太宗时有一个优秀的史家群体，他的这番话，只是表明了虞世南在他的

---

① 《旧唐书》卷62《李大亮传》，中华书局1975年版。

② 《旧唐书》卷72《虞世南传》。

③ 《旧唐书》卷72《虞世南传》。

政治生活中的重要地位。唐太宗还破例向史官们提出阅读本朝史的要求,为的是“将却观所为得失以自警戒”;“若有不善,亦欲以为鉴诫,使得自修改”[①]。他说的“以自警戒”、“得自修改”并非粉饰之词。贞观初年,他撰《金镜》一文,“游心前史”,探讨历代“兴亡之远”。[②] 显然,唐太宗的目的,是要在统治集团中树立起一种重视历史经验教训的风气。应当公正地评价,在20多年的贞观政治中,这种风气是树立起来了。贞观末年,他又撰《帝范》12篇以赐太子李治:“自轩昊已降,迄至周隋,经天纬地之君,纂业承基之主,兴亡治乱,其道焕然。所以披镜前踪,博采史籍,聚其要言,以为近诫云尔。”他还反省自己“在位已来,所缺多矣”,“勿以兹为是而后法焉”[③]。这里,我们不来对“贞观之治”作具体评价,也不就唐太宗自己所说的“所缺”、“深过”作具体分析,我们只是要说明:史学始终伴随着唐太宗的政治生涯,并成为他政治思想的源泉之一和政治决策的参照之一。唐太宗曾在《修晋书诏》中以赞叹的口吻说道:“大矣哉,盖史籍之为用也。”[④]这句话,凝聚了他对史学在社会中的位置的全部认识。

刘知幾是史学批评家,他对于史学在社会中的位置的认识,有鲜明的职责感和突出的理性色彩。刘知幾指出:

> 苟史官不绝,竹帛长存,则其人已亡,杳成空寂,而其事如在,皎同星汉。用使后之学者,坐披囊箧,而神交万古,不出户庭,而穷览千载,见贤而思齐,见不贤而内自省。若乃《春秋》

---

① 吴兢:《贞观政要·文史》,上海古籍出版社1978年版。

② 李昉等编:《文苑英华》卷360,中华书局1966年版。

③ 董诰等编:《全唐文》卷10,中华书局1983年版。

④ 宋敏求编:《唐大诏令集》卷81,商务印书馆1959年版。

成而逆子惧，南史至而贼臣书，其记事载言也则如彼，其劝善惩恶也又如此。由斯而言，则史之为用，其利甚博，乃生人之急务，为国家之要道。有国有家者，其可缺之哉！①

在这里，刘知幾合乎逻辑地阐明了一个道理：因有"史官不绝"，才有"竹帛长存"；因有"竹帛长存"，后人才得以"神交万古"，"穷览千载"，了解历史上的人和事；由此进而辨别"贤"与"不贤"或"思齐"，或"自省"，都可以从中受到教育。史学于是发挥出广泛的和重要的作用。"生人"（生民）和"国家"都应当重视史学的这种作用。重复地说，这个道理是从人的认识途径上说明史学为什么会对社会产生作用，产生什么样的作用，这种作用的重要性何在。值得注意的是，刘知幾讲史学的社会作用，已经把"生人"（生民）放到和"国家"同等重要的位置上看待。从今天的眼光来看，史学在总结历史经验方面无疑是极其重要的，而史学在"劝善惩恶"方面则更具有广泛的社会性。刘知幾还从人性的角度，指出人性"邪正有别"，有"小人之道"，有"君子之德"，而"史之为务，申以劝诫，树之风声"②。史学能够起到"申以劝诫，树之风声"的作用，足见它在社会中的位置之重要了。其实，这种认识在唐初统治者那里已表现得十分突出。如唐高祖《命萧瑀等修六代史诏》开篇就说："经典序言，史官纪事，考论得失，究尽变通，所以裁成义类，惩恶劝善，多识前古，贻鉴将来。"③又如唐太宗在《修晋书诏》中讲到梁、陈、齐、周、隋五代史的撰写时说："莫不彰善瘅恶，激一代之清芬。褒吉惩

---

① 刘知幾：《史通·史官建置》，浦起龙通释本，上海古籍出版社 1978 年版。

② 《史通·直书》，浦起龙通释本。

③ 宋敏求编：《唐大诏令集》卷 81。

凶,备百王之令典”[①]。可以认为,关于史学之“惩恶劝善”、“彰善瘅恶”的认识,是史学思想在唐初得到发展的特点:一是指出了如何去说明史学的社会作用,二是强调了“国家”和“生人”都应当十分重视这个作用。

盛唐以下,关于史学作为兴亡治乱之借鉴和惩恶劝善之参照的社会作用,已成为统治集团、士人阶层以至于更多人的共识,这方面的言论、措施也更加丰富起来。同时,人们在此基础进一步提出史学对于“明道”即对于人们认识社会的演进法则和规律有不可忽视的作用,对于培养国家的栋梁之材也有不可忽视的作用,从而更加清楚地认识到史学在社会中的重要位置。

在古代,有很长一段时间,人们认为只有“经”是载“道”的,“史”不过是记事而已。元代史家胡三省不赞成这种见解,他指出:

> 世之论者率曰:“经以载道,史以记事,史与经不可同日语也。”夫道无不在,散于事为之间。因事之得失成败,可以知道之万世无弊,史可少欤?[②]

胡三省说的“道无不在,散于事为之间”,是一个很重要的命题。汉初的政论家、史论家们分析“逆取”与“顺守”的关系,司马迁的“究天人之际,通古今之变”,唐代李百药、柳宗元等人探讨“势”的作用等等,都是在揭示社会演变的法则,即都是在“明道”。脱离了他们所说的史事,“道”就成了抽象的概念。因此,胡三省认为,人们正是从“事之得失成败”中去认识“道”;这样的“道”对人们来说是不可少的,因而史学无疑也是不可少的。其后,王夫之分析“势”与

① 宋敏求编:《唐大诏令集》卷81。

② 胡三省:《新注〈资治通鉴〉序》,见《资治通鉴》卷首,中华书局1956年版。

"理"的关系，龚自珍阐述"史"与"道"的关系，都是遵循同一认识路线来说明"理"和"道"的性质，即"理"不能离开"势"、"道"不能离开"史"。龚自珍说："欲知大道，必先为史。"①所谓"大道"，当指关乎治国安邦、社会演变的根本性法则和规律；所谓"必先为史"，即研究历史不仅是必要的，而且是首位的。这是龚自珍对史学明道思想的发展。

史学在社会中的位置，还可以从史学与培养人才的关系中得到进一步说明。这里说的培养人才，在中国古代都是同政治统治密切联系的。因此关于这个问题的认识和实践，最先都是在统治集团中受到重视的。春秋时期，楚国大夫申叔时论教导太子，认为应该教之"春秋"，教之"世"，教之"令"，教之"语"，教之"故志"，教之"训典"等，以便从各方面提高太子的素养。② 据韦昭的《国语》注文来看，这些都与史事有关。十六国时期，后赵石勒设史学祭酒一职，史学立为官学之一，与经学、律学鼎足而立。③ 南朝宋时，国子学有玄、儒、文、史四科。④ 唐朝国子学设有"文史直者"，其宏文馆宏文生要通过《史记》、两《汉书》和《三国志》的考试；科举考试有"史科"从一史科到三史科，"每史问大义一百条，策三道，义通七、策通二以上，为及第"。唐穆宗长庆二年(822年)，谏议大夫殷侑鉴于"近日以来，史学都废，至于有身处班列，朝廷旧章昧而莫知，况乎前代之载"的不正常现象，提出加强史科的建议，为穆宗所采纳⑤。我们

① 龚自珍：《龚自珍全集·尊史》，上海人民出版社1975年版。
② 《国语·楚语上》，上海古籍出版社1978年版。
③ 《晋书》卷105《石勒载记下》，中华书局1974年版。
④ 《宋书》卷8《明帝纪》，中华书局1974年版。
⑤ 王溥编：《唐会要》卷76，中华书局1955年版。

知道，盛唐时期的人们是十分重视史学的，但是一个正确的认识和一项正确的措施，要坚持下去并不是很容易的事情。晚唐时竟然出现“史学都废”的局面，以至官员不懂得“朝廷旧章”和前代历史，这实在是一个严重的教训。诚如后来顾炎武论殷侑建议时所说：“今史学废绝，又甚唐时。若能依此法举之，十年之间，可得通达政体之士，未必无益于国家也。”①“朝廷旧章昧而莫知”的官员同“通达政体之士”，二者孰有益于国家，是任何人都可以作出判断的。仅此而论，史学在培养人才方面，其社会作用是其他知识和学问所无法替代的。

从最广泛的意义上看，史学对社会各个阶层、各个群体中的人，都有教育上的作用，这种教育作用的积极效果和社会影响，怎样估计都不算过分。先师白寿彝先生对此有详尽而精辟的论述，足资参考。②

综上，我们从史学与政治统治、“树之风声”、史以“明道”、培养人才、社会的历史教育等几个方面，揭示出史学对于社会历史的发展所产生的积极作用，由此可以判断它在社会中的位置了：在政治统治方面有借鉴作用，在世风建设方面有示范作用，在认识社会历史演进方面有引导作用，在人才培养方面有提高作用，而在教育方面则有丰富的内涵，既可以包括上述各方面的作用，还可以包括蒙学教育、历史文化传承教育、科学与人文精神教育、优良民族传统教育等等。这里，我们不妨换一种思维方式来提出问题：如果在社会中没有了史学，政治家们将会怎样思考？世风建设将何所依凭？

---

① 顾炎武：《日知录》卷16“史学”条，黄汝成集释本，岳麓书社1994年版。

② 白寿彝：《白寿彝史学论集》（上），北京师范大学出版社1994年版，第155～304页。

人们将如何去认识历史？国家各级官员不懂历史将怎样履行公职？社会教育将失去哪些有价值的内容？我想，那必将是一种不可想象的、可怕而又可悲的局面。

刘知幾从"国家"的角度来看，说史学是"要道"，从"生民"即一切个人的角度来看，说史学是"急务"。我们是否可以认为，这大致说明了史学在社会中的位置。

二　20世纪中国史学的启示

关于史学在社会中的位置，20世纪的中国史学给我们留下了丰富的思想遗产和许多宝贵的启示。

当20世纪刚刚揭开序幕的时候，梁启超发表《新史学》一文，倡言"史界革命"。在这篇文章中，梁启超极其郑重地指出史学在社会中的重要位置。他写道：

> 今日欲提倡民族主义，使我四万万同胞强立于此优胜劣败之世界？则本国史学一科，实为无老、无幼、无男、无女、无智，无愚，无贤，无不肖所皆当从事，视之如渴饮饥食，一刻不容缓者也。然遍览乙库中数十万卷之著录，其资格可以养吾所欲，给吾所求者，殆无一焉。呜呼，史界革命不起，则吾国遂不可救。悠悠万事，惟此为大。①

按其本意，史学对于社会上所有的人们来说，应当"视之如渴饮饥食，一刻不容缓"的大事、要事。梁启超之所以有这样的认识，一是

---

① 梁启超：《新史学·中国之旧史》，见《饮冰室合集·文集》，中华书局1989年版。

因为他接受了西方近代进化论的观点，看清楚了"此优胜劣败之世界"；二是他积极参与的戊戌变法遭到失败，痛心疾首之际，反思历史和史学，深感史学对于激发国人之"民族主义"精神有至关重要的作用。当然，梁启超对"史界革命"的期望值过高，有不切合实际的地方，但他说的这番话的基本精神是反映了时代的要求的。他所倡言的"新史学"，对中国史学的近代化历程有很大的促进作用。

在中国史学走向近代的过程中，中国的马克思主义史学诞生了。关于史学在社会中的位置，中国马克思主义史家是怎样看待的呢？中国马克思主义史学的奠基者之一李大钊认为："研究历史的趣味的盛行，是一个时代正在生长成熟正在寻求聪明而且感奋的对于人生的大观的征兆。"①在李大钊看来，史学与时代就是这样紧密地联系在一起。李大钊的充满激情的话，是包含着丰富的理性底蕴的。他指出了这样一个真理：社会历史的发展推动了史学的产生和发展，决定着史学变化演进的面貌；换言之，史学发展的面貌和水准，也反映着社会历史前进的步伐，记录着它进步的尺度，以及作为历史主体的人的自觉意识和历史精神的不断提高的尺度。由此出发，我们似还可以作进一步的理解，即从史学工作者本身来说，"研究历史的趣味的盛行"与否，在一定意义上反映出史学工作者对时代脉搏感受的程度和对历史前途认识的程度。李大钊在《史学要论》这一名著的最后写道：

> 吾信历史中有我们的人生，有我们的世界，有我们的自己，吾故以此小册子为历史学作宣传，煽动吾人对于历史学研究的兴趣，亦便是煽动吾人向历史中寻找人生寻找世界寻找

① 李大钊：《李大钊史学论集》，河北人民出版社 1984 年版，第 245 页。

自己的兴趣。[1]

这就是说，历史学同人生和社会有直接的密切联系，认识历史学对于人们认识人生与社会有特殊的作用和意义。

这里，引发了我们如下的思考：梁启超是一位资产阶级改良主义者，他的《新史学》是以信奉近代进化论为其思想原则的；李大钊是一位无产阶级革命家，他的《史学要论》是以信奉马克思主义唯物史观为其思想原则的，而他们对于史学在社会中的位置的认识，却有许多相通之处，这是一种“巧合”呢，还是有某种必然的联系？我想答案自然是后者。这种必然的联系，源于史学的本质属性，即它是社会历史发展的记录，又昭示着社会历史的前途和未来；人们从史学中可以学到许多经验，得到许多启示，增益许多智慧，加强许多信心。当然，梁启超与李大钊在历史观上的不同，也决定了他们所倡导的史学在性质上的区别。同时，梁启超与李大钊还有一个不同之处，就是梁启超的“新史学”是完全否定旧史学，强调“史界革命”；李大钊说的“现代史学”是指在批判继承以往史学基础上的马克思主义史学。这样一个区别，恰是它们在后来发展中不同的历史命运之关键所在。这是属于另外一个问题，不是本文所要讨论的范围。

20 世纪中国史学给予人们的一个最重要的启示是：中国马克思主义史学的发展，把认识历史和审视现实辩证地统一起来，一方面开辟了人们科学地认识历史的道路，一方面则更加强烈地、理性地反映了社会变革的要求和趋势。反映这种辩证统一关系的一个较早的突出例证，是中国马克思主义史学另一位奠基者郭沫若的

① 李大钊：《李大钊史学论集》，第 247 页。

《中国古代社会研究》。他在1929年为这书所写的《自序》中开宗明义地说道：

> 对于未来社会的待望逼迫着我们不能不生出清算过往社会的要求。古人说："前事不忘，后事之师。"认清楚过往的来程，也正好决定我们未来的去向。①

这段经常被人们引用的话，科学地说明了史学在社会中的位置，即史学既是认识"过往社会"的手段，又是指示"未来社会"的路标。史学使人们"认清楚过往的来程"，需要用科学的精神揭示历史演进的路径、发展的规律；史学帮助人们抉择"未来的去向"，有一个重要的依据和参照，那就是"前事不忘，后事之师"。社会历史无非是实现自己的目的的人的活动而已。但是，任何时代中的任何人，在实现自己目的的过程中，都不可能完全脱离前人的经验教训，区别仅仅在于是自觉认识程度的高低和吸收、借鉴的正确与否。许许多多的历史事实表明：人们自觉认识历史经验教训重要性的程度愈高，愈是能够正确地看待和借鉴历史经验教训，愈是能够能动地、积极地参与当前的历史运动，实现新的目标，创造新的业绩。史学就是向人们提供历史经验教训的最好的老师。马克思主义史学的特点，一是它以唯物史观为指导，使人们能够不断地走向科学认识历史的道路；二是它对历史经验教训能够作出唯物的辩证的和历史主义的说明。因此，马克思主义史学在社会中的位置也就显得更加突出、更加重要了。

上述论点，可以从毛泽东的有关论述中得到有力的说明。毛泽东在领导中国新民主主义革命、社会主义革命和社会主义建设

---

① 郭沫若：《郭沫若全集·历史编》第1卷，人民出版社1982年版，第6页。

的过程中，一向十分重视史学工作。

首先，他重视史学工作对指导革命实践活动的重要意义。早在抗日战争时期，毛泽东曾经这样说过："指导一个伟大的革命运动的政党，如果没有革命理论，没有历史知识，没有对于实际运动的深刻的了解，要取得胜利是不可能的。"因此，他向全党提出了学习历史、研究历史的任务，指出要"学习我们的历史遗产，用马克思主义的方法给以批判的总结"；"我们这个民族有数千年的历史，有它的特点，有它的许多珍贵品。对于这些，我们还是小学生。今天的中国是历史的中国的一个发展；我们是马克思主义的历史主义者，我们不应当割断历史。从孔夫子到孙中山，我们应当给以总结，承继这一份珍贵的遗产。这对于指导当前的伟大的运动，是有重要的帮助的。"[①]这里，他把学习和研究历史、把史学工作提到革命政党能否指导当前的革命运动的高度上来看待，提到关乎革命运动成败的重要位置来看待。毛泽东之所以把史学工作摆在这样重要的地位加以强调，是因为：第一，他认为，马克思主义的史学工作是一种能够正确地阐释人类社会历史发展的科学工作。对于指导一个伟大运动的政党来说，如果不能正确地认识人类社会历史的发展，就不能正确地说明历史的前途，就可能在当前的革命运动中迷失方向。他的这个思想，在《实践论》中作了明确的阐述。他说："在很长的历史时期内，大家对于社会的历史只能限于片面的了解，这一方面是由于剥削阶级的偏见经常歪曲社会的历史，另方面，则由于生产规模的狭小，限制了人们的眼界。人们能够对于社会历史的发展

① 毛泽东：《毛泽东选集》第2卷，人民出版社1991年版，第532～533页。

作全面的历史的了解,把对于社会的认识变成了科学,这只是到了伴随巨大生产力——大工业而出现近代无产阶级的时候,这就是马克思主义的科学。”[①]这种对于社会历史的发展作全面的历史的了解,正是马克思主义史学工作的重要任务。第二,他认为,只有运用马克思主义的立场、观点和方法,认真地研究中国历史,认真地研究中国现状,才能把马克思主义和中国实际结合起来,“在各方面作出合乎中国需要的理论性的创造”[②]。如果没有这种理论性的创造,无产阶级政党就不能胜利地指导革命运动。第三,他认为,史学工作可以给无产阶级政党提供许多有益的历史经验,作为指导当前革命运动的借鉴。中国新民主主义革命是无产阶级领导的新式农民革命,为了避免重蹈历史上农民战争的覆辙,毛泽东在红军创建初期就指出:“历史上黄巢、李闯式的流寇主义,已为今日的环境所不许可。”[③]他在1944年给郭沫若的信中写道:“你的《甲申三百年祭》,我们把它当做整风文件看待。小胜即骄傲,大胜更骄傲,一次又一次吃亏,如何避免此种毛病,实在值得注意。倘能经过大手笔写一篇太平军经验,会是很有益的;……你的史论、史剧有大益于中国人民,只嫌其少,不嫌其多,精神决不会白费的,希望继续努力。”[④]这足见他对史学工作者所总结的历史经验教训十分重视。20世纪60年代初,他读《新唐书·姚崇传》,把姚崇向唐玄宗的十条建议誉为“十条政治纲领”。他认为“这十条政

① 毛泽东:《毛泽东选集》第1卷,人民出版社1991年版,第283~284页。

② 毛泽东:《毛泽东选集》第3卷,人民出版社1991年版,第820页。

③ 毛泽东:《毛泽东选集》第1卷,第94页。

④ 毛泽东:《毛泽东同志给文艺界人士的十五封信》,《人民日报》1982年5月23日。

治纲领，简单明了，古今少见……有的对我们今天也还有一定的参考价值。”[①]这说明他自己读史，也是极注重于吸取历史经验的。

其次，他重视史学工作对提高民族自信心的重要作用。史学工作不仅对于无产阶级政党来说是重要的，对全民族来说也是重要的。关于后者，主要是提高民族自信心的问题。毛泽东认为，批判继承古代文化遗产，“是发展民族新文化提高民族自信心的必要条件”[②]。所谓“必要条件”，当然不是可有可无的。他在讲到中华民族的历史传统时说：“中国是世界文明发达最早的国家之一，中国已有了将近四千年的有文字可考的历史”；“中华民族又是一个有光荣的革命传统和优秀的历史遗产的民族”[③]。他在讲到 1840 年以来的中国历史时指出：“中国人民，百年以来，不屈不挠、再接再厉的英勇斗争，使得帝国主义至今不能灭亡中国，也永远不能灭亡中国。”[④]1945 年，他在总结北伐战争、土地革命战争和抗日战争的经验时写道：“三次革命的经验，尤其是抗日战争的经验，给了我们和中国人民这样一种信心：没有中国共产党的努力，没有中国共产党人做中国人民的中流砥柱，中国的独立和解放是不可能的，中国的工业化和农业近代化也是不可能的。”[⑤]由此可以看出，史学工作应当给人们以启发，给人们以信心，不是引导人们向后看，而是引导人们向前看。这是史学工作之所以重要的原因之一，也是马克思主义史学工作的一条基本原则。

---

① 忻中：《毛泽东读书生活纪实》，《社会科学战线》1982 年第 4 期。

② 毛泽东：《毛泽东选集》第 2 卷，第 707～708 页。

③ 毛泽东：《毛泽东选集》第 2 卷，第 623 页。

④ 毛泽东：《毛泽东选集》第 2 卷，第 632 页。

⑤ 毛泽东：《毛泽东选集》第 2 卷，第 1097～1098 页。

再次，他重视史学工作和端正学风的关系。毛泽东一贯认为，能否注重研究历史，是区别马克思主义的学习态度和主观主义的学习态度的标志之一。他说：主观主义的学习态度，“就是割断历史，只懂得希腊，不懂得中国，对于中国昨天和前天的面目漆黑一团”；而马克思主义的学习态度则相反，“就是不要割断历史。不单是懂得希腊就行了，还要懂得中国；不但要懂得外国革命史，还要懂得中国革命史；不但要懂得中国的今天，还要懂得中国的昨天和前天”。他批评有些人“对于自己的历史一点不懂，或懂得甚少，不以为耻，反以为荣”。① 他号召“一切有相当研究能力的共产党员，都要研究马克思、恩格斯、列宁、斯大林的理论，都要研究我们民族的历史，都要研究当前运动的情况和趋势；并经过他们去教育那些文化水准较低的党员”，而“干部应当着重地研究这些，中央委员和高级干部尤其应当加紧研究”②。他的这些话，都是在讲到党的作风和学习的问题时反复加以强调的。在这方面，毛泽东是一个很好的榜样。无论在革命战争年代，还是在社会主义时期，他都十分重视史学工作，对我国著名历史学家郭沫若、范文澜、吕振羽等都曾给予热情的关怀。新中国成立以后，毛泽东系统地阅读《二十四史》，并且作了许多批注、圈点、勾划，有的部分是一阅，再阅，以至达到五遍之多。③ 他的这种勤奋读史的精神，证明他始终坚持把马克思主义和中国历史及现状相结合的原则。他的这种严肃的科学的态度，正是他一贯提倡的理论联系实际的学风的表现。

---

① 毛泽东：《毛泽东选集》第3卷，第798页。

② 毛泽东：《毛泽东选集》第2卷，第532页。

③ 忻中：《毛泽东读书生活纪实》。

毛泽东重视史学工作还表现在其他许多方面，如研究历史的重点和研究历史的方法等，不一一论述。毛泽东关于史学在革命和建设中的重大作用的论述，是毛泽东思想的一部分，也可以看作是他对于中国马克思主义史学在这个问题上的精辟概括，具有重要的指导意义。

在20世纪后半期的中国史学发展史上，关于对史学在社会中的位置的认识与处置，给人们留下了特别深刻的教训与启示。这就是：一方面，把史学问题视为政治问题，使得史学走向教条和僵化；另一方面，把政治宣传视为史学思潮，使得人们对于一种政治宣传的分析而伴随着对于史学的误解和冷淡。前一种情况在五十年代后期至六十年代前期反映得比较突出。其主要表现是往往把历史研究中一些有争论的学术问题归结为政治上的倾向，从而把史学与政治的关系简单化，也把史学在社会中的位置庸俗化了。造成这种情况的主要原因，是政治上“左”的思潮的影响和对马克思主义的教条式的理解与运用，这在对阶级和阶级斗争理论的理解方面尤为突出，一些学术上的争论常常被视为阶级斗争的反映。于是在相当的程度上史学被政治化了，政治被阶级斗争化了，阶级斗争被扩大化了。史学的发展受到了严重的障碍。后一种情况在八十年代至九十年代反映得比较明显。其主要表现是认为“文革”中因史学受到“重视”而有“儒法斗争史”的泛滥，从而使史学走向自己的反面，于是认为史学应同社会、同现实保持一定的距离，不必强调史学的社会作用，以免重犯“文革”中“儒法斗争史”那样荒唐的错误。因此，在学术界，在社会公众中，逐步滋生出种种对史学的误解、偏见和冷淡的情绪。造成这种情况的根本原因，是“四人帮”为了推行他们的反动政治，盗用“史学”的名义和术语，打着

"史学"的旗帜，编造并强行兜售"儒法斗争史"的说教，从而极其严重地败坏了史学的声誉，其流毒既广且深。造成这种情况还有一个原因，即人们在清算"四人帮"炮制"儒法斗争史"的罪恶阴谋时，一方面揭露其反动的政治目的，另一方面则揭露其篡改历史的卑劣手法，这无疑都是正确的。但是，"儒法斗争史"本身是"史学"还是穿着史学外衣的政治？对于这个问题却还有进一步分析的必要。我认为，所谓"儒法斗争史"不过是穿着史学外衣的政治，而绝不是什么"史学"。"儒法斗争史"的泛滥，也绝不是史学受到高度重视的结果。事实表明："文革"中绝大部分有成就的史学家都被"打倒"，绝大部分历史著作都成了批判对象，大学历史系停止了教学，历史研究机构中断了研究工作，历史学刊物被迫停刊等等，历史学领域呈现出一片萧条破败景象，哪里谈得上受到"重视"？哪里谈得上成为"显学"？事隔20多年了，对于这一点，我们确有深入认识的必要。否则，总会有人担心：对于史学的重视，就会重蹈"儒法斗争史"的覆辙。这是认识上的一个误区。不走出这个误区，必将妨碍我们对于史学在社会中的位置的正确估量。

综上，要而言之，不论是给史学贴上政治的标签，还是给政治披上"史学"的外衣，虽然这两种情况在本质上是有区别的，但它们都混淆了史学同政治的关系，从而曲解了史学在社会中应有的位置，既有碍于史学的发展，也有碍于社会的进步。重复地说，把史学等于政治是完全错误的。但是，如果我们从以往的教训中得到这样的认识，即史学应同社会保持一定的距离，或者"超越"社会，才能保证史学的纯洁与发展。这样的认识恐怕也还是需要进一步推敲的。这是因为：史学作为意识形态，社会作为客观存在，它们并非一回事，本存在着"距离"；同时，一时期社会的史学，又是该社会意识形态的一部分，前者要“超越”后者，不论是从理论上还是从实践上来看，都是行不通的。问题的关键，说到底还是要回过头来认识和处理好史学在社会中的位置，使史学发展和社会进步成为双向互动、相得益彰的合理的运动形态。

20世纪70年代末以来，中国进入新的历史时期。处在改革开放中的中国人，怎样看待史学在社会中的位置，仍然是一个有重要意义的问题。邓小平作为中国改革开放的伟大领导者，他在1990年曾十分有力地说过这样一句话：“要懂得些中国历史，这是中国发展的一个精神动力。”[①]只要是真正懂得些中国历史的人，就会从这句话中感受到它的丰富的内涵。这里说的“精神动力”，概括了中华民族的历史意识、忧患意识、民族精神、爱国精神和改革进取精神。毋庸讳言，懂不懂中国历史，在对这句话的理解上是有很大的差别的，从而在参与现实的历史运动的自觉性和能动性上也是有很大的差别的。可以说，这句话极其精辟地道出了现时期史学在社会中的位置，值得每一个中国人三思。

关于史学在社会中的位置，20世纪中国史学给人们留下了深刻的启示，留下了许多经验教训。它们连同20世纪以前中国史学上的丰富的启示和经验教训，都是迈进又一个新的世纪的中国人可以继承、学习、运用的宝贵遗产。

三　21世纪中国史学面临的形势与抉择

人类已经进入21世纪。从史学在社会中的位置来看，中国史

① 邓小平：《邓小平文选》第3卷，人民出版社1993年版，第358页。

学在新的世纪里将如何发展？它面临着怎样的机遇、挑战和抉择？这是中国史学工作者不能回避的问题。

大家知道，21世纪给人类带来的突出问题，在经济领域一是知识经济不断发展的趋势，一是经济全球化的趋势。这两个问题又是相互联系的。在知识经济越来越走近我们的时代，在经济全球化不断加强的时代，中国史学在社会中占有怎样的位置？它将作出怎样的抉择？这将是史学工作者在新世纪里不断探索的新问题。本文提出如下两个问题，为的是抛砖引玉。

第一个问题：知识经济和以人为本及其与中国史学人本主义思想传统的关系。在人类迎来又一个新的世纪的今天，中国传统史学的人本主义思想传统给予我们的新的启示是：在新的世纪里，海内外炎黄子孙为了实现振兴中华的大业，必须继承和发扬以人为本的思想传统，比以往任何时候都更重视人的作用。这是我们进入21世纪时所面临的最重要的历史任务之一。

近年来，经济学界以至整个理论界、学术界，都十分关注21世纪新型经济的出现，即知识经济的到来。当然，对于"知识经济"的概念还有不同的理解①。有人认为，知识经济是以知识为基础的经济，它直接依赖于知识的创新、传播和应用。有人认为，知识经济是以高技术产业为支柱、以智力为主要资源和以知识为基础的经济；"知识经济"的中国表述就是"科学技术成为第一生产力"的经济。有的研究者认为，知识经济是以高技术产业为第一产业支柱，以智力资源为首要依托的可持续发展的经济，它包含着这样的

① 姜岩：《知识经济时代的来临》，《深圳特区报》1998年3月18日第8版；韩庆祥：《知识经济与人的发展》，《光明日报》1998年8月7日第5版；吴季松：《论"知识经济"》，《光明日报》1998年2月27日第6版。

观念:"人类正在步入一个以知识(智力)资源的占有、配置、生产、分配、使用(消费)为最重要因素的经济时代",简而言之就是"科学技术是第一生产力"的时代等等。当然,这些阐述并无根本的不同之处;而在各种阐述中有一点是共同的,即高技术产业——知识(智力)——人。人们指出:"知识经济是在充分知识化的社会中发展的经济"。所谓"充分知识化"当然是人的充分知识化。知识经济"核心是科技,关键是人才,基础是教育"。这一点是十分清楚的:只有雄厚的教育基础,才能造就高素质的人才,只有有了高素质的人才群体,才能不断创造出高技术产业。正是在这个意义上,人们强调知识经济时代是真正以人为本的时代。

笔者对经济学理论素无研究,只是从一个史学工作者的敏感来关注这些问题,认为中国传统史学的人本思想传统同人类面临的知识经济时代,有一种表面看来毫无关系而事实上却存在着的历史联系:以人为本。这种联系表明了历史之螺旋式的发展和否定之否定的历史法则。司马迁提出的"究天人之际"的问题,是要回答历史演进的真正动因是什么,为此,他写出了中国史学上第一部以人物为中心的综合体史书——《史记》,确立了中国史学的人本主义传统;当人类面临一个新的经济时代到来的时候,最终还是把着重点放到了"人"的上面。历史走过了两千多年,时代的内容大为迥异,然而以人为本这一思想传统,却使我们在不同的时空中看到了一个契合点。有的研究者指出:联合国系统和西方国家对高科技产业的研究者、决策者和管理者的个人基本知识要求,可以简单总结为六个方面。其中,第六方面是:"社会科学的基本知识(特别是法律,经济,本国历史和科学史)。"同时指出:"一个人的观察、分析、判断和归纳的能力在很大程度上取决于上述知识基础，而这些基础知识的普及将大大提高国家经济发展的能力。”①本国史，科学史，知识经济，在未来社会中它们的关系竟如此紧密。正是这个契合点，使中国史学的优良传统能够在未来社会中启迪以至鼓舞中华民族增强走向新的经济时代的信心和勇气。一部《二十四史》(当然，中国史书汗牛充栋，绝不限于《二十四史》)告诉人们：一般说来，凡兴盛的时代，都是人才辈出的时代；或者说，凡人才辈出的时代，都是富于朝气、充满生机的时代。汉初的人才群体和西汉盛世的出现，唐初的人才群体和盛唐局面的形成，是两个最突出的例子，而类似的史实在中国历史上可以举出许多。可以这样说，一部中国人才开发史，从一个重要方面反映出了中国历史的进步；而一个时代一个时代的人才，便铸成了“中国的脊梁”。加强对于人的作用的研究，是21世纪中国史学的一个重要任务。

走进新世纪，“温故而知新”，只要我们真正把科教兴国的国策落到实处，努力推进全民族文化知识水平的提高，努力促进大批优秀人才的涌现，努力加快全社会的“充分知识化”，那么，21世纪的中国历史定将谱写出以人为本的新篇章，“中国的脊梁”将变得更壮实、更坚强，振兴中华的宏愿必将实现。

第二个问题：在经济全球化日益发展的时代，作为中国文化一部分的中国史学，怎样认识和把握其发展的趋势及基本走向？大家知道，经济全球化是一个漫长的过程，它在21世纪里将变得范围更广阔、程度更深入、影响更明显，中国的经济建设也将逐步融

① 吴季松：《21世纪社会的新趋势——知识经济》，北京科学技术出版社1998年版，第162～163页。

入到经济全球化过程之中，因而必然也会涉及文化领域。有的研究者指出，全球化是一个矛盾的统一体，是“合理的悖论”，“在全球化的背景下，即使是开放化程度最高的国家，也不可能完全没有本民族的胎记，反之，最封闭的民族也不可能没有全球化的痕迹”；“全球化的这种矛盾有利于人类社会的进步，社会本身就是多样性的统一，多元一体化也好，一元多体化也好，都应当是人类发展的真谛。”[①]这是从一般意义上对“全球化”的分析。有的研究者从世界经济趋势对“全球化”进行分析，认为：“世界经济越是全球化，经济中的民族利益越是突出，民族化倾向也就越明显。”[②]也有的研究者认为：“经济全球化的一个直接后果就是文化全球化。”[③]这个结论，似还可以商榷。同样，一位外国学者提出的所谓“乡愁和全球化的尖锐形式”的命题，[④]似也未能阐明在“全球化”过程中民族文化的价值与前途。如果说，经济中的民族利益必然会影响到文化中的民族化倾向的话，那么民族文化中固有的民族传统和民族特色自然不会悄然消失。在这种历史条件下，中国文化的发展应当具有积极的、高屋建瓴的态势。首先，要认识到这是一个良好的发展机遇：全球范围的空前的开放性，为世界各国文化进入中国提供了条件，也为中国文化走向世界创造了机遇。条件和机遇，对不

① 俞可平：《全球化的二律背反》，见俞可平：《文化的悖论》，中央编译出版社1998年版，第23～24页。

② 高德步：《全球化还是民族化》，见胡元梓：《全球化与中国》，中央编译出版社1998年版，第229页。

③ 王宁：《全球化时代的东西方文化对话》，《中国文化报》1999年3月20日第3版。

④ （美）罗兰·罗伯森：《全球化：社会理论和全球文化》，上海人民出版社2000年版，第224～234页。

同的国家和不同的国家的文化发展,因其种种差异故客观上不会是完全相同的,但它们却可以共享这种条件和机遇。改革开放以来的中国,越来越懂得什么是历史的机遇,也越来越懂得把握历史机遇的重要性,中国文化将以从未有过的姿态走向世界。对此,我们应当有信心,也要有准备,有具体的实施步骤。其次,要保持一个合理的发展心态:自西方资本主义开始发展起,随着殖民主义的扩张,西方文化对东方文化有过多次冲击,并且产生了巨大的影响和严重的后果。但是,几百年来,西方文化没有也不可能"吞并"东方文化,使东方文化堙没无闻,以致"全盘西化"。反之,在新的世纪,东方文化尤其是中国文化的积极走向世界,同样也不可能去"压倒"西方文化,使西方文化泯灭下去,以致"全盘东化"。这是历史事实和现实经验都可以证明的道理。中国文化应以一种合理的、健康的心态积极走向世界,即既把优秀的中国文化(包括传统的和现实的优秀中国文化)向世界传播,使世界各国文化从中国文化中得到裨益;同时,又把世界各国的优秀文化吸收过来,用以丰富自己。这种心态和实践,将有大益于中国文化的发展和世界文化的进步。再次,要努力把握互动的发展趋势;在经济全球化日益发展的条件下,不同文化的相互接触亦将日益密切。但是文化并不等同于经济,它除了现实的发展要求外,还有悠久的历史传统,这二者之间又是不可分割的。因此,在新的世纪里,中国文化发展的主要趋势,是民族性和世界性在更高层次上的互动和结合,即在民族性中反映出世界性的走向,在世界性中体现出民族性的特点。对于这一趋势认识的自觉程度,必将深刻地影响着这一趋势的进程。

在这样的中国文化的走向中，中国史学也就可以确定它在21世纪中国社会中的位置。一方面，中国史学要积极地利用知识经济、信息社会所提供的有利条件，在研究课题、研究方法、研究手段上提高自己；另一方面，清醒地、理性地看待和估量中外史学发展的历史及其特点，用平等的心态吸收外国史学的长处来丰富自身，同时也弘扬中国史学的长处让他人真正认识自己，以达到相互促进的目的。经过一个多世纪的中西文化的论争，中国史学界有充分的智慧和根据，用以科学地对待这个问题。从历史上看，中国是史学大国，有丰富的遗产和优良的传统。近代以来，西方史学崛起并在20世纪取得了非常突出的成就。中国史学在20世纪也取得了非常突出的成就，尤其是在考古学、历史文献学同历史研究的结合上，始终吸引着世界各国同行的关注。由于科学技术水平、经济发展水平和其他历史的与社会的条件的差别，中西史学在发展上各有特色，存在许多可以相互取长补短的地方。中国史学要走向世界，既要学习他人的长处，又要宣扬自身的长处。在这方面，中国史学界有许多艰苦的工作要做。

我们需要更加关注的问题是，在经济全球化的形势下，中国史学的民族特点、民族精神是否适应世界历史的潮流？我们的回答是肯定的。中国史学以其悠久的历史、丰富的内容、多样的形式和人本主义思想传统著称于世，中国史学所蕴含的自强不息的进取精神、多民族统一国家的凝聚意识和厚重的历史智慧，是中华民族民族精神的集中反映，也是全人类精神财富的重要组成部分。这些，都不会在经济全球化的过程中失去它的价值和意义；相反，它将在这一过程中更加显示出自己的活力和魅力，为中国史学的新发展提供丰富的养料，并为促进世界各国史学的发展提供有益的借鉴。这是从总的方面来估量。从具体的研究领域和研究课题来说，在事实判断的基础上，总是不能脱离价值判断，而理论、方法论又是同价值判断联系在一起的。因此，当着历史观乃至于哲学观、政治观并不相同或存在分歧的情况下，人们对同一史事的价值判断往往会有很大的差别，甚至会得出完全相悖的结论。这些年来，关于日本侵略军在南京大屠杀的历史事实，有人一再予以否认或轻描淡写，就是明显的一例。这方面的实例不胜枚举，是人所尽知的。

总之，21 世纪的中国史学，在当今的中国社会中仍然占有它固有的重要位置，其基本走向仍将是在马克思主义唯物史观指导下进行创造性研究，开辟新的领域，攀登新的高峰。1999 年 3 月，在国内外有广泛影响的史学家白寿彝教授总主编的《中国通史》全部出版，江泽民同志于 1999 年 4 月 26 日致信白寿彝教授表示祝贺。我们可以认为，这部《中国通史》是 20 世纪中国史学一个带有总结性的成果，而江泽民同志的贺信，则是对 21 世纪中国史学提出了明确的要求。江泽民同志在信中对白寿彝教授表示衷心的祝贺后指出：

以史为鉴，可以知兴替。中华民族历来重视治史。世界几大古代文明，只有中华文明没有中断地延续下来，这同我们这个民族始终注重治史有着直接的关系。几千年来，中华文明得以不断传承和光大，一个重要原因就是我们的先人懂得从总结历史中不断开拓前进。我国的历史，浩淼博大，蕴含着丰富的治国安邦的历史经验，也记载了先人们在追求社会进步中遭遇的种种曲折和苦痛。对这个历史宝库，我们应该运用历史唯物主义的观点不断加以发掘，在前人研究的基础上不断作出新的总结。这对我们推进今天祖国的建设事业,更好地迈向未来,具有重要的意义。

中华民族的历史,是全民族的共同财富。全党全社会都应该重视对中国历史的学习,特别是要在青少年中普及中国历史的基本知识,以使他们学习掌握中华民族的优秀传统,牢固地树立爱国主义精神和正确的人生观、价值观,激励他们为中华民族的伟大复兴而奉献力量。我一直强调,党和国家的各级领导干部要注重学习中国历史,高级干部尤其要带头这样做。领导干部应该读一读中国通史。这对于大家弄清楚我国历史的基本脉络和中华民族的发展历程,增强民族自尊心、自信心和奋发图强的精神,增强唯物史观,丰富治国经验,都是很有好处的。同时,我们也要学习和借鉴外国历史。历史知识丰富了,能够"寂然凝虑,思接千载",眼界和胸襟就可以大为开阔,精神境界就可以大为提高。我提倡领导干部"讲学习、讲政治、讲正气",而讲政治、讲正气,也是要以丰富的历史知识作基础的。

我相信,这套《中国通史》,一定会有益于推动全党全社会进一步形成学习历史的浓厚风气。①

江泽民同志的这封写于世纪之交的信,精辟地概括了中国历史的宝贵价值及其与史学的密切关系,深刻地阐明了研究、学习中国历史的极其重要性,同时也指出了在新的世纪里史学在社会中的重要地位。

---

① 江泽民:《中共中央总书记江泽民给白寿彝同志的贺信》,《史学史研究》1999年第3期。

“中华民族的历史，是全民族的共同财富。”对于这一论断，我们应有深入的理解。这里说的“财富”主要是指精神财富，即民族的精神传统、民族的文化遗产、民族的智慧积累；这里说的“财富”，也指物质财富，即我们的先人们在历史上曾经创造出人类最先进的物质文明，对世界历史的发展产生过重大的影响。从发展的观点来看，认识历史同迈向未来有着密切的联系，因而对于“全民族的共同财富”的珍惜就显得格外重要。

在强调“中华民族的历史，是全民族的共同财富”的基础上，江泽民同志指出：

——全党全社会都应该重视对历史知识的学习。这就是说，凡是有学习能力和学习条件的人，都应该学习历史知识；只有这样，“全民族的共同财富”才能真正转变为现实历史运动中的巨大的精神力量和物质力量。

——特别是要在青少年中普及中国历史的基本知识。青少年朋友具备了中国历史的基本知识，就能更好地认识和继承中华民族的优秀传统，牢固树立爱国主义精神和正确的人生观、价值观，确立为中华民族的伟大复兴作贡献的志向。各级学校近年来都在大力提倡素质教育，尽管说法不一，但对于中国历史的基本知识掌握多少，理解程度如何，是基本素质的一个重要方面，应毋庸置疑。各级学校的教育教学工作应采取有力措施，加强青少年对中国历史之基本知识的学习，促进素质教育的发展。

——党和国家的各级领导干部要注重学习中国历史，高级干部尤其要带头这样做。这对增强民族自尊心、自信心和奋发图强的精神，对增强唯物史观、丰富治国经验，对开阔眼界和胸襟、提高精神境界，都是很有好处的。这是对学习中国历史的很高的要求，因为它关系到各级领导干部的思想境界、精神面貌、治国才能和国家、民族的前途命运。其重要性,当最为突出。

读了江泽民同志的信,不禁联想到上文所引先人们的一些言论,如“大矣哉,盖史籍之为用也”、“史之为用,其利甚博,乃生人之急务,为国家之要道”、“欲知大道,必先为史”等,可见先人们的卓识和睿智,以及这种卓识和睿智在今天所得到的继承和发扬。

现在,我们可以得到这样的认识:在经济全球化时代,在这个空前开放的历史条件下,中国史学的民族特色和民族精神,仍是史学工作者所应坚持的原则。正如著名哲学家张岱年先生在《经济全球化与中国文化发展道路》一文中所说:

> 在哲学人文科学方面,与自然科学有所不同。哲学人文科学是具有一定的民族性的。我们要了解西方自古希腊以来的哲学人文科学的成就,也要了解中国自周秦以来的哲学人文科学的成就。对于传统文化中的腐朽的内容必须加以严肃的批判;同时对于传统文化中的优秀的内容必须加以有力的弘扬,在批判继承的基础上发挥创造性的思维,才能建设社会主义新文化。
>
> ……
>
> 经济趋于全球化,科学技术也将趋于全球化,同时必须保持民族文化的独立性,这才是中国新文化建设的道路。经济趋于全球化,但是各个伟大民族必然保持民族文化的独立性。文化的丰富多彩是世界文化发展的前景。①

---

① 张岱年:《经济全球化与中国文化发展道路》,《光明日报》2000年10月17日。

这样的认识和理念是符合实际的。21世纪的中国史学将在这样的世界形势和总的格局中开创新的前景。

（原载《史学月刊》2001年第1期）

历史与认识

一　重视"历史的启示"

"我们根本没有想到要怀疑或轻视'历史的启示';历史就是我们的一切,我们比其他任何一个先前的哲学学派,甚至比黑格尔,都更重视历史"。① 在这里,恩格斯肯定了"历史的启示"这个命题,并强调说"历史就是我们的一切"。那么,他所指的"历史的启示"是什么意思呢?恩格斯接着写道:"我们要求把历史的内容还给历史,但我们认为历史不是'神'的启示,而是人的启示,并且只能是人的启示。"

恩格斯关于"历史的启示"的这种论点告诉我们:人类可以通过正确认识自己的过去,来认识自己活动的作用以及这种作用对于未来的意义,从而对自身的前途充满信心。因为社会历史本来就是人创造的,所以"历史的启示"自然"只能是人的启示";这就是说,人类自身的活动必将对人类在认识上产生作用。由此,我们联想到马克思和恩格斯合著的《德意志意识形态》一

① 恩格斯:《评托马斯·卡莱尔的〈过去和现在〉》(1844年),《马克思恩格斯全集》第3卷,人民出版社2002年版,第520页。

书中的这样一句名言："我们仅仅知道一门唯一的科学，即历史科学。"[①]这些都证明了：马克思主义是多么重视"历史的启示"对于人类认识发展的重要作用。

然而，在现实生活中，并不是所有的人都对这一问题有明确的认识。有人往往认为，历史只是关于人类过去的事情，跟今天的人们和现实生活没有什么紧要的关系。这种看法，无疑是不正确的。现在，我们正在从事经济体制改革，必须以极大的热情关心经济效益，关心企业管理，关心科学技术等等，因为这是当前最重要的社会实践。但是，搞改革，搞社会主义现代化建设，如不关心历史，不重视"历史的启示"，那也是不对的。这是因为，历史的发展是有连续性的，而一定的现实都是一定的历史的产物。历史发展的这种连续性，必然要在人们的实践和认识上反映出来，只是有的人能够自觉地认识到这一点，而有的人则不能够自觉地认识到这一点罢了。马克思和恩格斯指出："历史的每一阶段都遇到一定的物质结果，一定的生产力总和，人对自然以及各人之间历史地形成的关系，都遇到前一代传给后一代的大量生产力、资金和环境，尽管一方面这些生产力、资金和环境为新的一代所改变，但另一方面，它们也预先规定新的一代本身的生活条件，使它得到一定的发展和具有特殊的性质。由此可见，这种观点表明：人创造环境，同样环境也创造人。"[②]这一段话十分明白地告诉我们：人们越是关注现实的生活条件、现实的社会环境，就越是需要了解历史。换言之，人们只有真正了解了历

---

① 《马克思恩格斯选集》第1卷，人民出版社1995年版，第66页注。

② 《德意志意识形态》(节选)，《马克思恩格斯选集》第1卷，第92页。

史，才能深刻地认识到他们所遇到的生活条件、社会环境为什么是这个样子而不是另外的样子，以及这样的生活条件和社会环境是怎样形成的，怎样被保留下来的，应当如何去改变它。在这里，历史对于人们在实践中和认识中的作用，就看得很清楚了。要解决现实的社会问题，便不能不了解社会的历史情况。马克思和恩格斯在创立无产阶级革命理论的时候，他们不独研究了资本主义社会的历史，而且以巨大的精力研究了资本主义社会以前的整个人类社会史。列宁为了阐明俄国无产阶级革命的可能性，写了《俄国资本主义的发展》这一历史巨著。至于毛泽东同志在从理论上说明中国革命的对象、任务、动力、性质和前途的时候，曾经反复讲到中国封建社会的历史和半殖民地半封建社会的历史这一事实，更为许多人所熟知。同样，人们为了利用自然和改造自然，也必须了解自然的历史以及人与自然之间的关系的历史；人们为了推动科学技术的前进，不能不了解科学技术的历史；人们为了发展社会生产力，不能不了解生产力的发展史以及生产力同科学技术关系的历史；人们为了繁荣当前的文学艺术和社会科学，不能不涉足于它们各个领域的历史和各个分支学科的历史；等等。总之，人们为了今天的社会实践，即为了正确地认识现实和按照更高的目标与要求改造现实，不能不了解历史，不能不重视“历史的启示”。

二　历史在人的认识中的作用

那么，从具体的方面来说，在人们的社会实践和认识发展过程中，“历史的启示”究竟表现在哪些地方呢？

对于这个问题，在中国历史上，从最古老的历史典籍开始，到后来历代的史学家、思想家和政治家的著作与言论中，都提出了许多有价值的，就是在今天也还能发人深思的见解。而在马克思主义传入中国以后，人们对于这个问题的理解和认识，也就进入一个新的阶段即科学的阶段。这里，只是从中国历史文献的丰富积累以及当今的一些研究成果中，列举几个方面的问题来谈谈历史在人的认识中的作用。

（一）历史和规律。中国古代，很多人都懂得从历史中认识社会发展和各种事物发展的趋势。司马迁写《史记》的一个目的，就是要考察历史上的“成败兴坏之理”[①]，因而重视对“事势”的分析。后来，杜佑讲“事理”，柳宗元讲“势”，直到王夫之提出“顺必然之势者，理也”[②]，都反映了古人从历史中认识事物发展趋势的进程。胡三省说：“夫‘道’无不在，散于事为之间。因事之得失成败，可以知‘道’之万世无弊，史可少欤？”[③]龚自珍也认为：“出乎史，入乎道，欲知大道，必先为史。”[④]他们说的“道”，比“事势”、“事理”似乎又要广泛一些。值得注意的是，他们都十分强调“史”中包含着“道”。以上这些，是古人关于从历史中认识规律的萌芽观念和初步尝试。

马克思、恩格斯创立了历史唯物主义，从总的方面揭示了人类历史发展的规律。这是前无古人的。但是，历史唯物主义并没有堵塞人们从历史中认识和总结某些具体规律的道路，即没有终结

---

① 《汉书》卷62《司马迁传》，中华书局1962年版。

② 王夫之：《宋论》卷7，中华书局1964年版。

③ 胡三省：《新注〈资治通鉴〉序》，见《资治通鉴》卷首，中华书局1956年版。

④ 龚自珍：《龚自珍全集·尊史》，上海人民出版社1975年版。

人们对这些规律的探讨和认识。恰恰相反,只有在历史唯物主义的指导之下,人们才有可能从对历史的正确认识中,在经济、政治、军事、科学和文化活动方面,不断总结出一些具体的规律,并用来指导人们的社会实践。事实证明,自然科学和社会科学的各个分支学科,以及人们在社会生活中的种种实践,要总结出某些带规律性的认识,是不能离开对于与其相关的历史知识的了解和分析的。

(二)历史和现实。历史是现实的镜子,两三千年前我们的先人就懂得这个道理。所谓"殷鉴不远,在夏后之世"[①],"我不可不监(鉴)于有夏,亦不可不监(鉴)于有殷"[②],就是这个意思。后来,人们说的"览前王之得失,为在身之龟镜"[③];"得可资,失亦可资也;同可资,异亦可资也。故治之所资,惟在一心,而史特其鉴也"[④],等等,也都是从这个意思发展来的。

以历史为鉴,突出地表现在如何对待社会改革的问题上。著名的商鞅变法前发生的一次激烈的辩论,中心问题就是怎样看待历史。"法古无过,循礼无邪"——这是变法反对派的看法,"治世不一道,便国不必法古"——这是商鞅的看法。[⑤] 王安石在变法前写了《上仁宗皇帝言事书》,他在这个变法论纲里一再讲到历史,特别提出以唐初改革的成效作为实行变法的根据。近代,戊戌变法前也有这样的情况。是不是可以这样说:人们越是了解历史,越是能够认识到社会改革的重要性和紧迫性。诚如鲁迅讲的那样:"读

① 《诗经·大雅·荡》,《十三经注疏》本,中华书局 1980 年版。
② 《尚书·召诰》,王世舜译注本,四川人民出版社 1982 年版。
③ 唐太宗语,见《册府元龟》卷 554《国史部·恩奖》,中华书局 1960 年版。
④ 王夫之:《读通鉴论·叙论四》之二,中华书局 1975 年版。
⑤ 参见《商君书·更法》,高亨注译本,中华书局 1974 年版。

史，就愈可以觉悟中国改革之不可缓了。”[①]当然，不同历史时期的人们所从事的社会改革，在内容上和目的上都有很大的区别。但是，研究历史的经验，对推动人们立志改革，是往往有直接的触发意义的。

从更广泛的意义来说，历史对于人们认识现实的启迪，在每一个人的社会实践中都可能产生积极的作用。要做好一个地区、一个部门、一个专业的工作，无疑要了解它们的历史。例如，我国现存的大约八千种左右的地方志，记载了不同时期和不同地区的、丰富的自然和社会的历史情况，内容所及，有天文、地理、经济、政治、史事、人物、考古、民俗、物产、矿藏等等。在一个地区工作，读一读这个地区的方志，对开阔眼界、增长见识有很大好处。又如，唐代史学家、政治家杜佑用三十六年的时间写了一部中国典章制度的通史《通典》。杜佑写这部二百卷巨著的宗旨是“征诸人事，将施有政”，为现实政治服务即达到“富国安人（民）”的目的。后人称赞这部书是“经国之良模”、“有用之实学”。今天，我们的各项制度跟《通典》所记述的已经完全不同了。但是，杜佑在这书里所阐述的经济思想、吏治思想、人才思想、法制思想、军事思想、民族思想等，即使今天读来，用马克思主义观点对它们进行分析，也是可以从中得到启发的。《通典》如此，其他许多历史典籍亦然。就某个专业来说，历史也是帮助人们更好地认识专业及专业与社会的联系，从而成为人们在实践中走向成功之路的不可缺少的因素。蜚声中外的已故气候学家竺可桢先生的著名论文《中国近五千年来气候变

---

① 《鲁迅全集》第3卷《华盖集·这个与那个》，人民文学出版社1981年版，第139页。

迁的初步研究》,显示了这位科学家的渊博的历史知识。研究现代水利工程的姚汉源教授,以大半生的精力在中国水利史这个领域里探索,从而对现代水利建设和研究提出了许多有科学价值的创造性见解。这正像著名数学家苏步青教授援引近代科学先驱培根的说法那样:学史使人明智。苏老认为:读一点科学技术史,对我们今后选择研究课题、掌握研究方法,有着很好的借鉴作用。可见,只要人们重视历史,了解历史,都可以从历史中得到应有的教益。

(三)历史和未来。人们对于历史的认识,不仅可以得到有益于现实的种种借鉴,而且还可以帮助自己观察未来,预见未来。中国古代史学家历来有一种看法,叫做:"述往事,思来者","彰往考来","总括前踪,贻诲来世",等等。他们认为,总结、陈述历史,对于考察、展望将来是有好处的。而这二者的中间环节,便是人们对史事的"始终"、"盛衰"、"改易"、"通变"的认识。章学诚也认为历史撰述应当做到"神以知来"。"神",可以看作是对历史的理解和鉴识;只有达到了"神",才能"知来"。这些见解具有非常朴素的性质,因而有很大的局限性。但是,他们力图从对历史的了解中去观察未来的发展趋势的这种认识和尝试,却是一种可贵的、启发后人的精神财富。

人们能够从历史和现实中科学地观察未来,预见未来,这是在马克思主义产生以后。从根本的方面来说,因为马克思发现:"经济的社会形态的发展理解为一种自然史的过程。不管个人在主观上怎样超脱各种关系,他在社会意义上总是这些关系的产物。"①

① 马克思:《〈资本论〉第一卷1867年第一版序言》,《马克思恩格斯选集》第2卷,人民出版社1995年版,第102页。

诚如列宁所说，对于未来的预见，“马克思没有丝毫的空想主义，就是说，他没有虚构和幻想‘新’社会。相反，他把从旧社会**诞生**新社会的过程、从前者进到后者的过渡形式，作为一个自然历史过程来研究。”[①]因此，马克思主义对于人类社会的未来的预见，不是模糊的，而是明确的；不是想象的，而是科学的。

（四）历史和修养。了解历史，对于人们增长见识、辨别是非、陶冶精神、开阔胸襟是有益的。我们的先人很早就提出：“君子以多识前言往行，以畜（蓄）其德。”[②]后人解释这句话的意思是“多记识前代之言，往贤之行，使多闻多见，以畜（蓄）己德。”所谓“前言往行”比起我们说的历史，自然狭隘得多，但它毕竟是历史的一个方面。对于这一个方面的历史的重视，认为人们广泛地去了解它，从而能够达到培养和积累自己的德行的目的，这就肯定了历史对提高人们修养的作用。这里说的“德”，当不只是指的人们的品德、行为而言，至少还包含了人们对于事物鉴识的能力。孔子自称是“信而好古”的人。他直率地承认：“我非生而知之者，好古，敏以求之者也。”[③]这位大思想家、大教育家向他的学生表明，他的渊博的学识是通过学习古代历史文化而得到的。从《论语》所记他和他的学生的问答中，可以证明孔子的历史知识是非常丰富的。孔子不仅写了《春秋》这部编年史，而且还以《春秋》为教材教育他的学生，他是我国最早的重视历史教育的学者和老师。从当时的情况来看，孔门弟子中不少人具有很高的文化修养和道德修养，这跟他们受到了良好的历史教育是分不开的。

---

① 列宁：《国家与革命》，《列宁选集》第3卷，人民出版社1995年版，第152～153页。

② 《周易·大畜》，《十三经注疏》本，中华书局1980年版。

③ 《论语·述而》，杨伯峻译注本，中华书局1958年版。

历史对于人们的修养的作用，是通过人们对于历史的自觉的认识来实现的。李大钊认为，进步的、革命的历史观能够引导人们从了解历史中确立起神圣的使命感，他说："吾人浏览史乘，读到英雄豪杰为国家为民族舍身效命以为牺牲的地方，亦能认识出来这一班所谓英雄所谓豪杰的人物，并非有与常人有何殊异，只是他们感觉到这社会的要求敏锐些，想要满足这社会的要求的情绪热烈些，所以挺身而起为社会献身，在历史上留下可歌可泣的悲剧、壮剧。我们后世读史者不觉对之感奋兴起，自然而然的发生一种敬仰心，引起'有为者亦若是'的情绪，愿为社会先驱的决心亦于是乎油然而起了。"[①]是的，如果人们对历史有所理解，尤其是对历史上那些有意义的人和事有所理解的话，那是会促进人们对于自己跟社会、国家、民族之间关系的认识的升华的，是会增强人们对于历史的使命感的。我们经常讲到历史教育问题，而就它的广泛的社会目的来说，就是为了促进人们在知识、道德、心理、理想等方面的修养。毛泽东同志指出："不注重研究现状，不注重研究历史，不注重马克思列宁主义的应用。这些都是极坏的作风。"他批评一些人："对于自己的历史一点不懂，或懂得甚少，不以为耻，反以为荣。"[②]这些话，对于说明历史和人们修养的关系，是极其深刻的。

当然，历史并不能使人们获得一切认识，因为人们认识的重要来源是人们当前的社会实践；但是，人们的认识却离不开历史，因为历史毕竟是前人的实践。毛泽东同志一贯认为："应用马克思列

① 李大钊：《史学要论》，《李大钊全集》第 4 卷，人民出版社 2006 年版，第 445～446 页。

② 毛泽东：《改造我们的学习》，《毛泽东选集》第 3 卷，人民出版社 1991 年版，第 797、798 页。

宁主义的理论和方法，对周围环境作系统的周密的调查和研究”；“不要割断历史”，“不但要懂得中国的今天，还要懂得中国的昨天和前天”，“要有目的地去研究马克思列宁主义的理论，要使马克思列宁主义的理论和中国革命的实际运动结合起来”。这是马克思列宁主义的态度和作风。[①] 他的这些话，对于一切从事实际工作和研究工作的人提高学习历史的自觉性，至今仍有重要的指导意义。

三　认识随着历史的发展而深化

人们从历史中得到的正确认识，并不是一次完成的；而已经得到的认识，也不是永远不变的。随着历史的发展和社会实践的深入，人们会不断地对历史有新的了解和评价，对以往一些不能解释或者解释得不完全正确的历史问题、历史现象，发展到能够解释或者解释得比较正确了。这样，人们的认识就向前推进了一步，就更加深化了。在 19 世纪中期以前，人们对于社会历史发展规律是没有科学的认识的。“人们能够对于社会历史的发展作全面的历史的了解，把对于社会的认识变成了科学，这只是到了伴随巨大生产力——大工业而出现近代无产阶级的时候，这就是马克思主义的科学。”[②]这是从人们对历史和社会的根本认识上说的。人们对于某些具体的历史现象的认识也是如此。如屈原的《天问》，对夏商至战国间的历史提出许多疑问。一千多年后，柳宗元写出《天对》

---

① 参见毛泽东：《改造我们的学习》，《毛泽东选集》第 3 卷，第 800～801 页。

② 毛泽东：《实践论》，《毛泽东选集》第 1 卷，第 283～284 页。

一文，回答了屈原提出的那些问题；他的回答在今天看来仍有不少可议之处，但毕竟比屈原时代人们对历史的认识深刻多了。再如，汉初，刘邦要总结秦亡汉兴的原因，命陆贾说："试为我著秦所以失天下，吾所以得之者何，及古成败之国。"陆贾乃"粗述存亡之征"，撰《新语》十二篇①。唐初，唐太宗君臣也反复讨论隋亡唐兴的原因，这在吴兢撰的《贞观政要》一书中有很详尽的记载。而魏徵以隋与秦相比较，从而把人们对于这两个皇朝的历史的认识进一步深化了。可见，用比较的方法来研究历史、认识历史，并不是近人的发明，更不是"舶来品"。还有，在近代，中国人民对于西方殖民主义、帝国主义的认识，也经历了一个漫长的历史过程。太平天国运动和义和团运动时期，只是一般地认识到殖民主义、帝国主义的侵略行为，而到了"五四"运动前后，则看出了帝国主义内部和外部的各种矛盾，并看出了帝国主义联合中国买办阶级和封建阶级以压榨中国人民大众的实质。这都说明，随着历史的发展，人们对于社会历史的认识也不断深化，不断趋于正确，不断达到真理或接近真理。历史的发展是没有止境的，因而它对于人们在认识上的这种作用也是没有止境的。李大钊说得好："历史是有生命的，僵死沈[陈]腐的记录不能表现那活泼泼的生命，全靠我们后人有新的历史观念，去整理他，认识他。果然后人又有了新的理解、发明，我们现在所认为新的又成了错误的，也未可知。我们所认为真实的事实和真理的见解并不是固定的，乃是比较的。"②这就是人们从历史中获得认识的辩证法。历史是不能割断的。历史是过去的现

① 《史记》卷97《郦生陆贾列传》，中华书局1959年版。

② 李大钊：《史学概论》，《李大钊全集》第4卷，第361页。

实，换言之，现实是当前的活的历史。因此，人们在新的环境和条件下从事社会实践所获得的新的认识，其实也就是“当前的活的历史”对人们的认识的作用。总之，随着历史的发展，人们可以从历史中不断地获得新的认识；历史的发展是永无止境的，人们的认识也就不断地得到深化。这是符合人类认识运动的规律的。

（原载《红旗杂志》1985 年第 11 期）

历史·史学·历史智慧

一　面向新的世纪,史学怎样思考

面向新的世纪,史学工作者面临着许多新的课题、新的任务,在扩大视野、拓展领域、改进方法、严肃学风、提高科学水平、增强史学活力等方面,都有许多工作要做,真是任重而道远。毋庸置疑,这些工作所能进行的程度,所能达到的成就,将决定中国史学在下个世纪的面貌,决定中国史学在21世纪中国历史进程中所发挥的作用和所处的位置。具体说来,这将决定在未来的世纪里,中国史学对于中国社会主义物质文明建设和精神文明建设发挥怎样的作用。这是史学界所关心的问题,也是公众和社会所关注的问题。历史是无情的,也是无私的。

历史无情,是因为任何人都不能阻挡历史潮流的前进;历史无私,是因为它总是一如既往地给一代代人留下宝贵的遗产和丰富的智慧而永无止境。问题在于,人们如何面对历史潮流,怎样看待历史智慧。这两者,又是相辅相成的辩证关系。古往今来,许多有识之士,都懂得这些遗产和智慧对于人们从事现实的与未来的创造具有非常重要的价值和意义,因而也就必然能够更好地面对历史潮流。而面向新的世纪,我们的史学工作,有必要进一步地深入研究历史潮流、历史智慧与人们的历史活动的相互关系，提高人们对于历史智慧的认识，促进人们学习历史，从史学中汲取更多智慧，更积极地参与社会实践。

二 历史运动与历史智慧

人们在自身所参与的历史运动中，创造和积累了历史智慧。中国有句古话，叫做“君子以多识前言往行，以畜其德”。[①] 这反映出了在很早的古代，人们就懂得十分重视前人所创造和积累的道德、智慧。这里说的“前言往行”，后人解释为前辈贤者的嘉言懿行，包含有道德、学识、智慧的广泛内容。因此，这里所说的“德”，也就具有道德、智慧的深刻内涵了。所谓“畜”，是培养和积累。诚如南朝史家裴松之在理解这句古训的时候写的：“畜德之厚，在于多识往行。”[②]这个古训揭示出了一个道理，就是：人们从历史中可以得到“德”，即得到道德、学识和智慧。

人类创造了自己的历史，创造了物质财富和精神财富。而智慧，即人们对事物能够认识、辨析、判断、处理和发明创造的能力，亦可简称为人们的才智、智谋，则是精神财富的重要部分。这些智慧，一方面可以通过大量的物质财富折射出来；一方面又可以以精神产品的形式积累和传承。可以这样说：历史，它是人类智慧的源泉。对于这一点，中国古代学人，尤其是中国古代史家，从很早的时候起，就有十分自觉的认识，史官制度设立之早，就是很好的明

① 《周易·大畜》，《十三经注疏》本，中华书局1980年版。
② 裴松之：《上〈三国志注〉表》，见《三国志》附录，中华书局1959年版。

证。而从《史记》、《汉书》这两部较早出现的“正史”来看，它们所包含的内容及蕴藏的智慧，内涵是极为丰富的。直到唐初，人们对史官的规范性要求，还是很明确的。这个要求是：“夫史官者，必求博闻强识、疏通知远之士，使居其位，百官众职，咸所贰焉。是故前言往行，无不识也；天文地理，无不察也；人事之纪，无不达也。内掌八柄，以诏王治，外执六典，以逆官政。书美以彰善，记恶以垂戒，范围神化，昭明令德，穷圣人之至赜，详一代之亹亹。”[①]由此看来，史官要把前人在社会历史中的创造活动，尤其是在这个创造活动中所积累的各方面的智慧总结出来，记载下来，是多么艰难而崇高的事业。

如此看来，在历史运动和历史智慧积累之间，史官是发挥了十分重要的作用的。从这个意义上看，史官受到公众、社会和国家的重视，是很自然的。

这里所谓历史智慧，是指历史上的人们对事物能够认识、辨析、判断、处理和发明创造的能力，是指他们关于对待社会与自然及其相互关系的才智、智谋。换言之，所谓历史智慧，是历史上的人们所创造、所积累的智慧。历史智慧，是同现代科学知识、认识能力相对而言的；但是，正如人们不应当割断历史一样，人们不应当，也不可能割断历史智慧同现代科学知识、认识能力之间的联系。

三　史学与历史知识、历史智慧

历史智慧，作为前人创造出来的精神财富之一，它的生命力是

① 《隋书》卷33《经籍志二》后序，中华书局1973年版。

永存的。如果说人们“多识”的途径最初是依靠口耳相传的话，那么在有了历史记载和历史撰述以后，从史书中学习历史知识，汲取前人的道德、智慧就成了主要的途径了。上引裴松之的话，便是明证。

春秋时期，人们已经认识到通过学习史书，可以获得广泛的知识，汲取丰富的智慧，从而用以指导自己的行动。楚国的史官左史倚相，被国人称为“楚国之宝”，称他“能道训典，以叙百物，以朝夕献善败于寡君，使寡君无忘先王之业”①。左史倚相是熟悉“训典”的史官，故能时时同楚王谈论历史上的成功失败、经验教训，使楚王便于更好地管理国家。典，当是一种古老的文献形式。《尚书·多士》说的“惟殷先人有册有典”，证明“册”和“典”至晚在殷朝就已经出现了。楚人说的“训典”，既与“百物”、“善败”、“先王之业”有关，说明它包含了丰富的历史内容。人们正是从这些丰富的历史内容中汲取智慧，变得更加聪明，更富于历史责任感。

由于历史文献越来越丰富，于是人们也就懂得了从不同的历史文献中汲取不同方面的知识和智慧。《国语·楚语上》开篇着重记述了大夫申叔时回答楚庄王所问论教导太子事，指出：“教之春秋，而为之耸善而抑恶焉，以戒劝其心；教之世，而为之昭明德而废幽昏焉，以休惧其动；教之诗，而为之导广显德，以耀明其志；教之礼，使知上下之则；教之乐，以疏其秽而镇其浮；教之令，使访物官；教之语，使明其德，而知先王之务用明德于民也；教之故志，使知废兴者而戒惧焉；教之训典，使知族类，行比义焉。”按三国吴人韦昭注所说：“以天时纪人事，谓之春秋。”“世，谓先王之世系也。”“令，

① 《国语·楚语下》，上海古籍出版社 1978 年版。

谓先王之官法、时令也。""语，治国之善语。""故志，谓所记前世成败之书。""训典，五帝之书。"这些书，属于不同内容和形式的历史文献。今天看来，这段话反映出了一个十分重要的现象，即人们对于历史知识的极其重视，以及从历史知识中汲取智慧的自觉精神。值得注意的是，这里说的"耸善而抑恶"、"昭明德而废幽昏"、"耀明其志"、"知上下之则"、"疏其秽而镇其浮"、"使访物官"、"使明其德"、"使知废兴"、"使知族类"等等，包含了多方面的知识和修养；这多方面的知识和修养的综合、提升，便可凝结为丰富的和较高层次的智慧。

从申叔时论教导太子，到左史倚相被誉为"楚国之宝"，可以看出春秋时期人们（当然主要是贵族阶层）注重从史书中汲取智慧为现实所用，已涉及广泛的领域和较深的层次，从而表明人们对此已达到很高的自觉程度。在这个问题上，我们从孔子说的"殷因于夏礼，所损益，可知也；周因于殷礼，所损益，可知也。其或继周者，虽百世，可知也"。[①] 这段话所反映出来的思想，可以得到进一步的认识和理解。人们对于历代制度的因革损益的认识丰富了，不仅可以作为现实的借鉴，还可以据此推知未来。这是从历史知识到历史智慧的必然之路。战国时期，百家争鸣，大多有对于历史知识的具体运用，反映出了从历史知识层面上升到历史思想、历史智慧层面的生机勃勃的局面。

把从史学中汲取智慧的自觉性推向更高的阶段，是从汉初到司马迁时代实现的。如果说汉初人们重视总结历史经验，显示出对客观历史进程所提供的智慧的现实因素的重视的话，那

① 《论语·为政》，杨伯峻译注本，中华书局1958年版。

么到了司马迁撰写《史记》的时候，他不仅具有前者的那种意识，而且更显示出他对于从史学的积淀中汲取智慧的自觉意识，并把二者结合起来，向人们展现出一个巨大的、幽深的历史智慧的宝库。

司马迁从客观历史中总结人们创造出来的经验和积累的智慧，至少有两个方面：一个方面，是比较具体的层面，同前人一样，这带有较多的经验色彩；另一个方面，是比较抽象的层面，比前人有了很大的提高，这带有较多的理论色彩。关于前一个方面，他评论刘敬谏都关中一事，是很有代表性的。他说："语曰：'千金之裘，非一狐之腋也；台榭之榱，非一木之枝也；三代之际，非一士之智也'。信哉！夫高祖起细微，定海内，谋计用兵，可谓尽之矣。然而刘敬脱挽辂一说，建万世之安，智岂可专也！"[①]这是从当世追溯到"三代"，强调智慧在历史活动中的重大作用；而智慧，是历史的积累，是任何身份的人都可能拥有的，即使像娄敬(刘敬)这样一个普通的士兵，亦不例外。司马迁指出这一点，在历史观点上和实践价值上，都是很有意义的。《史记》全书，在许多地方都反映了他的这种认识。关于后一个方面，更表现出司马迁在认识历史的理论上的突出成就，这就是他给自己撰写《史记》所确定的宗旨和目标："网罗天下放失旧闻，考之行事，稽其成败兴坏之理，凡百三十篇，亦欲以究天人之际，通古今之变，成一家之言。"[②]这一宗旨和目标，表明司马迁把总结历史上的"成败兴坏之理"作为撰述的核心内容来看待，并由此去探讨"天人之际"、"古今之变"这一普遍性的

---

① 《史记》卷99《刘敬叔孙通列传》后论，中华书局1959年版。

② 《汉书》卷62《司马迁传》，中华书局1962年版。

认识，从而把实践层面上的智慧提升到理论层面上的智慧。这是司马迁在历史理论上的杰出贡献。他关于人是历史活动中的主要因素，关于历史是连续的、变动的、进步的等许多认识，总结了先秦历史理论的成果，奠定了两汉以下历史理论发展的基石，对于人们认识历史和历史中蕴含的智慧，有划时代的意义。

司马迁在撰述《史记》的过程中，显示出他对于发展史学的自觉意识，这个自觉意识包含了他明确地揭示出历史文献中蕴藏着丰富的智慧，并一一强调了它们所具有的价值。这是他不同于前人并超出前人的地方。司马迁在跟上大夫壶遂辩论时指出："《易》著天地、阴阳、四时、五行，故长于变。《礼》经纪人伦，故长于行。《书》记先王之事，故长于政。《诗》记山川溪谷、禽兽草木、牝牡雌雄，故长于风。《乐》乐所以立，故长于和。《春秋》辩是非，故长于治人。是故《礼》以节人，《乐》以发和，《书》以道事，《诗》以达意，《易》以道化，《春秋》以道义。"①这里说的长于变，长于行，长于政，长于风，长于和，长于治人，以及节人，发和，道事，达意，道化，道义等，是从六个不同的方面，指出了儒家经典《诗》、《书》、《礼》、《易》、《乐》、《春秋》的特点和主旨。人们对于它们的学习和实践，便是对于自身修养的提高和智慧的逐步积累。值得注意的是，在这个辩论中，司马迁一方面指出了《诗》、《书》、《礼》、《易》、《乐》、《春秋》其所含主旨的互相联系，不可割裂；一方面强调了《春秋》的特殊重要性。他反复地阐说道："夫《春秋》，上明三王之道，下辨人事之纪，别嫌疑，明是非，定犹豫，善善恶恶，贤贤贱不肖，存亡国，继绝世，

① 《史记》卷130《太史公自序》。

补敝起废，王道之大者也。”“拨乱世反之正，莫近于《春秋》。……故《春秋》者，礼义之大宗也。”[①]这些话，无疑带有较多的社会伦理的色彩和儒家的价值观。然而，就当时的历史条件来看，《春秋》能够教会人们“上明三王之道，下辨人事之纪，别嫌疑，明是非，定犹豫，善善恶恶，贤贤贱不肖”等等，也可视为一种宏大、高深的智慧了。我们联系到司马迁在叙述自己身世的时候，特意转述了他父亲司马谈的志向，并表明了自己的决心，显示出了他继承《春秋》事业的崇高的抱负。这正是司马迁的自觉的史学发展意识的表现，也是他重视从史学中汲取智慧的自觉意识走向更高阶段的标志。《史记》成为一部闻名于全世界的不朽巨著，首先在于它闪耀着灿烂的历史智慧之光。

在司马迁以后，人们重视从史学中汲取智慧有了广泛的发展。班固自谓他所著《汉书》，可称“函雅故，通古今，正文字，惟学林”[②]。唐人颜师古注谓：“信惟文学之林薮也。凡此总说帝纪、表、志、列传，备有天地鬼神人事，政治道德，术艺文章。泛而言之，尽在《汉书》耳。”《汉书》为后人所重视，在隋唐之际勃然兴起为“《汉书》学”，除有政治上的原因外，同它“函雅故，通古今，正文字，惟学林”，包含有丰富的知识和智慧不无关系。随着“正史”撰述的兴盛，撰史者和读史者更注重于总结和认识历史上的朝代兴亡之故，从多方面汲取经验、教训，以增益治国安邦的智慧。在这方面，唐太宗同历史学的关系，唐代史家吴兢撰《贞观政要》，北宋司马光撰《资治通鉴》、范祖禹著《唐鉴》，直到明末清初王夫之著《读通鉴

① 《史记》卷130《太史公自序》。
② 《汉书》卷100《叙传》。

论》和《宋论》，都是极有代表性的。从总的倾向来看，这都是在强调一个“鉴”字，即强调历史的借鉴作用。唐太宗说的“鉴前王之得失，为在身之龟镜”[①]，司马光说的“监（鉴）前世之兴衰，考当今之得失”[②]，王夫之说的“故治之所资，惟在一心，而史特其鉴也”[③]等等，都是对于先秦时期的“殷鉴不远，在夏后之氏”[④]提出的鉴戒思想的继承和发展。应当说，对于“鉴”的认识，是具有历史智慧的很重要的表现。但中国史学中所蕴藏的历史智慧，还有更高的层次。这至少应包含有关于“势”、“理”、“道”这些范畴。司马迁在《史记·平准书》后论中，总结了汉兴以后工商业发展所带来的种种后果时写道：“无异故云，事势之流，相激使然，曷足怪焉。”这是指出，种种现象的出现，不过是事物的发展和时势的变化相互影响的结果，是不足为怪的。他论范雎、蔡泽二人在秦国的成功说：“及二人羁旅入秦，继踵取卿相，垂功于天下者，固强弱之势异也。然士亦有偶合，贤者多如此二子，不得尽意，岂可胜道哉！”[⑤]这就是说，他们的成功，首先是“强弱之势异也”，其次也还有他们二人的机遇这一因素。他论游侠之所以“显名诸侯”，是出于游侠的“贤”，“比如顺风而呼，声非加疾，其势激也”[⑥]。综观司马迁所讲的“势”，有的是讲趋势，有的是讲形势。而他在一些并没有直接讲到“势”的时候，往往都是指趋势之意。

赋予“势”以明确的趋势的含义，是柳宗元的《封建论》。他在

---

① 《册府元龟》卷554《国史部·恩奖》，中华书局1960年版。

② 司马光：《进〈资治通鉴〉表》，见《资治通鉴》附录，中华书局1956年版。

③ 王夫之：《读通鉴论·叙论四》，中华书局1975年版。

④ 《诗经·大雅·荡》，《十三经注疏》本，中华书局1980年版。

⑤ 《史记》卷79《范雎蔡泽列传》后论。

⑥ 《史记》卷124《游侠列传》序。

这篇著名的史论中，以周、秦、汉、唐的历史为根据，证明分封制的出现，“非圣人之意也，势也”；同时也证明，秦以下实行郡县制，也是势使之然。[①] 柳宗元论“势”，启发了后人的思考，提出了对于“时”的认识。宋人范祖禹引用《礼记·礼器》中说的“礼，时为大，顺次之”的话，证明“三代封国，后世郡县，时也”[②]，这颇近于柳宗元的论“势”。宋人苏轼认为：“圣人不能为时，亦不失时。时非圣人之所能为也，能不失时而已。”[③]这是很机智地说明了“圣人”与“时”的关系，都是很富于理性特色的。王夫之对“时势”有进一步的阐发，认为：“智有所尚，谋有所详，人情有所必近，时势有所必因，以成与得为期，而败与失为戒。”[④]这是指出了一定“时势”的出现，定有其一定的原因，从而把问题提得更加深刻了。总之，关于“势”的认识，已超出了对于一些具体的经验教训、得失成败的范围的考察，而走向对于一些带有普遍性问题的思考。

关于“势”的探究，引发了对于“理”的进一步认识。司马迁说的“稽其成败兴坏之理”，是较早的从史学上提出“理”这个范畴的。他说的“理”，其本意当是指道理、原因之类而言。历代史家多有探索对于“理”的认识的。班固《汉书·叙传》中有“穷人理，该万方”的说法。唐人李肇撰史的目的是“纪事实，探物理，辨疑惑，示劝戒”[⑤]。而王夫之是古代史家中把“理”阐发得较深刻的。他自谓著《读通鉴论》，是“刻志兢兢，求安于心，求顺于理，求适于用”[⑥]。

---

① 柳宗元：《柳河东集》卷3，上海人民出版社1974年版。

② 范祖禹：《唐鉴》卷2，上海古籍出版社1981年版。

③ 苏轼：《东坡志林》卷5“秦废封建”条，中华书局1981年版。

④ 王夫之：《读通鉴论·叙论三》。

⑤ 李肇：《唐国史补·序》，上海古籍出版社1979年版。

⑥ 《读通鉴论·叙论三》。

在他看来，对于历史的认识，只有达到了“顺于理”，才能“适于用”。什么是“理”呢？他认为：所谓“理”，就是“物之固然，事之所以然也”[①]。这就是说，“理”是事物变化之内在的法则。他又说：“理本非一成可执之物，不可得而见也”，“只在势之必然处见理”。[②] 这是否可以认为：“势”是“理”的形式，“理”是“势”的本质。探讨历史运动中的“理”，就是揭示“势”的本质，亦即法则。如此看来，认识历史中的“理”，也是属于较高层次的历史智慧。

史学家们在探索、揭示历史智慧的过程中，还提出了“道”这个范畴。司马迁在《史记·货殖列传》序中写道：“人各任其能，竭其力，以得所欲。故物贱之征贵，贵之征贱，各劝其业，乐其事，若水之趋下，日夜无休时，不召而自来，不求而民出之。岂非道之所符，而自然之验邪？”司马迁把人们的社会经济活动，看作是符合某种法则的表现，也是合乎于自然发展的证明。这是关于人类社会历史是一个自然发展过程的朦胧认识，今天看来亦不失为历史智慧中的精粹。重视从客观历史中去探寻“道”，从历代史书中总结“道”，是中国史学的优良传统。对于所谓“经以载道，史以纪事”从而把“道”与“事”截然分开的论点，思想深刻的史学家是不赞成的。元初胡三省明确地指出：“世之论者率曰：‘经以载道，史以纪事，史与经不可同日语也。’夫道无不在，散于事为之间。因事之得失成败，可以知道之万世无弊，史可少欤？”[③]胡三省认为，法则是不可能脱离具体的事物而产生出来的，它寓于事物之中；换言之，只有当人们认识到许多事物的时

---

① 王夫之：《张子正蒙注·至当》，中华书局1975年版。

② 王夫之：《读四书大全说》卷9《孟子·离娄上》，中华书局1975年版。

③ 胡三省：《新注〈资治通鉴〉序》，见《资治通鉴》卷首。

候，才可能真正认识法则本身。质而言之，“道”出于“事”而高于“事”，是属于意境很高的智慧。这从他评论《资治通鉴》的价值中，可以看得更加清晰。他说：“为人君而不知《通鉴》，则欲治而不知自治之源，恶乱而不知防乱之术；为人臣而不知《通鉴》，则上无以事君，下无以治民；为人子而不知《通鉴》，则谋身必至于辱先，作事不足以垂后；乃如用兵行师，创法立制，而不知迹古人之所以得，鉴古人之所以失，则求胜而败，图利而害，此必然者也。”[①]《资治通鉴》包含了丰富的史实，而上文所说的这些原则，正是从“事”中总结、提升出来的“道”。这可以看作是具体地说明了胡三省关于“道”与“事”之关系的有力的例证。清人龚自珍把胡三省的论点进一步发展了，更加明确地提出“史”与“道”的关系：“出乎史，入乎道。欲知道者，必先为史。”[②]只有“出乎史”，才能“入乎道”；因此，要懂得“道”，首先要读史。从所引之文的上下文来看，龚自珍所说的“道”，是内涵更丰富的由诸多法则结晶起来的智慧以及运用这些智慧的才能。

要之，史家关于“鉴”、“势”、“理”、“道”的阐述，从几个重要的理论范畴揭示出史学中所蕴含的高层次的历史智慧，也反映了在历史和史学的发展过程中，历史智慧之积累和提炼的过程。

王夫之认为：“史之为书，见诸行事之征也。则必推之而可行，战而克，守而固，行法而民以为便，进谏而君听以从，无取于似仁似义之浮谈，只以致悔吝而无成者也。则智有所尚，谋有所详，人情有所必近，时势有所必因，以成与得为期，而败与失为戒，

---

① 胡三省：《新注〈资治通鉴〉序》，见《资治通鉴》卷首。

② 龚自珍：《龚自珍全集·尊史》，上海人民出版社 1975 年版。

所固然矣。”[①]这一段话，从古人的观点来看，是关于史学与历史智慧之关系的很好的说明。

四 历史智慧与现实运动

人们的社会实践需要有正确的思想指导，而这种正确的思想指导又来源于人们的社会实践(包括自身的、他人的、社会的和前人的实践)。历史智慧作为前人在社会实践中总结和积累起来的有益经验与正确思想的结晶，在人们的现实运动中无疑具有重要的意义。20世纪的中国历史和20世纪的中国史学在这方面给予我们丰富的认识。诚如李大钊在20年代出版的《史学要论》一书中所断言、所预见的那样：“研究历史的趣味的盛行，是一个时代正在生长成熟正在寻求聪明而且感奋的对于人生的大观的征兆。”他认为，这种“智力的老成”，有利于人们去创造“新世界”。他还指出：“历史的进路，纵然有时一盛一衰一衰一盛的作螺旋状的运动，但此亦是循环着前进的，上升的，不是循环着停滞的，亦不是循环着逆反的，退落的，这样子给我们以一个进步的世界观。”[②]所谓“寻求聪明”和“进步的世界观”，这里指的是对于人类社会历史进程的认识和对于历史前途的信心，这是历史学给予人们的最重要的智慧，也是历史学最重要的社会功能。

回顾20世纪的中国历史，特别是中国共产党领导各族人民所进行的革命与建设的历史，人们都会认识到中国马克思主义史学在

---

① 王夫之：《读通鉴论·叙论三》。

② 李大钊：《李大钊史学论集》，河北人民出版社1984年版，第245页、第246页。

丰富人们的智慧、提高全民族的精神文化素质方面所发挥的巨大作用。马克思主义史学，一方面深化了、普及了人们对于历史唯物主义这一科学的历史观的认识，一方面指导人们如何正确地对待历史遗产，如何去总结历史所遗留下来的那些珍贵品，并用以指导当前的历史运动。这两个方面，都可以看作是 20 世纪史学领域中的最高智慧。关于这一点，毛泽东提出了深刻的见解，并予以特别的强调，他指出："学习我们的历史遗产，用马克思主义的方法给以批判的总结，是我们学习的另一任务。我们这个民族有数千年的历史，有它的特点，有它的许多珍贵品。对于这些，我们还是小学生。今天的中国是历史的中国的一个发展；我们是马克思主义的历史主义者，我们不应当割断历史。从孔夫子到孙中山，我们应当给以总结，承继这一份珍贵的遗产。这对于指导当前的伟大的运动，是有重要的帮助的。"[①]这一段历来为人们所熟知的话，肯定了我们这个民族的历史遗留下来的"许多珍贵品"，指出了应当如何对待这些珍贵品的理论和方法，强调了正确对待这些珍贵品的现实意义。这话是将近 60 年前说的。这半个多世纪的历史，不论是当年的伟大的民族解放战争，还是现今的伟大的社会主义现代化建设，人们都不会忘记这段话的理论价值和实践意义。毛泽东所说的"珍贵品"，从一定的意义上说，正是中华民族在历史上种种智慧创造的结晶和顽强奋斗的精神。在 20 世纪，中国人需要这种智慧和精神；面向 21 世纪，中国人同样需要这种智慧和精神，并把它们发扬光大。从梁启超呼唤"新史学"，倡言史学是"国民之明镜"、"爱国心之源泉"[②]，

① 毛泽东：《毛泽东选集》第 2 卷，人民出版社 1991 年版，第 533～534 页。

② 梁启超：《新史学・中国之旧史》，见《饮冰室合集・文集》，中华书局 1989 年版。

到李大钊、郭沫若开辟中国马克思主义史学发展的道路，20世纪的中国史学，虽亦不免经受坎坷，然就全局来看，它无愧是20世纪中国历史一次次伟大变迁和进步的记录与反映；比之于以往的中国史学，它蕴含着许多更新鲜、更富于创造力的智慧。值得注意的是，近些年来，书摊、坊间有不少借用“研究历史”的名义，挂着“史学著作”的招牌而编造出来的一些文字，既无梁启超所谓“国民之明镜”、“爱国心之源泉”的品位，更无李大钊所说的“寻求聪明而且感奋的对于人生的大观的征兆”、“进步的世界观”的境界，这些东西，宣扬历史上的那些过时的、落后的意识，甚至把一些糟粕作为“精华”加以宣扬、兜售，同毛泽东所推崇的“珍贵品”南辕北辙，它们并不反映“研究历史的趣味的盛行”，倒是反映出一些人追求金钱的趣味。这些东西的肆意横流，有损于史学事业的形象，有害于民族素质的提高，不仅严肃的、有责任心的史学工作者要加以反对，而且也必然会遭到社会公众的抵制。

五　端正学风，从史学中汲取更多的智慧

如上文所说，史学有多方面的社会功能，而它能够取之不尽、用之不竭地向人们提供历史智慧，正是它的极其重要的一个社会功能。

怎样从史学中汲取更多智慧呢？

首先，要正确对待新鲜智慧同历史智慧之间的关系。我们必须认识到，处于改革开放时代的中国人，面向21世纪的中国人，必须不断学习新知识，增益新智慧，要在教育和科技上不断缩小同发达国家的距离。这一点，应当引起全民族的警觉。同时，我们绝不

能遗忘、轻视历史智慧的历史意义和现代价值。从本文的分析中可以看到，历史智慧作为曾经存在过的知识的结晶，它永远不会“死亡”，还有活泼泼的生命力：它可以使人们拥有一个很高的起点，高瞻远瞩；它可以使人们储备大量的参照体系，彰往察来；它更可以使人们从对于鉴、势、理、道的理解、领悟、体察之中，学到许多聪明、才智，进退裕如地迎接新时代所面临的种种挑战。因此，我们不应把二者割裂开来，甚至对立起来。

其次，要提高从史学中汲取历史智慧的自觉性，从而提高全民族的精神素质和科学素质。史学不仅可以提高人们的文化素质、精神素质，同样也可以提高人们的科学素质。在这方面，马克思主义史学具有极其重要的作用和价值。马克思主义史学所总结的历史智慧，对于帮助人们树立正确的世界观、人生观、价值观，具有别的学科所不能替代的作用。历史学所从事的人物、事件、事实判断、价值判断等综合研究，是从感性知识和理性知识的结合上来阐明所研究的结论，具有突出的生动性和说服力。我们应该有这样的共识：只要还有历史的运动，就一定会有人们的史学活动；史学活动应当受到公众和社会更多的关注。

再次，史学工作者要充分地认识到肩负的责任，撰写出内容充实、根据可靠而又富于启迪性的著作；要抵制、批评那些打着“史学”旗号而贩卖庸俗、低俗、媚俗的“历史书”。史学工作者要学习司马迁“究天人之际，通古今之变，成一家之言”那样的宏伟气魄，多思考一些史学上的重大问题；要学习郭沫若“对于未来社会的待望逼迫着我们不能不生出清算过往社会的要求”[①]那样的社会责

---

① 郭沫若：《郭沫若全集·历史编》第1卷，人民出版社1982年版，第6页。

任感，多思考一些具有现实意义的问题。这样的话，史学工作者不仅自身注重了从史学中汲取更多智慧，而且也才能向社会、向广大读者提供得以从史学中汲取更多智慧的那种高水平的著作。

最后，端正学风，是从史学中汲取更多智慧的关键。历史是严肃的，它不以人的意志为转移。史学是严肃的，它要求人们尊重历史，认识史学在"彰往察来"方面的崇高作用，在人们藉以"畜德"方面的崇高作用。因此，人们对待史学，应该抱有正确的态度，真正视其为"生人之急务"、"国家之要道"[①]；应该具有良好的学风，真正理解到"史非一家之书，实千载之书"，当以"实事求是"为原则。[②] 在这里，明确的社会责任感和严谨的治学精神是完全统一的。这两个方面，只要偏离了其中一个方面，不仅都有碍于从史学中汲取历史智慧，甚至使史学陷于庸俗的境地。当然，以正确的态度和良好的学风对待史学，不仅仅是史学工作者的事情，也是社会应当关注的事情。只有这样，我们才能从史学中汲取更多的智慧，裨益我们的社会实践。

（原载《山西师大学报》1997 年第 4 期）

① 刘知幾：《史通·史官建置》，浦起龙通释本，上海古籍出版社 1978 年版。
② 钱大昕：《廿二史考异·序》，商务印书馆 1958 年版。

论史家的角色与责任和史学的求真与经世

在中国史学上,史家作为社会一员而与社会的关系,史学作为历史进程的反映而与客观历史的关系,是十分密切的,也是很复杂的。我们甚至可以用这样的话来说明这两个问题的重要性:它们是打开中国史学宝库丰富宝藏的钥匙。

本文将按照这样的思考程序来阐述对于上述有关问题的认识,这就是:史家的社会角色与史家的社会责任是相联系的,史学的求真要求与史学的经世目的也是相联系的;它们的这种联系,并不因为客观上存在着这样那样相互矛盾的因素而有根本上的改变。同时,史家的角色与责任和史学的求真与经世之间,存在着一种更深层次的本质的联系,以至于可以这样认为:揭示出这种联系,就是从一个重要的方面揭示出中国史学的总相和特点。

一　史家之角色意识的发展及史家的社会责任

中国史家之角色意识的产生有古老的渊源和长期发展的历史。

中国最早的史家是史官。至晚在春秋时期(公元前770年～公元前476年),中国古代史官的角色意识已经突出地显露出来。

有两个人们所熟知的事例可作为明证。第一个事例发生在公元前607年:晋国史官董狐因为记载了“赵盾弑其君”一事而同执政大夫赵盾发生争论,并在争论中占了上风。[①] 另一个事例发生在公元前548年:齐国太史因为记载“崔杼弑其君”一事而被手握大权的大夫崔杼所杀,太史之弟因照样记载又被崔杼先后杀死二人,直到太史的第三个弟弟才照样记载了这件事。这时,有位南史氏听说太史尽死,便执简以往,欲为书之,中途听说已经记载下来,便返回去了。[②] 这里,董狐、齐太史兄弟数人、南史氏等,都表现出了一种鲜明的角色意识,这一角色意识的核心是对史官职守的虔诚和忠贞。因此,他们不畏权势,即使献出生命以殉其职也在所不惜。这是当时史家之角色意识的极崇高的表现。当然,在我们认识这种现象的时候,不应局限于从史家个人的品质修养和精神境界来说明全部问题;从社会的视角来看,史家的这种角色意识也是当时士大夫阶层所遵循的“礼”的要求。西周以来,天子于礼有所谓“动则左史书之,言则右史书之”[③],此即“君举必书”之礼。[④] 在王权不断衰微,诸侯、大夫势力相继崛起的历史条件下,这种礼也在诸侯、大夫中间推行起来。董狐、齐太史、南史氏都是诸侯国的史官;国君被杀,按“礼”的要求是必须记载下来的。不仅如此,就是作为大夫的赵盾,也有自己的史臣。史载,周舍对赵盾说:“愿为之臣,墨笔操牍,从君之过;而日有记也,月有成也,岁有效也。”[⑤]所谓“谔

---

① 事见《左传·宣公二年》,杨伯峻注本,中华书局1981年版。

② 参见《左传·襄公二十五年》,杨伯峻注本。

③ 《礼记·玉藻》,《十三经注疏》本,中华书局1980年版。

④ 《左传·庄公二十三年》,杨伯峻注本。

⑤ 《韩诗外传》卷7,丛书集成初编,中华书局1985年版。

谓之臣”，是同“日有记”、“月有成”、“岁有效”直接联系的。由此可见，“君举必书”之礼，一方面反映了史官必须对当时所发生的事件的及时记载，另一方面也反映了它对各级贵族的约束。是否可以认为，这两个方面结合起来，才全面地表现了史家的角色意识。春秋末年，孔子称赞董狐是“古之良史”，因为他“书法不隐”；称赞赵盾是“古之良大夫”，因为他“为法受恶”①。此处所谓“法”，是指法度，即当时“礼”制的规范。从今天的认识来看，也可以看作是从史家的主体方面和史家所处的环境方面，说明了史家之角色意识的个人原因和社会原因。

史家的角色意识随着历史的进步而增强，而升华。这一发展的主要标志，是原有的角色意识突破君臣的、伦理的藩篱而面向社会。这一变化的滥觞，当始于孔子作《春秋》。孟子论孔子作《春秋》一事说：“世衰道微，邪说暴行有作，臣弑其君者有之，子弑其父者有之。孔子惧，作《春秋》。《春秋》，天子之事也；是故孔子曰：‘知我者其惟《春秋》乎！罪我者其惟《春秋》乎！’”②尽管《春秋》还是尊周礼，维护君臣父子的伦理秩序，但孔子以私人身份撰写历史、评论历史的做法，已突破了过去史官们才具有的那种职守的规范；这就表明作为一个史家，孔子所具有的史家角色意识已不同于在他之前的那些史官们的角色意识了。

然而，史家之角色意识的发展的主要标志的真正体现者，还是西汉前期的司马迁（公元前145年或公元前135年～?）。司马迁很尊崇孔子、推重《春秋》，然而他著《史记》的旨趣和要求已不同于

① 《左传·宣公二年》，杨伯峻注本。
② 《孟子·滕文公下》，杨伯峻译注本，中华书局1960年版。

孔子作《春秋》了。司马迁的目标是“究天人之际，通古今之变，成一家之言”，是“网罗天下放失旧闻，略考其行事，综其终始、稽其成败兴坏之纪”，是“述往事，思来者”。[①] 由此可以看出，司马迁的博大胸怀是要拥抱以往的全部历史，探讨古往今来的成败兴坏之理，使后人有所思考和启迪。正因为如此，司马迁才能“就极刑而无愠色”，在“肠一日而九回，居则忽忽若有所亡，出则不知其所往”的境遇中完成他的不朽之作。

史家之角色意识的进一步发展，是从面向社会到在一定意义上的面向民众。其实，从“水能载舟，亦能覆舟”的古训中，史家或多或少都会认识到民众的存在及其对于政治统治的重要。司马光是极明确地表明了这一认识的史家。用他自己的话说，他撰《资治通鉴》是“专取关国家盛衰，系生民休戚，善可为法，恶可为戒者”入史。[②] 他对于历史事实、历史知识的抉择，至少在形式上是把“生民休戚”同“国家盛衰”放到同等重要的位置看待，或者他认为这二者本身就是不可分割开来的。在封建社会里，一个史家能够这样来看待历史，是难能可贵的。

从上面简略的叙述中，我们不难发现，史家之角色意识的发展，总是同史家的社会责任感相联系着。董狐、齐太史、南史氏所表现出来的“书法不隐”的勇气，一个重要的驱动力就是维护当时的君臣之礼。这在当时的社会意识形态和伦理关系中，至少在形式上还占据着主导地位。他们不惜以死殉职，正是为了维护当时的社会秩序。如上所述，孔子修《春秋》，也是受到社会的驱动而

---

① 司马迁:《报任安书》，见《汉书》卷62《司马迁传》，中华书局1962年版。

② 司马光:《进〈资治通鉴〉表》，见《资治通鉴》附录，中华书局1956年版。

为。至于司马迁父子的社会责任意识，他们本人都有极明白的阐述。其中，最动人心魄的是司马谈的临终遗言和司马迁对父亲遗言的保证，《史记·太史公自序》记："太史公执迁手而泣曰：'……夫天下称诵周公，言其能论歌文武之德，宣周邵之风，达太王王季之思虑，爰及公刘，以尊后稷也。幽厉之后，王道缺，礼乐衰，孔子修旧起废，论《诗》、《书》，作《春秋》，则学者至今则之。自获麟以来四百有余岁，而诸侯相兼，史记放绝。今汉兴，海内一统，明主贤君忠臣死义之士，余为太史而弗论载，废天下之史文，余甚惧焉，汝其念哉！'迁俯首流涕曰：'小子不敏，请悉论先人所次旧闻，弗敢阙。'"这一段对话，极其深刻地表明了他们的角色意识和社会责任的密切联系，表明了他们对于被"天下称诵"的周公和"学者至今则之"的孔子，是何等心向往之。后来司马迁用"述往事，思来者"这几个字深沉地表达出了他对历史、对社会的责任感。从司马光撰《资治通鉴》的目的，我们同样可以看到史家之角色意识与社会责任的联系与统一：他希望《资治通鉴》能够得到最高统治者的重视，"以清闲之燕时赐省览，鉴前世之兴衰，考当今之得失，嘉善矜恶，取是舍非，足以懋稽古之盛德，跻无前之至治，俾四海群生，咸蒙其福！"倘果真如此，他自谓"虽委骨九泉，志愿永毕矣。"[①]这就是说，史家的目的，是希望统治集团从历史上汲取经验教训，改进政治统治以达到"盛德"和"至治"的地步，从而使"四海群生，咸蒙其福"。正是为着这个目的，他认为他的精力"尽于此书"是值得的。

史家之角色意识与社会责任的联系和统一，其中有一个根本的原因，即绝大多数史家从不把史职仅仅视为个人的功名和权力，

---

① 司马光：《进〈资治通鉴〉表》，见《资治通鉴》附录。

而是把这一职守同社会、国家联系在一起，使其成为一定的社会责任的表现形式。个别的例外乃至于少数的异常是存在的，但这并不反映中国史学的主流。

史家的角色意识与社会责任，无疑要影响着、铸造着中国史学的面貌，在很大程度上决定着它的发展趋向。

二　史学的求真与经世

上文所论史家之角色意识与社会责任，至少在两个方面影响到中国史学的基本面貌，这就是中国史学的求实精神与经世目的及其相互间在总体上的一致性。具体说来，史家的角色意识同史学的求真要求相关联，史家的社会责任同史学的经世目的相贯通。其间固有种种深层的联系，本文将在下一个问题中阐述。这里，我们首先来考察中国史学的求真与经世的内涵及其相互间的关系。

享有盛誉的史学批评家刘知幾（公元 661～721 年）认为："为史之道，其流有二。何者？书事记言，出自当时之简；勒成删定，归乎后来之笔。然则当时草创者，资乎博闻实录，若董狐、南史是也；后来经始者，贵乎俊识通才，若班固、陈寿是也。必论其事业，前后不同。然相须而成，其归一揆。"[①]刘知幾把史学工作大致上划分成了两个阶段：前一个阶段是"书事记言"，后一个阶段是"勒成删定"，前后"相须而成"，缺一不可。他认为前一阶段工作的主要要求是"博闻实录"，一要"博"，二要"实"；后一阶段工作的主要要求是"俊识通才"，一是"识"，二是"才"。按照刘知幾的思想体系，结

① 刘知幾：《史通·史官建置》，浦起龙通释本，上海古籍出版社 1978 年版。

合他关于才、学、识的理论来看，“博闻实录”可以看作是“史学”，“俊识通才”包含了“史识”和“史才”。那么，这里什么是最重要的基础呢？答曰：“博闻实录”是基础。这是因为，没有丰富的和真实的记载（所谓“书事记言”），自无从“勒成删定”，而“俊识通才”也就成了空话。当然，仅仅有了“博闻实录”，没有“俊识通才”去“勒成删定”，也就无法写成规模宏大、体例完备、思想精深的历史著作，无法成就史学事业。刘知幾在理论上对中国史学的总结和他所举出的董狐、南史、班固、陈寿等实例，论证了中国史学是以求真为其全部工作的基础的。这种求真精神，从先秦史官的记事，到乾嘉史家的考据，贯穿着整个中国古代史学。细心的研究者或许会注意到，《史通·直书》篇列举了唐代以前史学上以“直书”饮誉的史家，他们是：董狐、齐太史、南史氏、司马迁、韦昭、崔浩、张俨、孙盛、习凿齿、宋孝王、王邵等。他们或“仗气直书，不避强御”；或“肆情奋笔，无所阿容”；或“叙述当时”，“务在审实”等等，都需要“仗气”与“犯讳”，显示了大义凛然的直书精神。刘知幾所处的唐代，也有许多坚持秉笔直书的史官和史家，如褚遂良、杜正伦、刘允济、朱敬则、刘知幾、吴兢、韦述、杜佑等，在求实精神上都有突出的表现。这里，举一个不大为人所知的事例，用以说明在中国史学上求实精神是怎样贯穿下来的。武则天长安年间（公元701～704年），宠臣张易之、张昌宗欲加罪于御史大夫、知政事魏元忠，乃赂以高官，使张说诬证魏元忠“谋反”。张说始已应允，后在宋璟、张廷珪、刘知幾等人的劝说之下，翻然悔悟，证明魏元忠实未谋反。到唐玄宗时，此事已成为历史事件，吴兢（公元670～749年）与刘知幾作为史官重修《则天实录》，便直书其事。时张说已出任相职、监修国史，至史馆，见新修《则天实录》所记其事，毫无回护，因刘知幾已故，乃屡请吴兢删改数字；吴兢终不许，认为“若取人情，何名为直笔”，被时人称为“当今董狐”。[1] 吴兢虽面对当朝宰臣、监修国史，仍能秉笔直书与其有关的然而并不十分光彩的事件，又能当面拒绝其有悖于直书原则的要求，这如没有史学上的求真精神，没有一种视富贵如浮云的境界，是做不到的。这种董狐精神所形成的传统，尤其在历代的起居注、实录、国史的记述与撰写中，都不同程度地表现出来。

应当指出，刘知幾说的“俊识通才”，一方面当以“博闻实录”的“当时之简”为基础，一方面在“勒成删定”中同样要求贯穿求真精神，这样才能真正反映出史家的“识”与“才”。如近代以来的考古发现一再证明，司马迁《史记》所记商代以下的历史是可靠的。这一事实使中外学人皆为之惊叹不已。后人称赞《史记》“其文直，其事核，不虚美，不隐恶，故谓之实录。”[2]又如司马光撰《资治通鉴》，在“勒成删定”中遇到了许多疑难问题。这对于史家的求真精神实是严峻的考验。为使今人信服、后人不疑，司马光“又参考群书，评其同异，俾归一途，为《考异》三十卷”[3]，使之成为阅读《资治通鉴》的必备参考书。由《资治通鉴》而派生出来《资治通鉴考异》，这是极有代表性地表明了中国史学的求真精神。此外，从魏晋南北朝以下历代史注的繁荣，直到清代乾嘉时期考史学派的兴盛，也都闪烁着中国史学的求真精神之光。

当然，中国史学上也的确存在不少曲笔。对此，刘知幾《史通·曲笔》篇不仅有事实的列举，还有理论的分析，是关于曲笔现

---

① 见王溥编：《唐会要》卷 64《史馆下·史馆杂录下》，中华书局 1955 年版。
② 《汉书》卷 62《司马迁传》后论。
③ 司马光：《进〈资治通鉴〉表》，见《资治通鉴》附录。

象的很有分量的专文。刘知幾之后,史学上的曲笔现象仍然存在。举例来说,唐代诸帝实录,其中就出现过几次修改,不论是修改曲笔,还是曲笔修改,都说明了曲笔的存在。而此种曲笔产生的原因,往往是政治因素影响所致。[①] 这样的例子,在唐代以后的史学中,也还可以举出一些来。但是,在中国史学上有一个基本准则或总的倾向,这就是:直书总是为人们所称道,而曲笔毕竟受到人们的揭露和批评。诚如南朝人刘勰在《文心雕龙·史传》篇中所说的那样:"奸慝惩戒,实良史之直笔;农夫见莠,其必锄也;若斯之科,亦万代一准焉。"这话的意思是:对奸邪给予惩戒,正是优秀史家的直笔所为,正如农夫看到田间的莠草,就一定要把它锄掉一样。像这种做法,也是万代同一的准则。从"书法不隐",到史学家们把"实事求是"写在自己的旗帜之上,证明在漫长的发展历程中,中国史学形成了这样的准则和传统,求实精神在中国史学中居于主导的位置。

在中国史学上,史家的社会责任意识必将发展为史学的经世思想。从根本的原因来看,思想是社会存在的反映,但思想也反过来影响社会存在。史学思想也是如此。从具体的原因来看,史家的社会责任意识一方面受史家的角色意识所驱动,一方面也受到儒家人生哲学的影响,从而逐步形成了尽其所学为社会所用的史学经世思想。这在许多史家身上都有突出的反映,以至于使经世致用成为中国史学的一个传统。

问题在于,史学家们采取何种方法以史学经世呢?

---

① 参见笔者所撰《晚唐史学的特点与成就》、《韩愈与〈顺宗实录〉》等文,均收在《唐代史学论稿》一书,北京师范大学出版社 1989 年版。

——以伦理的或道德的准则警醒人们，教育人们，协调或维护一定的社会秩序。按照孟子的说法，“孔子成《春秋》而乱臣贼子惧”①，当属于这种方式。后来，司马迁进一步阐述了《春秋》的这种社会作用，他说：“《春秋》辨是非，故长于治人。”“拨乱世反之正，莫近于《春秋》。”②刘知幾说的“史之为务，申以劝戒，树之风声”③，也是这个意思。

——以历史经验启迪人们心智，丰富人们智慧，更好地利用自然、管理国家和社会。《春秋》之后，《左传》、《国语》在这方面有丰富的记载，诸子论史也多以此为宗旨。在陆贾的说服之下，汉高祖刘邦命陆贾“试为我著秦所以失天下，吾所以得之者何，及古成败之国。”④这是历史上政论家、史论家和政治家自觉地总结历史经验的一个范例，对中国史学的发展有深远的影响。司马迁的《史记》，以其“究天人之际，通古今之变”的恢宏视野和深邃的历史眼光、鲜明的时代精神，为中国史学在这方面的成就奠定了广阔而深厚的基础。历代正史、《资治通鉴》以及其他各种体例的史书，在总结历史经验为社会所用方面，都受到了《史记》的影响。

——以历史上的种种制度模式与思想模式，提供现实选择的参考。这种方式，以典制体史书最为突出。唐代大史学家杜佑（公元735～812年）在他著的《通典》的序言中说：“所纂《通典》，实采群言，徵诸人事，将施有政。”杜佑同时代的人评价《通典》的旨趣和

---

① 《孟子·滕文公下》，杨伯峻译注本。

② 《史记》卷130《太史公自序》。

③ 《史通·直笔》，浦起龙通释本。

④ 《史记》卷97《郦生陆贾列传》。

价值说："今《通典》之作，昭昭乎其警学者之群迷欤！以为君子致用在乎经邦，经邦在乎立事，立事在乎师古，师古在乎随时。必参今古之宜，穷终始之要，始可以度其古，终可以行于今，问而辨之，端如贯珠，举而行之，审如中鹄。"[①]"诞章闳议，错综古今，经代(世)立言之旨备焉。"[②]清乾隆帝评论《通典》说："此书……本末次第，具有条理，亦恢恢乎经国之良模矣！"[③]本文一再列举人们对《通典》的评论，意在藉此说明中国典制体史书在史学之经世目的方面的作用。《通典》不过是它们当中的杰作和代表罢了。

——以众多的历史人物的事迹、言论，向人们提供做人的标准，"见贤而思齐，见不贤而内自省"[④]，使史学起到一种特殊的人生教科书的作用。

史学经世的方式和途径，不限于这几个方面，不一一列举。而需要作进一步探讨的问题，是史学的求真与经世之间究竟有无联系？如果有联系的话，又是怎样的联系？

这样的问题，在中国史学上，史学家们是作了回答的。《史通·人物》篇开宗明义说："人之生也，有贤、不肖焉。若乃其恶可以诫世，其善可以示后，而死之日名无得而闻焉，是谁之过欤！盖史官之责也。"此篇广列事实，证明一些史书在这方面存在的缺陷，并在篇末作结论说："名刊史册，自古攸难；事列《春秋》，哲人所重。笔削之士，其慎之哉！"所谓"诫世"和"示后"，是指史学的经世作用；所谓"难"，所谓"重"，所谓"笔削之士，其慎之哉"，是强调史学

---

① 李翰：《通典》序，见《通典》书首，中华书局1988年版。

② 权德舆：《杜公墓志铭并序》，见《唐文粹》卷68，明嘉靖刻本。

③ 乾隆丁卯《御制重刻〈通典〉序》，见《通典》卷末附录一。

④ 《史通·史官建置》，浦起龙通释本。

的求真。从这里不难看出,刘知幾是把史学的求真视为史学的经世的基础。换言之,如无史学的求真,便无以谈论史学的经世;求真与经世是密切联系的,在总的方向上是一致的。《史通》作为一部史学理论著作,在许多地方都是在阐述这个道理。宋人吴缜论批评史书的三个标准,一是事实,二是褒贬,三是文采。他认为,事实是一部史书的根本,有了这一条,才不失为史之意。他说的褒贬,是著史者的价值判断,其中包含着史学经世的思想,而这些都应以事实为基础。吴缜认为,一部好的史书,应当做到这三个方面,也就是说,这三个方面是应当统一起来,也是可以统一起来的。[①] 吴缜所论,同刘知幾所论相仿佛,都强调了史学的经世以史学的求真为前提。这就是说,史学的经世与史学的求真不是抵触的而是协调的、一致的。在中国史学上,也确有为着"经世"的目的(这常常表现为以政治上的某种需要为目的),而不顾及到甚至有意或无意损害了史学的求真的现象,但这并不是中国史学的主流,而且它有悖于本来意义上的史学经世思想。

在讨论史学的求真与经世的关系时,中国古代史家还有一点认识是十分可贵的,即史学的经世固然以史学的求真为前提,但史学的经世并不等于照搬历史或简单地模仿历史。司马迁指出:"居今之世,志古之道,所以自镜也,未必尽同。帝王者各殊礼而异务,要以成功为统纪,岂可绲乎?"[②]这是中国史家较早地然而却是明确地指出了以历史为借鉴和混同古今的区别。可见,中国史学的经世主张,并不像常被人们所误解的那样:只是告诫人们去搬用历

① 参见《新唐书纠谬·序》,丛书集成初编,商务印书馆 1936 年版。

② 《史记》卷 18《高祖功臣侯者年表》序。

史、模仿前人而已。关于这一点，清人王夫之（公元 1619～1692 年）有很深刻的认识，他在《读通鉴论》的叙文中写道："引而伸之，是以有论；浚而求之，是以有论；博而证之，是以有论；协而一之，是以有论；心得而可以资人之通，是以有论。道无方，以位物于有方；道无体，以成事之有体。鉴之者明，通之也广，资之也深，人自取之，而治身治世，肆应而不穷。抑岂曰此所论者立一成之型、而终古不易也哉！"[①]对于这段话，我们可以作这样的理解：史学的资治或经世，本有恢廓的领域和"肆应不穷"的方式，不应对它采取狭隘的、僵化的态度或做法。

三　角色与责任和求真与经世的关系

史家的角色意识导致了史学的求真精神，史家的责任意识导致了史学的经世目的。那么，当我们考察了角色与责任的一致和求真与经世的一致之后，我们现在要进一步考察的是：角色与责任的一致，求真与经世的一致，从整体上看，它们之间是否有一种深层的联系呢？

这种联系是存在的，正因为这种联系的存在，才使角色意识导致求真精神、责任意识导致经世目的，成为可以理喻的客观存在。这种联系就是中国史学上的信史原则和功能信念。

关于信史原则。中国史学上的信史原则的形成，有一个长期发展的过程。孔子说过："吾犹及史之阙文也。"[②]意思是他还能看

---

① 王夫之：《读通鉴论·叙论四》之二，中华书局 1975 年版。

② 《论语·卫灵公》，杨伯峻译注本，中华书局 1958 年版。

到史书存疑的地方。孔子还认为杞国和宋国都不足以用来为夏代的礼和殷代的礼作证明，因为它们没有足够的文件和贤者。[①] 这都表明了孔子对待历史的谨慎的态度。后人评论《春秋》说："《春秋》之义，信以传信，疑以传疑。"[②]这个认识不必拘于某个具体事件，从根本上看，它是符合孔子的思想的。司马迁在论到夏、商、周三代纪年时说："疑则传疑，盖其慎也。"[③]可以认为：所谓"信以传信，疑以传疑"、"疑则传疑，盖则慎也"，乃是信史思想的萌芽。南朝刘勰概括前人的认识，在《文心雕龙·史传》篇中提出："文疑则阙，贵信史也。"他批评"传闻而欲伟其事，录远而欲详其迹"的想法和做法，都是不顾"实理"的"爱奇"表现，不符合信史原则。这是较早的关于"信史"的简要论说。对"信史"作进一步阐述的，是宋人吴缜。他这样写道："必也编次事实，详略取舍，褒贬文采，莫不适当，稽诸前人而不谬，传之后世而无疑，粲然如日星之明，符节之合，使后学观之，而莫敢轻议，然后可以号'信史'。"[④]吴缜说的"信史"，包括了事实、详略、褒贬等一些明确的标准，其中所谓"不谬"、"无疑"、"莫敢轻议"虽难以完全做到，但他在理论上对"信史"提出明确的规范，是有重要意义的，它反映了中国史学上之信史原则逐步形成的趋势。

应当指出，这种信史原则的萌生、形成和确认，同史家的角色意识和史学的求真精神有直接的联系：它是角色意识的发展，又必须通过求真精神反映出来。换言之，没有史家的角色意识，便不可

① 参见《论语·八佾》，杨伯峻译注本。
② 《春秋穀梁传·桓公五年》，《十三经注疏》本，中华书局 1980 年版。
③ 《史记》卷 13《三代世表》序。
④ 参见《新唐书纠谬·序》，丛书集成初编。

能萌生出史家对于信史的要求；而如果没有史学的求真精神，那么信史原则必将成为空话。可以认为，从“书法不隐”到“实事求是”，贯穿其间的便是逐步发展起来的信史原则和对于信史的不断追求。

关于功能信念。史家的社会责任意识和史学的经世致用目的，也有一贯穿其间的共同认识，即确信史学所具有的社会功能。《国语·楚语上》记载了这样一件事：楚庄王请教大夫申叔时，应当对太子进行怎样的教育，申叔时说了下面这番话：“教之春秋，而为之耸善而抑恶焉，以戒劝其心；教之世，而为之昭明德而废幽昏焉，以休惧其动；教之诗，而为之导广显德，以耀明其志；教之礼，使知上下之则；教之乐，以疏其秽而镇其浮；教之令，使访物官；教之语，使明其德，而知先王之务用明德于民也；教之故志，使知废兴者而戒惧焉；教之训典，使之族类，行比义焉。”[1]据三国时人韦昭注：春秋，是“以天时纪人事”；世，是“先王之世系”；令，是“先王之官法、时令”；语，是“治国之善语”；故志，是“所记前世成败之书”；训典，是“五帝之书”。可见，这些书大多是历史记载或关于历史方面的内容。从申叔时的话里，可以看出当时人们对于史学教育功能的认识。这种认识经过长时期的发展，唐代的史学家、政治家提出了关于史学功能的比较全面的认识。唐太宗在讲到史学的功用时，极为感慨地说：“大矣哉，盖史籍之为用也。”[2]史家刘知幾分析了竹帛与史官的作用后总结说：“史之为用，其利甚博，乃生人之急务，为国家之要道。有国有家者，其可缺之哉！”[3]清人浦起龙在解

① 《国语·楚语上》，上海古籍出版社 1978 年版。

② 唐太宗：《修晋书诏》，见《唐大诏令集》卷 81，商务印书馆 1959 年版。

③ 《史通·史官建置》，浦起龙通释本。

释这段文字时，反复注曰："析出有史之功用"，"总括其功用"。可见，他是深得刘知幾论史的要旨。

唐代以下，论史学功能的学人更多了，其中如胡三省论史之载道，王夫之论史学的治身、治世，顾炎武论史学与培育人才，龚自珍论史家的"善入"、"善出"，"欲知大道，必先为史"，并倡言"以良史之忧忧天下"，等等。其间，都贯穿着对史学之社会功能的确认和信念。

准此，则史家的社会责任意识必倾注于史学之中，而史学亦必成为史家藉以经世致用的智慧和手段。

最后，我们是否可以作出这样的结论：信史原则和功能信念的统一，从根本上反映了中国史学传统的精神本质。

（原载《社会科学战线》1996 年第 2 期）

中国传统史学的多样性、社会性和时代性

中国传统史学是一座瑰丽的宝库，是中国传统文化的很重要的组成部分。怎样认识这座宝库，以至怎样发挥它在社会主义现代化建设中的积极作用，是一个具有理论意义和实践意义的课题。诚然，要全面地或比较全面地阐述这个课题，应当由专门的著作来完成。这篇短文，只能从总的方面讲几点概括的认识；讲得对与不对，自已也没有多大把握，目的在于探索和讨论。这里讲的，是关于中国传统史学的多样性、社会性和时代性等问题。我认为这几个方面在构成中国传统史学的总的面貌上是很重要的。

一

所谓多样性，是从中国传统史学的表现形式来说的。一般地说，形式是由内容决定的。为了便于说明问题，这里先从最直观的认识入手，即首先讨论中国传统史学的表现形式。

从表现形式上看，中国传统史学体裁之丰富，无疑是其显著的特色之一。中国史学经过长期的发展，除了熔炼成四种主要体裁即编年体、纪传体（其实是纪、表、志、传结合而成的综合体）、典制体（旧称政书体）、纪事本末体外，还有学案、史表、图谱、评论等等，

也是很重要的体裁。古代史家编著史书,对体裁的选择、要求和创新,一方面是从客观历史的发展中得到了启示,另一方面也往往反映了他们自己对历史的理解及其撰述的目的。关于后一个方面,我们从历代史家所撰史书的序论、凡例中可以看得很清楚。可见中国传统史学之体裁的多样性的特点,乃是客观历史发展和史家认识发展的结果。当然,这些体裁出现的时间或先或后,取得的成就有大有小,但在中国史学的滔滔长河中,它们都得到了相当的发展;在这个发展过程中,各种体裁的相互补充和综合,又推动了有关体裁自身不断革新,显示了中国传统史学在撰述上的多姿多彩的成就。这是我国史学遗产中一个很重要的方面。

这种情况,从7世纪中叶(唐高宗显庆元年,公元656年)成书的《隋书·经籍志》所著录的史书来看,已十分了然。《隋志》史部后序说:"凡史之所记,八百一十七部,一万三千二百六十四卷(原注:通计亡书,合八百七十四部,一万六千五百五十八卷)。"根据清代学者的考证和补充,实际数目比这还要大一些。史学发展的这种盛况,在当时世界各国是少见的。《隋志》史部分史书为十三类:正史、古史、杂史、霸史、起居注、旧事、职官、仪注、刑法、杂传、地理、谱系、簿录。这是从内容和体裁的结合上来区分史书类别的。稍后,著名史学家刘知幾以"六家"(《尚书》、《春秋》、《左传》、《国语》、《史记》、《汉书》)、"二体"(断代的纪传体、编年体)和十种"偏记小说"(偏记、小录、逸事、琐言、郡书、家史、别传、杂记、地理书、都邑簿)来总括群史。[①] 刘知幾对史书种类和体裁的看法,虽不及

① 参见《史通》的《六家》、《二体》、《杂述》等篇,浦起龙通释本,上海古籍出版社1978年版。

《隋志》全面，但也显示了一个史学家的开阔的视野，从不同的角度反映出8世纪以前中国史学之多样性的丰姿。这种情况，在此后的大约十个世纪中历代官修、私撰的目录书、文献书里，都不断地有所反映、有所发展。18世纪后半叶（清乾隆四十七年，公元1782年）纂修的《四库全书》，其史部分为正史、编年、纪事本末、别史、杂史、诏令、奏议、传记、史钞、载记、时令、地理、职官、政书、目录、史评十六类，大致上反映了中国古代史书的状况。当时，世界上有些国家在社会经济、文化方面已经走向近代化了，但如此丰富、多样的史学表现形式，恐怕也还是不多见的。《四库全书》史部分类，在体裁的区别上更加讲究、更加明显。从《隋书·经籍志》史部到《四库全书总目》史部，反映了中国传统史学之多样性的发展历程。

中国传统史学所采用的这些体裁，都是时代的产物，是一定的历史时期的社会生活、阶级关系和意识形态在史学上的反映。20世纪以来，中国史书在表现形式上已经有了很大的发展。但是，这并不意味着传统史学的表现形式已完全失去了存在的意义，不可以被今人所借鉴。恰恰相反，当代史学所借以表现的种种形式，一般说来，都或多或少继承了传统史学的表现形式。譬如：现在通行的章节形式，就是中国传统的纪事本末体同西方近代史书体裁结合而成的一种新的形式；近年来关于人物传记的著作多了起来，其中尤以《中国哲学家评传》、《中国文学家评传》、《中国史学家评传》、《中国军事家评传》、《中国教育家评传》等，在读者中产生相当大的影响，这些评传无疑是对传统史学中的类传的继承和发展；至于对编年体的运用，更是不曾间断过。值得注意的是，目前有的学者正在探索着把古今史书体裁结合起来，试图创造出一种新的综合体,用以表现通史或断代史的演进过程及其丰富、复杂的侧面;有的学者正在运用马克思主义的观点,改编旧的学案体史书。这就说明,中国传统史学的表现形式的多样性,跟当今史学的发展是有密切的联系的。这种联系所产生的积极影响的大小,在一定意义上取决于人们对这个问题的自觉的认识和实践的程度。

是否可以这样认为:史学工作者对于中国传统史学之表现形式的多样性的情况和发展规律的研究,对传统史书体裁的批判继承,将有利于创造出新的史书体裁,促进马克思主义历史科学获得更多的表现形式。这是建设具有中国民族特色的马克思主义史学的任务之一。

二

中国传统史学在表现形式上的多样性,从根本上来说,是由这个史学所反映的社会内容决定的。这里,就涉及中国传统史学的社会性了。

司马迁为自己的历史撰述制订了宏大的目标,这就是"究天人之际,通古今之变,成一家之言"[①]。他的《史记·太史公自序》,则是他的撰述论纲。这个目标的实现和这个论纲的具体化,使《史记》一书不仅成为空前的通史杰作,而且成为记述汉初历史的百科全书式的巨著。举例来说,《史记》一方面记述了自传说中的黄帝至汉武帝时期历史演进的过程,以及在这个发展过程中的各个阶层的人物,一方面又记载了社会生活的许多侧面,这从它的"八书"

---

① 司马迁:《报任安书》,见《汉书》卷62《司马迁传》,中华书局1962年版。

和类传中看得格外明显。《史记》的“八书”包含礼乐制度、天文知识、人们对地理环境的利用和统治者实行的社会经济政策等；类传则有循吏、儒林、酷吏、龟策日者、刺客、游侠、滑稽、货殖等，涉及社会各方面的许多人物。司马迁用他的神来之笔，活画出一幅幅社会生活的纷繁画面和各阶层代表人物的种种风貌。《史记》在内容上所具有的这种广泛的社会性，是极为突出的。

《史记》以下，历代“正史”多仿照《史记》，有的“正史”在某些方面也还有所发展。以“食货”而论，自《汉书》改《平准书》为《食货志》起，“二十四史”中的半数都有《食货志》。南朝萧齐建元二年(480 年)，史官与大臣讨论史书志目，左仆射王俭认为，“金粟之重，八政所先，食货通则国富民实，宜加编录，以崇务本”①，主张立《食货志》。元人所修《宋史・食货志》篇帙多达十四卷，内容涉及农田、方田、赋税、布帛、和籴、漕运、屯田、常平义仓、役法、振恤、会计、钱币、会子、盐、茶、酒、阬冶、矾、香、商税、市易、均输、互市舶法等。这些，反映了中国传统史学对于社会经济生活的重视。此外，“二十四史”中，三分之二有《天文志》和《地理志》，二分之一有《刑法志》和《职官志》；而《明史》的志，包括十五个志目，是“正史”中最多的。至于各史类传，有一点是特别应当受到重视的，即绝大多数“正史”都有少数民族的传记(有的则跟外国传合在一起)。这说明中国传统史学所具有的广泛的社会性，不止限于中原民族即汉族，而且还包含了许多少数民族的历史。这一方面是由于我国历史本是由汉族和许多少数民族共同创造的，另一方面也是由于我国古代史家在民族关系的问题上历来有比较开阔的视野。虽然这种比

① 《南齐书》卷 52《文学传・檀超传》，中华书局 1972 年版。

较开阔的视野有时难免跟封建正统思想发生矛盾，但他们仍然不会忽视对于民族关系史的记载。

以上所举的这些情况，都还只是历代"正史"所反映出来的中国传统史学之社会性的某些表现。而这些表现在"正史"以外的许多史书中也都存在着。值得注意的是，有的史书在记述某一方面的内容时，其重要和翔实的程度往往超过"正史"，因而具有突出的社会性。如杜佑《通典》所记历代典章制度（包括食货、选举、职官、礼、乐、兵、刑、州郡、边防九门）和有关"群士议论"，就远远超过它以前的历代"正史"。又如司马光《资治通鉴》所记战国至五代的政治、军事史，其连贯性和准确性，也超过它所取材的历代"正史"。再如一些地理总志（以地理为主，兼记政治和经济），也比有关"正史"中的《地理志》来得翔实。他如乡贤传、方物志、族谱、家传等，也常常可补"正史"之不足。

所有这些，都还只是从历史记载本身来考察中国传统史学的社会性。如果从社会生活同史学的关系来考察的话，我们对中国传统史学的社会性，可能会产生更进一步的认识。

从政治上看，正像汉初刘邦君臣重视总结秦亡汉兴的历史经验因而有陆贾撰述《新语》一样，唐初太宗君臣对隋亡唐兴的历史经验亦极重视，其君臣论政，无不论史，而魏徵撰写《隋书》序、论及梁、陈、齐、周四史总论，则集中反映了他们对历史经验的认识，这跟贞观时期的各项政策有极大的关系。也正像唐太宗称赞荀悦《汉纪》"极为治之体，尽君臣之义"[①]一样，宋神

---

① 《旧唐书》卷62《李大亮传》，中华书局1975年版。

宗认为司马光所撰的编年史“鉴于往事,有资于治道,赐名曰《资治通鉴》”[①],清帝乾隆也把杜佑《通典》看作是“亦恢恢乎经国之良模矣”[②]。在这些最高的封建统治者来看,史学对于政治来说竟如此重要。他们究竟能在多大的程度上按照这些史书所总结的历史经验去做,固不可一概而论,但他们能够认识到应当从史书中汲取经验教训,毕竟比无视历史的统治者要高明一些。唐太宗要求自观国史的事,历来为史家所诟病,认为这是他专横和心虚的表现。这种看法似乎也有一定的道理,但若从唐太宗的整个一生来看,对于他说的“今欲自观国史者,盖有善事,固不须论;若有不善,亦欲以为鉴诫,使得自修改耳”[③],似亦不应完全视为饰词。

从经济上看,历代封建统治皇朝的经济政策一方面是承袭前代那些行之有效的措施,一方面也因时制宜而对原来的经济政策有所损益。不论何种情况,通过史学提供的历史经验,对历代皇朝的经济决策曾经起过不小的作用。汉初,贾谊的《论积贮疏》指出:“夫积贮者,天下之大命也。苟粟多而财有余,何为而不成?以攻则取,以守则固,以战则胜,怀敌附远,何招而不至?今驱民而归之农,皆著于本,使天下各食其力。末技游食之民转而缘南亩,则畜积足而人乐其所矣。”晁错的《论贵粟疏》提出:“民贫,则奸邪生。贫生于不足,不足生于不农,不农则不地著,不地著则离乡轻家,民如鸟兽(?),虽有高墙深池,严法重刑,犹不能禁也。”这些都是从丰富的历史经验中提出来的,对于汉初确立“地著”的政策,即恢复和

---

① 胡三省:《新注〈资治通鉴〉序》,见《资治通鉴》卷首,中华书局1956年版。
② 乾隆丁卯《御制重刻通典序》,见《通典》卷末附录一,中华书局1988年版。
③ 吴兢:《贞观政要·文史》,上海古籍出版社1978年版。

巩固以耕织相结合的个体农业生产起了很大的作用。曹操在建安元年(196 年)指出:“夫定国之术,在于强兵足食,秦人以急农兼天下,孝武以屯田定西域,此先代之良式也。”由于有这种认识,他“募民屯田许下,得谷万斛。于是州郡例置田官,所在积谷。征伐四方,无运粮之劳,遂兼灭群贼(?),克平天下”。[①] 王安石实行变法前后,在给皇帝的上书中,一再引证史事为变法大声疾呼、寻找历史根据。他上书宋仁宗,希望朝廷“鉴汉、唐、五代之所以乱亡,惩晋武苟且因循之祸”[②];又针对人们对新法的非议上书宋神宗,指出他推行的“免役之法”、“保甲之法”、“市易之法”都有其历史的渊源——人们不是要“师古”吗?“若三法者,可谓师古矣。”[③]在不同历史条件下,人们运用历史经验为经济决策服务,在客观效果上是不完全相同的,但也都从一个方面反映出中国传统史学的社会性。

中国传统史学的社会性,还表现在史学与民族关系、学校教育、科举制度、家族历史等都有极密切的关联。即以科举制度而论,自唐代起,史学作为科举的一个科目而受到重视。唐太宗贞观元年(627 年),敕著作郎许敬宗为宏文馆学生“授以《史》、《汉》”[④]。贞观八年(634 年),诏“进士读一部经史”,经书主要是《礼记》、《尚书》、《论语》、《孝经》;“其史书,《史记》为一史,《汉书》为一史,《后汉书》并刘昭所注志为一史,《三国志》为一史,《晋书》

---

① 《三国志》卷 1《魏书·武帝纪》裴注引《魏书》,中华书局 1959 年版。

② 王安石:《王文公文集》卷 1,上海人民出版社 1974 年版。

③ 《王文公文集》卷 1。

④ 王溥编:《唐会要》卷 64《宏文馆》条,中华书局 1955 年版。

为一史，李延寿《南史》为一史、《北史》为一史。习《南史》者，兼通《宋(书)》、《齐(书)》志，习《北史》者，通《后魏(书)》、《隋书》志。自宋以后，史书烦碎、冗长，请但问政理成败所因、人物损益关于当代者，其余一切不问。国朝自高祖以下及睿宗《实录》并《贞观政要》，共为一史。”[①]这说明在唐玄宗时期，以上八史，均为科举所定选修科目。晚唐穆宗长庆二年(822年)，殷侑奏称：

> 历代史书，皆记当时善恶，系以褒贬，垂裕劝戒。其司马迁《史记》，班固、范晔两《汉书》，音义鲜明，惩恶劝善，亚于《六经》，堪为世教。伏惟国朝故事，国子学有文史直者，宏文馆宏文生并试以《史记》、两《汉书》、《三国志》，又有一史科。近日以来，史学都废，至于有身处班列，朝廷旧事昧而莫知，况乎前代之载，焉能知之?! 伏请置前件史科，每史问大义一百条，策三道，义通七，策通二以上为及第。能通一史者，请同五经、三传例处分；有出身及前资官，优稍与处分。其三史皆通者，请录奏闻，特加奖擢。仍请颁下两都国子监，任生徒习读。[②]

殷侑的这些建议被穆宗采纳了。有唐一代的科举考试对史学的重视，于此可见一斑。宋初，科举考试亦设“三史”科目，与“九经”、“五经”、“开元礼”、“三礼”、“三传”、“学究”、“明经”、“明法”等并列，“三史”科要“对三百条”[③]。后来“三史”科有被轻视的趋势，于是南宋孝宗淳熙十一年(1184年)十月太常博士倪思上奏说：“举

① 《通典》卷17《选举》五。
② 《唐会要》卷76。
③ 《宋史》卷155《选举志一》，中华书局1977年版。

人轻视史学，今之论史者独取汉、唐混一之事，三国、六朝、五代为非盛世而耻谈之，然其进取之得失，守御之当否，筹策之疏密，区处兵民之方，形势成败之迹，俾加讨究，有补国家。请谕春官：凡课试命题，杂出诸史，无所拘忌；考覈之际，稍以论策为重，毋止以初场定去留。”[①]这是强调不仅重视对于历史知识的考试，而尤其要重视对于运用历史知识来回答现实中的问题。南宋半壁河山，人们强调对于三国、六朝、五代历史的研究和对于历史知识的实际运用，是极自然的。这个建议也被宋孝宗所采纳。以上这些情况表明，在唐宋皇朝，史学作为选拔人才的一个标准，是受到相当的重视的。顾炎武赞叹唐代以史学取士的做法，认为：“若能依此法举之，十年之间，可得通达政体之士，未必无益于国家也。”[②]这是一种很有代表性的看法。

中国传统史学，还常常成为激发思想家们的神思和文学家们的诗情的重要素材之一。正像先秦诸子中很少有人不论史一样，唐代以下的诗人也很少有不咏史的。“上下观古今，起伏千万途。”[③]作为思想家和文学家的柳宗元，他的这两句诗揭示了思想家的沉思和文学家的激情都跟史学有极密切的关系。

中国传统史学的社会性，还不止是表现在上面提到的这些方面。这里，我想引用王夫之论《资治通鉴》的几句话作为讨论这个问题的结束。他说：“其曰‘通’者，何也？君道在焉，国是在焉，民情在焉，边防在焉，臣谊在焉，臣节在焉，士之行己以无辱者在焉，

---

① 《宋史》卷156《选举志二》。

② 顾炎武：《日知录》卷16“史学”条，黄汝成集释本，岳麓书社1994年版。

③ 柳宗元：《柳河东集》卷43《读书》诗，上海人民出版社1974年版。

学之守正而不陂者在焉。虽扼穷独处，而可以自淑，可以诲人，可以知道而乐，故曰‘通’也。”[①]一部《资治通鉴》可作如是观，更何况全部传统史学呢！

三

时代性，这是中国传统史学的又一个特点。如果说，中国传统史学的多样性和社会性是着重从它的形式和内容来考察的话；那么，它的鲜明的时代性则主要表现为，中国史家对待史学工作历来有一种反映时代面貌和要求的认识与实践。

按照王国维的说法，“古之官名多由史出”，“史”、“吏”、“事”三字本有不可分割的联系[②]。如果这种说法大致不错的话，说明史职按其本义就跟现实有直接的关系。据说孔子著《春秋》，是因为当时“上无明君，下不得任用。故作《春秋》，垂空文以断礼义，当一王之法”。他是要把《春秋》当做统一的王法，以服务于当时的“乱世”。跟孔子略有不同的是，西汉史官司马谈临终时说过这样的话：“今汉兴，海内一统。明主贤君、忠臣死义之士，余为太史而弗论载，废天下之史文，余甚惧焉！”其子司马迁说过大致相同的话：“废明圣德不载，灭功臣世家贤大夫之业不述，堕先人所言，罪莫大焉。”[③]司马谈、迁父子是要以史学来反映历史的变化，特别是反映西汉的盛世。孔子跟司马父子所处的时代不同，时代的风貌和特点亦颇迥异，但他们在以史学服务于当时的时代之认识上和要求

① 王夫之：《读通鉴论·叙论四》，中华书局1975年版。
② 王国维：《观堂集林·释史》，中华书局1959年版。
③ 以上均见《史记》卷130《太史公自序》，中华书局1959年版。

上，却是相通的。这是否可以看作是史学家之强烈的时代精神的反映，是史学家对待史学工作的一种自觉意识和优良传统。

值得注意的是，每当中国历史进程发生重大转折的时候，史学家的这种自觉意识和优良传统就表现得格外突出。上文所举司马谈、迁父子的那些话，便是极明显的例证。处在隋唐之际统一局面的历史条件下的李大师，对南、北关系和民族关系产生了新的认识，因而萌发了这样的历史撰述思想："常以宋、齐、梁、陈、魏、齐、周、隋南北分隔，南书谓北为'索虏'，北书指南为'岛夷'。又各以本国周悉，书别国并不能备，亦往往失实。常欲改正，将拟《吴越春秋》，编年以备南北。"可惜的是，他终因未能撰成一部贯通南北的南北朝史而"以为没齿之恨"①。他死后，其子李延寿决意"追终先志"，以十几年的准备、十几年的撰述，写成了《南史》和《北史》。在这两部书中，李延寿摒弃了前史所谓"索虏"和"岛夷"的旧说，沟通了南朝史和北朝史的联系，反映了隋唐政治统一局面下"天下一家"的时代精神。"安史之乱"后唐代的盛世结束了。杜佑是唐代中衰时期的政治家和史学家。他批评前人的著述往往"多陈紊失之弊，或阙匡救之方"②，申明他撰述的巨著《通典》，其宗旨是"实采群言，征诸人事，将施有政"③，要直接为当时的政治服务。《通典》问世后，大传于时，时人谓"其有览之者，如热得泽，如饥得食"④。两宋史家，或出于"监（鉴）前世之兴衰，考当今之得失"⑤，

---

① 《北史》卷100《序传》，中华书局1974年版。

② 《旧唐书》卷147《杜佑传》。

③ 杜佑：《通典·序》。

④ 符载：《淮南节度使灞陵公杜佑写真赞并序》，见《全唐文》卷690，中华书局1983年版。

⑤ 司马光：《进〈资治通鉴〉表》，见《资治通鉴》附录。

或震惊于“靖康之祸，古未有也”①，或记述本朝“凡有涉一时之利害与诸人之得失者”②，都是从不同的方面反映了时代的要求。生活在明末清初这一历史转折时期的顾炎武和顾祖禹，都深切地感触到正确认识和合理利用地理条件，对于国家政治安危、经济发展和社会历史进程的重大关系。前者是“感四国之多虞，耻经生之寡术”③，而编纂《天下郡国利病书》和《肇域志》；后者因认识到“战争攻守、兴废成败、利钝得失之迹，以迄耕屯、盐铁、经国、阜民诸大政，有一不本之方舆者耶”④，而撰《读史方舆纪要》。龚自珍是中国古代最后一位著名的思想家、诗人、文章家和史学家。他的诗、文、史论，饱含着时代的气息。他一方面为“万马齐喑”的政治局面感到悲哀，一方面又期待着社会变革的到来。他写过一篇叫做《尊史》的短文，认为：史职所以受到尊重，并不是因为它具有记载史事、褒贬善恶的职能，而是尊重史学家的思想和精神。如果史学家没有思想和精神，不了解社会各方面的人和事，那么他们所讲的、所写的“必有余呓”或“必有余喘”，即不是不着边际的梦呓，就是毫无生气的废话，于社会何益。龚自珍的这些话，把中国古代史家反映时代的意识和要求提高到理论认识的阶段，因而具有重要的意义。

要之，中国传统史学所表现出来的时代性，一是史学家站在时代的高度不断对历史作出新的总结，一是史学家从对历史的总结中直接或间接地反映出时代的要求。当然，并不是所有的史学家

① 徐梦莘：《三朝北盟会编·序》，上海古籍出版社1987年版。

② 李心传：《建炎以来朝野杂记》甲集序，中华书局1985年版。

③ 顾炎武：《天下郡国利病书·序》，上海科学技术文献出版社2002年版。

④ 顾祖禹：《读史方舆纪要·凡例》，国学基本丛书，中华书局1955年版。

都具有这种自觉的意识，都能够达到这样的高度；但从中国历史上一批最有影响的史学家来看，他们的撰述大多具有时代性，当是毫无疑义的。

四

中国传统史学的多样性、社会性和时代性，是不可分割地联系在一起的。具有广泛的社会性的史学，自应有多种表现形式，而它的时代性又总是跟社会的发展分不开的。只是为了便于说明问题，本文才对它们分别进行论述。我们在对中国传统史学作全面考察的时候，是应当把它们联系起来看待的。

正像任何事物都要受到历史的局限一样，中国传统史学所具有的多样性、社会性和时代性，也极其自然地受列历史的局限。当历史的发展还没有为史学的发展提供新的物质条件和文化条件时，史学的发展大致只能局限在原有的框架里。反之，当历史发展到一个新的阶段时，当新的物质条件和文化条件出现时，史学的发展就会突破传统的格局。近代以来，中国传统史学发生了很大变化，除了史学家的历史观点发生了重要的变化以外，史学的社会内容、表现形式、时代特色都不同程度地发生了变化。这种变化，在20世纪20年代以后，随着中国马克思主义史学的建立和发展而越来越明显。这个事实说明，传统史学的格局不是不变的，它在新的历史条件下是一定要被突破的，也是应当被突破的，否则，它就会停滞、枯萎。这是一方面。另一方面，这个事实也说明，当传统史学的格局被突破以后，它的有些部分被人们摒弃了，有些部分则被人们继承下来并在新的历史条件下加以发扬。本文所阐述的史学应有丰富多彩的表现形式、史学应反映纷繁复杂的社会生活、史学应研究并试图回答时代提出的要求等等，就是在今天，也还是史学工作者十分关注的问题。传统史学和当代史学有很大的区别，又有历史的联系，从这里也可以看得很清楚。正因为如此，我以为，讨论中国传统史学的某些特点，对于我们认识以往的史学、发展今天的史学，是有意义的。

自党的十一届三中全会以来，我国的历史科学事业步入了一个新的发展时期，不论在理论方面、方法方面，还是在研究课题的选择方面，都出现了不少新的气象。这种好的形势，是新中国成立以来史学史上不曾有过的，更非旧中国史学所能比拟的。目前，史学界中有一种“史学危机”的说法，我以为这种说法是不妥当的。还有一种说法，认为“史学危机”指的是传统史学的“危机”，这种说法显然也是不确切的。传统史学作为传统文化的一部分，是中国史学史上已经成为过去的、曾在许多个世纪里代表着中华民族对于历史之思考的那些成果和积累。这些成果和积累是历史上的客观存在，其自身当无“危机”与否可言，问题在于人们怎样评价它和对待它。这就涉及史学的继承和创新问题了。

史学要创新，而创新的活力在于社会的要求，这是毫无疑义的。同时，创新也不是没有前提、没有条件就可以实现的。恩格斯说：“每一个时代的哲学作为分工的一个特定的领域，都具有由它的先驱者传给它而它便由以出发的特定的思想资料作为前提。”[①]是否可以认为，每一时代的史学也是如此。从更广泛的意义来看，

① 参见《恩格斯致康·施米特》，《马克思恩格斯选集》第4卷，人民出版社1995年版，第703页。

作为民族文化一部分的史学，它的创新，还必须吸收外国史学中一切有用的因素。毛泽东同志在四十多年前就指出："中国应该大量吸收外国的进步文化，作为自己文化食粮的原料，这种工作过去还做得很不够。""清理古代文化的发展过程，剔除其封建性的糟粕，吸收其民主性的精华，是发展民族新文化提高民族自信心的必要条件"。当然，在这个吸收和清理过程中，他也不赞成"全盘西化"和"无批判地兼收并蓄"的主张和做法。[①] 他的这些论点，在今天仍然是具有指导意义的。四十多年来，我们不曾有一个很好的政治环境来做这种吸收工作和清理工作，而现在则具备了这样的政治环境，这是令人鼓舞的。因此，热诚的和冷静的史学工作者在探索史学的创新之路的时候，自应十分重视这种创新工作的"前提"、"原料"和"必要条件"，从而达到创新的目的。

本文不是一篇全面评价中国传统史学的文章，也不是专门探讨史学的继承和创新的论文，它不过是就中国传统史学的多样性、社会性和时代性讲到与史学的继承和创新有关的一些问题，目的在于引起思考和讨论。

（原载《北京师范大学学报》1986 年第 5 期）

① 参见《新民主主义论》，《毛泽东选集》第 2 卷，人民出版社 1991 年版，第 706、707～708 页。

论史学的时代精神

史学有这样一个特点：它以研究人类过往的社会为起点，而以服务于当今的时代为归宿。因此，史学不仅具有历史的品格，而且更具有时代的品格。

一　史学和时代

讨论史学和时代的关系，我们不妨先作些历史考察。按照李大钊的说法，从中国和世界许多国家的语言来看，"'历史'一语的初义，都是指事件的纪录而言；足征历史学的起源，实起于纪录的历史"。所记的动机不会相同，但它都"是现实发生的各个情形的记述"①。这种"纪录的历史"，亦即我们通常所说的史书，不论从内容来看，抑或从史学家记述的动机来看，都是现实的反映和要求。尽管史学家们所记的动机各有侧重，如道德的、政治的/心理的、文化的等等，但这不过是对于一个时代的不同方面的表现罢了。此外，根据王国维的考察，在中国，"古之官名多由史出"，"史"、"吏"、"事"三者本有不可分割的联系。这说明，史职按其本义就与现实有直接的关系。

---

① 李大钊：《李大钊史学论集》，河北人民出版社1984年版，第205页。

史学和现实的这种关系,必然赋予史学以时代的品格。是否可以认为:史学家和史著,只要达到了某个时代人们对于历史认识的新成就,能够面对和回答时代提出的新课题,在理论和方法上不断有新的探索,从而使史学更好地服务于现实,那么,就在不同程度上反映了史学的时代精神。这在中国史学史上是十分清楚的。

从达到人们对于历史认识的新成就来看。司马迁以"究天人之际,通古今之变,成一家之言"的撰述要求,著成我国第一部纪传体通史《史记》,成为"正史"之冠冕,显示了封建社会初期史学家总结以往全部历史的胆识和才力。隋唐皇朝结束了南北朝分裂的局面,人们对民族关系有了新的认识。唐初所修梁、陈、齐、周、隋"五代史"及《晋书》、《南史》、《北史》等八史,不再全盘承袭前代史书中存在的民族歧视的陈旧观念,反映了政治统一局面下"混一戎夏"、"天下一家"的时代精神。司马光撰成"善可为法,恶可为戒"的编年史巨著《资治通鉴》,王夫之的《读通鉴论》对其所记史事的评论,说明史学家对于政治上的兴亡成败的认识已趋于系统化和理论化。这都是史学家从认识历史上反映了史学的时代精神。

从面对和回答时代提出的新课题来看。在重大历史转折时期,史学家敢于面对时代提出的新课题,竭精覃思,撰成宏篇巨制。这样的著作是历史变动的记录,也是时代要求的反映。汉初,总结秦亡的教训以谋取长治久安之策,是当时统治集团面临的重大课题之一,陆贾、贾山、贾谊等人都对此有所建树。司马迁的《史记》,着重点也在于总结秦亡汉兴的历史经验。唐人所撰《隋书》、《贞观政要》等,在总结隋何以亡、唐何以兴这一重大现实课题方面,也具有同样的性质。安史之乱后,唐代中衰,杜佑不回避现实,公然宣称他撰《通典》的宗旨是"实采群言,征诸人事,将施有政"。宋、辽、西夏、金时期，社会矛盾错综复杂，南宋史学家纷纷撰述当代史，反映了他们对于现实问题的关注。明清之际，经世致用的史学思想的发展；近代，救亡图存的史学思潮的兴起，对边疆史地和外国历史与现状的研究，以及魏源把撰述史书看作是为对付外国侵略者而作，更反映了史学的发展与时代的脉搏丝丝相扣，息息相关。近百年来，史学成为革新、变法以至革命的有力的舆论之一，这是人们所熟知的。

从史学家在理论上和方法上不断进行新的探索来看。这不独是中国史学的优良传统之一，也是史学家努力使自己的工作跟上时代步伐的表现。一部《史记》，不止在历史的记述上是空前的，在理论和方法的运用上也是空前的。刘知幾的《史通》是第一部系统地评论纪传体史书编纂方法的著作，其中也包含了有关史学作用、史家修养、作史原则等方面的理论。尤其值得重视的是，章学诚的《文史通义》对我国封建社会的史学作了比较全面的理论概括，梁启超的《新史学》是作者试图建立资产阶级史学理论的尝试，李大钊的《史学要论》则是中国马克思主义史学理论的奠基著作。它们产生于三个不同的时代，旨趣自然殊异，然其所反映的时代精神都异常鲜明。

马克思和恩格斯指出："一切划时代的体系的真正的内容都是由于产生这些体系的那个时期的需要而形成起来的。所有这些体系都是以本国过去的整个发展为基础的，是以阶级关系的历史形式及其政治的、道德的、哲学的以及其他的后果为基础的。"[①]史学

① 《德意志意识形态(第二卷)》,《马克思恩格斯全集》第 3 卷，人民出版社 1960 年版，第 544 页。

的时代精神当然也不可能脱离这样的基础，它除了受到这里所阐述的普遍法则的制约外，也还受到它所研究的对象即历史本身的制约。必须强调的是，这里说的史学的时代精神，是指的那些多少反映了时代的潮流及其本质的史学家和史书才能具备的。古往今来，凡以歪曲历史为能事者，其所为既非“史学”，当然亦无从谈论史学的时代精神。

二 史学的时代精神和史学工作者

如果上面的说法可以的话，那么史学工作者如何在自己的研究和撰述中更好地反映史学的时代精神，自然就是一个十分重要的问题了。

关于这个问题，在中国史学上有两点是值得注意的。第一，有些史学家认为史学与时代相关联的认识和实践，是出于不同程度上的自觉的意识和要求，并以此作为治史的旨趣和神圣的使命。清人龚自珍在《尊史》中认为：史职所以受到尊重，并非因为它具有记述史事，褒贬善恶的职能，而是尊重史学家的思想和精神；如果史学家没有思想和精神，不了解社会各方面的人和事，那么他们所讲的、所写的不是不着边际的梦呓，就是毫无生气的废话，于社会又有何益。这是关于史学与时代之关系的自觉的认识。第二，史学的时代精神表现出特有的丰富性。中国历史悠久，史学家层出不穷，史学的时代精神往往因人、因时而各呈异彩。具体说来，史学的时代精神的丰富性，不仅表现在史学家对于某个时代的总结，或是反映时代变革中的社会要求，或是在重大历史变动后为社会探索新的出路等等；而且还表现在有的史学家着眼于人物行事，有的注重于制度沿革，有的关心于自然和社会的关系，有的更重视史学自身的总结和提高等等。总之，史学家在反映时代风貌上是有广阔的领域的。

诚然，史学工作者要以史学反映时代的要求、时代的变化，就必须具有对于历史和时代的正确认识，并把从时代看历史和从历史看时代二者很好地结合起来。如唐代大思想家、大文学家柳宗元，在史学上亦颇有建树，他的《天对》、《非国语》、《封建论》等，都是从他所处的那个时代的认识水平和社会要求去重新认识历史的代表作品。当然，以往的这类认识还停留在非常朴素的阶段。自从马克思主义产生以后，史学工作者从时代去认识历史的传统就发展到具有科学理论为其指导的阶段。马克思指出："对人类生活形式的思索，从而对它的科学分析，总是采取同实际发展相反的道路。这种思索是从事后开始的，就是说，是从发展过程的完成的结果开始的。"①他还说过"人体解剖对于猴体解剖是一把钥匙。反过来说，低等动物身上表露的高等动物的征兆，只有在高等动物本身已被认识之后才能理解"。② 这些话，阐明了人们从时代看历史并从而获得越来越丰富、越来越接近真理的认识规律。根据马克思主义的理论，李大钊认为：第一，我们以"新的历史眼光"、"新的历史观念"去重新观察、认识、撰写历史，不仅是可以的，而且是必须的；第二，"历史是有新鲜的生命的，是活动的、进步的"，因而人们不断重新认识历史的活动

---

① 马克思：《资本论》，《马克思恩格斯全集》第23卷，人民出版社1972年版，第92页。

② 马克思：《〈政治经济学批判〉导言》，《马克思恩格斯选集》第2卷，人民出版社1995年版，第23页。

是没有止境的。在这个过程中，每一时代的人“所认为真实的事实，和真理的见解并不是固定的，乃是比较的”。[①] 这就是说，随着时代的进步，史学工作者的认识能力和历史见解也随着提高和发展，他们应当而且能够对历史作出新的解释。这是史学家的时代精神的一种表现。

史学家的时代精神还有更重要的一种表现，这就是从历史看时代，即以历史的眼光来说明时代，并从历史的宝库中提取那些为时代所需要的财富以服务于时代，推动时代的前进。这是史学工作的最终目的和最后归宿。中国古代哲人有许多重视以古观今的真知灼见，如荀子说：“观往事，以自戒，治乱是非亦可识。”史学家在这方面的言论，更是无代不有，如司马光说：“监（鉴）前世之兴衰，考当今之得失”，等等，都反映出我国史学家十分重视从历史看时代的这种时代精神。

在马克思主义指导下，今天的史学工作者对于这个问题的认识，当然要超出前人而达到科学的和更自觉的程度。首先，从历史看时代，是人们按照社会历史发展的客观过程来认识人类社会所必须的。恩格斯指出：“现代唯物主义把历史看作人类的发展过程，而它的任务就在于发现这个过程的运动规律。”[②]这种认识，廓清了马克思主义产生以前对人类社会历史从而对社会现实的种种误解和歪曲。其次，从历史看时代，是人们透彻地洞察现实、有效地改造现实和科学地预见未来所必需的。在这方面，马克思是伟大的表率。他对法国社会的卓越的理解、透彻的洞察，一个重要的

---

① 李大钊：《李大钊史学论集》，第 190、192 页。

② 恩格斯：《社会主义从空想到科学的发展》，《马克思恩格斯选集》第 3 卷，人民出版社 1995 年版，第 738 页。

原因,就是他深知法国的历史。总之,不论在认识上,还是从实践上,人们都应当十分重视从历史看时代;舍此,史学也就失去了它的社会价值。

值得注意的是,中国史学家从时代看历史和从历史看时代的思想,还包含着把“古”、“今”、“来”贯串起来看待的见解。司马迁作史是“述往事,思来者”。章学诚认为,史学的作用,一是“智以藏往”,“欲往事之不忘”,一是“神以知来”,“欲来者之兴起”。这是很宝贵的思想遗产。这一思想遗产,经李大钊、郭沫若的阐发而获得崭新的意义。李大钊说:“有生命的历史,实是一个亘过去现在未来的全人类的生活。过去现在未来是一线贯下来的。”[①]郭沫若说:“对于未来社会的待望逼迫着我们不能不生出清算过往社会的要求。古人说:‘前事不忘,后事之师。’认清楚过往的来程也正好决定我们未来的去向。”[②]毛泽东同志更强调不应当割断历史,而要认真地研究历史、科学地总结历史遗产,用以指导当前的社会实践。这是从科学的历史观和无产阶级的革命事业的结合上来阐述这个问题的。这使我们进一步认识到,史学工作者的任务不只在于能够正确地说明历史,还在于以正确的说明历史而自觉地为当今的时代服务,进而为未来服务。这是当今史学工作者应当具有的时代精神。

三 史学工作者面临的任务

在当前历史条件下,史学工作者如何发扬史学的时代精神?

---

① 李大钊:《李大钊史学论集》,第246页。

② 郭沫若:《郭沫若全集·历史编》第1卷,人民出版社1982年版,第6页。

这不仅是关系到我国历史科学事业发展的问题，而且是关系到史学怎样为改革服务、为社会主义物质文明和精神文明建设服务的问题。为了使史学更好地为当今的时代服务，为了使史学得到更快的发展，我们在认识上和实践上是否有必要注意这样几个问题：

（一）对史学的社会作用应作比较广泛的理解。一般地说，史学无所不包，其社会作用亦无所不在。具体说来，由于社会生活的丰富，人们对于史学有不同方面、不同层次的兴趣与要求，史学工作若能从积极的方面不断地与之相适应，从而影响着人们的社会生活，启迪人们自觉地从事当前的历史创造活动，那么，史学的社会作用就能够充分发挥出来。从中国史学上看，史学的社会作用其荦荦大者如：为政治统治提供历史经验；为最高统治集团的重大政治决策提供历史依据；为国家培养人才；有益于树立良好的社会风气；启迪人们重视自身的品德修养；积累丰富的自然知识和阶级斗争知识；促进中华民族共同心理的形成，等等。到了近代，史学更成为宣传爱国图强、鼓吹改革和革命的舆论之一。史家层出不穷，有文字记载的历史不绝如缕，对于中国成为世界上罕有的、文明不曾中断的伟大国家起了不可估量的作用。这些作用，大多与现实有密切的联系，是时代所需要的。近年来有一种看法，认为中国传统史学不过是为帝王的统治“资鉴”的，这就把传统史学的社会作用看得过于狭窄了。今天，时代不同了，但我们对于史学的社会作用，尤其是它的教育作用，应当有比较清醒的认识和广泛的理解，这对于增强史学工作者信心，充分发挥史学的社会作用，是很重要的。

（二）理论和方法问题。理论和方法是有联系的，但也不应作同等看待。从史学工作来说，马克思主义理论以及在其基础上建立起来的史学理论，应处于指导的地位，这是历史科学的灵魂所在。对于这种指导作用的理解，一是遵循其基本原则，二是不拘于它的个别结论，三是用新的研究成果来丰富发展原有的理论。这三者之间的关系是统一的，不是矛盾的，更不是对立的。史学研究方法的改进，对促进史学发展有极大的关系。中国史学在方法上的不断改进以及马克思主义史学方法论的被普遍采用，都证明了这一点。值得提出的是，任何方法的采用都不可能完全脱离一定的理论的指导，不应把方法的作用夸大到超出理论的界限。同时，史学研究的层次不同，具体课题不同，势必需要采用不同的方法；即使对同一层次、同类课题的研究，也可以采用不同的方法进行。孰优孰劣，固然需要作理论的说明，但归根到底还是要靠史学工作者的实践的结果来作判断。

（三）继承和创新问题。借鉴外国史学中一切有益的因素，是史学创新的重要条件之一。对于这一点，许多史学工作者有了比较明确的认识，并在努力进行实践。当然，史学的创新不能不涉及史学的继承问题。应当看到，由于史学自身研究的对象所致，在当前历史条件下，不论作为叙述的历史（这是大量的），还是对客观历史发展过程作理论的概括或者对于史学自身发展所作的反思，都不能不带有民族的特点。所谓东西方文化的差别，不仅有地域上的，有物质生产发展水平上的，也有民族传统上的。因而，史学的创新也就不能脱离二三千年来的中国传统史学和六十多年来的中国马克思主义史学这个客观基础。这就是说，只有在继承中国史学的优秀遗产的基础上，才可能探索史学创新的道路，实现史学创新的任务，进一步发展具有中国民族特点的马克思主义史学，进而丰富全人类的史学宝库。总之，发掘、总结和批判继承我国史学的优秀遗产，仍然是史学工作者的一项重要任务，舍此则无以谈史学创新。

（四）关于几个具体问题的思考。我们面临的时代，是我国正在经历着一次前所未有的改革的时代，是世界科学文化事业突飞猛进的时代。站在时代潮流前面的人，都在思考、构想本世纪末和下世纪初的事情。以我的肤浅见识来看，在本世纪的最后十五年中，史学工作是否可以考虑着手进行三个方面的工程：第一，大力提倡和扶持这样的研究，即根据建设社会主义物质文明和精神文明的需要，从人民群众创造历史的现实生活中发现课题，提出研究成果，进而为当前的改革工作提供决策的历史根据和可供选择的方案。为了更好地推进这件工作，还可以设立不同层次的历史咨询机构，并逐步使之形成网络。第二，以20世纪八九十年代所应具有的才、学，识，写出一批有代表性的、具有较高水平的历史著作，并通过这一工作为下一个世纪初期培养出高水平的史学工作队伍。为此，在制定规划的时候，有必要把因人设题和全局需要结合起来考虑，要提倡为完成有价值的重大课题而进行协作的精神。第三，组织各方面人才，写一部翔实的本世纪中国史，主要是辛亥革命以来的历史，尤其是中华人民共和国成立以来的历史。20世纪对于中国来说，是一个经历了许多次翻天覆地变动的伟大世纪。对之科学地进行总结，写出这样一部历史，是我们这一世纪的人留给在下一个世纪里生活的中国人的一笔精神财富。它应该列入全国史学的规划。此外，对于史学研究的基础工作，同样应当受到足够的重视。

伟大的史学自应反映伟大的时代，伟大的时代必将产生伟大的史学。我们史学工作者应该共同努力，肩负起这一时代的重任。

（原载《红旗杂志》1986 年第 22 期）

论读史明道

人们为什么要研究历史、撰写历史、学习历史？古往今来的史学家、思想家、政治家有各种各样的说法。其中有一个一脉相承而又不断发展的认识，即明“事势”，明“势”、“理”，明“大道”，明规律，是最基本的和最重要的认识。

司马迁写《史记》的一个目的，就是要考察、揭示历史上的“成败兴坏之理”[①]。后来，杜佑《通典》讲“事理”，柳宗元《封建论》讲“势”，直到王夫之提出“顺必然之势者，理也”，[②]反映了古人从历史中探讨、认识社会发展趋势的思想历程。元代史家胡三省在讲到史学的社会作用时，批评了一种流行的说法，指出：

> 世之论者率曰：“经以载道，史以记事，史与经不可同日语也。”夫道无不在，散于事为之间，因事之得失成败，可以知道之万世亡弊，史可少欤！[③]

胡三省不赞成只有“经”是“载道”的、“史”不过“记事”而已的说法，他认为“道”包含在“事”当中，通过史书所记史事反映出来的得失成败，可以认识到“道”是始终在发挥作用的。由此可见，人们要认识“道”，是不能没有史学的。清代思想家、史论家龚自珍也认为：

① 《汉书》卷62《司马迁传》，中华书局1962年版。

② 王夫之：《宋论》卷7，中华书局1964年版。

③ 胡三省：《新注〈资治通鉴〉序》，见《资治通鉴》卷首，中华书局1956年版。

“出乎史，入乎道，欲知大道，必先为史。”①胡三省、龚自珍用“道”这个古老的哲学范畴来说明史学所包含的认识价值，这比“事势”、“事理”等等具有更普遍、更抽象的意义，即包含着更明确的从历史进程中认识其发展规律的观念。

从今天的认识来看，学习历史，研究历史，以增益人们的智慧，这无疑是其中最重要的方面之一。前人在这方面的思想遗产，对于丰富我们的历史认识，还是有积极意义的。诚如胡三省、龚自珍所说，对于“道”的探究不能离开对于“事”和“史”的认识。所谓“欲知大道，必先为史”，就是这个意思。那么，前人是怎样认识历史的呢？是怎样通过认识历史而探讨其中的“道”的呢？这是很值得总结的一个问题。

一

朱熹在谈到读史要点时说：“读史当观大伦理、大机会、大治乱得失。”②朱熹有不少关于读书的言论，在读经与读史问题上，他是尊经抑史的。他认为：“看经书与看史书不同：史是皮外物事，没紧要，可以札记问人。若是经书有疑，这个是切己病痛。如人负痛在身，欲斯须忘去而不可得。岂可比之看史，遇有疑则记之纸邪！”他主张用经书的是非来判断史书所记的史事：“凡读书，先读《语》《孟》，然后观史，则如明鉴在此，而妍丑不可逃。若未读彻《语》《孟》《中庸》《大学》便去看史，胸中无一个权衡，多为所惑。”朱熹把

---

① 龚自珍：《龚自珍全集·尊史》，上海人民出版社 1975 年版。

② 《朱子语类》卷 11，中华书局 1986 年版。

史书所记“视为皮外物事”，反复称说必须以经书来“权衡”史事，这正是胡三省所批评的那种认为“经以载道，史以记事”的论点。从朱、胡言论的比较中，更可以看出后者在历史认识上的进步性。不过朱熹作为一个思想家、教育家，他毕竟认为“史亦不可不看”，并对如何读史，提出了不少见解，其中不乏真知灼见。他说的“读史当观大伦理、大机会、大治乱得失”，“人读史书，节目处须要背得，始得”[①]，从历史认识来看，确是读史的门径。

历史进程的表现千头万绪，历史记载纷繁复杂，认识历史，撰写历史，学习历史，从何处入手？这无疑是一个重要问题。在中国史学上，或者扩大范围来说，在中国历史上，较早地明确提出这个问题，当不晚于西汉初年。汉高祖刘邦并没有很高的文化修养，但他在听了陆贾“居马上得之，宁可以马上治之乎”的发问后，却能指示陆贾“试为我著秦所以失天下，吾所以得之者何，及古成败之国”。[②] 在当时，秦失天下、汉得天下，可谓“大治乱得失”。刘邦一连用了两个“所以”，显然是要从秦亡、汉兴的历史变动中总结出一些经验教训，以为当时所用。而陆贾从历史上总结出来的“逆取而以顺守之，文武并用，长久之术也”，当是所谓“大伦理、大机会”的比较具体的提法。陆贾的《新语》，是史论家、思想家自觉地从得失成败来认识历史、解释历史的较早著作，对后来历史思想的发展有很大的影响，对汉初的政治更有直接的影响。其后，司马迁写《史记》，把“究天人之际，通古天之变”作为撰述上的要求，因而他总结历史上的“成败兴坏之理”，也就具有更广阔的视野和更高的理论

① 以上均见《朱子语类》卷 11。

② 《史记》卷 97《郦生陆贾列传》，中华书局 1959 年版。

层次。《史记》第一次把历史作为一个有序的和分阶段的过程加以考察，从而清晰地揭示了夏、殷、周三代“成败兴坏”的过程，以及“诸侯专政”的春秋时代和“陪臣秉政，强国相王”的战国时代的特点，直至秦亡、汉兴的历史经验教训和当代面临的社会问题。对于这些，在《史记》的《太史公自序》，《秦始皇本纪》、《高祖本纪》后论以及《平准书》中，司马迁都有明确的论断。从朱熹的观点来看，司马迁对历史作有序的和分阶段的叙述与解释，当是最能反映出历史上的“大伦理、大机会、大治乱得失”。他称赞“司马迁才高，识亦高”[①]，与此不无关系。比如，他曾具体地说到秦、汉、刘、项的兴亡得失问题，指出：“且如读《史记》，便见得秦之所以亡，汉之所以兴；及至后来刘、项事，又知刘之所以得，项之所以失，不难判断。只是《春秋》却精细，也都不说破，教后人自将义理去折中。”[②]《史记》在这方面的成功，的确是无与伦比的。至于《春秋》故意“不说破”，让后人根据义理去解释、发挥，那是更多地反映了朱熹本人的认识。其实《春秋》史文过简，于兴亡得失之故实难昭示明白。朱熹对于历代治乱兴衰也有自己的看法，他说：“物久自有弊坏。……秦汉而下，自是弊坏。得个光武起，整得略略地，后又不好了；又得唐太宗起来，整得略略地，后又不好了。”[③]所谓“物久自有弊坏”，这是一种在一定程度上反映事物发展规律的认识，但把“秦汉而下”的历史简单地概括为“自是弊坏”，则与历史发展的事实不符，这是朱熹在认识治乱得失上的极明显的偏颇。

历史进程中常有某种机遇的出现，这种机遇往往成为得失成

① 《朱子语类》卷 134。

② 《朱子语类》卷 83。

③ 《朱子语类》卷 134。

败的转折点，这就是朱熹说的“大机会”，或近于他说的“大机会”的含义。他指出：“人读史书，节目处须要背得，始得。如读《汉书》，高祖辞沛公处，义帝遣沛公入关处，韩信初说汉王处……皆用背得，方是。”[①]他又结合自己的旨趣说：“尝欲写出萧何、韩信初见高祖一段，邓禹初见光武一段，武侯初见先主时一段，将这数段语及王朴《平边策》编为一卷。”[②]王朴，五代周人，其《平边策》见《旧五代史》卷128所载。从这两段话看，所谓“大机会”，是指历史进程中的一种机遇，或是对这种机遇的认识和陈述。其中所说《三国志·蜀书·诸葛亮传》记诸葛亮初见刘备时，诸葛亮对当时政治、军事形势的分析及建议刘备所应当采取的方略，尤其是脍炙人口的史文。朱熹的本意在于，把握住史书上这些极紧要的类似的记载，认真来看，甚至要“背得”，自当可以增益智慧，可以由此而认识到历史上那些具有某种共性的事物的发展规律。他没有明确地指出这一点，但从他说的“物久自有弊坏”来看，他是具有这种意识的。

朱熹所谓“大伦理”，显然是藉《春秋》引发出来的。他说：“《春秋》一发首不书即位，即君臣之事也；书仲子嫡庶之分，即夫妇之事也；书及郝盟，朋友之事也；书‘郑伯克段’，即兄弟之事也。一开首，人伦便尽在。”[③]朱熹根据《春秋》隐公元年的书法及所记的几件事，认为孔子作《春秋》，一开首便讲到了君臣之事、夫妇之事、朋友之事、兄弟之事，把“人伦”都讲到了。从《春秋》本身的史文来看，朱熹的说法有的比较勉强，他不过是藉此阐述自己的伦理观。从史学的观点来看，他的这个认识不如所谓“大机会”、“大治乱得

① 《朱子语类》卷11。

② 《朱子语类》卷135。

③ 《朱子语类》卷83。

失”所具有的意义。当然，中国古代史书在宣扬伦理观念方面，是确实存在的。司马迁说“《春秋》以道义”①；袁宏认为“史传之兴，所以通古今而笃名教”②，把宣扬“名教”作为一个重要任务；陈寿的《三国志》被后人称为“辞多劝诫，明乎得失，有益风化”③，“得失”是从政治上讲的，“风化”是着眼于伦理，等等。据此，也可以看出史家的思想倾向和时代的精神风貌，这跟朱熹所说的“读史当观大伦理”的意思就不尽相同了。

总之，读史以明道，当从史书所记大处着眼；所谓“大治乱得失”，就是这个大处中最重要的方面。早于朱熹的宋人孙甫说：“史之纪事，莫大乎治乱。君令于上，臣行于下；臣谋于前，君纳于后。事臧则成，否则败。成则治之本，败则乱之由。此当谨记之。”④这是说明了史家纪事，为什么要把治乱成败作为重要内容来对待的原因。从陆贾“粗述存亡之征”、司马迁总结历代“成败兴坏之理”以下，许多史家对于“治乱得失”的重视都有自觉的意识；他们所写的史书，对此也都有不同程度的反映。朱熹正是更深刻地认识到这一点，因而把把握“大机会、大治乱得失”作为读史的重要门径。这在古代自有其现实的意义，在今天也还可以作为读史的参考。

二

按照胡三省的观点，“道”本“散于事为之间”；而政治上得失成

---

① 《史记》卷130《太史公自序》。
② 《后汉纪》序，中华书局2002年版。
③ 《晋书》卷82《陈寿传》，中华书局1974年版。
④ 《唐史记》序，丛书集成初编，中华书局1985年版。

败，国家的治乱盛衰，历来被史家认为是事中之最大者。这种大事的结果，必有其起因；而大事，又必由诸事所促成。所谓明“道”，就必须围绕治乱得失去考察其起因，去认识促成这一大事的诸事的形态、内容和原委。这样，才能对治乱得失有真正深刻的认识，而达到对于“道”的把握。那么，史学家是怎样来反映这一认识活动的？这是人们读史不可不注意到的又一个问题。

在这方面，《汉纪》作者荀悦是较早提出明确认识的史家，他在《汉纪·序》中写道：

> 凡《汉纪》，有法式焉，有监戒焉；有废乱焉，有持平焉；有兵略焉，有政化焉；有休祥焉，有灾异焉；有华夏之事焉，有四夷之事焉；有常道焉，有权变焉；有策谋焉，有诡说焉；有术艺焉，有文章焉。斯皆明主、贤臣命世之业，群后之盛勋，髦俊之遗事。是故质之事实而不诬，通之万方而不泥。可以兴，可以治；可以动，可以静；可以言，可以行。惩恶而劝善，奖成而惧败。兹亦有国者之常训，典籍之渊林。虽云撰之者陋浅，而本末存焉尔，故君子可观之矣。

这一段话，是从理论上对《汉纪》的内容及其社会功用作了概括。其中，除休祥、灾异二项还免不了带有一定的神秘色彩和关于自然史的记载外，其余都是关于人事的概括，而以政治上的举措、面貌为主。作者对许多问题的认识，都带有朴素的辩证观点，如法式与鉴戒，废乱与持平，兵略与政化，常道与权变，策谋与诡说等等。作者通过对于许多相同与相异的政治行为、政治现象的概括，确信它们具有“通之万方而不泥”的功用，因而可以作为“常训”来看待。尽管作者没有明确地说到“道”，但从“不泥”和“常训”来看，作者的认识已是超出了对于个别事物的判断而包含着揭示规律的意向。

荀悦说的“本末存之”，“君子可观之”，正是提醒读史者要注意到这些问题。唐太宗作为《汉纪》的读者，认为这部书可谓“极为治之体，尽君臣之义”[①]，并把它推荐给他的大臣。他说的“极为治之体”，是从治国着眼的，有很重的分量。荀悦自谓《汉纪》“可以兴，可以治，可以动，可以静，可以言，可以行”，从唐太宗的这个评价中，足证其言不谬。

荀悦对史事的辩证认识是很有意义的，这在《汉纪》史论中有丰富的表述。与此稍有不同的是，胡三省对于人们轻视史学及其后果也有一种朴素的辩证认识。他就《资治通鉴》指出：“为人君而不知《通鉴》，则欲治而不知自治之源，恶乱而不知防乱之术；为人臣而不知《通鉴》，则上无以事君，下无以治民；为人子而不知《通鉴》，则谋身必至于辱先，作事不足以垂后。乃如用兵行师，创法立制，而不知迹古人之所以得，鉴古人之所以失，则求胜而败，图利而害，此必然者也。”[②]欲治、防乱，事君、治民，谋身、作事，这是人君、人臣、人子的大事；求胜，图利，是人们所追求的目标。但若不重视读史，不能通过对许多史事的认识而认识其中的“道”，便往往适得其反，南辕而北辙。《资治通鉴》这部书有明确的撰述宗旨，它是“专取关国家盛衰，系生民休戚，善可为法，恶可为戒者”编撰而成，司马光希望它对最高统治者能够起到“监前世之兴衰，考当今之得失，嘉善矜恶，取是舍非，足以懋稽古之盛德，跻无前之至治，俾四海群生，咸蒙其福”的作用。[③] 司马光强调以历史上的盛衰同现实的得失相对比而从中确定取舍，并把国

---

① 《旧唐书》卷62《李大亮传》，中华书局1975年版。

② 胡三省：《新注〈资治通鉴〉序》，见《资治通鉴》卷首。

③ 司马光：《进〈资治通鉴〉表》，见《资治通鉴》附录。

家同生民这两个方面的问题以同等的重要提出来，说明他不是简单地着眼于政治统治，也顾及到“四海群生”，这在史家撰述思想上是有意义的。胡三省根据《资治通鉴》提出“道”本“散于事为之间”的论点，是有历史认识上的价值的，不过他对于《资治通鉴》撰述思想的概括，似未尽全面。其后，王夫之著《读通鉴论》，继承并发展了胡三省的认识，对《资治通鉴》的内容和思想作了进一步概括。

王夫之在阐述他对于《资治通鉴》之“通”的含义时写道：

> 其曰“通”者，何也？君道在焉，国是在焉，民情在焉，边防在焉，臣谊在焉，臣节在焉，士之行己以无辱者在焉，学之守正而不陂者在焉。虽扼穷独处，而可以自淑，可以诲人，可以知道而乐，故曰“通”也。①

值得注意的是，王夫之在讲到君道、臣谊、士行之外，于君道之后提出了国是、民情，并把它们置于臣谊之前，反映了他对于史学的卓越见识。这跟司马光说的“国家盛衰”、“生民休戚”是一致的。王夫之还提出边防、臣节，这是他作为明朝遗民在当时的形势下更关心的问题，故别有一番深意。最后，他从更高的认识层次上概括出“可以自淑，可以诲人，可以知道而乐”的结论。这里说的“道”，应具有比较广泛的含义，既包含对历史进程的规律性认识，也包含对做人的行为规范、思想准绳的认识。

胡三省、王夫之是研究和阐释《资治通鉴》的名家，他们从正反两方面提出的认识，都有启发性。王夫之把从中观察国是、民情放到重要位置上来认识，这是抓住了看待得失成败、治乱盛衰的根

---

① 王夫之：《读通鉴论・叙论四》之二，中华书局 1975 年版。

本。从历史上看，任何正确的国策的确定，虽然要受到许多因素的制约，但民情的动向实为最重要的因素。这样来看待历史，历史就不止是少数人的活动；这样来看待历代皇朝的政治措施，这些措施也就不止是一些政治家的谋划，而包含着民情的推动作用。用这种观点来认识历史和现实，这在王夫之的时代虽非出于首创，但仍然具有进步的意义。推广来说，国是、民情实为“大治乱得失”之所系。关于读史，荀悦、胡三省、王夫之所说各项，都有一定的历史认识价值，而王夫之所说国是、民情两项，则具有根本的意义。

三

章学诚在讲到“《六经》皆史”时指出：“古人不著书，古人未尝离事而言理，《六经》皆先王之政典也。”[①]意谓古人之说“理”，也没有离开“事”即“先王之政典”。这跟胡三省不赞成“经以载道，史以记事”的论点可谓殊途同归，且有互补之功。“理”离于事或“道”寓于事，章学诚是指《六经》说的，胡三省是指史书说的。他们的看法，都反映出了中国古代史学的一个特点。这个特点使中国史书储存了翔实的史实，使中国历史得以有丰富的和连贯的记载。然而这个特点并不意味着中国古代史家不重视对于“理”和“道”的探究。如上文所说，从司马迁提出“稽其成败兴坏之理”到龚自珍倡言“欲知大道，必先为史”，这种对“理”和“道”的重视和探究，可以说是中国古代史学的优良传统之一。一般地说，这种探究的表现

① 章学诚：《文史通义·易教上》，中华书局1961年版。

形式，大多是同对于史事的描述结合在一起。这就是荀悦说的“质之事实而不诬，通之万方而不泥”和胡三省说的“因事之得失成败，可以知道之万世无弊”。前者是从空间上说的，后者是从时间上说的。这表明，中国古代史家中，有不少人在不同的程度上都认识到，在纷繁的历史现象中是可以总结出来若干具有共性的道理的。用今天的话来说，就是带有规律性的认识。

司马迁把先秦时期朴素的唯物思想和辩证思想引入到历史撰述中，从而赋予它们以历史理论的形式。他所说“稽其成败兴坏之理”的“理”，与此有密切的联系。其中，对司马迁历史思想影响较突出的是《易·系辞下》中的一段话：“神农氏没，黄帝、尧、舜氏作，通其变，使民不倦，神而化之，使民宜之。易穷则变，变则通，通则久，是以自天佑之，吉无不利。”这里说的“通其变，使民不倦”和穷变通久，在《史记》中都有十分明显的反映。司马迁在记述人们论列秦亡、汉兴的历史经验教训时，推崇陆贾、贾谊的言论，认为“逆取而以顺守之”、“取与守不同术”，是带有根本的性质，也是普遍的法则。司马迁本人在直接评论汉之所以兴这个问题时说：“三王之道若循环，终而复始。周秦之间，可谓文敝矣。秦政不改，反酷刑法，岂不缪乎！故汉兴，承敝易变，使人不倦，得天统矣。”[①]这实际上是指出了上自夏、殷、周三代政治，下至秦亡、汉兴的“成败兴坏之理”。这个“理”，就是“承敝易变，使人不倦”，这才符合历史进程的客观要求。司马迁称赞萧何“因民之疾秦法，顺流与之更始”[②]，称赞曹参“为汉相国，清静极言合道。然百姓离秦之酷后，参与休

---

① 《史记》卷8《高祖本纪》后论。

② 《史记》卷53《萧相国世家》后论。

息无为，故天下俱称其美矣”。[①] 在他看来，这都是符合“承敝易变，使人不倦”这个“理”的。

司马迁不仅从政治上探究了这个“理”，他还是中国史学上第一个比较系统地考察了社会经济生活变化的史家，并且得到了大致相同的理论认识。《史记·货殖列传》略述“《诗》《书》所述虞夏以来”人们的经济活动，认为：

> 故待农而食之，虞而出之，工而成之，商而通之。此宁有政教发征期会哉？人各任其能，竭其力，以得所欲。故物贱之征贵，贵之征贱，各劝其业，乐其事，若水之趋下，日夜无休时，不召而自来，不求而民出之。岂非道之所符，而自然之验邪？

这里讲到了社会分工和若干经济现象，认为这不止符合于“道”，也是一个自然发展过程的明证。可见司马迁所探究的“道”、“理”，本质上是在努力揭示事物本身发展的客观法则。《史记·平准书》描述了汉初至武帝时70年间社会经济面貌的巨大变化，即从凋敝到富庶的发展。接着，司马迁写道：“当此之时，网疏而民富，役财骄溢，或至兼并豪党之徒，以武断于乡曲。宗室有士公卿大夫以下，争于奢侈，室庐舆服僭于上，无限度。物盛而衰，固其变也。”他在本卷后论中又结合唐虞、殷周以来的历史说：“事变多故而亦反是。是以物盛则衰，时极而转，一质一文，终始之变也。”又说：“无异故云，事势之流，相激使然，曷足怪焉。”对于汉代社会经济的巨大发展和财富的积累而产生的新的社会矛盾，司马迁并不感到惊讶，他以一个严肃的史学家品质如实地记载了这个变化，并以深邃的眼

---

① 《史记》卷54《曹相国世家》后论。

光看到了这种变化的社会历史原因，认为“物盛则衰，时极而转，一质一文，终始之变”，是一种必然的现象，而促成这种变化的动因是“事势之流，相激使然”，即世事、时势发展的趋势相互影响的结果。司马迁从社会历史的经济生活中总结出来的这些认识，丰富了、深化了先秦时期的变易观点，不论从唯物的方面看，还是从辩证的方面看，都达到了很高的理论认识层次。

由于司马迁对历史进程有一个总体上的把握和理论上的认识，所以他在评论历史人物的过功得失时，总是要顾及到他们所处的“时”与“势”，从而作出恰当的说明。司马迁对叔孙通的为人评价不高，但还是肯定他“希世度务，制礼进退，与时变化，卒为汉家儒宗”①。他评价公孙弘是“行义虽修，然亦遇时”②。他评论战国贵族养士之风说：“古布衣之侠，靡得而闻矣。近世延陵、孟尝、春申、平原、信陵之徒，皆因王者亲属，藉于有土卿相之富厚，招天下贤者，显名诸侯，不可谓不贤者矣。比如顺风而呼，声非加疾，其势激也。”③所谓“显名诸侯，不可谓不贤”，也还是借助于当时的形势。

司马迁对于历史进程和人物活动中“理”、“道”、“时”、“势”的探究和说明，对后来史学的发展有深远的影响。在他之后的史家，有不少人在这些方面的探讨上作出了成绩，并对司马迁提出的理论有所发展。如《隋书》史论在论李圆通、来护儿等人在隋的统一战争中的功绩时说，他们“皆一时之壮士，困于贫贱。当其郁抑未遇，亦安知其有鸿鹄之志哉！终能振拔污泥之中，腾跃风云之上，

① 《史记》卷99《刘敬叔孙通列传》后论。

② 《史记》卷112《平津侯主父列传》后论。

③ 《史记》卷124《游侠列传》序。

符马革之愿，快生平之心，非遇其时，焉能至于此也！”[①]这是明确地指出了时势对于历史人物的建功立业是多么重要。杜佑论兵，自五帝迄于当时，他针对藩镇割据势力说：“是故地逼则势疑，力侔则乱起，事理不得不然也。”他又针对西汉同姓封国的兴衰，指出：“语曰‘朝为伊、周，夕成桀、跖’，形势驱之而至此矣。”[②]杜佑从军事方面分析了历史上封国和藩镇跟朝廷不可能长久相安的必然性，其间复杂斗争，种种变故，都是“事理不得不然也”、“形势驱之而至此”。这里说的“事理”、“形势”，也是指事物发展中的法则和恒情。在这个问题上，柳宗元的《封建论》着眼于考察以往的全部历史，用以证明古代分封制的出现，“非圣人意也，势也”，从而揭示出历史发展中存在着一种不是人的意志所能左右的客观趋势。柳宗元从人类初始阶段的物质生产为起点，来分析这种客观趋势的产生和发展本是一个自然发展过程，因此他说的“势”具有超出对分封制、郡县制孰优孰劣论难的意义，可以扩大为用以观察历史进程的一种理论模式。

宋人范祖禹、苏轼对“时”也都提出了自己的认识，并以此论证郡县制产生的合理性。范祖禹引用《礼记·礼器》说的“礼，时为大，顺次之”的话，进而阐发道：“三代封国，后世郡县，时也”，“古之法不可用于今，犹今之法不可用于古也。”[③]范祖禹用自然之“时”来比附历史进程之“时”，远不如柳宗元论“势”在理论上来得坚实；但他认为人不能违背“时”来制定或推行某种制度，还是有积极意义的。苏轼对于人与“时”的关系，讲得很机智，他认为：“圣人不能

---

① 《隋书》卷64后论，中华书局1973年版。

② 《通典》卷148《兵典一·兵序》，中华书局1988年版。

③ 范祖禹：《唐鉴》卷2，上海古籍出版社1981年版。

为时，亦不失时。时非圣人所能为也，能不失时而已。”基于这一认识，他认为秦置郡县是“理固当然，如冬裘夏葛，时之所宜，非人之私智独见也，所谓不失时者”[①]。苏轼强调了“时”是不能由人创造出来的客观存在，而人的高明处在于“不失时”地从事自己的创造活动，说明人在“时”面前并不是消极的。

王夫之论读史的意义说：“智有所尚，谋有所详，人情有所必近，时势有所必因，以成与得为期，而败与失为戒，所固然矣。”他以“人情”与“时势”相对应，可知这里说的“时势”是历史进程中的客观情势或发展趋势。他讲的“必因”，是说人们不可能脱离这种客观情势或发展趋势而活动。他认为，人们考察历史，应充分注意到“势异局迁”即时势的变化；而人们要从历史上获得“治之所资”的启示，也必须“设身于古之时势”。从他的这些言论来看，人们通过读史而认识历史并从中获得教益，关键在于是否真正看清楚了“时势”以及“势异局迁”的变化。但是，读史还有更高的要求。王夫之自谓著《读通鉴论》，是“刻志兢兢，求安于心，求顺于理，求适于用。”[②]所谓“求顺于理”的“理”，这是比“时势”更高的理论认识。“理”是什么？在王夫之看来，“理”是“物之固然，事之所以然也”[③]，即事物变化的内部法则或规律。为什么“理”比起“时势”来是更高的认识呢？王夫之说：“理本非一成可执之物，不可得而见也”，“只在势之必然处见理”[④]。从王夫之的解释来看，“势”是具体的，而“理”是抽象的；“势”是“理”的形式，“理”是“势”的本质。

---

① 苏轼：《东坡志林》卷5“秦废封建”条，中华书局1981年版。

② 以上均见《读通鉴论》叙论三、四。

③ 王夫之：《张子正蒙注》卷5《至当》，中华书局1975年版。

④ 王夫之：《读四书大全说》卷9《孟子·离娄上》，中华书局1975年版。

"理""势"有所不同,但又不可分开。他的这个认识,比胡三省说的"道"本"散于事为之间"又进了一步:后者说的"事"是具体的史事,前者说的"势"是综合的史事,在第一个认识层次的起点上高于后者,更接近于向"理"的抽象。

四

古代优秀史家,多有以经世致用为治史的目的。从孟子评论《春秋》来看,这个传统从孔子就开始了。读史,也是为现实所用。王夫之批评脱离经世致用的目的去读史,是"玩物丧志"①,主张读史要"求适于用"。他还指出:"所贵乎史者,述往以为来者师也。为史者,记载徒繁,而经世之大略不著,后人欲得其得失之枢机以效法之无由也,则恶用史为?"②写史,读史,都应有为社会所用的宗旨。

写史、读史为社会所用,不是去模仿古人的做法。司马迁说:"居今之世,志古之道,所以自镜也,未必尽同。帝王者各殊礼而异务,要以成功为统纪,岂可绲乎?"③他指出了借鉴不是混同古今,这是很重要的史学思想。明乎此,则可知读史之不可少。

龚自珍处在中国社会大变动的前夜,深沉地感受到读史的重要,因而有"出乎史,入乎道,欲知大道,必先为史"的宏论。他结合当时的世风呼吁:"智者受三千年史氏之书,则能以良史之忧忧天下"④。在他看来,史学遗产,"良史之忧",跟现实生活、国家和民

---

① 王夫之:《读通鉴论·叙论四》之二。

② 《读通鉴论》卷6。

③ 《史记》卷18《高祖功臣侯者年表》序。

④ 龚自珍:《龚自珍全集·乙丙之际箸议第九》。

族的命运有极大的关系，是“智者”所必须重视的。他说的“智者”，是指那些有紧迫的时代感的人。“以良史之忧忧天下”，这反映了龚自珍的很高的精神境界，也反映了史学对于现实和未来的重要。今天，我们可以用李大钊说过的一句话来补充龚自珍的这个认识，这就是：“研究历史的兴趣的盛行，是一个时代正在生长成熟正在寻求聪明而且感奋的对于人生的大观的征兆。”[①]

读史明道，是中国古代史学的一个优良传统。总结这个优良传统，对于我们今天写史、读史，都是有启发的。

（原载《北京师范大学学报》1992 年第 5 期）

① 李大钊：《李大钊史学论集》，河北人民出版社 1984 年版，第 245 页。

传统史学和历史教育

历史教育在今天仍然是一个值得重视的问题。人们的现代意识、现代观念的增强和现代文明水准的提高，一方面包含着对历史传统的某些方面的否定，一方面也包含着对于历史传统的某些方面的重新认识、评价、批判继承和发扬光大。如果可以这样来看待历史传统和现代文明的关系的话，那么，历史传统给予现代社会的人们的启示当然是不应当被忽视的，而作为历史传统之重要组成部分的传统史学在历史教育中的作用，自亦有其不可忽视之处。本文拟就与此有关的几个问题讲一点看法，不当之处，请学术界同好和读者指正。

一　历史总是要重视的

一个民族，总不能忘记自己的历史。这是因为，历史不仅可以说明一个民族的过往历程、现实状况，而且还可以指示它的未来的方向。关于这一点，世界各国有不少史学家的看法是相同的或相近的。远的不说了，即以 20 世纪而论——

一个意大利人说："历史是生活的教师。"[①]

---

① 贝奈戴托·克罗齐：《历史学的理论和实际》中译本，傅任敢译，商务印书馆 1982 年版，第 2 页。

一个美国人说:“历史的长河是源远流长的,重大的人类情感和利益都和保持(或者避免)过去的记忆分不开。无论是令人厌恶的回忆或者是令人渴望的回忆,都影响着人民的历史进程。”[①]

一个英国人说:“革命者只有在他同时也是一个历史学家、在他自己的历史思想里真正重演那尽管已被他扬弃了的生活时,才能把他的革命看作是一种进步。”[②]

一个中国人说:“对于未来社会的待望逼迫着我们不能不生出清算过往社会的要求。古人说:‘前事不忘,后事之师。’认清楚过往的来程也正好决定我们未来的去向。”[③]

这里,姑且不论这些论者的历史观的性质怎样,姑且不去考察他们自身的历史如何,他们以不同的语言和不完全相同的说法,强调了同一个道理:历史和现实生活是不可截然分开的。这是一个深刻的但又极易了然的道理。

中国是世界文明古国之一。中国悠久的历史和文化传统,曾经激励着无数的炎黄子孙为中华民族的美好的未来而奋斗,而献身;曾经吸引着许多异国人士的研究、称颂和倾心,以致把中国誉为全人类的“发明和发现的摇篮”。这是完全符合历史发展的逻辑的。中国这样一个大国,又具有悠久的历史和灿烂的古代文化,它不仅使它的子孙为之骄傲,为之感奋,也赢得世界进步人士的公正的评价,这是理所当然的。

---

① 蓝达尔:《历史学家的身份》,见《美国历史协会主席演说集》(1949～1960),何新等译,商务印书馆 1963 年版,第 69 页。

② R. G. 柯林武德:《历史的观念》中译本第 370 页,中国社会科学出版社 1986 年版。

③ 见郭沫若:《郭沫若全集・历史编》第一卷,人民出版社 1982 年版,第 6 页。

诚然，我们对此也不能作绝对的看待。三十年前，毛泽东同志在同音乐工作者的一次谈话中指出：“历史总是要重视的。历史久，有好处也有坏处。美国历史短，也许有它的好处，负担轻，可以不记这么多东西。我们历史久，也有它的好处。把老传统丢掉，人家会说是卖国，要砍也砍不断，没有办法。但是要回顾那么久的历史，是有些麻烦的。”[①]这一段话，一方面强调“历史总是要重视的”；一方面指出一个国家的“历史久”或“历史短”在“好处”、“坏处”方面并不是绝对的。拿美国来说，历史短，负担轻，旧框框少，可以更多地朝前看，极利于开拓和创造，这可能是它的“好处”。与之相比，中国历史久，负担重，旧框框多，习惯上极易于较多地回顾历史，从而局限了或削弱了它的开拓和创造精神，这可能是它的“坏处”；近代以来，这种“坏处”所造成的后果表现得尤为突出。值得注意的是，毛泽东同志的看法是辩证的和实事求是的，所以他认为：“我们历史久，也有它的好处。”好处在哪里呢？以我的肤浅的理解来看，这主要表现在：

第一，从整个人类的历史进程来看，是对人类文明的发展作出了重大的贡献。这种贡献，在十三四世纪以前，在社会经济和思想文化的许多方面都有突出的表现，而以科学技术的影响最大。早在上一个世纪，马克思就对中国古代科学技术的成就之影响到世界历史的进程作了如下概括：“火药、指南针、印刷术——这是预告资产阶级社会到来的三大发明。火药把骑士阶层炸得粉碎，指南针打开了世界市场并建立了殖民地，而印刷术则变成新教的工具，总的来说变成科学复兴的手段，变成对精神发展创造必要前提的

① 毛泽东：《毛泽东著作选读》(下)，人民出版社1986年版，第747～748页。

最强大的杠杆。"[①]显然,并不是任何一个民族都能对世界历史的发展产生如此巨大的影响,并不是任何一个民族的历史及其成就都能得到这样崇高的评价。科学技术史的研究者们所提供的历史资料,不仅可以证明马克思这一评价的正确,而且还可以由此得到一些新的认识。世界著名的中国科学技术史研究者李约瑟说:中国"在 3 到 13 世纪之间保持一个西方所望尘莫及的科学知识水平";在 15 世纪以前,中国的科学发明和发现"往往远远超过同时代的欧洲"。[②] 他撰写的《中国科学技术史》虽然尚未完成全书,但已成为世界名作,受到各国学者的重视,证明他的论断不是虚张声势的浮妄之辞。近据报载,《中国:发现与发明的摇篮》一书的作者罗伯特·坦普尔认为:"目前无论是西方或东方,真正了解中华民族对人类文明的贡献的人并不很多","在现代世界赖以存在的重大的发明创造中,有一半来自中国。"[③]毋庸置疑,没有悠久的历史和灿烂的文化,一个民族是不可能对世界作出如此众多的奉献的。

第二,从中华民族的历史进程来看,是为我们的民族和人民不断开拓历史前进的道路积累了丰富的、宝贵的经验。在这些经验中最重要的一条是:"中华民族不但以刻苦著称于世,同时又是酷爱自由、富于革命传统的民族。以汉族的历史为例,可以证明中国人民是不能忍受黑暗势力的统治的,他们每次都用革命的手段达到推翻和改造这种统治的目的。……中华民族的各族人民都反对

① 马克思:《机器、自然力和科学的应用》,人民出版社 1978 年版,第 67 页。

② 李约瑟:《中国科学技术史》中译本第一卷第 1 分册,第 3 页。

③ 李云飞:《英国通讯·为中国古代文明欢呼》,1986 年 9 月 26 日《人民日报》第 7 版。

外来民族的压迫，都要用反抗的手段解除这种压迫。他们赞成平等的联合，而不赞成互相压迫。”[①]这样的民族品格、民族精神，只有在长久的历史发展过程中、在反反复复的斗争中才能培育起来。近代以来，特别是中国共产党成立以来，在中国人民反对封建主义、帝国主义的伟大斗争中，这样的民族品格和民族精神焕发出巨大的力量，从而创造出20世纪人类历史上最伟大的事件之一——中国革命的胜利和新中国的成立。

第三，从民族关系史来看，是我国逐步形成为一个统一的多民族国家的重要原因。我国幅员辽阔，拥有五十多个民族，这是长久的历史发展的产物。我国各族人民对中华民族的历史发展都作出了重大的贡献。灿烂的、多姿多彩的古代民族文化，直到今天还在人们的生活中显示出活力，并为世界各国人民所喜爱，成为世界文化宝库的重要组成部分。

中国历史悠久的“好处”，当还不止于此。“历史总是要重视的”；历史教育对于现今为“四化”大业而奋斗的中国人民来说，具有不可低估的现实意义。

二 怎样看待传统史学

进行历史教育，还必须对传统史学有一个恰当的认识和实事求是的估价。这是因为，历史教育是生动的和具体的，它不能脱离传统史学而变成空洞的或抽象的说教。

什么是传统史学？现在人们在认识上有很大的不同。依我的

① 毛泽东：《中国革命和中国共产党》，《毛泽东选集》第2卷，第623页。

肤浅认识来看,中国传统史学指的是中国近代以前的史学,也可以说主要指的是中国封建社会的史学。近代以来,中国史学发生了很大变化:一方面是传统史学还继续存在了一个时期,一方面是资产阶级史学的兴起,还有一个更重要的方面是马克思主义史学的建立和发展。由于社会的变动而引起史学的分化,已经突破了传统史学的格局;因此,把近代史学纳入传统史学的范围显然是不合适的。新中国成立以后,马克思主义史学得到了广泛的传播,也经受了巨大的考验,在历史断限上它是当代史学,自无疑义;在科学体系上它是我们现在和今后都必须坚持、完善、发展的事业。因此,把这个时期的马克思主义史学也纳入传统史学的范围看待,那就更不妥当了。因此,对于后两种看法,我未敢苟同。

那么,应当怎样看待传统史学呢?我以为,这需要从理论认识上、具体研究上和当前史学实践上一一进行考察。

首先说理论认识。按照辩证唯物论和历史唯物论的观点,对任何事物都应当采取全面的和历史的看法,对作为历史遗产之一部分的传统史学亦应作如是观。在这一点上,大概不会有什么异议。毛泽东同志认为,在中国"灿烂的古代文化"中,包含着"封建性的糟粕"和"民主性的精华",要对它们进行区别并分别采取"剔除"和"吸收"的态度,这是"发展民族新文化提高民族自信心的必要条件"。[①] 他还明确地指出,对于中国古代文化,"既不是一概排斥,也不是盲目搬用,而是批判地接受它,以利于推进中国的新文化"。[②] 这些看法,无疑是符合辩证唯物论和历史唯物论的,是适

---

① 毛泽东:《新民主主义论》,《毛泽东选集》第2卷,第707～708页。

② 毛泽东:《论联合政府》,《毛泽东选集》第3卷,第1083页。

合于我们用以来看待传统史学的。因此，我以为，在怎样看待传统史学方面，我们在理论认识上是已经解决了的，这是一方面；另一方面，也还有没有完全解决的地方，即在理论上的摇摆和偏颇。这种摇摆和偏颇，主要还是表现为毛泽东同志所批评的"一概排斥"或"盲目搬用"。应当承认，自新中国成立以来，这种情况在史学界是存在的，直到今天也不是完全没有的。史学工作者要做到恰当地对待传统史学，仅仅具有正确的理论认识是不够的，还需要敢于坚持这种正确的理论认识，并把它贯彻到史学工作中去。

其次说具体研究。史学工作者对于某个问题是否能够提出正确的或者比较正确的看法，仅仅停留在一般的理论认识上是远远不够的，还必须在这种理论认识的指导下作具体的、深入的研究，并以其研究的结果进一步来检验、论证或修正原有的理论认识。只有这样，我们对于某个问题的认识，才可能是正确的或比较正确的。举例说，我们对传统史学中的"封建性的糟粕"、"民主性的精华"究竟研究得怎么样呢？"糟粕"何所指，"精华"又何所指？如何"剔除"，又如何"吸收"？等等。这些问题，只有通过具体的、深入的研究才能回答。20世纪60年代初，著名历史学家白寿彝先生在多年研究的基础上，撰写并发表了《谈史学遗产》的长文，就史学遗产在思想内容上和历史编纂上分析了其精华和糟粕的某些具体表现，指出对于史学遗产的研究也应贯彻"百花齐放，百家争鸣"的方针；同时，他还具体地从六个方面对史学遗产进行了考察和分析。[①] 20世纪80年代初，他又发表了《谈史学遗产答客问》的系列文章，[②]

① 参见白寿彝：《学步集》，人民出版社1962年版，第129～154页。

② 参见白寿彝：《历史教育和史学遗产》，河南人民出版社1983年版，第79～152页。

就历史观点遗产的研究、历史文献学遗产的研究、历史编纂学遗产的研究和历史文学遗产的研究阐述了一些新的见解。他提出的这些问题，都是从具体研究入手，同时又带有理论探讨的意义。这种对待传统史学的态度和研究传统史学的方法，是值得效法和应当提倡的。

中国传统史学，就其整体来说，既有封建性、落后性、反动性的一面，这是我们要坚决摒弃的；同时，它也有多样性、社会性、时代性的一面，这是我们应当批判继承的。不坚决摒弃前者，就不能在理论上和认识上克服传统史学的弊端和缺陷，不能跳出前人的窠臼；不认真地批判继承后者，就不能吸收和发扬传统史学的辉煌成就，不能光大我们民族的优良史学传统。这是我们在具体研究中不可忽视的两个方面，也是我们在当前的史学实践中必须注意到的重要问题之一。

最后说当前的史学实践。自从党的十一届三中全会以来，我国的历史科学事业步入了一个新的发展时期。在新的历史时期，我国的历史科学事业的主要任务有两条：一是坚持和发展马克思主义，拨乱反正，正本清源，贯彻“双百”方针，在观念、课题、方法、手段上不断更新，把教学工作和研究工作迅速推进到世界水平；二是坚定不移地以历史科学为当前的改革任务，为“四化”服务，为社会主义精神文明建设服务。这两条任务是互相关联、互相促进的。明乎此，则我们对于传统史学在当前史学实践中的作用就有可能看得比较清楚了。

最近，刚刚由党的十二届六中全会通过的《关于社会主义精神文明建设指导方针的决议》，在讲到社会主义精神文明建设的根本任务时指出：闭关自守只能停滞落后。我们坚决摒弃维护剥削和压迫的资本主义思想体系和社会制度，摒弃资本主义的一切丑恶腐朽的东西，“但是必须下大决心用大力气，把当代世界各国包括资本主义发达国家的先进科学技术、具有普遍适用性的经济管理经验和其他有益文化学到手，并在实践中加以检验和发展。不这样做就是愚昧，就不能实现现代化。”这些话，充分显示了我们的党、国家、人民在“对外开放”这一基本国策上的决心和魄力。其中说的“有益文化”，自然也包括外国一切有益的历史学的研究成果在内。从当前史学实践来看，拒绝吸收这些有益的外国史学成果，当然也是愚昧的表现。可喜的是，在改革和开放的形势下，我国史学界已经开始着手对外国史学的介绍、评论、翻译和有选择地借鉴与吸收。这是我国历史科学事业向新的高度发展的一个条件，应当受到足够的重视。同时，《决议》又指出：“中华民族是有悠久历史和文化的伟大民族，在古代文明史上长期处于世界的前列。在近代，由于封建制度的腐朽和帝国主义的侵略而落后了。辛亥革命、五四运动和中国共产党领导的人民大革命，带来中国历史的巨大变化。新中国的成立，在社会主义基础上开始了伟大的中国文明的复兴。自从我们国家以党的十一届三中全会为标志进入了新的历史发展时期，更赋予这个复兴以新的强大的生机和活力。这个复兴，不但将创造出高度发达的物质文明，而且将创造出以马克思主义为指导的，批判继承历史传统而又充分体现时代精神的，立足本国而又面向世界的，这样一种高度发达的社会主义精神文明。”这一段话表明，“伟大的中国文明的复兴”，就它所包含的社会主义精神文明建设来说，是不能脱离“以马克思主义为指导”这一基本要求的，同时，也不能脱离“批判继承历史传统而又充分体现时代精神”和“立足本国而又面向世界”这样重要的要求的。如果史学工作者按照这样的指导思想来看待传统史学的话，那么，传统史学在当前的史学实践中的重要性就显而易见了。总之，在当前的史学实践中，拒绝学习外国的有益的史学成果，是愚昧的；忽视批判继承传统史学的优秀遗产，也不是冷静的和严肃的史学工作者所应当采取的态度。

三　传统史学在历史教育中的作用

在当前的史学实践中，历史教育应是史学工作者十分重视的一个问题。

历史教育，它是史学工作者和人民群众通过学习历史而获得启示、智慧、勇气和高尚情操的自我教育。历史教育在各种教育活动中具有最广泛的社会覆盖面，从普通公民到国家领导人，不分性别、年龄、民族、信仰，都可以而且应当是历史教育的对象，都能够从历史教育中得到许多教益。历史教育的这种广泛的社会覆盖面，是由历史教育的内容的丰富性和广泛性所决定的，如关于做人的道理的教育，关于革命传统的教育，关于民族团结的教育，关于人类与自然界的关系的教育，关于总结历史经验的教育，关于爱国主义教育和历史前途的教育，等等。这些，白寿彝先生在《历史教育和史学遗产》一书中，已有专文论说，这里不再赘述。

本文在这里所要阐述的，是传统史学在历史教育中的作用问题。上文已经讲到，历史教育是生动的和具体的，它不能脱离传统史学而变成空洞的或抽象的说教。由于我国传统史学历史悠久，史籍丰厚，内容繁复，这使它能够赋予历史教育以如下几个特点：

第一个特点，是历史教育在水平上的多层次性。历史教育的对象既是包括史学工作者在内的各族人民群众，它就必须适合于具有不同的文化水平、知识水平的人们的需要。在这方面，传统史学给我们提供了有益的借鉴。例如，《三字经》，这是蒙求读物，《纲鉴易知录》，这是通俗读物；《二十四史》、《资治通鉴》，这是高级读物。不同水平的人们，可以根据自己的需要选择有关的读物。即以《三字经》而论，章太炎曾称赞"其叙历代废兴"，"启导蒙稚者略备"，"则今之教科书固弗如《三字经》远甚也"。[①] 这是章太炎在一九二八年说的，可见《三字经》在"启导蒙稚"方面的作用是很大的。当然，也有一些历史读物，既可以作为一般教材看待，也可以看作是高级读物，司马光撰写的《稽古录》就具有这样的性质。朱熹说："(司马)温公之言如桑麻谷粟。且如《稽古录》，极好看，常思量教太子诸王。恐《通鉴》难看，且看一部《稽古录》。人家子弟若是先看得此，便是一部古今在肚里了。"又说："《稽古录》一书，可备讲筵官僚进读。小儿读《六经》了，今接续读去，亦好。"[②]这说明，《稽古录》在当时是一部适合于各种年龄和文化程度的人阅读的书。今天的历史教育，一方面要适当地利用传统史学所提供的现成材料，当然这必须增写必要的说明和简明的注文；一方面也要借鉴传统史学的种种表现形式，而以今天的认识水平撰写出来新的、不同层次的历史读物。最近十年来，我国在编著、出版各类历史读物方面，成绩是不小的，但也存在着需要改进的地方。一是要进一步提高对于历史教育之必要性和重要性的认识，使学术探讨、知识传播能够更多地与历史教育结合

① 《章太炎先生学术论著手迹选》，北京师范大学出版社 1986 年版，第 205～206 页。

② 《朱子语类》卷 134，中华书局 1986 年版。

起来。二是对于丰富多彩的传统史学的表现形式研究得不够，借鉴得不够，在研究、借鉴的基础上改造和创新也不够；因此，今天的许多历史读物在表现形式上是雷同的、单调的。三是学者、名家很少有人着意于中级历史读物和初级历史读物，建国三十多年来，还难得见到在这类历史读物中有经过名家反复锤炼而可以传世的佳作，这在很大程度上影响了历史教育所能发挥出来的更大的社会作用。

第二个特点，是历史教育在内容上的超职业性。历史教育不同于一般的专业知识教育和职业教育，而是提高每个人的基本素质的教育，因此具有超职业性。当然，不同专业和职业的人，通过学习丰富的历史典籍，可以得到知识方面、经验方面、道德方面的许多启发，这是无疑的。如，军事家自然爱读《孙子兵法》和历史上有关著名战役的记载；政治家则更关注历史上那些能够审时度势、用人纳谏的人，对历史上有关变法、革新、成败兴替之理的记载有浓厚的兴趣；搞水利的，搞交通的，搞农业的，搞矿冶的，搞教育的，搞法律的，等等，都可以从历史的学习中获得专业和职业方面的教益。但是，历史教育的更重要的目的，是要从历史中认识我们这个民族是怎样发展过来的，在历史的进程中有哪些经验和教训，它过去和现在在世界上处于什么地位，它今后的命运将会怎样，作为民族的一个成员、国家的一个公民应该怎么办。这就是所谓"察古而知今"、"鉴往而知来"。对于这方面的教育，是不分专业和职业的，是人人都需要接受的。传统史学在这方面提供的文献很多，足够人们采择、整理、节选、改编或据以重撰，以充分发挥它在历史教育中的积极作用。

第三个特点，是历史教育在效果上具有突出的可接受性。这也是由中国传统史学本身的特性所决定的。中国传统史学产品丰富，内容广泛，体裁多样，在世界各国中是罕与其匹的，这是历史教育在社会效果上具有突出的可接受性的一个重要原因。还有一个原因，是中国传统史学在文字表述上的艺术性手法，即历史文学的修养。中国古代史书在写战争、写场面、写人物（言辞、心理、精神、个性）、写社会风貌等方面，都在文字表述上有很高的艺术性成就。其中影响最大的如《左传》、《史记》、《资治通鉴》等书，千百年来，世代相传，人们屡读不厌，这就大大扩大了它们的流传和社会吸引力。明代文学家茅坤在讲到《史记》叙事的成就及其对后人的感染力时说："今人读《游侠传》，即欲轻生；读《屈原贾谊传》，即欲流涕；读《庄周》、《鲁仲连传》，即欲遗世；读《李广传》，即欲力斗；读《石建传》，即欲俯躬；读《信陵》、《平原君传》，即欲好士。若此者何哉？盖各得其物之情而肆于心故也，而固非区区字句之激射者也。"①20 世纪的人读《史记》，当然不必也不可能产生这样的感情和奇特的联想，但它引人的魅力依然存在，人们可以据此而想见当时的人情世态。即使是那些并非属于第一流的历史著作，也不乏这样的魅力。南宋政治家、文学家、诗人杨万里说他读袁枢《通鉴纪事本末》的感受是："如生乎其时，亲见乎其事，使人喜，使人悲，使人鼓舞未既而继之以叹且泣也！"②这话不免夸张，但纪事本末体史书长于把重大的历史事件记述得起伏跌宕，始末了然，亦自有其感人之处，当并非虚言。

那么，从现今的读者来说，应当如何看待传统史学赋予历史教

① 茅坤：《茅坤集》卷 3，张大芝、张梦新点校本，浙江古籍出版社 1993 年版。

② 杨万里：《通鉴纪事本末·序》，见《通鉴纪事本末》书首，中华书局 1959 年版。

育的这种突出的可接受性呢？我认为，李大钊在六十多年前讲过的一段话还是值得我们思考的。他是这样说的："即吾人浏览史乘，读到英雄豪杰为国家为民族舍身效命以为牺牲的地方，亦能认识出来这一班所谓英雄所谓豪杰的人物，并非有与常人有何殊异，只是他们感受到这社会的要求敏锐些，想满足这社会的要求的情绪热烈些，所以挺身而起为社会献身，在历史上留下可歌可泣的悲剧、壮剧。我们后世读史者不觉对之感奋兴起，自然而然的发生一种敬仰心，引起'有为者亦若是'的情绪，愿为社会先驱的决心亦于是乎油然而起了。"[①]这已不只是一般的感召力量，还有一种深层的理性认识的力量：即由历史感和时代感相结合而产生的力量。

（原载《齐鲁学刊》1986 年第 6 期）

① 李大钊：《李大钊史学论集》，河北人民出版社 1984 年版，第 247 页。

传统史学的现代价值

中国现代化与传统思想文化的关系是一个具有重大现实意义的问题。从文化研究的观点来看，中国现代化建设的基础之一，便是传统思想文化，因此，在现代化建设过程中就有一个如何对待传统思想文化的问题。同时，中国传统思想文化在现代化建设中，也有如何发挥作用和实现自身现代价值的问题。这是同一个问题的两个方面。有的研究者认为，现代化必须以传统为基础，传统必须以现代化为目标。这个看法，对于现代化和传统思想文化的关系来说，大致也是适用的。

传统思想文化是一个幽深、广阔而又丰富的概念。现代化的含义，人们也有种种不同的理解。概括说来，它是指现代的科学、技术、生产力水平，现代的管理水平，以及现代社会人们的观念、意识、价值标准、文化修养、生活方式、精神风貌等。对于这些，笔者没有作过深入的研究。为了“大题小作”，我想就现代化和传统史学的关系，讲一点肤浅的认识。

一　怎样看待中国传统史学

什么是传统史学？目前史学界有种种不同的说法。我认为，从比较贴切的含义来说，是指近代以前的史学，即中国古代史学。

这跟西方史学中常常说到的“传统史学”，在内容上和所包含的年代上，都有所不同。

我们看待传统史学，犹如看待传统思想文化的任何部分一样，应力求避免简单化和片面性。总的来说，它是神奇与腐朽并存、精华与糟粕杂糅的整体，似不可笼统地肯定或否定。在这个问题上，本世纪以来，学术界不断出现这样那样的提法和倾向，很值得反省。前几年流行“史学危机”的种种说法，其中有一种说法认为，所谓“史学危机”实质上是传统史学的危机，是传统的史学方法、史学模式、史学价值取向的危机。这种说法不能说没有一点道理，但整个说来，我以为这是对传统史学的片面的、绝对化的估量。

所谓传统史学方法，我以为至少有两个方面是值得注意的。一是表述的方法，即重视对历史的描述，并创造了丰富多彩的表述形式。人们不难想象，一个时代的史学如果不重视叙事，不重视对历史的描述，是不可能充实地、丰腴地表现出历史面貌的。本世纪上半叶发展起来的年鉴学派推崇结构的和分析的史学，产生了积极的影响，但时隔半个世纪却又出现了叙述史“复兴”的趋势，这证明叙事之对于史学本是一种不可缺少的方法。中国传统史学在这方面固有的优势是应该受到重视的。二是考据的方法，即重视对史事和文献的考证。马端临阐述他的《文献通考》要旨说：“凡叙事，则本之经史，而参之以历代会要，以及百家传记之书，信而有证者从之，乖异传疑者不录，所谓文也。凡论事，则先取当时臣僚之奏疏，次及近代诸儒之评论，以至名流之燕谈，稗官之记录，凡一语一言，可以订典故之得失，证史传之非者，则采而录之，所谓献也。其载诸史传之纪录而可疑，稽诸先儒之论辨而未当者，研精覃思，悠然有得，则窃著己意，附其后焉。命其书曰《文献通考》。”[①]这种重视史事和文献考证的方法，从司马迁到乾嘉年间的考史学派，有悠久的传统和丰硕的成果。这个方法的基本要求，是要根据确凿的历史事实来描述历史，判断和评论历史。当然，传统的考证方法是有局限性的，但这比起脱离基本事实、不顾及文献的考证来解释历史的做法，其严谨的学风和负责的精神仍然是值得提倡、发扬的。事实上，只要还有史学的存在，就不能不对史实作考证。考证的方法在史学中是废除不了的。史学方法可能会有不断的创新，但考证方法依然是最基本的方法。

关于中国传统史学的模式，史学界也有不同的理解。我以为，所谓模式，当不是指由某一部分特质概括出来的，应是对其整个特质的概括。因此，我认为中国传统史学的模式就是孟子说的事、文、义，刘知幾说的才、学、识，吴缜说的事实、褒贬、文采，至于章学诚和梁启超说的德、才、学、识，是他们说的这几个方面的统一。现今的中外史学，可能会有这样那样的模式。但是，史学家德行、知识、器局和表述上的艺术性，仍然是最基本的要求，也是没有止境的追求目标。诚然，史学家的德行是要受到时代影响的，历史知识是在发展的，认识能力是在不断提高的，而历史表述也不应脱离一定时代的社会和大众的需要，所以所谓德、才、学、识并不是一成不变的，他们随着历史的发展也在发展。唯其如此，中国传统史学之强调史德、史才、史学、史识统一的精髓，才更具有长久的生命力。

中国传统史学向来重视讲恶善、论是非，宣扬“惩恶劝善”、“取是舍非”，但它更重视总结和阐述治乱兴衰、得失成败之故，重视

---

① 马端临:《文献通考·序》，中华书局 1986 年版。

"察往知来"。善恶、是非的判断标准也是有时代特点的，借鉴过去，为现实社会提供经验教训，同样包含着一定的时代内容。研究和撰述历史，一般来说，都不能回避善恶、是非，尤其不能回避治乱兴衰、得失成败之故。古往今来，"为史学而史学"的史学家是罕见的。梁启超曾极言中国旧史学之弊而倡言"新史学"，不是也主张史学应当"为生人——今人或后人而作吗"?！人们都熟悉汤因比的《历史研究》以及汤因比与池田大作对话录《展望二十一世纪》，也熟悉保罗·肯尼迪的《大国的兴衰》。他们探讨文明的优劣、世界的走向、兴衰的趋势，也讲到"良心"和"爱"。中国传统史学比较重视阐述伦理，但它并不是一些社会伦理教科书的堆积，它重视人或"人谋"在历史进程中的作用，而许多史学名著的产生都深刻地反映出时代的要求，成为刻画时代特点的丰碑。

从这些方面来看，毋庸讳言，一些人对于中国传统史学还缺少全面的考察，因而在认识上难免会走向极端。当然，产生走向极端和片面认识的原因也是多方面的，其中一个重要原因是只看到了传统史学中所谓帝、王、将、相"家谱"的形式，只看到了在这种形式下所包含的落后的、过时的方面，对于其积极的方面，对于其中那些具有生命力的、可以超越时代的精髓，则过分地忽略了，甚至全然没有顾及到。这与其说是传统史学的悲哀，毋宁说是现今史学研究的缺憾。

二　传统史学向人们提供了什么样的优秀历史传统

这个问题是认识传统史学的一个关键。中国传统史学的文献浩如烟海，我只能从那些最具有代表性的历史著作如《二十四史》、《资治通鉴》、“三通”（《通典》、《通志》、《文献通考》）等来试图阐述这个问题。

一部《二十四史》，不能简单地看作是历代帝王的“家谱”。一个基本的事实是：像这样工程浩大的、连续不断的、记载世界东方一个大国的综合体史书，它本身就是世界史学史上的奇观。它所记载的每一个皇朝，或是一个历史时代的标志，或是历史发展中漫长历程的一个阶段。人们从《二十四史》中可以看到昏君、奸相、酷吏、地主阶级的压迫和剥削，也可以看到明君、贤相、循吏、人民群众的反抗和斗争，可以看到“君权神授”、“天人感应”的神秘气氛，也可以看到排天之论、无神之说、非君之言的耀眼光辉。《二十四史》中的天文、五行、祥瑞诸志，弥漫着星占、灾异“应验”的神话，却也有大量的科学史资料的记载。它记载了许多平庸的贵族，却也记载了大量的杰出人物。这就是鲁迅曾经说过的：“我们从古以来，就有埋头苦干的人，有拼命硬干的人，有为民请命的人，有舍身求法的人，……虽是等于为帝王将相作家谱的所谓‘正史’，也往往掩不住他们的光耀，这就是中国的脊梁。”[①]

对于《资治通鉴》这部编年体通史巨著，似也不可只看到宋神宗的那篇序，就简单地把它看作是皇帝的教科书。司马光主持撰写《资治通鉴》是希望最高统治者“监前世之兴衰，考当今之得失，嘉善矜恶，取是舍非，足以懋稽古之盛德，跻无前之至治，俾四海群生，咸蒙其福”。[②] 这是一部以记载北宋以前政治、军事大事为主，

① 鲁迅：《且介亭杂文·中国人失掉自信力了吗》，人民文学出版社 1973 年版。
② 司马光：《进〈资治通鉴〉表》，见《资治通鉴》附录，中华书局 1956 年版。

而又兼及民族关系、中外交流等内容的通史，同时又是具有明确的总结“兴衰”、“得失”的历史经验和现实估量的巨著，其实际价值已超出撰述者的初衷。王夫之对《资治通鉴》的“通”作了这样的解释：“其曰‘通’者，何也？君道在焉，国是在焉，民情在焉，边防在焉，臣谊在焉，臣节在焉，士之行己以无辱者在焉，学之守正而不陂者在焉。虽扼穷独处，而可以自淑，可以诲人，可以知道而乐，故曰‘通’也。”[①]这是把治国、民情、做人各个方面都讲到了。王夫之是具有早期启蒙思想的思想家、史学家，他的思想自然带着历史的烙印，但他对《资治通鉴》之价值认识，是耐人寻味的。1777—1783 年，法国耶稣会士冯秉正摘译了朱熹根据《资治通鉴》改撰的《通鉴纲目》一书，定名为《中国通史》，共 13 卷，在法国出版，据现存的当时订购这部通史的 530 人的名单，大致可以了解此书在法国流传的地理区域和对中国历史感兴趣的各个社会阶层。对于西方首次系统地介绍中国通史的知识，《资治通鉴》是创造了条件的。

所谓“三通”，即杜佑的《通典》、郑樵的《通志》、马端临的《文献通考》，是关于典制的通史、社会的通史和文献的通史。这三部各成于一人之手的巨著，给人们提供了新的关于社会历史发展的逻辑思想，史学的会通思想和经世思想，历史文献的分类思想和评论思想。合而观之，它们构成了反映历史进程中史事、人物、制度、文化等几个主要方面，展示了社会历史发展中的丰富内容和嬗变过程，从而进一步增益了人们的历史智慧。

“二十四史”、《资治通鉴》、“三通”以外的史书，还多得很，仅从

---

① 王夫之：《读通鉴论·叙论四》，中华书局 1975 年版。

上面所举出的三个方面的著作来看，传统史学中所包含的丰富的历史内容和优良的历史传统，是十分值得研究、珍惜的。曾经有一种说法，认为中国古代史学家们缺乏合理的知识结构，因而不能致力于宏观的历史研究，只能拘泥于微观的历史研究，其见解自然是极狭隘的。显然，这是对传统史学的极大误解。中国古代的纪传体史书从人事到天文、地理和各种典章制度，以及众多的人物风貌，皆有记述；编年体史书考究纪年，叙事生动，其连类列举之法还可写出不同身份、特点的人物群相，有丰富的记事容量；典制体史书，纵贯古今，旁通多门，论议宏富，旨在经世；纪事本末体史书写出了重大历史事变的始末原委，重在揭示历史发展的因果关系，犹如“得其病之之源，则得其医之方矣”。① 即便是考史之书，如《廿二史札记》、《廿二史考异》、《十七史商榷》等，其中也有不少问题或纵论古今、跨越千年，或由此及彼、涉及数代，有的总括时代特点，有的爬梳历史脉络，并非都拘泥于个别史实的考证，也不能片面地判定为只热衷于微观研究。我之所以要提到这个问题，因为它可能妨碍人们对传统史学作全面的考察和认识，因而也无从总结传统史学中所蕴含的优秀的历史传统。这样，就可能导致一种误解，中国的现代化建设在文化传统上缺乏积极的前提。果真如此的话，我们就会重新陷于片面性而背离研究传统文化的初衷。

在现代化建设的过程中研究传统文化，一方面要指出传统文化中的消极因索，克服它可能成为历史前进的惰力的某些方面；一方面要总结出传统文化中的积极因素，发扬它可能成为历史前进

---

① 杨万里：《通鉴纪事本末·序》，见《通鉴纪事本末》卷首，中华书局 1959 年版。

的助力的某些方面。这是批判继承传统文化工作中两个不可截然分开的方面，而这个工作的主要目的，还是要落实在对优秀的思想文化传统的继承和发扬方面，发挥它在现代化建设中的助力作用。史学包罗万象，故传统史学既有沉重的包袱，又有无价的财富。研究传统史学，当像鲁迅说的那样，只有洗涤那“太厚”的“涂饰”，沙汰那“太多”的“废话”，这才清晰可见“历史上都写着中国的灵魂，指示着将来的命运”。① 从上文列举的《二十四史》、《资治通鉴》、“三通”这些代表性著作来看，传统史学反映出来的优秀历史传统是多方面的，其中，以革新进取精神、民族凝聚意识、重视历史智慧三个方面尤为重要。

三　进取精神·凝聚意识·历史智慧

中国传统史学反映了中华民族具有革新进取的精神。这里，我想引证一位治中国思想史学者的论断：“中国的哲人留下了丰富的社会政治思想，其中贯注了珍贵的革新进取精神。人们拍打去其间凝聚着的灰尘，就会露出灿然的金光。对旧制度、旧思想的批评、抨击，对新事物、新世界的向往、寻求，这是中国古代哲人的精魂。要从腐朽看出神奇，要‘舍其旧而新是谋’。这需要实事求是的科学态度，要排除主观臆断，又需要剥肤见骨的辩证观点，摆脱形而上学的束缚。中国社会政治思想内容十分丰富，宝山在望，唯不辞辛苦地探检者能够不至空手而归。”②他认为这是中国古代哲

① 鲁迅：《华盖集·忽然想到》〔四〕，人民文学出版社 1980 年版，第 22 页。

② 邱汉生：《中国哲学、社会政治学说的特色》，《中国通史》第 1 卷，上海人民出版社 1989 年版，第 276 页。

学、社会政治学说的特色之一。这个论断及其所包含的方法论原则，对于传统史学和传统史学研究也是适用的。

《左传》昭公三十二年记史墨回答赵简子的话："社稷无常奉，君臣无常位，自古以然。故《诗》曰：'高岸为谷，深谷为陵。'三后之姓，于今为庶。"这是对春秋后期私门逐渐取代公室的历史趋势之合理性的明确承认。《国语·郑语》记郑桓公与周太史史伯讨论两周之际历史特点，史伯评论"王室将卑"周必衰，"国大而有德者近兴"，是指陈形势，肯定变革的大议论。《战国策·赵策》记赵武灵王就"胡服"决策事答臣下问，指出："儒者一师而礼异，中国同俗而教离，又况山谷之便乎？故去就之变，知者不能一；远近之服，贤圣不能同"；"势与俗化，而礼与变俱"；"知学之人，能与闻迁；达于礼之变，能与时化"。这是一篇从历史和理论上论证政策要适应形势变化的大文章。先秦时期史学中这种顺乎时代潮流、极言变革合理的思想，也贯注在秦汉以下的史学发展中，如司马迁在《史记》中写出了历史发展的阶段、变化和进步。历代史书对皇朝的"盛世"和"中兴"，对改革者的成功和失败、经验和教训的记载，不绝于史。历代史论，如汉之贾谊、晁错，三国之诸葛亮、曹操，唐之唐太宗、魏徵、杜佑、柳宗元，宋之王安石、郑樵，明与明清之际的李贽、顾炎武、黄宗羲、王夫之，清之龚自珍诸家，莫不贯串着革新进取的精神。

中国传统史学所反映出来的民族凝聚意识，也起源于先秦史学。《左传》写出了华族与东夷、南蛮、西戎、北狄的斗争和融合，写出了各族在春秋时期各大国霸业中之重要地位。其后，《史记》、《汉书》写出了大一统封建国家的宏伟画卷，而民族传、地理志则尤其突出地反映了多民族国家的凝聚意识。它们之后，历代史家多起而仿效，也写出了许多精彩的叙述和论断。《资治通鉴》记贞观二十一年唐太宗与群臣总结历史经验："上御翠微殿，问侍臣曰：'自古帝王虽平定中夏，不能服戎、狄。朕才不逮古人而成功过之，自不谕其故，诸公各率意以实言之。'群臣皆称：'陛下功德如天地，万物不得而名言。'上曰：'不然。朕所以能及此者，止由五事耳。自古帝王多疾胜己者，朕见人之善，若己有之。人之行能，不能兼备，朕常弃其所短，取其所长。人主往往进贤则欲置诸怀，退不肖则欲推诸壑，朕见贤者则敬之，不肖者则怜之，贤不肖各得其所。人主多恶正直，阴诛显戮，无代无之，朕践阼以来，正直之士，比肩于朝，未尝黜责一人。自古皆贵中华，贱夷、狄，朕独爱之如一，故其种落皆依朕如父母。此五者，朕所以成今日之功也。'顾谓褚遂良曰：'公尝为史官，如朕言，得其实乎？'对曰：'陛下盛德不可胜载，独以此五者自与，盖谦谦之志耳。'"[①]隋唐统一皇朝，华夷界限淡化，唐太宗此言，并非夸张之词。唐初修"五代史"、《南史》、《北史》，重修《晋书》，都贯注了"天下一家"的思想。《通典》著者杜佑从地理环境和历史发展上，阐说了"中华"与"夷狄"的区别与联系，主张在政策上要慎于对待"夷狄"。在传统史学里，关于多民族历史撰述"已形成了悠久的历史传统，留下了相当多的历史资料，运用了各种不同的撰述体裁，表述了不同的民族思想，反映了各个时期的历史特点。这些宝贵的遗产为我们研究民族史，提供了大量资料和编写上的借鉴。那些认为中国史书只记载汉族不记少数民族的历史的看法，是没有根据的。"[②]历史撰述上的这个传统，反映

① 《资治通鉴》卷198。

② 白寿彝总主编：《中国通史》第1卷，第32页。

了中华民族共同心理的形成和凝聚意识增强的历史过程，也反转过来促进了这种形成和增强的趋势。

中国传统史学十分重视从历史上发展中总结前人的活动和思想，以增益今人和后人的智慧。《易·大畜·象传》称："君子多识前言往行，以畜其德。"这个"德"，当然不限于个人的品德修养，它包括了人们对于历史的认识以及这种认识在现实中的运用。关于这一点，裴松之说得很好："智周则万理自宾，鉴远则物无遗照。虽尽性穷微，深不可识，至于绪余所寄，则必接乎粗迹。是以体备之量，犹曰好察迩言。畜德之厚，在于多识往行。"①

春秋时期，人们就十分重视历史知识的教育对于增益智慧的重要性。《国语·楚语》（上）记申叔时对楚庄王论教导太子事。〔庄王〕问申叔时，叔时曰："教之春秋，而为之耸善而抑恶焉，以戒劝其心；教之世，而为之昭明德而废幽昏焉，以休惧其动；教之诗，而为之导广显德，以耀明其志；教之礼，使知上下之则；教之乐，以疏其秽而镇其浮；教之令，使访物官；教之语，使明其德，而知先王之务用明德于民也；教之故志，使知废兴者而戒惧焉；教之训典，使知族类，行比义焉。"这九种课程中有三分之二都跟历史知识有关。重视历史教育，从历史中汲取智慧，是中国传统思想文化的一个特点。清人龚自珍说的"欲知大道，必先为史"，就是对这个历史传统的概括。

中国传统史学所集聚起来的历史智慧之光，绝不只是光照过去，它也照射现实和未来。司马迁提出的"述往事，思来者"②论

① 裴松之：《上〈三国志注〉表》，见《三国志》附录，中华书局1959年版。
② 《史记》卷130《太史公自序》，中华书局1959年版。

点，深刻地道出了史学的现实价值。后来杜预说的“彰往考来”，[①]裴松之说的“总括前踪，贻诲来世”，[②]杜佑说的“至于往昔是非，可为今来龟镜”[③]，司马光说的“监前世之兴衰，考当今之得失”[④]，都是这个思想的延续和发展。至于王夫之说的：“故论鉴者，于其得也，而必推其所以得，于其失也，而必推其所以失。其得也，必思易其迹而何以亦得；其失也，必思就其偏而何以救失；乃可为治之资，而不仅如鉴之徒悬于室，无与照之者也。”[⑤]这已经包含了朦胧的历史选择的思想了。

从历史知识到历史鉴戒思想，再到历史选择意识，这是传统史学中反映出来的对于历史智慧的积累和运用的发展过程。尽管这在传统史学中还没有形成成熟的理论体系，但这种思想、理论的存在，这种历史传统的存在，是异常鲜明的。

四　传统史学在现代化中的位置

我们在现代化建设中，需要有一种前所未有的、宏大的历史进取精神。这一方面来自外界的挑战和推动；另一方面，这是更重要的方面，是来自自身的自觉要求。这种要求不仅具有迫切的时代意识，而且具有深刻的历史意识，这当是中华民族自强不息精神传

① 杜预：《春秋左氏传·序》，见《春秋左传正义》书首，上海古籍出版社 1990 年版。

② 裴松之：《上〈三国志注〉表》，见《三国志》附录。

③ 杜佑：《进〈通典〉表》，见《通典》书首，中华书局 1988 年版。

④ 司马光：《进〈资治通鉴〉表》，见《资治通鉴》附录。

⑤ 王夫之：《读通鉴论·叙论四》之二。

统的新发展。

在现代化建设中，面对复杂的国情和多变的世界，中国需要稳定，尤其需要增强中华民族的凝聚力和自信心，并使之成为高度自觉的意识。中国历史上曾经出现过分裂的政治局面。在分裂的局面下，经济、文化也并非没有一点发展，这是历史事实。但是，中国历史上真正对世界历史作出伟大贡献、产生深远影响的，还是秦、汉、唐、宋、元、明这样的大时代。这也是历史事实，而且是更重要的历史事实。中华民族的凝聚力和自信心是爱国主义的深远的历史渊源。对于这一点，我们有必要作出更多的阐述。

现代化建设需要先进的知识、丰富的智慧，特别需要拥有这种知识和智慧的人才。这种人才无疑应具有现代的意识。但是，中国人的“现代意识”，应当是“中国人”的现代意识。这种现代意识是符合世界历史发展潮流的，也是符合中国历史发展特点的。不少从事文化研究或现代化研究的人都有一个共识：现代化是世界发展的大趋势，但它在思想文化上的反映，在各国、各民族、各地区又并不是完全相同的。因此，中国走现代化的道路，也必将有中国的特点。科学地认识这个特点，就只能从中国的国情出发：既有现实的方面，也有历史的方面。认清了世界的大趋势，认清了中国的国情，历史的选择才是科学的和可行的。在这方面，传统史学所积累的丰富的历史智慧，有其不可忽视的价值。

诚然，在现代化建设中，传统史学也需要得到现代意义的研究、解说和总结，这不仅对推动当前史学发展有重要意义，而且对推动中国史学进一步走向世界也有积极的作用。这是一个十分艰巨的任务，同样应当受到足够的重视。

（原载《天津社会科学》1991 年第 1 期）

再谈中国史学的优良传统

引言　对中国史学优良传统的逐步认识

近年来，我有一个越来越突出的感受，就是有些历史工作者，由于不了解中国史学，所以在讲到中国史学的时候，常常跟实际情况相差很远。比如，过去经常有人讲，中国史学动辄言必称三代，今不如古，所谓“二十四史”是帝王将相的家谱，等等。这些话，从今天看来都不妥当，也不正确，而且也早就受到了批评。如果一个史学工作者以外的人来讲这些话，尚情有可原；但对一个史学工作者来说，这就不合适了。这种情况说明，有些人包括部分史学工作者，还不了解史学史这门学科的性质和它的重要性。

史学史是一门理论学科，也是一门反思的学科。它是我们进行历史研究的基础。了解史学史，是一个历史工作者应有的基本素养。不了解史学，一旦涉及评价问题，就同我们研究史学史不了解历史一样，难免出错。中国史学在世界上是绝无仅有的，对这样一个丰富的遗产，我们要高度重视。在中国史学的丰富遗产中，有许多优良传统。今天来重温这些优良传统，用理性的眼光来看待这些优良传统对于促进当前的史学工作，对于我们从事这项事业，是有积极意义的。

白寿彝先生说，史学遗产中有“优良传统和非优良传统的区别”。[①] 我们讲的是优良传统。中国历史上流传下来的东西，并非都是好的，它有过时的，有落后的，有的在今天看来甚至是错误的。这些我们都要清楚，不能说好就都好，说不好就全不好。我们对中国史学传统里面的优秀部分，要特别加以研究、继承和发扬；对不好的传统，我们也要了解，要能够说明它，要引以为鉴，但它不是我们研究的重点。我们研究的重点是要继承优秀的东西，作为我们今天的学术养料，这是研究史学史的基本宗旨。优良的史学传统，从根本上来说，也是史学的一部分，是史学遗产的一部分。

对于中国史学的优良传统这个问题，“文革”以前，人们关注得很少。我们看到的，主要是白寿彝先生于 1961 年 8 月发表的《漫谈史学传统三事》一文。[②] 从 20 世纪 80 年代以来，这个问题逐渐受到了人们的关注和重视。[③] 讨论的重点，一个是求真的传统，一个是经世致用的传统。这两个传统，在中国史学的优良传统里具有根本性质。不求真，不成其为历史学；不致用，这个历史学就是没有用的历史学。从史学史上看，古往今来，没有脱离社会的历史学。按我的理解，它们反映了历史学的两个基本属性，即前者反映了历史学的学术属性，后者反映了历史学的社会属性。

关于这个问题，我曾经写过几篇文章，分别是《传统史学和

---

① 白寿彝：《谈史学遗产》，《白寿彝史学论集》（上），北京师范大学出版社 1994 年版，第 466 页。

② 白寿彝：《漫谈史学传统三事》，《白寿彝史学论集》（上），第 487 页。

③ 具体情况可参见乔治忠、姜胜利：《中国史学史研究述要》，天津教育出版社 1996 年版，第 38～39 页。

史学传统》[1],《说中国古代史学的优良传统》[2],《史学传统与人文精神》[3]和《中国史学的遗产、传统和当前发展趋势》[4]。这几篇文章是在不同时期发表的,反映了我对这个问题的思考过程。

"传统史学"这个名词,是从西方传来的。它是法国年鉴学派用来称呼19世纪兰克史学的一个概念,有其特定的内涵和范围。中国在"文革"之前好像没有这个名词,改革开放以后,西方史学涌进中国来,中国一些史学工作者借用这个名词往中国史学上套,引起了很大的混乱。20世纪80年代,关于"传统史学"的界定有各种各样的说法,其中一种说法,认为1978年十一届三中全会以前的史学都是传统史学,时间断限离现在最近。显然,这个说法是不妥的。针对这种认识上的混乱,《光明日报》约我写了《传统史学和史学传统》,主要阐明什么是传统史学,什么是史学传统。我认为,所谓中国传统史学当是指1840年以前的中国古代史学。这是因为,中国历史在1840年前后发生了很大的变化,中国史学也由于社会的变动而在历史观念、史学的社会目的等方面发生了巨变,开始由古代走向近代。因此,我们把1840年以前的中国史学称为古代史学或传统史学。对于这一点,我们要有一个比较明确的认识。至于中国史学的优良传统,我也提出了几点认识。

1991年,时任西北大学校长的张岂之教授两次给我写信,替《西北大学学报》约稿。他给我出的题目,就是《说中国古代史学的优良传统》。一位大学校长,为学报约稿,这样的校长也不多见,我

① 1987年4月22日《光明日报》。

② 《西北大学学报》1991年第4期。

③ 《求是学刊》2001年第4期。

④ 《当代中国史研究》2004年第1期。

不能不应命撰文。在这篇文章里，我讲了中国古代史学优良传统的几个重要方面，如恢廓的历史视野和鲜明的时代精神、丰富的内容和多样的形式相结合、求实和经世的一致、继承和创新的统一，以及讲求文采、重视考据、探索理论等等。而深刻的历史意识，是中国古代史学优良传统的核心。这是我第二次接触这个问题。

我第三次接触这个问题，是在2001年。当时《中国文化报》组织了全国的自然科学工作者和社会科学工作者，一起来讨论科学精神与人文精神问题。这个讨论持续了很长一段时间，而讨论所得则出版了三大本书，在全国产生了很大的影响。我应邀参加了这个讨论，在讨论过程中，我的想法就是要从史学传统里面来讲人文精神。这是因为，史学中的人本思想传统、惩劝宗旨传统、忧患意识传统、审美要求传统等，都闪烁着人文精神的光辉。我们不能脱离客观历史运动来看待人文精神，我们也不可能撇开反映客观历史进程的史学来讨论人文精神，史学中的人文精神应受到必要的重视。这就是我在《史学传统与人文精神》中所要表达的中心思想。

2004年，我应当代中国研究所所长、中国社科院副院长朱佳木研究员的要求，给当代中国研究所的同行们作了一次演讲。我演讲的题目叫做《中国史学的遗产、传统和当前发展趋势》。这个题目，实际上是讲了中国史学中的三个重要问题：一是遗产问题，二是传统问题，三是当前发展趋势。这三个问题，是紧密联系的。只讲遗产和传统，不讲当前趋势，难于认识中国史学之得失和当前史学趋势之由来，以及史学工作者自身对史学发展之责任；只讲当前趋势而不讲遗产和传统，那当前的史学就成了无本之木，无源之水。作为史学史研究者,有责任和义务把我们对中国史学,尤其是对中国史学的遗产和优良传统的看法讲出来,给同行作参考,共同为推动当前史学的健康发展作出贡献。

以上是我从20世纪80年代以来对中国史学的优良传统这个问题的认识轨迹。这个轨迹说明,即便是对一个问题的认识,也是在随着时代背景、社会要求和认识角度的不同而不断发展和丰富的。对同一个问题的思考,从来不是固定不变的,它是不断深入、循序渐进的过程。现在的这篇文章,是我所写的关于中国史学优良传统的第五篇文章,也是我对这个问题及以往研究的再认识。

中国史学的优良传统,我以为可以概括为以下九个方面。

一 书法无隐、秉笔直书的传统

在中国古代史学上,“书法无隐”是一个古老的优良传统。这是自孔子称董狐是“古之良史”,称赵盾为“古之良大夫”[①]而有明确的记载。这里,孔子提出了一个评价“良史”的标准:“书法无隐”。书法,是史官记事的礼法;无隐,是不加隐讳。“书法无隐”不仅是史官应当遵循的,就是执政的大夫也受到它的约束,以致为此而蒙受恶名。可见,这种礼法是久已有之的传统了。当然,从孔子称赞董狐这件事情的另一面来看,说明史学上也存在着破坏这个礼法的现象。齐国大夫崔杼杀死“书法无隐”的齐太史兄弟[②],就是破坏这个礼法的突出事例。这件事情说明,史官真正要做到

① 《左传·宣公二年》,杨伯峻注本,中华书局1981年版。
② 《左传·襄公二十五年》,杨伯峻注本。

“书法无隐”，是很不容易的，随时都有可能以身相殉。尽管如此，优秀的史官仍然遵循着这个礼法，董狐、齐太史、南史氏就是这样的“良史”。

这都是中国古代史学兴起时期的事情，但这种优良的传统一直影响着古代史学的发展，是史家提倡的一种精神境界，也是人们评价史家的一个标准。南朝刘勰评论史学时有这样两句话：“辞宗丘明，直归南、董”。[①] 意谓史家文辞应以左丘明为宗匠，直笔而书当以南史氏、董狐为依归。北周史家柳虬在一篇上疏中写道：“南史抗节，表崔杼之罪；董狐书法，明赵盾之愆。是知直笔于朝，其来久矣。”[②]他们说的“直”、“直笔”，都是直接从“书法无隐”概括而来。唐朝史家吴兢撰写实录，秉笔直书，不取人情，即使面对权贵也无所阿容，时人称赞他说：“昔董狐古之良史，即今是焉。”[③]

但是，从“书法无隐”到“直笔”和秉笔直书，不止是提法的变化，而且还包含着人们在认识上的发展。“书法无隐”，是从被动的方面提出来的；“直笔”而书，是从主动方面提出来的，这里反映出史家在主体意识方面的增强。“书法无隐”在孔子的时代是对于个别史家的称赞而提出来的；在南北朝的时候人们谈论“直笔”，是把它作为一种史学传统或史家作风来看待的，这反映出从个别到一般的认识过程。

值得注意的是，“书法无隐”是按照伦理的观念即周礼来追求的，而秉笔直书是按照事实本身来要求的，因此我们不能把“书法无隐”的原则和秉笔直书的要求混为一谈。周礼是一个伦理价值

---

① 刘勰：《文心雕龙·史传》，周振甫译注本，中华书局 1981 年版。

② 《周书》卷 38《柳虬传》，中华书局 1971 年版。

③ 王溥编：《唐会要》卷 64《史馆下》，中华书局 1955 年版。

的判断标准，而不是事实判断的准则。但随着社会的进步，随着史学的发展，人们逐渐摆脱了周礼的影响，而以历史事实为历史撰述的追求了。宋人吴缜是较早从理论上对历史事实作出明确概括的。他认为："夫为史之要有三：一曰事实，二曰褒贬，三曰文采。有是事而如是书，斯谓事实。因事实而寓惩劝，斯谓褒贬。事实、褒贬既得矣，必资文采以行之，夫然后成史。至于事得其实矣，而褒贬、文采则阙焉，虽未能成书，犹不失为史之意。若乃事实未明，而徒以褒贬、文采为事，则是既不成书，而又失为史之意矣。"[①]追求历史撰述的真实，就成为秉笔直书的发展方向了。这是优良传统。"书法无隐"和秉笔直书，代表了史官和史家的一种精神。史官们为了"书法无隐"，为了维护周礼的原则，不惜牺牲自己的生命。而一些史家为了秉笔直书，也是不惜自己的生命。这种精神，是中国史学优良传统的一个重要部分。

二　求真的原则与追求信史的传统

求真和秉笔直书有相通的地方，但也有不同之处。秉笔直书，一般是指当世史家记录当时的事情，侧重于历史记载；求真，一般是指后人编撰历史的过程中要求历史之真，侧重于历史编撰。在坚持求真的原则方面，历代史家有许多典范。比如，司马迁写《史记》，不但参考了当时的档案和先秦人的文献，而且进行了广泛的漫游和考察活动。他的漫游和考察所得，是他后来撰述活动的很重要的准备。这些都是为了求真。唐初，史家李大师看到南北朝时候

① 吴缜：《新唐书纠谬·序》，丛书集成初编，商务印书馆1936年版。

史官所写的一些史书不完备，而且“往往失实”，历史观念上也没有贯彻大一统的思想，就决心加以改正，试图“编年以备南北”①。后来，他的儿子李延寿继承他的遗志，撰成《南史》、《北史》，从隋唐统一的局面出发，以南北对峙代替了华夷对立，纠正了以往史书中的一些明显的曲笔和错误。这些也都是为了求真。司马光作《资治通鉴》的同时，又作了《考异》30卷。《考异》是说明文献取舍之故，与《资治通鉴》相辅而行。这也是为了求真，而且坦然地把求真的路径告诉人们。两宋以后，考据之风越来越盛，至清乾嘉时代而盛极一时。这个传统被此后的史家继承与发扬，从崔述的《考信录》到梁启超的《古书真伪及其年代》，从顾颉刚的《古史辨》到今天一些以考据见长的史学家的研究等等，都坚持了求真的史学传统。

求真的目的是要存留信史。追求信史，取信于后世，这既是史学家的崇高责任感，也是中国史学的一个优良传统。“信史”这个概念较早见于《文心雕龙·史传》。追求信史的传统的形成，是和历史认识的特点相联系的。历史运动和历史过程作为一种客观存在，已经成为过去，不可能重复出现。人们认识历史，只能依靠流传下来的文献、遗物、遗址以及其他各种实物资料，据此尽可能地反映当时的历史面貌，或者说“复原”当时的历史面貌。这种“复原”不是原原本本、百分之百的复原，所以它就难免有缺点，这是一方面。另一方面，由于受到各种主、客观因素的制约，人们在认识上也不可能十分全面、十分周到地看待历史。因此，人们对于历史的“复原”和认识，就像人们认识真理一样，是一个逐渐接近历史本

① 《北史》卷100《序传》，中华书局1974年版。

来面目的过程，但这个过程永远不会完结。从这个意义上讲，历史是可以被人们认识的。有一种看法，认为中国史书不可信，其理由是史书中存在曲笔，也存在篡改史书的情况，所谓"'实录'不实"之说，就是这种看法的一个典型例证。其实，这种看法是一种绝对的和片面的看法。因此，对这些问题应该有辩证的认识。尽管中国史书有这样那样的缺点，但造成这些缺点的原因，既有史家个人的局限性，也有时代的局限性。个人的局限性或许有可能避免，但时代的局限性则是个人难以避免的。我们不能苛求前人。如果只看到有的实录曾被修改过就说"实录不实"，或者说"二十四史"是帝王的家谱，这是不符合中国史学实际的。如果这种片面看法可以成立的话，那中华民族还有什么历史可言呢？我们又如何认识中华文明的光辉历史呢？我们应该看到，追求信史是中国史学的一个优良传统，一些优秀史家，以至于大部分史家都以之为毕生的追求。

三　丰富多样的史书体裁以及史书内容与形式相协调的传统

中国史书体裁之丰富，也是世所罕见的。编年体、纪传体、典制体、纪事本末体是其中的四种主要体裁，其他还有学案体、文征体、笔记等。这些史书体裁在今天来看，有许多地方是值得借鉴的，我们可以根据历史撰述的要求来进行选择。史书体裁的多样性说明，对于同样的历史发展过程，同样的历史事件，可以用不同的撰述形式来反映。选择何种体裁，主要根据历史撰述的目的和宗旨。比如，撰写 20 世纪中国史，可以采用纪事本末体，以重大历史事件为中心，进行编次；也可以采用编年体，按照时间顺序依次编写；还可以采用综合体，将时间、事件、人物、制度综合起来。这就是史书体裁的多元性以及内容和形式的相互协调。中国史学在这方面给我们留下了丰富的遗产。比如撰写两汉的历史，《汉书》、《后汉书》是纪传体，《汉纪》、《后汉纪》是编年体，《西汉会要》、《东汉会要》是会要体；撰写明代的历史，《明通鉴》、《明史》、《明史纪事本末》、《明典章》就用了四种史书体裁。这就是史书的内容和形式的互相协调。不同的形式所包含的内容，还可以相互补充，形成丰富多彩的局面。这种史学传统在外国史学中是少见的。但是，今天的史学工作者对这个传统研究得比较少，甚至于没有研究，这在一定程度上限制了史学的发展。中国史学的发展，要有中国的特点、中国的风格和中国的气派。如果我们对这个传统的真谛有所认识，有所了解，那就会大大推进当前历史编撰工作的发展，推进中国史学的进步。

1984年，我在《安徽史学》上发表了《古代史家怎样对待史书体裁》一文①，主要讨论了从东晋到唐中后期的六七百年中一些史学家在史书体裁上的辩难。辩难的中心问题是编年体优越，还是纪传体优越。刘知幾在《史通》里对纪传体和编年体的优劣长短作了精辟的评论。当时的讨论有一个倾向，就是人们认为编年体是孔子制定的，应该严格遵循，而司马迁创造的纪传体破坏了孔子的传统，所以应当恢复编年体的崇高地位。有些史家则不赞成这种看法，唐代后期学者皇甫湜撰《编年纪传论》予以

---

① 《安徽史学》1984年第4期，后收录于《中国史学散论》，湖南教育出版社1992年版，第98～111页。

驳难。这篇略带总结性的文章，在几乎所有关于编年、纪传孰优孰劣的辩难文字中，可以看作是最精彩的一篇。它首先肯定不论编年、纪传，只要做到“是非与众人同辨，善恶得圣人之中，不虚美，不隐恶”，都可以成为“良史”。这就比一般参加辩难的史家看得更全面一些。它还提出了编年体史书“多阙载，多逸文”的缺点和司马迁“出太古之轨，凿无穷之门”，创立纪传体的合理性。它最后强调了不懂得继承创新，只是简单地模仿古人的史家，是不会有什么作为的。[①] 这篇文章从理论上说明了纪传体的产生及其存在的合理性，是一篇有很高理论价值的文章。从这个事例可以看出，如果没有史学史修养，没有对中国史学的深入认识，我们就很难继承和发扬这个优良传统，使今天的历史编撰在体裁上丰富多样，在内容和形式的协调方面做得更好，更充分地发挥史学的社会作用。

四　讲究史文表述的传统

所谓史文，就是历史撰述的文字表述。讲究史文，也就是讲究历史撰述文字的准确、优美，这也是一个优良传统。我们强调这个传统，并非是说中国史书都写得很精彩，写得引人入胜，而是说这一直是历代史家所提倡和追求的目标，而且中国史学上确实有很多这样的优秀史著。《左传》写战争、写辞令，《国语》写历史形势，《战国策》写说客辩词，在史文表述方面都各有成就。《史记》第一次把人作为历史活动的中心看待，写出了各阶层人物的群相和他

① 李昉等编：《文苑英华》卷742，中华书局1966年版。

们的内心世界；它写战争、写重要的历史场面也极为精彩。《汉书》、《后汉书》、《三国志》在不少方面继承了《史记》的传统。《资治通鉴》写战争，也继承了《左传》、《史记》的传统并有所发展。这个优良传统，也为现代史家所重视和继承，翦伯赞的历史著作，文字表述优美；范文澜历史著作的文字，深入浅出，通俗易懂。他们在史文表述上的成就，历来为人们所称道。这充分说明，史文表述之美，增强了史学自身的生命力，同时也扩大了它的社会影响和社会作用。

现在的问题是，有些史学工作者丢掉了这个优良传统，不注重史文表述，所写的文章别人看不懂。这是一个值得我们认真反思的问题。在青年史学工作者中，目前出现的现代汉语表述水平下降的问题，不止是一个文字表述的问题，还是一个关乎学术质量和文化发展的大问题。要解决这个问题，首先就应该加强语言修养。这一方面要把现代汉语写得流畅、准确，一方面还要从史学名著里汲取营养，用来丰富我们的语言，把历史著作和文章写得更精彩。史学的发展，最终要反映在历史论著方面，因此史文表述是一个关系到史学发展的大问题。我们在史文表述上要继承优良传统，对自己提出严格的要求，要注意提高文字修养。史学名著在这方面可以发挥很大的作用。无论是否研究历史，都应当接触一些史学名著，从中受到熏陶。《史记》是中国史学名著的优秀代表，白寿彝先生就曾反复提倡大家读《史记》。这是因为，《史记》不但是一部有着丰富内容的通史，而且在史文表述上有突出的成就，可读性非常强。当然，《左传》、《后汉书》、《三国志》、《资治通鉴》等史著，也是很好的读本。不过，有些名著部头较大，阅读的时候，不一定通读全书，可以选取其中的精彩篇章来读，关键是要真正读进去。只要真正读进去，不仅加深了对历史的理解，语言文字的修养也会有所提高。

五 明理、明道与经世致用的传统

中国史家历来重视以史明理、明道，讲究以史经世致用，这是中国史学的一个鲜明的优良传统。

这个传统，在中国史学的萌芽时期就开始酝酿了。《易·大畜》说："君子以多识前言往行，以畜其德。"这个"德"，不只指道德、品行，还包含有见解、器识之意。将"多识前言往行"作为"畜德"的一个前提条件，反映了当时人们对历史记载的社会作用的重视。孟子在讲到史学的社会作用时，是将"义"与"事"、"文"连在一起讲的，也就是说，他认为以史明"义"是史学的一个重要作用。自司马迁《史记》以下，史家通过撰写史书，以及在书中发论，来阐明历史发展中所蕴含的道理，已经成为一种普遍的认识。元代史家胡三省批评了一种流行的说法，指出："世之论者率曰：'经以载道，史以记事，史与经不可同日语也。'夫道无不在，散于事为之间。因事之得失成败，可以知道之万世亡弊，史可少欤！"[①]他不赞成"经以载道，史以记事"的说法，认为"道"包含在"事"中，通过史书所记史事反映出来的得失成败、治乱盛衰，以及世事人情、社会风貌等，可以认识到"道"是始终发挥作用的。由此可见，人们要认识"道"，是不能没有史学的。这个认识，同朱熹在读经与读史问题上的尊经抑史态度有着很大的不同。清代思想家、史论家龚自珍也认为："出

① 胡三省：《新注〈资治通鉴〉序》，见《资治通鉴》卷首，中华书局 1956 年版。

乎史，入乎道，欲知大道，必先为史。”[①]胡三省、龚自珍用“道”这个古老的哲学范畴来说明史学所包含的认识价值，这比“事势”、“事理”等等具有更普遍的意义，即包含着更明确的从历史进程中认识其发展法则的观念。

以史明理、明道的观念是与史家的经世致用之旨密切相连的。杜佑撰《通典》的宗旨就是“征诸人事，将施有政”。[②]它不仅仅记述制度，而且记载了“历代群士论议”。这个“论议”，就是阐明道理，阐明思想，就是历代的人们对各种制度的评论。杜佑对此非常重视。朱熹说：“杜佑可谓有意于世务者[③]。”这个评价，道出了杜佑的撰述旨趣和《通典》的主要特色。柳宗元和王夫之在这个问题上也有很深刻的阐述。人们从史学中认识到的“理”和“道”，是一种历史经验或历史智慧。把这种历史经验和智慧运用到现实的历史运动之中，充分发挥其社会价值，不但是史学家的追求，也是政治家的愿望。如果说唐太宗所谓“大矣哉，盖史籍之为用也”[④]的认识，代表了中国古代政治家的史学自觉和对史学的“经世致用”价值的肯定；那么，毛泽东把“历史知识”同“革命理论”以及“对于实际运动的深刻的了解”一起，置于指导中国革命运动的重要地位[⑤]，则代表了中国现代政治家对史学价值的极其深刻的认识。所以说，通过认识历史来明理、明道，充实我们的思想，丰富我们的智慧，然后用之于实践，这种从具体认识到理论概括、从理论概括

---

① 龚自珍：《龚自珍全集·尊史》，上海人民出版社 1975 年版。

② 《通典》自序，中华书局 1988 年版。

③ 《朱子语类》卷 136，中华书局 1986 年版。

④ 《唐大诏令集》卷 81，商务印书馆 1959 年版。

⑤ 毛泽东：《毛泽东选集》第 2 卷，人民出版社 1991 年版，第 533 页。

到社会实践的方式,就是史学经世致用的基本方式。史学的经世致用是多方面的:大可裨益治国安邦,小可提高人生修养。前面说的"君子以多识前言往行,以畜其德",就是对人生修养而言的;而《资治通鉴》、《贞观政要》一类的史书,则主要着眼于治国安邦。过去有人批评中国古代史学只不过是给君主提供资鉴而已,殊不知史学能够用于资治、资政,那应该是具有很高的价值了。现在也有人说,史学的宗旨就是为了恢复历史的真相,不应带有任何社会目的。这种说法,说到底,是对史学属性缺乏全面的认识,是不符合史学史发展的实际情况的。无论是古希腊、罗马所开创的西方史学,还是先秦时期开始兴起的中国史学,一直到今天,无不带有明确的社会目的。

在中国史学的优良传统中,人们最为注重、探讨最多的有两个:一是求真,二是致用。这是带有根本性质的两个传统。有的人过去有一种认识:求真,就难以致用;致用,就会歪曲求真,二者不可兼得。这就是说,为了要经世致用就不得不改变以致篡改历史。如果说这是指"文革"中所宣扬的"儒法斗争史",自无疑义;或者说这是指历史上有些人故意曲笔作史,也是可以的。但要用它来概括整个中国史学,显然是不妥当的,我们不能用史学中的一些现象来概括史学发展的主流和它的本质。求真和致用是辩证统一的关系。它们的统一,是求真精神与致用目的在总体上的一致性[①]。我们不应把史学的目的仅仅停留在"求真"上,"求真"本身不是没有目的的,其根本的目的还是为了致用,所以应该把二者结合起

① 参见瞿林东:《论史家的角色与责任和史学的求真与经世》,《社会科学战线》1996年第2期。

来。了解这个传统，有助于对今天的史学研究提出一种具有自觉性的选择。当今的中国史学界有一种现象，就是有些人的研究论题越来越狭小、专门。当题目越做越小的时候，我们就很难顾及史学的社会作用。当然，我们说学术价值和社会价值是统一的，即便是很小的题目，也有一定的学术价值，只是价值的大小不同而已。这种学术价值对于社会文化的进步、发展、丰富，多少总会有一定的作用，因此它也具有一定的社会价值。但是，我们是否应当考虑：用同样的精力，选择一个既有学术价值，又有较高社会价值的论题，是不是更好呢？我们的历史著作能够有更多的人去读，还是较少的人去读好呢？一个有责任感的史学家，当然要选择更多的读者、更大的社会作用。所以"经世致用"的传统，实际上涉及史家的社会责任和史学的社会意义，这是一个非常重要的问题。我们在思考史学的发展前景时，应当对这个问题给予充分的重视。

在"经世致用"传统中，有一个问题常常引起人们的困惑，那就是史学和社会的关系，特别是史学和政治的关系。有一种说法是，史学不能与社会尤其是与政治关系太密切，否则就会失真。这种说法，并非一点历史根据都没有，它是对以往历史教训的一个总结。但是，如果从这个总结中得出一个需要人们遵守的信念或原则，恐怕就不是很恰当的了。史学同政治的关系是一个非常敏感的问题，但是有价值的史学，常常都与政治有一定的联系。是否可以这样说，所有有价值的史学往往既能够坚持求真的原则，又可以充分发挥致用的精神。在中国古代，许多史书都具有这方面的品格，而《资治通鉴》就是这样的典型。可以说，事实考察得越精确，它在一些关键问题上所产生的作用就越大。关于史学与政治的关系，不要把它们对立起来，不要一讲到这个问题，就只想到"文革"

的噩梦，只想到20世纪五六十年代在“左”的思潮影响下政治和学术的混淆，等等。对于这些历史问题，人们在20世纪80年代初已经开始反思，并不断加以纠正。我们在纠正错误的时候，应当用理性的精神来看待历史经验和教训，不要偏执，不能从一个极端走向另一个极端，这才是科学的态度。这里，我要就“文革”和史学的关系再说几句。“文革”中所宣扬的“儒法斗争史”等，就其本质来看，那不是史学，而是政治，是打着史学的旗号，借用史学的名义，搬用史学的概念而装饰起来的政治。从根本上说，这不是史学自身的教训，而是政治权术的表演。

对“经世致用”的不当理解，常常阻碍着史学更好地发挥社会作用。如果我们在这个问题上认识不清，它就会影响到史学的发展、进步，影响到我们从事什么研究，选择什么课题。我们一定要在认识上明确史学的求真与致用的关系。以往的许多教训是值得反思的，但是我们不能丢掉史学的基本原则，这个基本原则就是求真和致用的统一。只有这样，才能更好地继承、发扬中国史学的这个优良传统。

六　史学家的广阔胸怀与自觉的历史使命感和社会责任感的传统

中国史学史上有代表性的史家，一般都具有恢廓的历史视野和广阔的胸怀，而其历史著述的思想动力，则来自于作为史家的自觉的历史使命感和社会责任感。这个优良传统，自古迄今，在不同时代的优秀史家身上都有展现。司马迁忍受着政治上和人格上的极大屈辱，写出了《史记》，为的是“述往事，思来者”，要把历史记载下来，使后世之人都能够了解前人的历史，都能够有所思考；《汉书》凡经四人之手，阅三四十年始成完帙；杜佑耗费36年心血，撰就《通典》，目的是为了“征诸人事，将施有政”[①]；司马光历时19年，完成了《资治通鉴》，将毕生精力尽于“监前世之兴衰，考当今之得失”[②]的神圣事业；明末谈迁以一已之力著《国榷》，当他“六易稿汇至百卷”之时，却被盗贼将文稿偷走，他在心痛之余，并未放弃，“居恒借人书缀辑，又二十余年。虽然尽失，未敢弃也。遂走百里之外，遍考群籍，归本于实录……冰毫汗玺，又若干岁，始竟前志”[③]；《宋元学案》，从黄宗羲创始到冯云濠为百卷本全书作校勘补正，包含中断的时间在内，大约经历了170年左右，等等。所有这些，尽管历史条件不同，史家境遇各异，但都是史家的自觉的历史使命感和社会责任感的表现。

白寿彝先生说：“过去优秀的史家的可贵精神，就在于不惜长期的辛勤，坚持了工作，甚至拿出了毕生的精力，而他们的后继者也能认真地继续了他们的工作，终于出色地写出了有代表性的巨制，在史学上作出了贡献。”[④]这段话，是对这个传统的很好阐释，也是对史家的历史使命感和时代责任感的推崇。白寿彝先生不但是这个优良传统的总结者和阐释者，也是一位成功的实践者。他晚年主持编写的12卷本22册《中国通史》，是20世纪中国通史编纂的总结性成果。这部巨著，历时22年始成，而在全书完成的第二年，他就辞世了。可以说，对史学事业的不懈追求，就是他的生

① 《通典》自序。

② 司马光：《进〈资治通鉴〉表》，见《资治通鉴》附录。

③ 谈迁：《国榷·义例》，中华书局1958年版。

④ 白寿彝：《漫谈史学传统三事》，《白寿彝史学论集》（上），第491页。

命支撑，而《中国通史》的完成，则奏响了他生命中最后的乐章。这正是史家自觉的历史使命感和社会责任感的最好体现。我们应当在新的时代条件下，继承前辈史家的精神遗产，发扬这个优良传统。史学工作看起来很平凡，不像有的事业那样轰轰烈烈，但若将其放到中华文明传统的延续和发展中去看，其地位却是非常重要的。我们不能期望每个学习历史的人都成为历史学家，但每个学习历史的人都应抱有这样的历史使命感和社会责任感，为历史和社会的发展作出贡献。“史学工作者出其所学，为社会服务，这是我们的天职，不容推托。”[①]这就是我们应取的态度。

七 关注史学批评和理论探讨的传统

中国古代史学和史家，素有关注史学批评的传统。这一点，大凡熟悉中国史学史的人，都能够知道。孔子对董狐的评论，《左传》对《春秋》的评论，孟子对孔子和《春秋》的评论，《国语》对左史倚相的评论，司马迁对前代史家和《春秋》的评论，班彪、班固对司马迁的评论，范晔对班固的评论，张辅关于《史记》、《汉书》比较的评论等等，历代史家都评论前辈，既肯定他们的优点，也指出他们的缺点。刘知幾《史通》一书，是中国古代史学中第一部以史学作为研究对象的、系统的理论著作。这部著作，不但对中国史书的体裁、体例有总结性的精辟的见解，其中也贯穿着强烈的批判精神。从这个意义上说，它应当被看作是一部史学批评著作。它所提出的范畴与理论，对中国史学关注批评和理论的传统之形成，具有重要

① 白寿彝：《中国史学史》第1册，上海人民出版社1986年版，第43页。

的影响。此后，史家对史学批评的关注更为自觉，吴缜的“信史”和“事实、褒贬、文采”之论，曾巩的“良史”之议，郑樵的“会通”之说，朱熹的读史之论，叶适的“史法”之议等等，在史学批评史上都占有重要的位置。一些藏书家的著作，如晁公武的《郡斋读书志》、陈振孙的《直斋书录解题》，都不止是简单的书目著录，而是包含了很多的史学评论的内容。元初马端临撰《文献通考》，在史学理论上也提出了一些新问题。到明清时期，中国古代史学批评出现了批判、总结与嬗变的迹象，明后期的王世贞、王圻、李贽，明清之际的顾炎武、黄宗羲、王夫之，清前期的王鸣盛、赵翼、钱大昕、崔述、章学诚、阮元、龚自珍等，都各有不同的成就和贡献。尤其是章学诚的《文史通义》的面世，将中国古代史学批评的深度又向前推进了。应当注意的是，乾嘉的考史家们并未限于考据，在史学批评和理论方面也提出了不少有价值的见解，《廿二史札记》就是其中的突出代表。

从以上事实可以看出，中国史学确有关注史学批评的优良传统。过去我们对此认识不足，今后应当充分重视这个传统，总结这个传统的优秀遗产。这是因为，没有史学批评就没有史学理论，换言之，有了史学批评才有史学理论。中国史学批评的传统这么悠久，当然也蕴藏着丰富的史学理论。《史通》、《文史通义》是史学理论的专书；刘勰的《文心雕龙·史传》篇、吴缜的《新唐书纠谬》序、皇甫湜的《编年纪传论》、顾炎武的《日知录·史学》、龚自珍的《尊史》等等，都是史学批评中著名的专文。如果把这些专文汇集起来，将是一笔非常丰厚的史学理论遗产。我们应当做这个工作，书名就叫做《中国史学批评文选》。如果我们把这个工作做好了，就可以有力地回应那种认为中国古代史学没有理论的观点。

史学理论的发展是有连续性的，古人的思考会启发我们的思考和创新。中国古代史家的重要言论以及其中包含的思想，在今天仍然有生命力，对启发我们的理论思考、推进当前的理论建设很有帮助。研究史学理论与史学史的人，应当关注这个问题。

当今史学界的学风，反映在史学批评的问题上，是缺乏本来意义上的学术批评精神。不规范、剽窃行为是错误的，应当揭露，应当批评；但是学术批评的主要目的是切磋，是探讨，是商榷，是辩论，而不是给人以当头棒喝。20 世纪五六十年代，学术商榷的风气确有可以肯定之处，普通的史学工作者可以和郭沫若、范文澜等史学名家商榷，彼此尊重，客观、真诚，这都是很自然的事情。这些年史学理论之所以发展缓慢，重要原因之一，就是和史学批评不能够正常开展有直接的关系。因此，在今天如何继承和发扬关注史学批评和理论探讨这个优良传统，很值得我们思考。我想，首先是要选择一些优秀的史学批评的专书和专文来好好阅读，从中汲取营养；其次，是要通过书评来参与评论，参与理论探讨。写书评是提高理论修养的手段之一，也是传播史学的社会作用的一个手段。书评应当实事求是、恰如其分，既不可扬之过高，亦不可责之过深。白寿彝先生指出，对书中的优点要充分肯定，对书中的缺点，可以站在作者的立场上，以商量的态度与作者共同探讨。他还引用古人的话说，批评应该坚持“温柔敦厚，《诗》教也”的古训。如果大家都采取这种探讨学术的态度，就会形成一种良好的史学批评的风气，就有利于史学理论的发展，有利于史学的发展。

八 重视史家修养的传统

中国史学还有重视史家修养的传统，并有丰富的关于史家修养的理论①。对这个优良传统，也有不少研究者注意到了②。人们讲得最多的是刘知幾提出的“才、学、识”三长论，章学诚提出的“史德”论，以及后来梁启超概括的“德、才、学、识”之论。其实，在刘知幾之前，孟子讲“事、文、义”，已经涉及了史家修养的要求。班彪、班固对司马迁的评论，也反映了他们对史家修养的认识。后来，范晔作《后汉书》，对司马迁和班固作了一番评论，反映出他对史家修养的要求。由此可见，关于史家修养的理论思考，和中国史学的发展过程一样，也是没有间断的。

今天的史家应该具备什么样的史学修养？这是我们应当着重思考的重要问题。我认为，除了传统的“德、才、学、识”的要求之外，还应该特别重视马克思主义的理论修养，强调文、史、哲的兼顾。马克思主义理论修养，核心的问题是历史观和方法论，是当代史家修养中最重要的环节。历史研究要做得深入，历史著作要写得精彩，哲学和文学的修养十分重要。虽然我们不是哲学研究者，但是哲学的基本问题应当了解一些；我们也不是文学工作者，但要具备基本的文学修养。当史学工作者具备了这些基本的修养时，它们就会自然地渗透到历史研究和历史著作当中。这种影响，是一种“随风潜入夜，润物细无声”的影响。当历史著作体现出作者良好的哲学和文学修养时，读者也会在兴致盎然的阅读当中接受作者的思想和观点。因此，文、史、哲的结合很重要，史学工作者应以加强史学修养为主，同时注意哲学和文学修养。学问上广博一点，见识上高明一点，这个修养是很重要的。至于提高修养的方

① 参见拙著《中国史学史纲》，北京出版社1999年版，第78～85页。

② 参见施丁：《试论我国史学的传统问题》，《学术月刊》1980年第10期；许凌云：《漫谈中国古代史学的优良传统》，《广西师范学院学报》1982年第2期；陶懋炳：《我国古代史家的优良传统》，《贵州社会科学》1987年第10期，等等。

式，途径是多种多样的，比如广泛阅读、勤写札记等，关键在于坚持不懈地进行学术积累。

九　史学中蕴涵着丰富的人文精神和优秀的民族精神的传统

这里所说的人文精神，依我的浅见，包含人本主义、忧患意识、人生修养、史学审美等方面。

一是人本主义。从《史记》开始，历代史书中记载了大量的历史人物和人的活动。中国古代"正史"基本上是写人的活动，尽管有时候也讲天命，甚至讲一些谶纬、迷信，但总的来说，人的活动是最主要的方面。这就充分突出和肯定了人在历史发展中的地位和作用。当然，古代史家对于人的这种历史作用的认识，是有一个逐渐脱离"天命"的发展过程的。"人"脱离"天"而逐渐获得在历史发展中的主体地位的过程，就是中国古代史学人本主义思想的逐渐发展的过程。不过，关于人在历史变动中的作用，在中国古代历史思想中，主要的和基本的方面还是肯定帝王将相的作用，像柳宗元那样明确地肯定"生人之意"的历史作用，毕竟是不多见的。

二是忧患意识。中国古代史家历来有一种忧患意识。这种意识，主要表现为对于朝代、国家、天下的兴亡盛衰的关注，以及对社会治乱、人民休戚的关注。一言以蔽之，表现为对于人和人生活于其中的社会之命运的关怀。这是同史学的本质与功能密切相关的，也是史学中人文精神的最集中的表现。在中国古代史学发展史上，许多史家有着深刻的忧患意识。比如，孔子惧而作《春秋》，就反映了他的一种忧患意识；司马迁写《史记》，于盛世之中看到潜伏的危机，他所记汉武帝时期的穷兵黩武，迷信鬼神，土地兼并，民困财乏，豪强并立，富商巨贾不佐国家之急等诸多社会问题，无不是他的忧患意识的反映；吴兢写《贞观政要》，也是看到了唐玄宗开元盛世在开元末年，特别是天宝年间不断走向衰落的变化，抱有重振贞观之风的大志。宋代积贫积弱，史学家的忧患意识表现得最为突出。从司马光《资治通鉴》开始，《三朝北盟会编》、《建炎以来系年要录》、《续资治通鉴长编》等，都是这种忧患意识的鲜明反映。明清两代史家的忧患意识同样凝重，而鸦片战争以后，史家的忧患意识更加深刻，龚自珍所谓"智者受三千年史氏之书，则能以良史之忧忧天下"[①]，这是对史家的忧患意识的历史意义、社会意义的最深刻的概括。"良史之忧"，说到底是以社会之忧为忧、以天下之忧为忧。中国史学的这一特点，是人文精神的深刻体现。

三是人生修养。中国史学非常注重惩恶劝善。惩劝的宗旨是教人走正道，不要走邪道，做好事，不要做坏事。所谓"多识前言往行以畜其德"，"惩恶劝善"，"见贤而思齐，见不肖而内自省"，都是指的这种作用。这种惩劝的方式，不是用说教的方式，而是运用史笔的力量，使人通过读史而受到历史上人们言行的震撼而产生的一种自律精神、上进精神。我们今天讲人文精神，讲人的修养、自律，是不能脱离史学、脱离读史的。这个道理，并不是人人都能了解的，以至于今天还常常有人提出"学习历史有什么用"的问题。从表面看来，这是史学意识的淡漠；往深层看，这是关于在怎样做人的问题上反映出茫然的一种表现。讲人文精神，就应该讲怎样做人；讲怎样做人，一个重要方面，就应该讲"见贤而思齐，见不肖

---

① 龚自珍：《龚自珍全集·乙丙之际箸议第九》。

而内自省”，就应该重视读史。

四是史学审美。中国古代史学有鲜明的审美要求。这种审美要求在文史不分的阶段表现得十分突出，后来文史分途，史学依然保持着这种审美要求。从编年体史书的创造、发展，到纪传体史书、典制体史书、纪事本末体史书的先后出现，史书不断展现出一种结构之美。史学的真实之美一直是历代史家的追求，其中所渗透着的史家情怀和执著品质，显示出一种高尚的人文精神。至于在叙事方面的审美要求，更是一些优秀史家所关注的。中国史家重视叙事，人们也多以“善序事理”、“善叙事”的史家为“良史”。然而，作为史文表述来说，“善序事理”也有种种不同的表现和特点。大致说来，史文表述之美可以概括为质朴之美、简洁之美、含蓄之美等。而要达到这样的审美要求，“闳中肆外”和“史笔飞动”是史家的主要经验和基本修养。闳中肆外，是关于史家对史事的积累、认识与抒发的关系；史笔飞动，是关于对史事的“体验”和“重塑”的关系。从根本上说，这些都反映了史学传统中的人文精神。

史学传统中的民族精神是非常重要的，比如说中国历史记载的连续性，是中华民族所特有的。我们对中华文明的认识，主要还是通过连续不断的历史记载来认识的。这是我们民族的骄傲。这是第一点。第二点，是历史撰述中对于多民族历史的活动的反映。中国是一个统一的多民族国家，这是历史的产物。而这个历史观念的形成与传播，是与中国历史和史学的不断发展密切关联的。它从很深的思想层次上反映了中华民族精神。我们对这个问题的认识，要把中华民族的历史和现实结合起来，我们有自己的特点。中华民族是在不断的融合、团结、统一的过程中形成的，有着强烈的历史文化认同意识和坚实的民族凝聚力。这也是中华民族精神的一个反映。第三点，近代以来，中国史学在探索中华民族的自强道路方面，有着强烈的和自觉的意识。从魏源开始，一直到黄遵宪、王韬，中国史家的成就和中国史学的发展，都更加突出地反映了近代以来弘扬民族精神的宗旨。进入20世纪，民族精神和爱国主义始终是中国史学的一面旗帜，无论是“新史学”派，新历史考证学派，还是马克思主义史学，在这一点上有着共同的立场。这是我们中国史学的传统，离开了这一点，我们对前辈史家的理解和认识，就会受到很大影响。

今天，史学工作者仍然应当关心中华民族的前途、国家的前途。我们现在要考虑的，是中华民族的伟大复兴，是全面建设小康社会。关心和思考这些问题，就是对中国史学中的民族精神传统的继承和发扬。这个优良传统，在当前还应当大力弘扬和发展，并赋予它以新的时代精神。

以上所述中国史学的九个方面的优良传统，都是中国史学非常宝贵的遗产，我们甚至可以把它们看作是中国史学的主流。这些优良传统不仅为近代史家所继承、所发扬；而且也为马克思主义史学所吸收、所发扬，这对于中国马克思主义史学获得历史的养料和民族的形式，是非常重要的。

我们当然也要看到事物的另一面，即中国史学传统中也有不好的东西，落后的东西，这一点毋庸讳言。我们主要的精力，应当用在发掘、总结、继承和发扬中国史学的优良传统方面。这是中国史学史研究中的一个非常重要的部分。

（原载《史学理论与史学史学刊》2004～2005年卷，
社会科学文献出版社2005年版）

中国修史传统与中华文明传承

中国史学在长期的发展中涌现出许多优秀的史家，积累了丰硕的成果，形成了一些优良的传统。在这些优良传统中，最为后人所重视的是：秉笔直书，追求信史的传统；关注社会，经世致用的传统；讲求德、才、学、识，倡导史家自我修养的传统；重视彰往察来，读史明道的历史教育传统；史书内容的丰富性和史书体裁的多样性相互统一的传统，以及注重史文文采的传统等。这些优良的史学传统，伴随着史学的发展而显示出其深厚的文化价值和重大的社会意义。

本文所说，是这些优良史学传统中的一个方面：从历史上看，中国历来重视修史的传统及其对于文明传承的重大意义。

一　重视修史与文明传承

中华文明是世界上几大古代文明唯一没有中断的伟大文明。这是人类文明史上的一大奇迹，也是中华文明的一大特点和它对人类文明的一大贡献。

中华文明为什么不曾中断而具有连续性的特点？

首先，从历史发展的全局来看，这主要有两个方面的原因："其一，中国作为一个政治实体在其发展过程中未曾为外来因素所中断。其二，中国文明在文化发展史上也未曾有断裂现象。”

其次，从一个文明的文化发展史来看，其是否具有连续性的标准或要求，也有两个方面的体现：“一方面是，语言文字发展的连续性，这是一种文化赖以流传的工具或形式的连续性；另一方面是，学术传统（其中尤其是直接反映历史连续性的史学传统）的连续性，这是一种文化的精神内容的连续性。如果我们以这两个标准来衡量世界上的各文明古国，其中大多数在文化发展史上不是已经中断了连续性，就是只有不完全意义上的连续性。”而在中国的文化发展史上，语言文字和学术传统都具有自身的连续性。这主要表现在：一是“中国古代的语言文字在发展过程中未曾发生爆发性的断裂现象”；一是“中国历史和文化的传统从未中断”，中国文明的连续性在历代的历史记录和历史著作中都有鲜明的反映①。

这表明，重视修史，不论是历史记录还是历史撰述，对于文明传承都具有极其重要的意义。孔子说过这样的话：“殷因于夏礼，所损益，可知也；周因于殷礼，所损益，可知也。其或继周者，虽百世，可知也②。”礼是制度，是制度文明的体现。孔子的话表明，制度史对于文明传承的重要性。司马迁写的《太史公书》（后人称为《史记》），是中国历史上第一部翔实的通史，在传承中华文明方面具有不可替代的伟大作用。他自谓此书是：“网罗天下放失旧闻，王迹所兴，原始察终，见盛观衰，论考之行事，略推三代，录秦汉，上记轩辕，下至于兹……凡百三十篇，五十二万六千

① 以上分别见白寿彝主编：《中国通史》第一卷（导论卷），上海人民出版社 1989 年版，第 349、353、356～357 页。

② 《论语·为政》，杨伯峻译注本，中华书局 1958 年版。

五百字，为《太史公书》。序略，以拾遗补艺，成一家之言，厥协《六经》异传，整齐百家杂语，藏之名山，副在京师，俟后世圣人君子”①。《史记》写出了西汉中期以前中华文明的发展史，开纪传体史书之先河，成为“二十四史”的前驱，是传承文明的不朽的丰碑和光辉的楷模。

在中国古代，史官的职责很广泛，其中一个重要方面是对于典籍的整理，故有“史官既立，经籍于是兴焉”，而所谓“经籍也者，先圣据龙图，握凤纪，南面以君天下者，咸有史官，以纪言行。言则左史书之，动则右史书之。故曰‘君举必书’，惩劝斯在。考之前载，则《三坟》、《五典》、《八索》、《九丘》之类是也。下逮殷、周，史官尤备，纪言书事，靡有阙遗”。这反映了中国古代早期整理史官经籍的概况。唐朝史家著《隋书·经籍志》，对于经籍与“治国”、“治身”、“政化”的关系，有深刻的见解，他们写道：“远览马史、班书，近观王、阮志、录，挹其风流体制，削其浮杂鄙俚，离其疏远，合其近密，约文绪义，凡五十五篇，各列本条之下，以备《经籍志》。虽未能研幾探赜，穷极幽隐，庶乎弘道设教，可以无遗阙焉。夫仁义礼智，所以治国也，方技数术，所以治身也；诸子为经籍之鼓吹，文章乃政化之黼黻，皆为治之具也。”②《隋书·经籍志》撰于盛唐时期，史学家们对于修史与传承文明的关系的认识，是在总结历史文化积累尤其是历史撰述积累的基础上提出来的，具有厚重的历史感和鲜明的时代感。

值得注意的是，对于修史与传承文明的认识，政治家同样也有

① 《史记》卷130《太史公自序》，中华书局1959年版。

② 以上均见《隋书》卷32《经籍志一》总序，中华书局1972年版。南朝刘宋王俭曾撰目录书《七志》，南朝萧梁阮孝绪曾撰目录书《七录》，故文中格外强调予以参考。

深刻的见解。唐太宗曾十分感慨地写道："朕拯溺师旅，省方礼毕；四海无事，百揆多闲。遂因暇日，详观典府。考龟文于羲载，辨鸟册于轩年；不出岩廊，神交千祀之外；穆然旒纩，临睨九皇之表。是知右史序言，由斯不昧；左官诠事，历兹为远。发挥文字之本，通达书契之源；大矣哉，盖史籍之为用也。"①这是他在《修晋书诏》中首先表达的思想。它十分精辟地反映出"史籍"对于传承文明的重要。所谓"龟文"、"鸟册"，指的是关于文明源头的记载；所谓"神交千祀之外"，"临睨九皇之表"，指的是思想的驰骋和视野的拓展。可以这样认为，在唐太宗看来，正是"史籍"可以帮助人们同古人"对话"、"回归"历史，从而也就使人们更清楚地看到了文明的进程。元初政治家王鹗建议设馆修撰辽史、金史，他写道："自古帝王得失兴废，班班可考者，以有史在。"又说："宁可亡人之国，不可亡人之史。若史馆不立，后世亦不知有今日。"②王鹗的话表明："今日"之所以考见历史上的"得失兴废"，是"以有史在"；而"后世"要对"今日"有所知，亦当是"以有史在"。这就把修史同传承文明的关系说得十分明白了。

如果说史学家修史是自觉地反映文明进程、总结历史经验教训的话，那么政治家读史，则是从史书中去认识文明进程，并据此得到历史的启示。中国古代史学中的这一传统，自先秦迄于清代，从未间断。这就是说，重视修史的传统，使连续不断的中华文明在历史记载和历史撰述得到了充分的反映。

中国古代重视修史的传统，在官修史书和私人著史方面都有

---

① 《唐大诏令集》卷 81，商务印书馆 1959 年版。

② 苏天爵：《元朝名臣事略》卷 12《内翰王文康公》，中华书局 1985 年版。

突出的反映和辉煌的成就。

二 官修史书的传统

中国具有历史悠久的史官制度。中国古代史官建置甚早，这是官修史书传统的基础，也是中国素以史学发达著称于世的原因之一。据《周官》、《礼记》等书所记，古代所置史官名称甚多，有大史、小史、内史、外史、左史、右史之别。史官职责亦各有异：大史掌国之六典，小史掌邦国之志；内史掌书王命，外史掌书使乎四方；左史记言，右史记事。《礼记・曲礼上》还说："史载笔，大事书之于策，小事简牍而已。"这说明史官对所记之事是有选择、有区别的。从确切的文献记载来看，周代的史伯是一位很有历史见识的史官，《国语・郑语》记他同郑桓公论"王室将卑，戎狄必昌"、诸侯迭兴的谈话，是先秦时期很有分量的政论和史论。

春秋时期，各诸侯国也都设置了史官，这是同西周末年以后各诸侯国国史的撰写相关联的。《左传・昭公二年》记晋国韩宣子聘于鲁，"观书于大史氏，见《易》、《象》与《鲁春秋》曰：'周礼尽在鲁矣，吾乃今知周公之德与周之所以为王也。'"这说明史官又有保管历史文献的职责。春秋时期著名的史官，晋国有董狐、史墨，齐国有齐太史、南史氏，楚国有左史倚相等。随着各诸侯国权力的下移，春秋晚期和战国时期的一些大夫和具有特殊身份的贵族，也有史臣的建置。如周舍是晋大夫赵简子的家臣，他的职责是"墨笔操牍，从君之过"[①]。秦、赵史官，又有御史之名[②]。秦国还有太史令

---

① 《韩诗外传》卷 7，丛书集成初编，中华书局 1985 年版。

② 《史记》卷 81《廉颇蔺相如列传》。

之职，史载：秦太史令胡母敬以秦篆撰《博学》七章[1]。先秦史官，名称繁多，职掌亦甚广泛，由汉至唐，又有许多变化。

汉承秦制，至汉武帝时置太史令，以司马谈任其职。谈卒，其子司马迁继其任。司马氏父子是西汉著名史官。其后，知史务者皆出于他官，而太史令不复掌史事，仅限于天文历法职掌范围。这是古代史官职责的一大变化。东汉时，以他官掌史官之事，如班固以兰台令史之职撰述国史。三国魏明帝置史官，称著作郎。晋时，改称大著作，专掌史任，后增设佐著作郎。南朝梁、陈又置修史学士（亦称撰史学士）之职。十六国、北朝，大多设有史职，或有专称，或杂取他官兼任。其体制、名称，多源于魏、晋而有所损益。三国两晋南北朝时期，中国古代史学形成多途发展的趋势，而历朝"正史"撰述尤为兴盛，故史官当中名家辈出，被誉为"史官之尤美，著作之妙选"[2]。

唐代因正式设立了史馆，史官制度乃趋于规范化。史馆以宰相为监修，称监修国史；修撰史事，以他官兼领者，称兼修国史；专职修史者，称史官修撰；官位较低而有史才者参与撰史，称直史馆。著名政治家房玄龄、魏徵、朱敬则，著名史学家刘知幾、吴兢，著名文学家、思想家韩愈，著名诗人杜牧等，都先后担任史职，参与史馆修史。自史馆设立而以宰相监修史事，于是著作局始罢史职，这是古代史官制度的又一重大变化。唐初，置起居郎和起居舍人，分为左右对立于殿，掌起居之事，故有时也曾称为左右史。其所撰起居注送交史馆，以备修史之用。

---

① 《汉书》卷30《艺文志》小学类序，中华书局1962年版。

② 刘知幾：《史通·史官建置》，清浦起龙通释本，上海古籍出版社1978年版。

中国古代又具有完备的修史机构。中国的史官制度起源很早。相对说来，修史机构的出现稍晚一些。东汉时的兰台和东观，是较早的修史场所①。兰台和东观，都是皇家藏书处所，只是为着就近利用藏书的方便，所以兰台和东观才先后成了东汉时期的"著述之所"。魏、晋时期，开始明确了职掌修史的部门。据《晋书·职官志》记载，魏明帝时，中书省是职掌修史的部门；至晋惠帝元康二年(292年)改由秘书省职掌修史事务。尽管中书省和秘书省都不是专门的修史机构②，但修史事宜在封建皇朝的组织系统中有了比较稳定的归属。这是中国史学上的一件大事。

东晋、南北朝均沿袭这一制度。北齐有时把属于秘书省管辖的著作省(或作著作局)称为"史阁"或"史馆"，这是"史阁"、"史馆"名称最早的由来。北齐邢子才作诗赠史家魏收，有"冬夜直史馆"句可证③。上述情况，至隋及唐初没有大的变化。史家杜佑对唐初以前修史机构作了这样的概括："自后汉以后，至于有隋，中间唯魏明太和中，史职隶中书，其余悉多隶秘书。大唐武德初，因隋旧制，史官属秘书省著作局。"④

中国古代修史机构的发展，唐初是一大变化。这个变化的标志是唐太宗贞观三年(629年)，唐皇朝正式设立史馆于禁中。从此，史馆作为历代皇朝的主要修史机构，经历宋、辽、金、元、明、清等朝，有近一千三百年的历史。

---

① 《史通·史官建置》，清浦起龙通释本。

② 《隋书》卷27《百官志中》记中书省、秘书省原先的职责是："中书省，管司王言，及司进御之音乐。""秘书省，典司经籍。"

③ 《唐六典》卷9"史馆"条，中华书局1992年版。

④ 《通典》卷41《职官三·史官》，中华书局1988年版。

史馆建立后，朝廷为了使其能够及时地了解到各方面的重大事件、积累必要的文献，制定了“诸司应送史馆事例”，明确规定了应送项目及负责报送的部门①。这些“事例”，涉及16个方面和朝廷及地方的各级军政部门。对于报送的时间，一般都有明确的规定；对于报送的内容，大多作了必要的提示。可见史馆修史，是在朝廷及地方军政部门的密切配合下进行的。

史馆作为专门的修史机构，促进了修史工作的发展。以唐代史馆为例，在修史方面取得了突出的成就。第一，修前代史。唐太宗时期，先后撰成了梁、陈、齐、周、隋五代史纪传和《晋书》；唐高宗时期，先后撰成了《五代史志》和《南史》、《北史》。今存“二十四史”，有八部成于唐初。第二，修本朝实录，从唐高祖至唐武宗，历朝皇帝均有实录。第三，修本朝国史。安史之乱以前的国史部分，先后经刘知幾、吴兢、韦述等史学家参与修撰，有很高的文献价值。以上这些，成了五代、北宋时期人们认识和撰写唐代历史的主要依

① 据《唐会要》卷63《史馆上》记，它们是：1.祥瑞。礼部每季具录送。2.天文祥异。太史每季并所占候祥验同报。3.蕃国朝贡。每使至，鸿胪勘问土地、风俗、衣服、贡献、道里远近，并其主名字报。4.蕃夷入寇及来降。表状，中书录状报；露布，兵部录报；军还日，军将具录陷破城堡、伤杀吏人、掠虏畜产，并报。5.变改音律，及新造曲调。太常寺具所由及乐词报。6.州县废置，及孝义旌表。户部有即报。7.法令变改，断狱新议。刑部有即报。8.有年及饥，并水旱虫霜风雹，及地震、流水泛滥。户部及州县，每有即勘其年、月、日，及赈贷存恤同报。9.诸色封建。司府勘报；袭封者不在报限。10.京诸司长官及刺史都督[都]护、行军大总管、副总管除授。并录制词，文官吏部送，武官兵部送。11.刺史、县令善政异迹。有灼然者，本州录附考使送。12.硕学异能、高人逸士、义夫节妇。州县有此色，不限官品，勘知的实，每年录附考使送。13.京诸司长官薨卒。本司责由历状迹送。14.刺史都督都护及行军副大总管以下薨。本州本军责由历状，附便使送。15.公主百官定谥。考绩录行状、谥议同送。16.诸王来朝。宗正寺勘报。凡“已上事，并依本条所由，有即勘报史馆，修入国史。如史官访知事由，堪入史者，虽不与前件色同，亦任直牒案；承牒之处，即依状勘，并限一月内报。”

据，进而使今人得以再见唐代历史的辉煌。

唐代史馆修史也存在不少缺陷。刘知幾曾批评它有五个方面的不足：一是“藉以众功”，旷费时日；二是史料难求，不免阙略；三是学风不正，易生忌畏；四是监修者众，无所适从；五是指授不明，遵奉无准①。刘知幾所批评的这些现象在唐代史馆中不同程度地存在，但有的并不是在史馆的历史上都存在的。

五代在历史上存在的时间很短，但史馆修史制度并未荒废。后唐同光二年(924 年)，根据史馆的请求，朝廷重申“诸司送史馆事例”的规定。后晋时，修成第一部完整的《唐书》(即《旧唐书》)。此外，后唐、后汉、后周各朝史馆在修撰本朝实录、访求图书文献方面，亦各有作为②。宋朝的修史机构，部门多，变化也多。其修史机构除史馆(后分为国史院、实录院)以外，还有起居院、日历所、会要所、玉牒所等，负责修撰国史、实录、起居注、日历、会要、皇室谱等史书。辽、金两朝也都建立了专门的修史机构。辽朝官制分北面官和南面官。其南面官采用唐制，于门下省置起居舍人院，设专官掌修起居注；又于翰林院置国史院，设史官掌修国史③。金朝官制，于尚书省下之右司“兼带修注官”，属下有译史多人。其国史院为独立的修史机构，设有各级史官(包括女真人、汉人和契丹人)掌修国史及《辽史》④。辽、金两朝的修史机构在配合译书所翻译汉文史籍方面，在修国史及前朝史方面，都有不可忽视的作用。

---

① 《史通·忤时》，浦起龙通释本。

② 《五代会要》卷 18，中华书局 1985 年版。

③ 《辽史》卷 47《百官志三》，中华书局 1974 年版。

④ 《金史》卷 55《百官志一》，中华书局 1975 年版。

元、明、清三朝是统一的皇朝，其修史机构都有宏大的气象，在修史上作出了重大成就。元、明、清三朝的主要修史机构，都与翰林院有一定的关系，这同辽朝的情况相类似。元朝设翰林兼国史院，置修撰、编修官等职，掌修史事宜①。元修宋、辽、金三史等史学活动，显示出官修史书的活力。明朝的修史机构则由翰林院兼掌，置各级史馆负责修史②。清入关前，修史机构为“内三院”（即内国史院、内秘书院、内弘文院）之一。康熙九年（1670年），废内三院而设置内阁、翰林院，各司其事。翰林院下置国史馆、起居注馆，设各级史官，修实录、史、志、起居注③。在历代皇朝中，清朝的修史机构，一则继承历代制度而有所损益，二则因历史内容的丰富和史学本身的发展，故其修史机构亦日臻完善，呈现出严密而灵活的状况，既有常设的修史机构，又往往开设一些临时性的修史机构④。这是清代官修史书取得重大成就的原因之一。

中国历史上的专职修史机构，经历了建立时期（唐代）、发展时期（宋代）、完善时期（清代）几个阶段，这对史学的发展产生了重大的影响，保证了修史传统的连续性。

三　私人著史的传统

从史学积累和发展来看，史家的职责包含两个方面：第一是“书事记言，出自当时之简”，第二是“勒成删定，归于后来之笔”。

---

①　《元史》卷87《百官志三》，中华书局1976年版。

②　《明史》卷73《职官志二》，中华书局1974年版。

③　《清史稿》卷115《职官志二》，中华书局1977年版。

④　乔治忠：《清代官方史学研究》，台湾文津出版社1994年版，第5、6页。

这两个方面，“论其事业，前后不同。然相须而成，其归一揆”[①]。前一个方面的工作，不少是出于历代史官之手，故官修史书占有重要的位置。而在后一个方面作出杰出贡献的史家，有许多是不曾担任过史官职务的。史官当中固不乏优秀的史家，而优秀的史家则并非都是史官。因此，要全面认识中国古代的修史传统，还必须充分认识到历代都有很多并非身为史官的史家所作出的杰出贡献。他们的业绩，有不少是史官所不及的。这样的史家，自先秦的孔子迄于有清，代有其人[②]。他们的撰述，有许多都是中国古代史学上的第一流著作。还有一些史家，其撰述亦非在史官任上所得。至于数量繁多的杂史、杂传、野史、笔记、家史、谱牒，以及民族史、地方史、域外记述等，它们的作者，绝大部分亦非身为史官。这些史家，是庞大的中国史家群体的极重要的部分。

史家的私人历史撰述不仅数量多，成就也大，在中国史学发展中占有重要的位置，如《汉纪》、《后汉纪》、《三国志注》、《后汉书》、《通典》、《唐会要》、《通志》、《资治通鉴新注》、《文献通考》、《续文献统考》、《弇山堂别集》、《藏书》、《续藏书》、《明儒学案》、《宋元学案》、《读通鉴论》、《日知录》、《文史通义》、《考信录》等都是名作，这不过是一部分代表性著作而已，其实际情形当远远超过这些。

这些史家成就的取得，有种种原因。

出于皇命，这是一个重要原因。如荀悦撰《汉纪》，即因汉献帝

---

① 《史通·史官建置》，浦起龙通释本。

② 如荀悦、袁宏、裴松之、范晔、萧子显、李百药、杜佑、王溥、刘攽、刘恕、郑樵、胡三省、马端临、王圻、王世贞、李贽、陈邦瞻、黄宗羲、王夫之、顾炎武、谈迁、马骕、谷应泰、全祖望、章学诚、崔述等，皆非史官出身。

“好典籍，常以班固《汉书》文繁难省，乃令悦依《左氏传》体以为《汉纪》三十篇”①。《汉纪》一书，开编年体皇朝史的先声。又如裴松之注《三国志》，即是南朝宋文帝所命，于是“松之鸠集传记，广增异闻。既成奏之，上览之曰：‘裴世期为不朽矣。’”②

补史官之失，这也是一个重要原因。史官之职，常有任非其人、“罕因才授”的弊端，这就出现了“尸素之俦，盱衡延阁之上，立言之士，挥翰蓬茨之下”的现象③。这“蓬茨之下”的“立言之士”，即非史官身份的史家。唐人李肇撰《国史补》，即出于“虑史氏或阙则补之意”；李德裕撰《次柳氏旧闻》，意在“以补史官之阙”；林恩撰《补国史》，也是以“补”国史为目的。明清之际谈迁所撰《国榷》，是这方面的杰作。这种情况，在中国史学上是非常普遍的。

史家出于发展史学的自觉意识，这是又一个重要原因。如郑樵、马端临都推崇史家的“会通”之旨，前者继承了《史记》之纪传体通史的传统，写出了《通志》一书，其《通志·略》是对前人成果的重大发展；后者继承《通典》之典制体通史的传统，写出了《文献通考》一书，它在分门立目上也发展了前人的成果。又如章学诚继承了《史通》之史学批评的传统，写出了《文史通义》一书，在史学理论、方法论方面有许多创造性的发展。

另外一个极重要的原因，是史家的社会责任感和经世致用的撰述旨趣所驱动。从孔子作《春秋》、杜佑著《通典》、顾炎武纂《天下郡国利病书》和王夫之撰《读通鉴论》，这是贯穿于先秦至明清的一个优良传统。

---

① 《后汉书》卷62《荀悦传》，中华书局1965年版。

② 《南史》卷33《裴松之传》中华书局1975年版。

③ 《隋书》卷33《经籍志二》史部大序。

以上四个方面的原因，可以看出史家与政治及社会的相互关系，以及史学自身发展的要求和规律，它是史学发展和撰述积累的基本原因。从广义上说，中国古代史家，既包括那些没有史官身份的史家，也包括那些具有史官身份的人(尤其是那些作出了成就的史官)。他们对中国史学的发展都有辉煌的贡献，是中国连绵不断的修史传统的开创者、继承者和发扬光大者。中国史学上的私人历史撰述同官修史书相比较，具有几个明显的特点。

史家私人历史撰述的第一个特点是贵自得之学，重别识心裁。在中国史学上，最早表述这一思想的史家是司马谈、司马迁父子。从司马谈的《论六家要指》，可以看出司马谈对于历史演进和思想派别都有独到的见解。其后，司马迁对《礼》、《乐》、《诗》、《书》、《易》、《春秋》分别作了解释，认为"《春秋》者，礼义之大宗也"，表明他要继承《春秋》之旨。这可以视为司马谈、司马迁父子是在申述自己对于历史、社会、思想和人生的见解。司马迁力倡"成一家之言"，就是要表明他的自得之学。其后，刘知幾著《史通》，对史学上的一些史家的自得之学的传统，提出了总结性的看法，指出："昔丘明之修传也，以避时艰；子长之立记也，藏于名山；班固之成书也，出自家庭；陈寿之草志也，创于私室。然则古来贤俊，立言垂后，何必身居廨宇，迹参僚属，而后成其事乎？是以深识之士，知其若斯，退居清静，杜门不出，成其一家，独断而已。"[①] 这一段话，是对于中国史学上私人著史重自得之学、"独断"之旨传统的极好的概括。

从司马迁到刘知幾，我们可以清晰地看到史家私人历史撰述中的这种对于"自得"与"独断"的向往和追求，这就是所谓"成一家

---

① 《史通·辨职》，浦起龙通释本。

之言"的基本含义。清代章学诚进而以"别识心裁"对"独断之学"的传统作了新的阐释。他在《文史通义》一书中盛赞"通史家风",并高度评价郑樵的《通志》之作。他写道:"郑樵生千载而后,慨然有见于古人著述之源,而知作者之旨,不徒以词采为文,考据为学也。于是遂欲匡正史迁,益其博雅;贬损班固,讥其因袭;而独取三千年来遗文故册,运以别识心裁,盖承通史家风,而自为经纬,成一家言者也。"[①]这是从"通史家风"的角度论"别识心裁"。同时,章学诚说的"心裁别识"即创新与"家学俱在"即继承是统一的,他写道:"所以通古今之变,而成一家之言者,必有详人之所略,异人之所同,重人之所轻,而忽人之所谨,绳墨之所不可得而拘,类例之所不可得而泥,而后微茫杪忽之际有以独断于一心。"[②]章学诚的这一番话,就是强调要有独立的、创新的见识。史家私人历史撰述之最重要的特点,莫过于此。

史家私人历史撰述的第二个特点是史家视野开阔,史书内容广泛。一般说来,不具有史官身份的史家在数量上要比史官多得多,而其分布则无处不在,这就决定了史家群体视野的开阔,其撰述旨趣远远超出官史所关注的范围,举凡鸿篇巨制如《通典》、《通志》、《文献通考》等这些关于全民族历史的著作,钩沉稽要如地方史、风俗史、家族史、人物传等这些官史难以全面顾及者,都是史家私人撰述的对象;同时,史家私人著史又不拘于体裁体例,既可是规范的撰述,又可是灵活的杂录、野史、笔记。正是因为有这些撰述,中国社会历史的发展和面貌,才有如此丰富、生动的反映。

---

① 章学诚:《文史通义·申郑》,中华书局1961年版。

② 《文史通义·答客问上》。

史家私人历史撰述的第三个特点是大多具有深刻的忧患意识。忧患意识是中国史学的一个优良传统，反映了作者对社会治乱、国家兴衰、人民生活和历史前途的关注，而在私人历史撰述中表现得尤为突出。这种意识是同史学的本质与功能密切相关的。这是因为，史学家对于历史的认识，往往是和对于现实的认识相关联，故而从史学家对于历史和现实的认识来看，常常反映出他们对于社会的前途、命运的忧患意识，这在很大程度上成为他们决心致力于历史撰述的一个思想基础。孟子说："世衰道微，邪说暴行有作，臣弑其君者有之，子弑其父者有之。孔子惧，作《春秋》。"[①]这反映了孔子作《春秋》时的一种忧患意识。司马迁父子撰述《史记》的最初动机，是出于对史职的忠诚和执著。然而，当司马迁进入到具体的撰述之中时，他的思想已不只是集中在"史文"问题上了，他对汉武帝时期"盛世"局面下存在的问题及社会前途表现出深深的忧虑。读《史记》之《平准书》、《封禅书》，可以看到在司马迁的史笔之下，极盛时期的汉武帝统治面临着许多新的问题，显示出作者深沉的忧患意识。唐代史家吴兢也有大致相仿的经历。吴兢生活在唐代武则天至唐玄宗时期，他目睹了"开元盛世"，同时也敏感地觉察到唐玄宗开元后期滋生起来的政治上的颓势。于是他写出了《贞观政要》一书。此书以《君道》开篇，以《慎终》结束，反映出这位被当时人誉为董狐式史学家[②]的忧患意识。《贞观政要》这部书在晚唐以后的历代政治生活中产生了一定的影响。史载，唐宣宗"书《贞观政要》于屏风，每正色拱手而读之"[③]。辽、西夏、金、元四朝

① 《孟子·滕文公下》，杨伯峻译注本，中华书局1958年版。
② 《新唐书》卷132《吴兢传》，中华书局，1975年。
③ 《资治通鉴》卷248，唐宣宗大中二年条，中华书局1956年版。

统治者,曾把《贞观政要》分别译成契丹文、西夏文、女真文、蒙古文,认真披览。

北宋立国积贫积弱,史学家的忧患意识具有更加突出的历史感和时代感,司马光《历年图序》反映了这种深刻的历史感,他写道:"庶几观听不劳,而闻见甚博,善可为法,恶可为戒,知自古以来,治世至寡,乱世至多,得之甚难,失之甚易也……《易》曰:'君子安不忘危,存不忘亡,治不忘乱。'《周书》曰:'制治于未乱,保邦于未危。'今人有十金之产者,犹知爱之,况为天下富庶治安之主,以承祖宗光大完美之业,呜呼,可不戒哉! 可不慎哉!"[①]这是司马光在撰写《资治通鉴》之前所撰写的一段文字,从中可以看出司马光对世事的忧患由来已久。南宋时期,朝代更迭、政治形势骤变,更加激发了史学家的忧患意识,他们受着"伤时感事,忠愤所激"的政治、文化氛围的影响,矢志著书,以存信史,以寄忧思,以警后人。史学家李焘撰《续资治通鉴长编》980 卷(今存 520 卷),徐梦梓撰《三朝北盟汇编》250 卷,李心传撰《建炎以来系年要录》200 卷,都是属于两宋之际的本朝史,都是"忧世"、"泣血"之作。

两宋以下,这种忧患意识在明清之际史家的私人历史撰述中显示出来的鲜明的批判精神,在清代后期显示出来的强烈的救亡图强爱国思潮,从而表现出它特有的时代特点。明清之际,一方面是有的史家如谈迁深怀"亡国之痛"而撰《国榷》,另一方面则是史学家们对世风凋敝的忧虑和批判,而黄宗羲、顾炎武所论最有代表性。黄宗羲著《明夷待访录》一书,对历史上的专制政治进行批判,同时也批判了历史沉淀下来的种种不良习俗。他写道:"何谓习

---

① 司马光:《稽古录》卷 16,(美)王亦令辑校,中国友谊出版公司 1986 年版。

俗？吉凶之礼既亡，则以其相沿者为礼：婚之筐篚也、装资也、宴会也，丧之含殓也、设祭也、佛事也、宴会也、刍灵也。富者以之相高，贫者以之相勉矣。”[1]黄宗羲对于历史的沉积和历史发展的要求，都有明确的认识，反映了他的批判精神和忧患意识及改革进取的历史思想。顾炎武更是纵论历代风俗，指出：“风俗者，天下之大事。”同时，他也坚信“天下无不可变之风俗”，赞成前贤关于“崇道德而厚风俗”的社会思想[2]。这都反映了他在忧患之中仍对历史怀有信心。

清代后期史家私人撰述的忧患意识在视野上空前扩大了，而在性质上则跟以往有所不同，即他们的眼界不仅仅注视于国内，而且也注视到国外；他们所忧患的也不是仅局限于中国社会历史问题，而是痛感到认识外国、认识世界的必要性与迫切性。

自古以来，中国史家私人历史撰述中所蕴含的深刻的忧患意识，是中国史学史上的一份珍贵遗产，也是中国思想史上的一份珍贵遗产，20世纪的中国史学家，不论是倡导“新史学”的史学家、以考证见长的史学家，还是马克思主义史学家，大多继承和发扬了这一珍贵的思想遗产，并在社会生活中发挥了巨大的启示和教育作用。

史家私人历史撰述的这些特点，为中国史学增添了无限的光彩和智慧。

如果说历代官修史书是中国史学的一个重要方面的话，那么种类和数量都极为丰富的私人历史著作则是中国史学的另一个重

① 黄宗羲：《明夷待访录·财计三》，中华书局1981年版。

② 顾炎武：《日知录》卷13“廉耻”、“宋世风俗”条，黄汝成集释本，岳麓书社1994年版。

要方面，它们是中国史学的两翼，相依相存，相得益彰。尤其重要的是，由于史家私人著史注重于独断之学、别识心裁，故其创造性十分突出，往往起到开风气之先的作用。这决定了史家私人著史在中国史学上的重要地位。史家私人历史撰述的重要地位还突出地表现在历史观、史学观方面的创见，表现在史书体裁、体例的创新，表现在历史撰述领域的拓展等方面。这跟史家私人历史撰述重自得之学、独断之学、成一家之言是相通的。正因为如此，史家私人历史撰述在中国史学发展上的地位就越发显得重要了。

当然，官修与私撰之间有时是有密切联系的[①]。官修与私著之间，既有可以清晰区分者，又有相互密切联系者，这是中国史学上官修史书和私人著史在两种意义上的合作和配合，从而书写出了内涵丰富、形式多样的中国历史长卷。

1840 年中英鸦片战争爆发后，中国社会处于剧烈的变动之中。时代的意识，推动中国古代史学逐渐步入近代。20 世纪以来，中国近代史学又渐渐汇入现代史学的潮流。这是一个连续性的发展过程，前者总是为后者积累了遗产，而后者也总是对于前者的继承和扬弃。

我们有必要注意到，在 20 世纪的中国史学中，重视修史的传

---

① 近人金毓黻指出："往代官修、私修之史，非有犁然可分之界限，例如沈约《宋书》、姚思廉《梁》《陈》二书、李百药《北齐书》，虽奉时君之命，名为官修，实为自创义例，成于一手，无异于私修诸史，是其证也。唐宋以后，亦多是例，宋司马光承英宗之命而修《通鉴》，有刘攽、刘恕、范祖禹诸贤为之佐，又得以书局自随，及书成，神宗又为之命名制序，不可不谓之官修矣。然考修是书时，凡属宏纲细目，悉由光一手草创，无异自撰一史。同修诸氏，虽各分撰一部，用力甚勤，然仅属初稿，为编订比辑之助，最后勒定，仍属之光。昔者孔子修史，亦极惨淡经营之功，故曰，笔则笔，削则削，子夏之徒不能赞一辞，以后例前，正可借喻。故是书为马、班二氏以后仅见之作，非沈、姚、李三氏所可比拟，亦以其准于私史故也。"（参见金毓黻：《中国史学史》，第 182 页）

统以新的面貌和新的形式继续发展。所谓新面貌，一是历史观点的变革，二是史书内容更加丰富，三是私人著史成为历史撰述的主流，史学队伍更加扩大了。所谓新形式，一是章节体成为史书的主要形式，二是考古资料占有重要地位，三是多种方法的运用，四是对外国史内容的关注和吸收。

20 世纪的中国史学著作数量之多，超过以往任何一个世纪。其中，同中华文明传承关系最为密切的，当是各个时期的断代史、不同内容的专史、重大历史现象的专题史、重要历史人物的传记，以及各个地区的区域史等，它们都有其重要作用。尤其是 20 世纪的百年当中，经过几代史学家的不懈努力，有百余种中国通史面世，如钱穆的《国史大纲》，邓之诚的《中华二千年史》，范文澜的《中国通史简编》，吕振羽的《简明中国通史》，翦伯赞的《中国史纲要》，郭沫若的《中国史稿》，范文澜、蔡美彪等的《中国通史》，白寿彝总主编的《中国通史》等，在不同的时期都产生了重大的学术影响，对于传承中国文明作出了新的贡献。当今的中国历史学界，有必要认真地总结和继承这一份遗产，以推进 21 世纪的历史撰述，进一步弘扬民族精神和传播中华文明。

（原载《中华炎黄文化研究》第五辑，
大象出版社 2007 年版）

天人古今与时势理道

——中国古代历史观念的几个重要问题

天人关系、古今关系和时与势、理与道等几个概念或几个范畴，在中国古代历史观念中占有重要的位置。这些概念或范畴，在司马迁的《史记》中大多有所反映，有的还是司马迁的撰述宗旨，具有特别重要的意义，如“究天人之际，通古今之变”就把天人、古今的相关观念贯穿于全书之中。当然，《史记》中所反映出来的历史观念，前有源，后有流，既非一朝一夕之所能形成，也不是停留在这个阶段而没有新的发展。在中国古代历史观念的发展上，司马迁是一位卓越的总结者，也是一位伟大的创造者。

所谓天人关系，本质是人们用以说明社会历史现象及其生成、变化原因的基本观念。殷周之际，“天命”主宰着人们的历史观念。商王盘庚迁殷，是以“天命”的名义[①]。武王伐纣，是“恭行天之罚”[②]。周公东征、分封等重大军事、政治活动，同样都是“上帝”之“命”的体现[③]等等。总之，社会生活中的所有现象，都是“天命”决定的。这是人们用“天命”来说明社会历史的时代。

从西周末年到春秋时期，出现了怨恨“天”、怀疑“天”的情绪和

---

① 《尚书·盘庚》，王世舜译注本，四川人民出版社 1982 年版。

② 《尚书·牧誓》，王世舜译注本。

③ 《尚书·大诰》、《尚书·康诰》，王世舜译注本。

思想倾向，这在《诗经》有关篇章中多有反映，而在《国语·周语下》中更是赫然出现了与“天命”相对应的“人故”(即“人事”)，进而又有“天道远，人道迩，非所及也，何以知之”的说法[①]。这表明，人们已不再囿于以“天命”来说明历史现象和社会现象了。在人们的历史观念中，在“天命”的对立面出现了“人事”这个被“发现”、被认识的事物。从历史观念来看，这是人们开始觉醒的时代。

从战国至西汉，是一些史学家摆脱“天命”的时代。一部《战国策》，反映的是人力、人谋的作用，“天命”变得苍白了。从刘向的《战国策书录》中可以看到，那是这样一个时代：“战国之时，君德浅薄，为之谋策者，不得不因势而为资，据时而为。故其谋，扶急持倾，为一切之权，虽不可以临国教化，兵革救急之势也。皆高才秀士，度时君之所能行，出奇策异智，转危为安，运亡为存，亦可喜，皆可观。”[②]这哪里还有“天命”的影子呢。在关于天人关系的认识上，司马迁是一位伟大的怀疑者和变革者，他不仅明确地表明：“或曰：‘天道无亲，常与善人。’”又说“余甚惑焉，傥所谓天道，是邪非邪？”[③]更重要的是，司马迁的《史记》写出了大量的历史人物，从多方面说明了人在历史活动的主体作用，从而奠定了中国古代史学在历史观念上的人本主义传统。从这个意义上说，司马迁开辟了天人关系说走向理性时代的道路。在《史记》以后的一些重要著作中，尽管还时时有称说“天命”的现象，但从主流上看，它们都不居于重要位置，甚至大多都不是有实质性的意义而成了对于“天命”的回忆和摆设。到了中唐时期，同史论、史评有密切关系的思想家

---

① 《左传·昭公十七年》，杨伯峻注本，中华书局 1981 年版。

② 《战国策》附录，上海古籍出版社 1985 年版。

③ 《史记》卷 61《伯夷列传》，中华书局 1959 年版。

柳宗元写出了《天说》一文，他的好友刘禹锡写出了《天论》三篇，于是“天”被认识为物质，并在自行运动着，而这种运动着的物质的“天”即“自然”与“人”各有其能，二者的相互影响，形成了社会生活的种种现象[①]。至此，天人关系说完成了它走向理性阶段的历程。

宋代以后，有所谓“天理”和“人欲”对立的说法，多是思想家们所谈论的命题。而这里的“天”，则由上帝意志的“天”、物质与自然的“天”，蜕变为绝对精神的“天”了。这同史学家所讨论的“天”有所不同。此外，在中国古代史学家的历史观念中，还有“天人感应”说和谶纬说的流行，但自司马迁以下，它们大多未占据过主流地位。

所谓古今关系，大致包含这样几个方面，一是古今是否有联系，二是古今是否有变化以及怎样看待变化的轨迹，三是古今联系和变化是否可以划分为阶段等。古今联系的思想起源很早，这要追溯到传说时代。从文字记载来看，《诗经·大雅·荡》说：“殷鉴不远，在夏后之世。”这是强调历史鉴戒的重要，正表明古今是有联系的。孔子论夏、殷、周三代之“礼”的关系，同样表明了对于古今联系的关注。司马迁说：“居今之世，志古之道，所以自镜也”[②]，同上引《诗经》是一个含义。班彪认为，联系古今观察问题，是史学家的传统，他说：“夫百家之书，犹可法也。若《左氏》、《国语》、《世本》、《战国策》、《楚汉春秋》、《太史公书》，今之所以知古，后之所由观前，圣人之耳目也。”[③]班彪指出的这个传统，在史学上影响很

---

① ·见柳宗元：《柳河东集》卷16《天说》，上海人民出版社1974年版。刘禹锡：《刘禹锡集》卷5《天论》上中下，上海人民出版社1975年版。

② 《史记》卷18《高祖功臣侯者年表》序。

③ 《后汉书》卷40上《班彪传》，中华书局1965年版。

大，后人曾不断引用。这是中国古代历史观念中极珍贵的遗产。

至于说到古今联系中的变化，《左传》有“高岸为谷，深谷为陵，三后之姓，于今为庶”的说法[①]，这是讲自然和社会的变化，也是讲古今的变化。中国史学有悠久的古今变化的观念。按照章学诚“六经皆史”的说法，则这一观念较早而又较全的阐述，出于《周易·系辞下》：“神农氏没，黄帝、尧、舜氏作，通其变，使民不倦，神而化之，使民宜之。《易》穷则变，变则通，通则久，是以自天佑之，吉无不利，黄帝、尧、舜，垂衣裳而天下治，盖取诸乾坤。”尽管这里讲到了“天”，讲到了取法“乾”、“坤”二卦，但这里主要在讲历史，讲历史上的古今变化法则，即穷、变、通、久的道理。这段话在历史观念的发展上之所以重要，是因为它明确地指出了：第一，由于时代的递进，要求人们改变旧的文物制度，使人民不因拘守旧制而感到倦怠；第二，这种变化是在潜移默化中实现的，便于人民适应；第三，《易经》所总结的就是这个道理，事物发展到极致的程度，就要变化，变化才能通达，通达才能继续进步、保持长久。这几重含义，可以说是“通古今之变”思想的渊源。

所谓穷、变、通、久的思想传统，“变”和“通”是其核心。《周易·系辞上》对其反复解释：“阖户谓之坤，辟户谓之乾；一阖一辟谓之变，往来不穷谓之通”；“化而裁之谓之变，推而行之谓之通”。从这里我们可以看出，所谓“变”、“通”，都是在运动中进行或实现的。它反复称说，“刚柔相推而生变化”，“刚柔相推，变在其中矣”[②]。这就是《易经》的“以动者尚其变”的精神。它又进而解释

---

① 《左传·昭公三十二年》，杨伯峻注本，中华书局1981年版。

② 《周易·系辞下》，《十三经注疏》本，中华书局1980年版。

“变通”和“通变”的含义：“广大配天地，变通配四时”，“法象莫大乎天地，变通莫大乎四时”；“通变之谓事”[①]。总起来说，“变通”、“通变”是跟天时、人事相关联。而“变通”也正是包含有因时而变的意思，即：“变通者，趣时者也。”[②]这同“观乎天文，以察时变；观乎人文，以化成天下”[③]的意思是一致的。

《易传》讲穷变通久，讲变通、通变，变化的思想十分丰富，对中国古代历史观念的发展，产生了深远而积极的影响。司马迁提出“通古今之变”作为历史撰述的宗旨之一，就是对上述历史观念的继承和发展。

《易经》、《易传》和司马迁的通变思想对后世影响极大，如杜佑《通典》、司马光《资治通鉴》、郑樵《通志》、马端临《文献通考》等，都是这一影响的继承和发展。清代王夫之《读通鉴论·叙论四》中对“通”作了解说，章学诚《文史通义·释通》篇，进一步从理论上阐明了“通”的含义。

在古今联系中，古今之间是否有变化？《易传》强调穷、变、通、久，“变”是核心问题。问题在于人们怎样看待“变”的方向。这也是古代历史观念中的一个根本问题。所谓“变”的方向和轨迹，无非是前进的、倒退的、循环的三种情况。其中又以循环的论点和前进的论点更具代表性。

历史循环论是战国时期的阴阳家提出来的。阴阳家接过了西周末年、春秋时期出现的阴阳五行说的形式，灌注了唯心主义的神秘的内容，把朴素的唯物主义的四时、五行说，蜕变为唯心主义的

① 《周易·系辞上》，《十三经注疏》本。
② 《周易·系辞下》，《十三经注疏》本。
③ 《周易·贲卦·彖传》，《十三经注疏》本。

五德终始说。五德终始说不仅迎合各诸侯的政治需要，而且在秦皇朝统一后受到特别的推重。白寿彝先生指出，秦始皇为了证明自己是符合水德，乃尚黑，不惜使整个朝堂上黑压压一片。

五德终始说在历史观念的发展上，有一定的影响。司马迁对五德终始说是持批判态度的，但他还是受到了历史循环论思想的影响。他在讲到夏、殷、周三代主忠、主敬、主文的三统说时写道："三王之道若循环，终而复始。"①尽管他批评"秦政不改"，称道汉代"承敝易变"，意在提倡历史中的"变"，但在这个具体问题上的"变"是有很大的局限的，是"终而复始"的"变"。当然，这在司马迁的"通古今之变"的历史观念体系中，只是一个小小的不谐音。五德终始说的"凡帝王者之将兴也，天必先见祥乎下民"的说法，对董仲舒的"天人感应"说和东汉的谶纬思想，都有一定的影响，而班固撰《汉书》，反复申言"刘氏承尧之祚"、"唐据火德，而汉绍之"、"汉绍尧运，以建帝业"②，则显然是接受了五德终始说的理论。其后，随着正闰论、正统论的兴起，它们也都可以溯源至五德终始说。

应当看到，在中国史学上，朴素的进化观点占有突出的地位，是中国史学之观念形态的优良传统之一。在"变"的观念上，它同循环论有一定的共同之处；但在"变"的性质和"变"的方向上，则不同于历史循环论，而是认为社会历史在变化中前进，在变化中发展。《易・系辞上》："日新之谓盛德。"《易・杂卦》："革去故也，鼎取新也。"这是较早的朴素进化观点。韩非子提出上古、中古、近古之说，提出"古今异俗，新故异备"之说③，是很明显的朴素进化思

① 《史记》卷8《高祖本纪》。
② 《汉书》卷100《叙传》，中华书局1962年版。
③ 《韩非子・五蠹》，《诸子集成》本，中华书局1954年版。

想。而司马迁的“通古今之变”的思想，则包含着丰富的朴素历史进化观点。再者，《春秋》公羊“三世说”的形成，把历史视为从据乱世到升平世再到太平世的演进过程，也是一种很有代表性的朴素进化观点，且与近代的进化论有比较密切的历史联系。

唐代以下的史家，在发展朴素进化观方面，有越来越突出的成就。这主要反映在三个问题上。第一，是关于人心风俗。史家吴兢记贞观初年唐太宗与群臣讨论治国方略，魏徵力主施行教化，指出：“若圣哲施化，上下同心，人应如响，不疾而速，期月而可，信不为难，三年成功，犹谓其晚。”太宗以为然。封德彝等人反对魏徵的主张，认为：“三代以后，人渐浇讹，故秦任法律，汉杂霸道，皆欲化而不能。岂能化而不欲？若信魏徵所说，恐败乱国家。”魏徵运用历史知识来反驳他们，指出：黄帝、颛顼、商汤、武王、成王在教化方面都取得了成功，“若言人渐浇讹，不及纯朴，至今应悉为鬼魅，宁可复得而教化耶？”封德彝等人无以为对，但仍不同意推行教化政策。惟有唐太宗坚定地采纳魏徵意见，并在政治上取得了成功。王夫之说：“魏徵之折封德彝曰：‘若谓古人淳朴，渐至浇讹，则至于今日，当悉化为鬼魅矣，’伟哉其为通论已。”[①]第二，是关于“中华”与“夷狄”。史学家杜佑指出：“古之中华，多类今之夷狄”[②]；“古之人朴质，中华与夷狄同”[③]。杜佑从地理环境上分析了“中华”进步的原因和“夷狄”未能进步的原因，表明他在民族问题上的进步思想和朴素进化观。第三，是关于“封建”。柳宗元著《封建论》，从“生人之初”，阐述到“天下会于一”，描绘出了一幅

① 王夫之：《读通鉴论》卷20，中华书局1975年版。

② 《通典·边防》序，中华书局1988年版。

③ 《通典·礼八》后议。

社会历史不断进化的图景。这些，都极大地丰富了朴素的历史进化观。

明清之际的王夫之把朴素进化观推向更高的阶段，即以朴素的历史进化的观点解释历代的政治统治，尤其是历代的政治制度。他继承柳宗元对“封建”的认识，认为：“封建之不可复也，势也。”“封建不可复行于后世，民力之所不堪，而势在必革也”[①]。王夫之对历代制度有一个总的认识，就是：“以古之制，治古之天下，而未可概之今日者，君子不以立事；以今之宜，治今之天下，而非可必之后日者，君子不以垂法。”[②]这就是“一代之治，各因其时”[③]。

朴素进化观在理论上没有发展到更加缜密的阶段，但它作为一种历史进化的观念，在中国史学上有古老的传统和广泛的影响。同时，它也是中国史学在历史观念上之接受近代进化论的一个思想基础。

在古今关系中，还有一个很重要的观念，即在古今的联系中，是否可以划分相互联系的不同的历史阶段？前引《韩非子》中说到的上古、中古、近古是这方面较早的说法，这是思想家从历史中得到的启示而提出的见解。司马迁著《史记》根据年代的远近、文献的详略和时代的特点，而于书中列《三代世表》、《十二诸侯年表》、《六国年表》，这是对三个历史阶段的划分，反映了司马迁的卓识，以至于今人还在用“三代”、“春秋时期”、“战国时期”等历史分期概念。

至于《春秋公羊传》的“三世说”，《礼记・礼运》篇的“大同”、

① 《读通鉴论》卷2。
② 《读通鉴论・叙论四》。
③ 《读通鉴论》卷21。

“小康”说，具有更多的社会思想的色彩，同司马迁的历史时代的划分有所不同。

时与势这两个概念，在中国古代历史观念也是很重要的。《易经·贲卦》说：“观乎天文，以察时变；观乎人文，以化成天下。”这表明“时”与“天文”有关。这里说的“时”，当是四季时序之意。《易经·恒卦》称：“四时变化，而能久成”，意谓“四时”之“时”的变动性、恒久性及其对于天地万物的意义。《易经·革卦》又说：“天地革而四时成，汤武革命，顺乎天而应乎人，革之时大矣哉！”这是把“时”与人事联系起来，指出“时”对于后者的重要。《易经·丰卦》又说：“天地盈虚，与时消息，而况于人乎？况于鬼神乎？”这是进一步说明“时”对于人事的重要。史学家吸取了《易经》关于“时”的观念并运用于历史撰述、历史解释之中。司马迁《史记·太史公自序》称：“扶义俶傥，不令己失时，立功名于天下，作七十列传。”他很看重人的活动与“时”的关系，意在赞颂那些“不失时”的历史人物。魏徵主编《隋书》并作史论，称赞隋初开国功臣李圆通、来护儿等人时指出：“圆通、护儿之辈，定和、铁杖之伦，皆一时之壮士，困于贫贱。当其郁抑未遇，亦安知其有鸿鹄之志哉！终能振拔污泥之中，腾跃风云之上，符马革之愿，快生平之心，非遇其时，焉能至于此也！”[1]这就是说，杰出人物的出现，除了自身的条件外，“遇其时”乃是重要的客观条件。这些都表明，中国古代史学家在评论历史人物和历史事件时，十分关心具体的历史时机。

关于“势”，是司马迁经常使用的一个概念。司马迁在解释

---

① 《隋书》卷64后论，中华书局1973年版。

事物变化原因时写道："无异故云，事势之流，相激使然，曷足怪焉"[①]。司马迁论范雎、蔡泽际遇与成就的变化，认为"固强弱之势异也"[②]。他说的"事势"、"势"是指事物的状态和形势，即考察历史时，不能不着眼于一定的社会环境，从而得到合理的说明。从"事势之流，相激使然"来看，司马迁认为"事势"、"势"不是静止的，而是运动的，其中自也包含有趋势之意。

自司马迁以下，不少史家都讲到过"势"，但真正赋予"势"以历史理论之明确涵义的，是柳宗元的《封建论》。柳宗元用"势"来说明历史变化的动因，对后人产生了理论上的启示。宋人曾巩、范祖禹、苏轼和明清之际王夫之都各有阐发。曾巩撰《说势》一文[③]，其历史见解是折衷于"用秦法"与"用周制"之间。文中所说"力小而易使，势便而易治"的"势"，是指的一种综合的力以及这种力与力之间的对比，同柳宗元说的"势"的涵义不尽相同。此文还批评"病封建者"与"病郡县者"二者"皆不得其理也"。章学诚说曾巩"具史学而不具史法"，由此可见一斑。范祖禹引用《礼记·礼器》说的"礼，时为大，顺次之"的话，进而阐发道："三代封国，后世郡县，时也"，"古之法不可用于今，犹今之法不可用于古也"[④]。范祖禹说的"时"，义颇近于柳宗元说的"势"。而苏轼对于"圣人"和"时"之辩证关系的阐发，则深得柳宗元论"势"的要指。苏轼认为："圣人不能为时，亦不失时。时非圣人所能为也，能不失时而已。"他说，"圣人"之"能"不在于"为时"而在于"不失时"。这是很机智地说明

① 《史记》卷30《平准书》序。

② 《史记》卷79《范雎蔡泽列传》后论。

③ 见《曾巩集》卷51，中华书局1984年版。

④ 范祖禹：《唐鉴》卷2，上海古籍出版社1981年版。

了“圣人”与“时”的关系。在他看来“时”是客观的，能够认识并利用它的人，也就可以称为“圣人”了。基于这种认识，苏轼认为秦置郡县，“理固当然，如冬裘夏葛，时之所宜，非人之私智独见也，所谓不失时者”①。这些论述，用来注释柳宗元说的“封建，非圣人意也，势也”，是很精彩的。苏轼自称“附益”柳说，自非虚辞。

王夫之在论述史学活动的重心时，也讲到了“时势”：“智有所尚，谋有所详，人情有所必近，时势有所必因，以成与得为期，而败与失为戒。”这里讲的“时势”，是指社会的形势或历史的趋势；“必因”，是说它跟过去的形势或趋势有沿袭和继承的关系。这就是说，时势既有连续性，但又不是一成不变的。王夫之认为，人们观察历史，应充分注意到“势异局迁”即时势的变化；而人们要从历史中获得“治之所资”的启示，则必须“设身于古之时势”。总之，认识历史，从历史中获得教益，应首先学会把握不同历史时期的时势。王夫之也提到“先王之理势”，但“先王”并不具有圣神的含义，他只是一定历史时期之“时势”的标志罢了。

从柳宗元到王夫之，是把“势”、“时势”作为历史变化动因看待的，这是古代历史观念在理论上的重要贡献。然而王夫之并不仅仅停留在这里。他自谓著《读通鉴论》，是“刻志兢兢，求安于心，求顺于理，求适于用”②。所谓“求顺于理”的“理”，是关于历史变化原因的另一历史理论范畴。在王夫之看来，所谓“理”，就是“物之固然，事之所以然也”③。以今义释之，“理”是事物变化之内在的法则或规律。王夫之说的“物”与“事”，不限于历史，但无疑包含了

---

① 苏轼：《东坡志林》卷5“秦废封建”条，中华书局1981年版。

② 以上所引见《读通鉴论》叙论三、四。

③ 王夫之：《张子正蒙注》卷5《至当》，中华书局1975年版。

历史。因此，这种“事之所以然”亦即事理，是对于历史变化原因的更深层次的理论概括。柳宗元通过对人类“初始”社会的描述，提出“封建，非圣人意也，势也”，说明“势”、“时势”是人们可以感受到、“捕捉”到的。而“理”、“事理”则不然，它是内在的和抽象的，但又不是不可认识的。王夫之说：“理本非一成可执之物，不可得而见也”，“只在势之必然处见理”[①]。“势”之必然之为“势”者，便是“理”；“理”与“势”是一致的。从王夫之所解释的“势”同“理”的关系来看，“势”是“理”的外在形式，“理”是“势”的本质阐释。他以此来认识历史，来评论史家对于历史的认识，是认识历史和评论史学之理论与方法的新发展。

最后讲理与道。上文讲时与势，已涉及“理”。所谓理在势中，“理”是“势”的本质阐发，即“理”是对于“势”的说明。换言之，“理”是说明或解释“势”的存在及表现的道理。

关于“道”，在中国思想史上有多种含义：或是世界的本原，先天地而生；或是万物的载体，万事万物皆在“道”的包含之中；或是综合贯通万物之理，是一切道理的总汇；等等。在史学家的语汇与范畴体系中，“道”大致有三种含义：一是指原则、法度；二是指常理、法则；三是指道理或根本之理。这都是针对社会历史而言。其中，有与思想史上所说之“道”相近之处，有的则具有史学自身的针对性。

司马迁在《史记·历书》序中写道：“夏正以正月，殷正以十二月，周正以十一月。盖三王之正若循环，穷则反本。天下有道，则不失纪序；无道，则正朔不行于诸侯。”这里说的“道”，当是指法度

---

① 王夫之：《读四书大全说》卷9《孟子·离娄上》，中华书局1975年版。

而言。他在《史记・货殖列传》序中这样说："人各任其能，竭其力，以得所欲。故物贱之征贵，贵之征贱，各劝其业，乐其事，若水之趋下，日夜无休时，不召而自来，不求而民出之。岂非道之所符，而自然之验邪？"这里说的"道"，似可近于作常理、法则的理解。

元初史家马端临指出："《诗》、《书》、《春秋》之后，惟太史公号称良史，作为纪、传、书、表。纪、传以述理乱兴衰，八书以述典章经制。后之执笔操简牍者，卒不能易其体，然自班孟坚而后，断代为史，无会通因仍之道，读者病之。"[①]所谓"会通因仍之道"的"道"，一方面是指史家的历史撰述思想，另一方面也是更深层的方面，是指"理乱兴衰"、"典章经制"内在的联系，即其中的常理和法度。至于清人龚自珍说的名言"欲知大道，必先为史"[②]，这个"道"当是指社会历史运动中的根本之理。

"理"与"道"本有相通之处，但也存在可以觉察、可以判断的差别。这个差别是否可以作这样的概括："理"通常指具体史事之理，"道"通常指一般史事之理。当然，这个差别，也是相对而言，不是绝对的。

在史学家的语汇中，"道"又往往是指史家本人的信念、思想、志向、智慧而言。司马迁说："昔西伯拘羑里，演《周易》；孔子戹陈蔡，作《春秋》；屈原放逐，著《离骚》；左丘失明，厥有《国语》；孙子膑脚，而论兵法；不韦迁蜀，世传《吕览》；韩非囚秦，《说难》、《孤愤》；《诗》三百篇，大抵贤圣发愤之所为作也。此人皆意有所郁结，不得通其道也，故述往事，思来者。"[③]这里说的"道"，显然是指这些作

---

① 马端临：《文献通考・序》，中华书局 1984 年版。
② 龚自珍：《龚自珍全集・尊史》，上海人民出版社 1975 年版。
③ 《史记》卷 130《太史公自序》。

者的思想、志向而言。刘知幾自谓"虽任当其职，而吾道不行；见用于时，而美志不遂"。[①] 此处所言之"道"，也是同样的含义。而刘知幾在《史通·曲笔》篇中所说"史氏有事涉君亲，必言多隐讳，虽直道不足，而名教存焉"，即是把"道"看作是一种信念和原则。这样的含义，也见于柳宗元的《与韩愈论史官书》。柳宗元认为，对于一个史官来说，"凡居其位，思直其道。道苟直，虽死不可回也；如回之，莫若亟去其位"[②]。清人黄宗羲论学说："学问之道，以各人自用得着为真"[③]，此处之"道"是指治学的原则和目的。顾炎武说过与此大致相同的话，他指出："君子之为学，以明道也，以救世也。"[④]"明道"之"道"当指道理、智慧，"救世"自是指经世致用，等等。以上这些，大多是关于史学家主体意识而言，同前面所举多指关于历史认识对象是有所区别的。

*　　*　　*

天人关系是探讨社会历史的存在及其所发生的种种变化，是"天命"安排的，还是社会历史中的人和人事决定的，这是社会存在和社会意识的关系。古今关系是探讨社会不同阶段的联系及其运动轨迹，即社会历史的变化是前进的、循环的以致是倒退的，这涉及对人类历史前途的认识。时与势，是探讨人们在历史活动中所经历的机遇和形势，即客观历史环境所提供的条件。理与道，是探讨纷繁复杂的历史活动之种种表现的原因、原理和规律。这些，都

---

① 刘知幾：《史通·自叙》，浦起龙通释本。

② 柳宗元：《柳河东集》卷31。

③ 黄宗羲：《明儒学案·凡例》，中华书局1985年版。

④ 顾炎武：《顾亭林诗文集》文集卷4《与人书二十五》，中华书局1959年版。

是中国古代历史观念中极重要的范畴和命题。关于这方面的深入研究，我们确有许多工作要做。我们应当认真清理和总结这一份珍贵的思想遗产，以推进历史学的理论建设。

（原载《史学史研究》2007年第2期）

论中国马克思主义史学的史学观

中国马克思主义史学在发展过程中，在其关于理论问题的研究方面，逐步形成了关于史学的有系统的认识，这可以称之为中国马克思主义史学的史学观，这是中国马克思主义史学在史学理论方面的成就。本文试对此作初步的探讨，不当之处，希望得到同行的批评、指正。

一　关于历史学学科体系

1924年，李守常（大钊）的《史学要论》一书由商务印书馆出版，它表明中国马克思主义史学从其诞生时起，就把对于史学的认识放在首要地位，此书题名"史学"之"要论"，绝非偶然。可见，一个学科之学科体系的建立，当从认识这门学科开始。

《史学要论》所反映出来的史学观，概括说来，主要有以下几个论点：

——明确区分"历史"和"历史学"的性质，提出把客观存在的历史同人们主观反映的历史加以区别的重要性。

什么是"历史"？李大钊从三个方面提出对客观存在之历史的认识：

第一，历史撰述所反映的"历史"，并不等同于"活的历史"即客观存在的历史本身。李大钊指出:“不错,我们若想研究中国的历史,像那《史记》咧,《二十四史》咧,《紫阳纲目》咧,《资治通鉴》咧,乃至其他种种历史的纪录,都是很丰富、很重要的材料,必须要广搜,要精选,要确考,要整理。但是他们无论怎样重要,只能说是历史的纪录、是研究历史必要的材料,不能说他们就是历史。这些卷帙,册案,图表,典籍,全是这活的历史一部分的缩影,而不是这活的历史的本体”①。作者指出这种区别和联系,在理论上使人们懂得“历史的本体”即“活的历史”比历史撰述所反映的内容更生动、更丰富,从而拓展了人们的历史视野;在实践上则使人们可以感受到自已也生活在“活的历史”之中,增强对于历史的体察和责任。第二,历史就是社会的变革。阐明这一点,使人们懂得历史是变化的、进步的、生动不已的。李大钊写道:“这样讲来,我们所谓活的历史,不是些写的纪的东西,乃是些进展的、行动的东西。写的纪的,可以任意始终于一定的范围内;而历史的事实的本身,则永远生动无已。不但这整个的历史是活的东西,就是这些写入纪录的历史的事实,亦是生动的、进步的,与时俱变的”②。第三,历史是一个整体,是不可能割断的。李大钊认为:“历史是亘过去、现在、未来的整个的全人类生活。”③全人类的历史如此,一个国家、一个民族的历史也是如此。

那么,什么是“历史学”呢?其主要论点是:

第一,关于“历史学”的对象。李大钊写道:“史学有一定的对象。对象为何?即是整个的人类生活,即是社会的变革,即是在不

① 李守常:《史学要论》,商务印书馆 1999 年版,第 75 页。

② 李守常:《史学要论》,第 79 页。

③ 李守常:《史学要论》,第 82 页。

断的变革中的人类生活及为其产物的文化。换一句话说，历史学就是研究社会的变革的学问，即是研究在不断的变革中的人生及为其产物的文化的学问。”[①]李大钊对历史学所作的这一定义，对人们认识历史学的性质与作用，有深刻的启示。第二，历史学应着力于建立历史理论。李大钊认为：在整理、记述历史事实的基础上，“建立历史的一般理论”即历史理论，才能使“今日的历史学”成为历史科学。这表明他在历史学的发展上是一个高瞻远瞩的人。第三，历史科学是可以建立起来的。针对当时的一种见解，即认为“历史是多元的，历史学含有多元的哲学”，因此“史学缺乏属于一般科学的性质”云云，李大钊阐述道：“各种科学，随着他的对象的不同，不能不多少具有其特色；而况人事科学与自然科学不可全然同视，人事科学的史学与自然科学自异其趣。然以是之故，遽谓史学缺乏属于一般科学的性质，不能概括推论，就一般史实为理论的研究，吾人亦期期以为不可。人事现象的复杂，于研究上特感困难，亦诚为事实；然不能因为研究困难，遽谓人事科学全不能成立，全不能存在。将史实汇类在一起，而一一抽出其普通的形式，论定其一般的性质，表明普遍的理法，又安见其不能？”[②]各种科学“自异其趣”，都有自身的特点，史学亦然，历史科学是可以建立起来的。这就是作者的结论。

——指出历史学研究的对象包含“记述历史”和“历史理论”两个含义丰富的方面，认为这是“广义的历史学”。

李大钊把“狭义的历史学”称之为“历史理论”，即指个人的、氏

---

① 李守常：《史学要论》，第85页。

② 李守常：《史学要论》，第91页。

族的、社团的、国民的、民族的、人类的"经历论"[1]。"狭义的历史学"加上记述历史，便构成"广义的历史学"。这使我们不禁想起中国古代史学中的"叙事"与"议论"，尽管二者不可同日而语，但毕竟存在着史学发展上的内在联系。

李大钊这样分析"记述历史"和"历史理论"的关系，他写道：

> 记述历史与历史理论，其考察方法虽不相同；而其所研究的对象，原非异物。故历史理论适应记述史的个人史，氏族史，社团史，国民史，民族史，人类史，亦分为个人经历论，氏族经历论，社团经历论，国民经历论，民族经历论，人类经历论等。为研究的便利起见，故划分范围以为研究。那与其所研究的范围了无关系的事项，则屏之而不使其混入；但有时为使其所研究的范围内的事理愈益明了，不能不涉及其范围以外的事项，则亦不能取不敢越雷池一步的态度。例如英雄豪杰的事功，虽当属之个人史；而以其事与国民经历上很有影响，这亦算是关于国民生活经历的事实，而于国民史上亦当有所论列，故在国民史上亦有时涉及个人氏族或民族的事实。反之社会的情形，如经济状况，政治状况，及民族的血统等，虽非个人史的范围以内的事；而为明究那个人的生活的经历，及思想的由来，有时不能不考察当时他所生存的社会的背景，及其家系的源流。
>
> 记述历史与历史理论，有相辅相助的密切关系，其一的发达进步，于其他的发达进步上有莫大的裨益，莫大的影响。历史理论的系统如能成立，则就个个情形均能据一定的理法以

---

① 李守常：《史学要论》，第 96 页。

为解释与说明，必能供给记述历史以不可缺的知识，使记述历史愈能成为科学的记述；反之，记述历史的研究果能愈益精确，必能供给历史理论以确实的基础，可以依据的材料，历史理论亦必因之而能愈有进步。二者共进，同臻于健全发达的地步，史学系统才能说是完成。①

这两段话，把"记述历史"同"历史理论"的关系阐述得十分透彻。此外，值得注意的是，李大钊把"历史研究法"、"历史编纂法"、"历史哲学"以及"特殊历史学"（即各种专史的记述部分与理论部分）同"普通历史学"（即前面所说的"广义的历史学"）合称为"最广义的历史学"②。尽管这里没有提到"自然史"，但仍使我们想起了马克思恩格斯的那句名言："我们仅仅知道一门唯一的科学，即历史科学。历史可以从两方面来考察，可以把它划分为自然史和人类史。但这两方面是密切相联的；只要有人存在，自然史和人类史就彼此相互制约。"③李大钊所说的"最广义的历史学"，实已大大开阔了人们对"历史学"的理解。

——**阐明了史学在科学中的位置以及它与相关学科的关系。**

关于"史学在科学中的位置"。这里所论述的，是关于史学在科学史上之地位的问题。作者以欧洲为例，指出在中世纪以前，史学"几乎全受神学的支配"；到了十六七世纪，随着文艺复兴的发展，近代科学的产生；其后又经许多人"先后努力的结果，已于历史发见一定的法则，遂把史学提到与自然科学同等的地位，历史学遂

---

① 李守常：《史学要论》，第96、97页。

② 李守常：《史学要论》，第107页。

③ 马克思等：《马克思恩格斯选集》第三卷，人民出版社1995年版，第66页注。

得在科学系统中占有相当的位置”[①]。这就是说，只是当人们从历史中发现了“一定的法则”时，历史学在科学史上或者说在科学系统中才占有自己的位置。作者对马克思的有关理论作了如下的概括：“马克思一派，则以物质的生产关系为社会构造的基础，决定一切社会构造的上层。故社会的生产方法一有变动，则那个社会的政治、法律、伦理、学艺等，悉随之变动，以求适应于此新经变动的经济生活。故法律，伦理等不能决定经济，而经济能决定法律，伦理等。这就是马克思等找出来的历史的根本理法。”[②]作者认为历史学之所以能够成为科学，其主要根据即在于此。

关于“史学与其相关学问的关系”。李大钊把与史学相关的学问划分为六类，一一阐述。他认为，文学、哲学、社会学与史学的关系尤为密切，故择出分别论述，而又以论述“史学与哲学”最为详尽，足见作者的理论旨趣之突出。

——强调史学的社会价值和实践意义。

李大钊十分强调“现代史学的研究及于人生态度的影响”。关于这个问题，李大钊作了深刻而精辟的论述，他的主要论点是：第一，史学对于人生有密切的关系。他开宗明义地写道：“历史学是研究人类生活及其产物的文化的学问，自然与人生有密切的关系；史学既能成为一种学问，一种知识，自然亦要于人生有用才是。依我看来，现代史学的研究，及于人生态度的影响很大”[③]。第二，现代史学研究可以培养人们的科学态度和脚踏实地的人生观。李大钊指出：“有生命的历史，实是一个亘过去、现在、未来的全人类的

① 李守常：《史学要论》，第113页。
② 李守常：《史学要论》，第116页。
③ 李守常：《史学要论》，第132页。

生活。过去、现在、未来是一线贯下来的。这一线贯下来的时间里的历史的人生，是一趟过的，是一直向前进的，不容我们徘徊审顾的。历史的进路，纵然有时一盛一衰、一衰一盛的作螺旋状的运动，但此亦是循环着前进的、上升的，不是循环着停滞的，亦不是循环着逆返的、退落的，这样子给我们以一个进步的世界观。我们既认定世界是进步的，历史是进步的，我们在此进步的世界中、历史中，即不应该悲观，不应该拜古，只应该欢天喜地的在这只容一趟过的大路上向前行走，前途有我们的光明，将来有我们的黄金世界。这是现代史学给我们的乐天努进的人生观”①。在李大钊看来，有什么样的历史观就会影响到有什么样的世界观，进而影响到有什么样的人生观。第三，历史教育的重要作用。李大钊很深刻地阐述了这个道理，他写道：“即吾人浏览史乘，读到英雄豪杰为国家为民族舍身效命以为牺牲的地方，亦能认识出来这一班所谓英雄所谓豪杰的人物，并非有与常人有何殊异，只是他们感觉到这社会的要求敏锐些，想要满足这社会的要求的情绪热烈些，所以挺身而起为社会献身，在历史上留下可歌可哭的悲剧、壮剧。我们后世读史者不觉对之感奋兴起，自然而然的发生一种敬仰心，引起‘有为者亦若是’的情绪，愿为社会先驱的决心亦于是乎油然而起了。”②史学的魅力就在于此。历史教育实在是一桩伟大的事业。

综上，可以看出，在20世纪20年代，李大钊从当时学术界所达到的认识水平，提出了关于历史学学科体系的新认识，其学术上的价值有三点是值得注意的：第一，它拓展了人们对历史学的认

① 李守常：《史学要论》，第134～135页。

② 李守常：《史学要论》，第135～136页。

识,这是中国史学在走向近代过程中的又一个重大变化。第二,它建立在"马克思等找出来的历史的根本理法"为指导,使这一学科体系建立在科学理论的基础上。第三,它展示出一种积极的史学观,认为史学对社会前途、对人生道路具有乐观的、奋进的影响。

李大钊所提出的这一历史学的学科体系,在20世纪80年代产生的影响尤为突出,当时面世的一些史学概论教材,有的就是对《史学要论》的继承和发展[①]。

二　关于历史观和方法论

中国马克思主义史学的史学观同以往史学或其他史学的一个重要区别,是它十分强调历史观以及在历史观指导下的方法论原则。这个历史观就是马克思主义的唯物史观。在1924年前后,有一些论述史学的著作出版,它们当中有的也可看作是关于历史学学科之一种体系的表述。除了在一些具体内容上的异同外,历史观是它们同《史学要论》的根本区别。

李大钊作为中国马克思主义史学的奠基者之一,在传播唯物史观方面作出了重要贡献。1919年,李大钊在《新青年》杂志上发表《我的马克思主义观》一文,以通俗和简明的笔触,表明了他对马克思主义理论精髓的理解和认识。他指出:"唯物史观也称历史的唯物主义。他在社会学上曾经,并且正在表现一种理想

---

①　如白寿彝先生主编的《史学概论》(宁夏人民出版社1983年出版),开篇也是论述"历史"与"史学"的区别,也讲到历史观的重要,讲到史学的姊妹学科,讲到史学同文学的关系,讲到史学工作者的任务等等。

的运动"[①]，它代替旧有的历史观是不可遏止的发展趋势，是历史观的本质上的变革。接着，他着重指出唯物史观的核心是："唯物史观的要领，在认经济的构造对于其他社会学上的现象，是最重要的；更认经济现象的进路，是有不可抗性的"[②]。李大钊认为，从经济现象去研究历史、说明历史，是唯物史观的核心，进而指出马克思的唯物史观"把从前的历史的唯物论者不能解释的地方，与以创见的说明，遂以造成马氏特有的唯物史观，而于从前的唯物史观有伟大的功绩"[③]。在中国史学上，这是第一次极明确地阐述唯物史观的内容与价值，因而在史学发展历程上具有划时代的意义，它标志着中国史学走向科学化道路的开端。

1923年，李大钊发表《史观》一文，运用唯物史观的观点阐说什么是"历史"，揭示"历史"是运动的连续的和有生命的内在本质，这在中国史学发展上也是第一次。李大钊强调"历史观本身亦有其历史，其历史亦有一定的倾向"；"吾侪治史学于今日的中国，新史观的树立，对于旧史观的抗辩，其兴味正自深切，其责任正自重大"[④]。从李大钊的这些论述来看，我们可以得到这样一个认识：五四时期，随着马克思主义在中国的传播，中国史学上所固有的历史观即发生了极大的革命性的变化。20世纪20年代初，确是中国史学发展上的一座巨大的界标。这就是唯物史观的丰碑。

在提出马克思主义唯物史观之核心的基础上，李大钊在历史思想方面尤其重视如下一些原则：

---

① 李大钊：《李大钊全集》第三卷，河北教育出版社1999年版，第233页。
② 李大钊：《李大钊全集》第三卷，第235页。
③ 李大钊：《李大钊全集》第三卷，第235页。
④ 李大钊：《李大钊全集》第四卷，第309、311页。

——**强调思想变动的原因应当到经济变动中去寻找。**1920年，李大钊撰《由经济上解释中国近代思想变动的原因》，指出："凡一时代，经济上若发生了变动，思想上也必发生变动。换句话说，就是经济的变动是思想变动的重要原因。"[①]他分析了中国的农业经济因受到世界工业经济的压迫，从而使中国社会发生巨大变化；这变化中显著的一点是大家族制的崩颓，于是风俗、礼教、政治、伦理也都跟着发生变化，种种"思潮运动"、"解放运动"均由此而起。

——**重视阶级斗争学说。**李大钊在《我的马克思主义观》中写道：与马克思的唯物史观"很有密切关系的，还有那阶级竞争说"。"历史的唯物论者，既把种种社会现象不同的原因总约为经济的原因，更依社会学上竞争的法则，认许多组成历史明显的社会事实，只是那直接，间接，或多，或少，各殊异阶级间团体竞争所表现的结果。他们所以牵入这竞争中的缘故，全由于他们自己特殊经济上的动机"[②]。李大钊用阶级和阶级斗争的理论来看待历史、说明历史，这在中国史学发展上是第一次。

——**突出人民群众在历史发展中的作用。**李大钊早年曾撰《民彝与政治》一文，认为人民的意志和力量在历史运动中起着决定的作用。他写道："古者政治上之神器在于宗彝，今者政治上之神器在于民彝。宗彝可窃，而民彝不可窃也；宗彝可迁，而民彝不可迁也。"[③]这是充分肯定"民彝"在历史运动中的重大作用。1918年，他写了《庶民的胜利》一文；1920年以后，他写的《平民政治与工人政治》、《平民主义》等文章，就是这种观念对于现实的历史运

① 李大钊：《李大钊全集》第三卷，第433页。
② 李大钊：《李大钊全集》第三卷，第243页。
③ 李大钊：《李大钊全集》第二卷，第336页。

动的诠释。

——**对“历史”的新概括。**客观历史是什么，中外学人有不少解释。李大钊提出自己的独到见解，他说：“什么是活的历史，真的历史呢？简明一句话，历史就是人类的生活并为其产物的文化。因为人类的生活并为其产物的文化，是进步的，发展的，常常变动的；所以换一句话，亦可以说历史就是社会的变革。这样说来，把人类的生活整个的纵着去看，便是历史；横着去看，便是社会。历史与社会，同其内容，同其实质，只是观察的方面不同罢了。”[①]他还指出：“有生命的历史，实是一个亘过去、现在、未来的全人类的生活。过去、现在、未来是一线贯下来的。”[②]他说的“活的历史”、“真的历史”、“有生命的历史”包含这样几个特点：第一，它同“社会”的实质、内容是相同的；第二，它是变革的；第三，它不只是指的过去而是贯穿于过去、现在和未来。在李大钊之后，郭沫若是又一位奠基者。

郭沫若之所以成为中国马克思主义史学的又一位奠基者，也正在于他在运用马克思主义的历史观研究历史方面，走在同时代人的前面，使他成为一位“先知”。郭沫若认为，近代的科学方法，近代的哲学和社会科学知识，对于他的历史研究，是很重要的；但是，确立辩证唯物论的世界观，是更重要的。他强调说：“尤其辩证唯物论给了我精神上的启蒙，我从学习着使用这个钥匙，才认真把人生和学问上的无门关参破了。我才认真明白了做人和做学问的意义”[③]。

---

① 李守常：《史学要论》，第 76 页。

② 李守常：《史学要论》，第 134 页。

③ 郭沫若：《郭沫若全集·历史编》第二卷，人民出版社 1982 年版，第 465 页。

这种认识，给了郭沫若巨大的智慧和胆识，把恩格斯作为自己的“向导”，写出了《中国古代社会研究》，并把它称为《家庭、私有制和国家的起源》的“续篇”。他有一种强烈的责任感和创造精神：“在这时中国人是应该自己起来，写满这半部世界文化史上的白页。”[①]他针对20世纪20年代“整理国故”的学术思潮断然认为，只有掌握辩证唯物论的观念，才能对“国故”作出正确的解释。郭沫若所作的研究，正是这种开创性工作。他在20世纪20—40年代期间对于中国历史的卓有成就的研究，以及他对唯物史观、对“辩证唯物论的观念”之重要性的见识，把李大钊的认识丰富了、发展了、具体化了。这样，郭沫若也成为中国马克思主义史学的一位杰出的先驱者。

郭沫若关于历史研究的方法论，同他重视史家确立正确的世界观的认识是一致的。他在为《中国古代社会研究》1954年新版所写的引言中指出：“研究历史，和研究任何学问一样，是不允许轻率从事的。掌握正确的科学的历史观点非常必要，这是先决问题。但有了正确的历史观点，假使没有丰富的正确的材料，材料的时代性不明确，那也得不出正确的结论。”[②]这是强调了“正确的科学的历史观点”和“丰富的正确的材料”，都是研究历史所不可缺少的。他还指出：“任何研究，首先是占有尽可能接触的材料，其次是具体分析，其次是得出结论。”[③]这可以看作是他对于历史研究方法论模式的简要概括。从重要性来看，历史观点是“先决问题”；从研究程序来看，“首先”要占有材料。他把两者的关系

---

① 郭沫若：《郭沫若全集·历史编》第一卷，第9页。
② 郭沫若：《郭沫若全集·历史编》第一卷，第4页。
③ 郭沫若：《郭沫若全集·历史编》第三卷，第443页。

阐说得很清楚。时至今日,这些论述仍然具有重要的方法论的指导意义。

郭沫若的研究和认识表明,历史观和方法论是相互联系的。当然,马克思主义的历史观在方法论方面的具体运用,是同研究者的研究对象紧密联系的。在这方面,侯外庐的论述尤其值得关注。侯外庐结合自己数十年的研究生涯,总结出他所遵循的一些理论、方法论原则。他对自己研究中国社会史、思想史的原则和方法,不仅有坚定的信念,而且有明确的和清晰的概括。侯外庐在 1986 年写道,他的基本信念是:“总的说来,依据马克思主义的理论和方法,特别是它的政治经济学理论和方法,说明历史上不同社会经济形态发生、发展和衰落的过程;物质生活的生产方式制约着整个社会生活、政治生活和精神生活的过程;以及经济基础与上层建筑、意识形态之间的辩证关系,是我五十年来研究中国社会史、思想史的基本原则和基本方法。”[①]马克思主义的原则和方法并不限于这几个方面;而侯外庐所概括的,无疑是最重要的几个方面,也是对他的社会史、思想史研究最具有直接指导意义的几个方面。在五十多年的学术生涯中,侯外庐从不动摇和改变这些“基本原则和基本方法”,足以证明他对自己的信仰的坚定,这正是一个杰出的哲人和史学家之所以取得辉煌成就的重要原因。

但是,侯外庐给予人们更深刻的启示在于:对于基本原则和基本方法的运用,只有在取得一定的理论模式和方法论模式的情况下,才能同具体的研究真正结合起来,使理论不至于流于空论或成

① 侯外庐:《侯外庐史学论文选集》(上),人民出版社 1987 年版,第 8～9 页。

为教条，而对具体问题的认识则能上升到理论的高度和有系统的认识。侯外庐从几十年的学术生涯中，总结出他所遵循的一些理论、方法论模式。即：第一，社会史研究，先从经济学入手。第二，研究中国古代社会，首先弄清亚细亚生产方式的理论。第三，对中国封建社会的研究，强调以法典化作为确定历史分期的标志。第四，依据马克思主义关于"土地私有权的缺乏"，"可以作为了解'全东方'世界的关键"的理论，分析中国自秦汉以来封建社会皇权垄断的土地所有制形式是封建的中央专制主义的经济基础。第五，对中国思想史的研究，以社会史研究为前提，着重于综合哲学思想、逻辑思想和社会思想（包括政治、经济、道德、法律等方面的思想）。第六，研究工作重在阐微决疑。第七，实事求是，谨守考证辨伪的方法。第八，注意马克思主义历史科学的民族化。第九，执行自我批判，聆听学术批评[①]。侯外庐所概括的这些理论、方法论模式，有的已经涉及对于中国社会史、思想史的若干具体的论断，其中仁智之见，在所难免，但像侯外庐对于自己治学的指导思想和方法论原则有如此自觉的和系统的认识，却并不多见。老一辈马克思主义史学家们留给后人的，不仅仅是许多辉煌的巨著，而且还有经过深思熟虑而总结出来的治学路径和学术宗旨。这后一个方面的遗产，在史学理论上有重要的价值。它向所有有志于史学的后来者展现出一条艰难的但却是通向成功的道路。学海茫茫，前路悠悠，回首他们的治学之路，无疑是大有益处的。

还有一点是十分重要的，这就是侯外庐对于自己在治学上所

---

① 侯外庐：《侯外庐史学论文选集》(上)，第9～19页。

遵循的理论、方法论原则本身都持有辩证的认识，而不作绝对的看待。这种理论上的造诣使他在具体的研究中始终处于创造性的、超越前人的境界，使他的学术始终保持着新鲜的活力。关于这一点，侯外庐在思想史研究的方法论上反映得最为突出。例如，他指出："经济发展虽然对思想史的各个领域起着最终的支配作用，但是，由于思想意识的生产又属于社会分工的特殊部门，因而思想史本身有其相对的独立性。""任何一个时代的任何一种思想学说的形成，都不可能离开前人所提供的思想资料。应当说，思想的继承性是思想发展自身必不可少的一个环链"①。既要看到经济发展对思想有"最终的支配作用"，也要看到思想的继承性对思想发展所起的作用。时代的脉搏和历史的传统总是在不同的程度上影响着思想家的思想发展的轨迹。侯外庐说："历史上有建树的思想家总是在大量吸收并改造前人思想资料的基础上，形成自己的思想学说。"②同样，中国历史学家在理论上的进步、发展，只有在马克思主义指导下，"大量吸收并改造"前人和外国同行思想资料的基础上，才可能实现。

近一二十年来，史学界关于方法论的研究有不少成果问世，成绩是不小的。但是也应当看到，有些关于这方面的论述，或者过分地夸大某种方法的作用，或者只强调方法论的重要而忽略了历史观的重要，或者又因某种思想学说在世界观上的不可取而轻视了客观存在所具有的积极意义的方法论，这对于理论的发展和具体研究的深入，都是不利的。侯外庐的关于方法论的辩

---

① 侯外庐：《侯外庐史学论文选集》(上)，第12～13页。

② 侯外庐：《侯外庐史学论文选集》(上)，第14页。

证认识及具体运用，对当前史学方法论的深入研究有重要的借鉴价值。①

三　关于史学遗产

马克思主义不排斥人类历史上的优秀遗产。马克思主义的中国化，同样不会排斥中国历史上的优秀遗产。毛泽东有一段名言，是许多人所熟知的。他在1938年指出：

> 学习我们的历史遗产，用马克思主义的方法给以批判的总结，是我们学习的另一任务。我们这个民族有数千年的历史，有它的特点，有它的许多珍贵品。对于这些，我们还是小学生。今天的中国是历史的中国的一个发展；我们是马克思主义的历史主义者，我们不应当割断历史。从孔夫子到孙中山，我们应当给以总结，承继这一份珍贵的遗产。这对于指导当前的伟大的运动，是有重要的帮助的。②

但是，应当承认的是，在中国马克思主义史学发展史上，由于种种原因，对于史学遗产的重视，是相对滞后的。在这方面，白寿彝对于总结史学遗产的重要性以及如何总结史学遗产等问题的论述、如何致力于这方面的具体的研究，是作出了重要贡献的。他关于这方面的论述，形成了系列文章，即《谈史学遗产》、《谈史学遗产答客问》、《谈历史文献学》、《谈史书的编撰》、《谈历史文学》、《再谈历

---

① 关于马克思主义唯物史观指导下的历史观和方法论，翦伯赞的《历史哲学教程》(1938年)有系统的论述，白寿彝主编的《中国通史·导论卷》以唯物史观与中国历史相结合而展开的论述，都是有代表性的论著。本文重点不在于此，故不评述。

② 《毛泽东选集》第二卷，人民出版社1992年版，第533～534页。

史文献学》等[①]。《谈史学遗产》这篇长文撰于 1961 年，其余五篇撰于 1981—1982 年，前后相隔二十年，而其撰述旨趣是一脉相承的。

中国是一个史学大国，拥有连续不断的和丰富厚重的史学遗产。所谓史学遗产，是历史上流传下来的前人在史学活动中的创造和积累，是文化遗产的重要部分。把史学遗产从历史遗产中突出出来，并把它作为一个专门的学术领域和理论问题提出来进行研究，白寿彝的这几篇文章不仅开其先河，而且从理论上和研究对象上奠定了探讨这一领域的基础，因而产生了较大的学术影响。

《谈史学遗产》一文从理论上阐述了研究史学遗产的重要性及研究史学遗产的方法。关于研究对象，作者从七个方面作了概括，即归纳了史学遗产中的主要成就，并将其比喻为一个个“花圃”。这就是：中国史学上有关基本观点的遗产，包含历史观、历史观点在史学中的地位、在史学工作的作用；史料学遗产；历史编纂学遗产；历史文献学遗产；重大历史问题研究成果；有代表性的史学著作；历史启蒙书方面的遗产。关于研究史学遗产的必要性，作者指出：第一，研究史学遗产，可以更具体更深刻地理解史学在社会中的作用；第二，研究史学遗产，可以逐步摸索出来中国史学发展的规律；第三，研究史学遗产，可以把历史上人们提出来的一些史学问题作为当前研究的资料，丰富我们的研究内容。这些见解，在今天看来仍有重要的启发意义。

作者在 20 世纪 80 年代撰写的五篇文章，集中讨论了四个问

---

① 见《白寿彝史学论集》（上），北京师范大学出版社 1994 年版。近年，北京出版社把这 6 篇文章辑为一书，名曰《史学遗产六讲》，收入“大家小书”第三辑（2004 年 1 月出版）。

题，即历史观点、历史文献学、历史编纂学、历史文学。

关于历史观点问题。作者在《谈史学遗产答客问》一文中，着重分析了中国史学上关于历史进程的看法、关于地理环境的看法、关于社会经济的看法、关于政治统治之得失成败的看法、关于有民主思想内容的看法。作者继《谈史学遗产》之后，再次提出了在马克思主义史学出现以前，中国史学上是否存在"历史唯物主义的萌芽"的问题。从作者的观点来看，他的回答是肯定的。同时他也指出，这些问题需要作长期的讨论。

关于历史文献学问题。作者首先指出了历史文献学的重要性，认为："历史文献学可以帮助我们搜集、分析并正确地运用历史文献，使我们的历史工作在文献方面具有良好的条件，这就是历史文献学的主要用处。"其次，作者提出了历史文献学学科建设的设想，指出："历史文献学，或者更正确地说，中国历史文献学，可以包含四个部分。一、理论的部分；二、历史的部分；三、分类学的部分；四、应用的部分。这样的分法，未必合适。现在这样分，也只是便于说明问题。"从这四个方面着手来建设历史文献学，是作者的一个创见。其中，关于"理论的部分"，提出了"历史文献学的多重性"问题；关于"历史的部分"，提出了历史文献同历史时代的关系；关于"分类学的部分"，提出了历史文献学的分类学与目录学有一定的区别，即前者"有统观全局的要求"；关于"应用的部分"，认为可以包含目录学、版本学、校勘学、辑佚学和辨伪学等。这些论点开阔了人们关于历史文献学的理解和认识，对历史文献学的学科建设有重要的参考价值。

关于史书编撰问题。作者全面地评价了中国古代的各种史书体裁，指出了它们各自的特点及相互间的联系，以及前人在对史书体裁的认识方面留给后人的启示，反映了作者的历史编纂学思想。尤其值得注意的是，作者第一次提出了“综合体”史书的概念并强调这样一个论点：“历史现象是复杂的，单一的体裁如果用于表达复杂的历史进程，显然是不够的。断代史和通史的撰写，都必须按照不同的对象，采取不同的体裁，同时又能把各种体裁互相配合，把全书内容融为一体。”作者总主编的《中国通史》，正是在这一撰述思想指导下进行并获得重大成功的。

关于“历史文学”问题。他首先区别了两种不同的“历史文学”的含义和性质：一种含义，“是指用历史题材写成的文学作品，如历史小说和历史剧。”另一种含义，“是指历史著作中对历史的文字表述”，如写人物、写语言、记战争、表世态，都有优良的传统。作者从史文的运用上举《左传》、《国语》、《战国策》、《史记》、《资治通鉴》为例进行论述，并有广泛的涉及；又从理论上举《史通》、《日知录》的有关论述作进一步分析。在讲到文与史的关系时，作者的这一段话是值得格外予以关注的，这就是：“是否有这样的作品，既可以说是历史书，又可以说是文学书？”“《史记》、《汉书》、《后汉书》、《三国志》既是历史书，也可以说是文学书，但究竟是历史书。它们是历史书，而具有相当高的文学水平。但确实有一些书，同时具备了历史书和文学书的性质，而不好说它主要是属于哪种性质的。如《盐铁论》、《世说新语》等就是这样的书。但这样的书毕竟不多。”这些见解，对于人们正确认识历史书和文学书的界限是有帮助的。作者除了阐述中国史学上的历史文学的优良传统外，还有一个鲜明的旨趣，就是为了说明这样的道理：“一个历史工作者必须有一定的文学修养。不要说我们历史上的大历史家都是文学家了，仅就一个普通的历史工作者来说，他对于文学没有一定的修养，是不能胜任这个工作的。”当今的史学工作者，如能在这方面有所提高，对于史学成果走向社会并广泛传播，进而充分发挥史学的社会功用，是大有裨益的。

白寿彝从理论上对中国史学遗产进行系统的发掘、爬梳的开创性成果，反映了作者恢弘的视野和渊博的学识。他对史学遗产之精华所作的分析及其在当今史学事业中之价值的阐释，其真知灼见，在在多有，成为人们走进史学遗产这一辽阔繁茂的园地、从而走进宏伟庄严的史学殿堂的一条路径。

四　关于建设有民族特点的马克思主义史学

这个问题，从本质上看，就是马克思主义史学的中国民族特点问题，就是马克思主义史学的中国学派问题，在一定的意义上，它也是马克思主义中国化的一个方面。

侯外庐曾提出的“注意马克思主义历史科学民族化”的问题。什么是“民族化”？侯外庐认为：“所谓‘民族化’，就是要把中国丰富的历史资料，和马克思主义历史科学关于人类社会发展的规律，做统一的研究，从中总结出中国社会发展的规律和历史特点。马克思主义历史科学的理论和方法，给我们研究中华民族的历史提供了金钥匙，应该拿它去打开古老中国的历史宝库。”[①]侯外庐在这方面作出了突出的贡献，他自谦地说：“对于古代社会发展的特殊路径和古代思想发展的特征的论述，对于中国思想史上唯物主义和反封建正宗思想的优良传统的掘发，都是我在探索历史科学

---

① 侯外庐：《侯外庐史学论文选集》(上)，第18页。

民族化过程中所做的一些尝试。”[①]其实，侯外庐在这方面所作出的努力，岂止是尝试。他不仅是一位自觉的先知者，而且是一位杰出的成功者。早在20世纪40年代，他对这个问题的重要性已经提出了极为明确的认识，他指出：“中国学人已经超出了仅仅于仿效西欧的语言之阶段了，他们自己会活用自己的语言而讲解自己的历史与思潮了”，“他们在自己的土地上无所顾虑地能够自己使用新的方法，掘发自己民族的文化传统了”[②]。侯外庐所概括的这种情况，可以看作是中国马克思主义史学走向成熟阶段的标志。如果说“仿效”或“模仿”在特殊的条件下是不可避免的话，那么“仿效”或“模仿”终究不能代替创造也是必然的。因此，对于从“仿效”或“模仿”走向创造，不能没有自觉的意识和艰苦的努力。这是侯外庐治学的原则和方法给予人们的又一个重要的启示。侯外庐在这方面所取得的成就，是世所公认的，正如许涤新所评价的：“他根据马克思主义的理论和方法，结合丰富的历史文献和考古资料，对几千年来中国的社会史和思想史，做了广泛而深入的探索，写出了完整的系统的著作，并且提出了自己的独立的见解。”[③]这个评价，语言是质朴的，含义是准确的，位置是崇高的；缺少其中任何一句话，都是不足以概括侯外庐在“注意马克思主义历史科学的民族化”方面所取得的成就。研究这个成就的具体方面，固然需要继续下工夫，但更值得人们思考的一个问题，就是为什么在时隔40年后侯外庐重新提出这个“民族化”的问题？他批评的“五四”以来“史学界出现一种盲目仿效外国的形式主义学风”，并表示“对这种

---

① 侯外庐：《侯外庐史学论文选集》(上)，第18～19页。

② 侯外庐：《中国古代学说思想史》，上海文风书局1946年版，第3页。

③ 侯外庐：《侯外庐史学论文选集》(上)，第4页。

学风深不以为然”的态度，在今天是否还有值得人们思考的地方？

侯外庐在40年中两次讲到有关“民族化”的问题，一方面是因为这个问题本身的重要，另一方面也是因为它在今天仍需引起史学界同行的重视。20世纪80年代以来，中西文化又一次出现大面积、多层次交会的形势，介绍和仿效仍是不可避免的，但真正的出路和发展却在于创造。我们对待马克思主义历史科学都要注意“民族化”的问题，更何况形形色色的外国史学流派、史学思潮呢。“民族化”的主要标志是什么？从根本上说，是“总结中国社会发展的规律和历史特点”。要做到这一点，没有马克思主义历史科学的理论和方法是不行的，没有中国丰富的历史资料也是不行的。这个道理，适用于历史学的各个领域，其中也包括史学理论这个领域。近一二十年来，我国史学界在史学理论的研究方面有了一定的发展，取得了可喜的成绩。同时我们也应当十分冷静地看到，这方面的研究跟侯外庐说的“注意马克思主义历史科学的民族化”相比较，还有很大的距离。正因为如此，我们就应更加自觉地认识到注意史学理论民族化的重要。侯外庐的辉煌巨著和理论认识，给人们提供了启示和榜样。

“民族化”的要求是要注意到民族的特点和通过一定的民族形式表现出来，它在本质上并不是排他的。关于这一点，毛泽东在1940年写成的《新民主主义论》中有明确的论述。他在1945年发表的《论联合政府》一文中讲到“中国应当建立自己的民族的、科学的、人民大众的新文化和新教育”时，也指出对于外国文化应当避免排外主义的错误和盲目搬用的错误。是否可以这样认为，只有正确地吸收了外国优秀的或有益的文化成分，中国文化的“民族化”就不仅具有民族的特点，而且也具有时代的高度。历史研究也不例外，史学理论研究自亦不能例外。我们应当把“注意马克思主义历史科学民族化”的事业继续向前推进。

侯外庐提出并实践的马克思主义史学民族化的问题，是中国马克思主义史学发展的正确方向。从历史经验教训来看，这是走出教条主义误区的正确道路；从未来前景着眼，这是中国史学不断开拓创新的正确途径。当我们回顾 20 世纪中国史学潮起潮落的历史，展望 21 世纪中国史学的前进道路时，更加强调这个问题，是有重要意义的。

这里，有必要提到白寿彝的《关于建设有中国民族特点的马克思主义史学的几个问题》。白寿彝讲的几个问题，一是关于历史资料的重新估计，认为历史资料有记载过去历史的作用，也有解释现在的作用，还是多种学科的研究资料，这是历史资料的二重性。第二，关于史学遗产的重要性，涉及历史思想、历史文献、史书编著、历史文学。第三，关于对外国史学的借鉴。第四，强调历史教育的重大意义。第五，重视历史理论和社会现实之间的关系，认为中国是一个大国，是一个发展中的国家；我们的理论是先进的，但是我们社会的发展是不平衡的，这是正常的现象。第六，史学队伍知识结构的问题[①]。这些问题，同侯外庐说的历史科学民族化的思想是相通的，前者是对后者的进一步发挥，而这个问题在现阶段可能有更重要的意义。当中国进入改革开放时期，人们接触到大量的外国著作特别是历史理论和史学理论著作的时候，历史理论和史学理论的发展要不要具有中国民族的特色，这一点非常重要。我们要培养、造就出和外国历史学家平等对话的史学工作者，就不能

① 白寿彝：《白寿彝史学论集》(上)，第 307～321 页。

没有中国的民族特色和民族精神；如果中国学者只会模仿外国学者，用他人的话语来解说我们的学术遗产和学术研究，中国学者就不可能和别人平等对话，以至于会被别人误解为中国史学的贫乏，这个道理是显而易见的。总之，马克思主义史学的中国化，这个任务是非常艰巨的，确是任重道远。

五　关于史家修养的新境界

中国史家历来重视自我修养，中国马克思主义史学在史家修养方面又达到一种新的境界。这主要表现在：

第一，关于史学与时代之关系的深刻认识。史学同社会有十分密切的联系，这是中国史学的优良传统。郭沫若等中国马克思主义史家，从一开始就自觉地把研究中国历史同中国革命任务密切结合起来，从而把中国史学经世致用的优良传统发展到现代意义的高度，赋予它以崭新的含义。在《中国古代社会研究·自序》中说："对于未来社会的待望逼迫着我们不能不生出清算过往社会的要求。古人说：'前事不忘，后事之师。'认清楚过往的来程也正好决定我们未来的去向。"[①]在大革命失败后被迫流亡日本的郭沫若于1929年写出这些话，反映了作者思想的深沉和对于"未来社会"的信念。历史学的时代价值之高和社会作用之大，从郭沫若的这一论述中得到了有力的说明。如果说郭沫若的文学作品、艺术创作是时代的号角、历史行程的记录；而他的史著和史论，便是在更深层的历史意识上揭示出时代的使命和社会的未来去向。

---

① 郭沫若：《郭沫若全集·历史编》第一卷，第6页。

郭沫若对史学与时代之关系的认识，蕴含在他的丰富的历史撰述中，可以说他是真正继承和发展了司马迁"寓论断于序事之中"的历史表述艺术。大凡站在时代潮流前头的人，都会从他的历史著作中得到启迪，以至于引起思想上的震撼。他的著名史论《甲申三百年祭》，被毛泽东"当作整风文件看待"，被评价为"有大益于中国人民"，"精神决不会白费的"[①]。这一事例，再一次表明在史学与时代的认识上，马克思主义史家高出于同时代的许多学人。20世纪三四十年代的一大批马克思主义史学著作，都具有这一特点。后人如果不能从这一意义上去认识它的学术价值和社会价值，也难得对它作出正确的评价。

第二，关于批判、继承和创新。郭沫若自称是"生在过渡时代的人"，先后接受过"旧式教育"和"新式教育"[②]，并最终接受了马克思主义。在由旧而新的转变中，在从"知其然"而追求"知其所以然"的过程中，他是一直在走着一条批判、继承、创新的路。对此，郭沫若有深刻的感受和认识。他指出："我们要跳出了'国学'的范围，然后才能认清所谓国学的真相。"不懂"国学"，当然谈不上"跳出"；掌握了"国学"而又能用批判的眼光来审视它，就可能对国学有新的认识，进而提出创造性的见解。这里包含着批判、继承和创新的辩证法。郭沫若对古代社会的研究，目的在于探索"未来社会"的"去向"，即认为历史、现实、未来是不可截然分开的。他研究古代学说思想，也基于这样的认识，他说："我是以一个史学家的立场来阐明各家学说的真相。我并不是以一个宣教师的态度企图传

---

① 毛泽东：《毛泽东书信选集》，人民出版社1983年版，第241～242页。

② 郭沫若：《郭沫若全集·历史编》第二卷，第465页。

播任何教条。在现代要恢复古代的东西,无论所恢复的是哪一家,事实上都是时代的错误。但人类总是在向前发展的。在现代以前的历史时代虽然都是在暗中摸索,经过曲折纡回的路径,却也和蜗牛一样在前进。因而古代的学说也并不是全无可取,而可取的部分大率已溶汇在现代的进步思想里面了。"①这是用思想发展的辩证法来说明对待思想遗产应取的辩证态度。郭沫若的历史研究和这些理论性认识,对于当前的历史研究、思想文化研究中有关批判、继承和创新的一些重要问题,依然有借鉴的作用。

第三,关于自得与自省的境界。对于治学上的"自得"的追求和对于学术上的"自省"境界,是马克思主义史家自我修养的又一个特点。侯外庐作为中国社会史、思想史研究的一代宗师,胸襟博大,虚怀若谷,一方面倡导坚持真理、敢于创新,一方面"执行自我批判,聆听学术批评"。他说:"我认为,学贵自得,亦贵自省,二者相因,不可或缺。前者表现科学探索精神,后者表现自我批判勇气。历史科学如同其他科学一样,总是在探索中前进的,难免走弯路,有反复,因而不断执行自我批判,检点得失,总结经验教训,是十分必要的,否则就会固步自封。"②侯外庐这种对待历史科学的态度,对待自己学术研究的态度,字里行间洋溢着实事求是的精神。侯外庐举例说:"我和我的合作者可以互相改稿,没有顾虑,即或是青年同志,只要他们对我的稿子提出了意见,我总是虚心考虑,将不妥之处反复修改。仅以《老子》研究而言,我从30年代撰写《中国古代社会与老子》,至50年代修订重版《中国思想通史》第

① 郭沫若:《郭沫若全集·历史编》第一卷,第611页。
② 侯外庐:《侯外庐史学论文选集》(上),第19页。

一卷的20年间，曾四易其稿。每易一稿，都可以说是执行一次自我批判。”学人的自我批判，尤其是名家的自我批判，是需要勇气的；而这种勇气，总是跟超凡脱俗的自省意识结合在一起。这种自省意识愈是自觉、愈是强烈，就愈显出名家的风范、学者的本色。侯外庐说：“就资质而论，我是个常人，在科学道路上自知无捷径可走，惟有砥砺自学，虚心求教，深自省察，方能不断前进。”凡认真读了侯外庐这些文字和他的皇皇巨著的史学工作者，都会从中得到深刻的启发，增强自己的“自省”意识，促进自己学术的前进。

值得人们深思的是，侯外庐所强调的“自省”精神即自我批判精神，正是老一辈马克思主义史学家的共同的治学方法和精神品质。郭沫若对先秦诸子的研究、对奴隶制时代的研究，范文澜对中国通史的研究和撰述，都提出过认真的自我批判。这种郑重的自我批判，无损于他们的成就的辉煌，反而越发显示出了他们对历史科学的真诚和宽阔胸怀，赢得史学界同仁的尊敬。

这种执行自我批判的精神，在郭沫若、范文澜的治学道路上，同样有突出的反映。郭沫若的自我批判的自觉意识和理论勇气，是非常突出的，这贯穿于他在20世纪40年代至50年代的许多论著中，从而发展了中国史家重视自我修养的优良传统。范文澜撰写的《中国通史简编》出版于20世纪40年代初，是中国马克思主义史学最早的中国通史著作之一，对于唤起中国人民的抗日激情产生了很大的影响。但书中也存在一些理论、方法论和史实上的不妥与错误。新中国成立后，范文澜对于书中的错误，诚恳地作了检讨。其后，他又在1954年、1963年作了进一步反思，撰写了《中国历史上的一些问题》予以发表，同时作为“绪言”收入《修订本中国通史简编》[1]。范文澜在此文中指出："旧本《中国通史简编》有很多缺点和错误，我在一九五一年写了一篇自我检讨，希望引起大家的批评，帮助我改正。我在那篇检讨中所得到的对本书缺点的初步认识，可以归纳为以下两个方面。"他说的这两个方面，一是"非历史主义的观点"，一是"在叙述方法上缺乏分析，头绪紊乱"[2]。范文澜的这种认真地"自我检讨"的态度，既反映了他的实事求是的科学态度，也反映了一个马克思主义史学家的胸怀坦荡荡的精神。对此，诚如刘大年所评价的那样："历史研究的科学性，就是坚持以马克思主义理论为指导，坚持阶级斗争、阶级分析的观点。这在《中国通史简编》等著作里是首尾贯彻的。除此以外，范老对科学性的重视，还表现为客观地对待材料，实事求是和高度的自我批评精神。""旧本《中国通史简编》借古说今，是从革命的愿望出发，斥责国民党、蒋介石，以激发人民的爱国、革命义愤。即使这样，作为科学研究，也是极不足取的"[3]从这件事情可以看出，不论是范文澜的自我检讨，还是刘大年的评论，都反映出马克思主义史家的宽阔胸怀和严谨学风。

第四，关于史与论的诠释。关于史与论的关系，中国马克思主义史学提出了与过去有本质区别的认识。在中国史学上，以往的史论关系，一般是指史事与议论而言，即在记述史事或人物的基础上，发表有关的评论。马克思主义史学继承了这一古老的传统和形式，但却增添了新的内涵，使其发生了本质的变化。马克思主义史学所说的史与论的关系，或者说论与史的关系，简而言之，

---

① 范文澜：《范文澜历史论文选集》，中国社会科学出版社 1979 年版，第 17 页。

② 范文澜：《范文澜历史论文选集》，第 17～18 页。

③ 范文澜：《范文澜历史论文选集》，第 5～6 页。

主要是指理论如何统率史料，以及如何从史料中抽象出理论性结论。

1962 年，翦伯赞在《史与论》一文中指出："在历史研究工作中，必须把史和论结合起来，所谓史就是史料，所谓论就是理论。我们所说的理论，就是马克思列宁主义。要做到史与论的结合，必须先掌握史料与理论。掌握史料与理论，是做好史与论结合的前提条件。"由此可以看出，马克思主义史学是非常鲜明的表明它是运用马克思主义为指导研究历史，这同一些掩盖或否认自身是以何种理论为指导的史学学派有明显的区别。同时还可以看出，马克思主义史学同样非常重视史料；这是因为，没有史料，历史研究就无从下手，理论指导也失却了指导的对象，成了一句空话。

对于怎样学习理论的问题，翦伯赞认为：

> 学习理论不是一件容易的事情。第一要记得，第二要懂得，但最重要的还是要能应用。记得不等于懂得，懂得不一定就会应用。我们之中有些同志，能背诵马克思主义经典著作中的名言，也懂得这些名言的意思，但是每当把这些理论结合到具体历史问题的时候，理论和史料就分了家。如果说也有结合，那不过是把史料贴上理论的标签，或者把理论加上史料的注释而已。这不能算结合，只能算生搬硬套。当然学习应用马克思主义，经过这样的阶段是不足为奇的。但必须承认，史与论没有结合好，就是由于马克思主义还没有学好。那种满足于贴标签、作注释，自以为马克思主义已经学好了的态度，是不对的。

这里，翦伯赞批评了对理论"生搬硬套"、"贴标签"、"作注释"的错误做法。同时，他也指出了学习理论是很不容易的事情，一要

“记得”，二要“懂得”，三要“会应用”。马克思主义是科学的体系，博大精深，老一辈马克思主义史家从学习、记得、懂得到应用，走过了艰难的历程，其间也不免走了弯路，才达到他们那个时代的境界。

对于怎样“掌握史料”的问题，翦伯赞写道：

掌握史料不是一件容易事情。就中国史来说，历史书籍，浩如烟海，每一个历史问题的资料，散见各书，从那里找到这些资料，这是第一个难题。找到了，问题并没有完结，因为一大堆资料，哪些是重要的，哪些是次要的，哪些是可靠的，哪些是不可靠的，还要经过审查、判断。根据什么标准来审查、判断，这是第二个难题。审查、判断了，还不等于掌握了。要掌握史料还需要通过思考，把史料放在整个问题的发展过程中，安排在恰当的地方。怎样才能把史料安排在恰当的地方，这是第三个难题。必须解决这三个难题，才能算掌握了史料。①

这里也提出了三个“难题”，一是来源，二是判断，三是安排或曰处置。

在掌握了理论和史料的基础上，才真正谈得上如何“结合”。从历史学的观点来看，这种“结合”，也可以看作是理论与实际的结合。正如吕振羽指出的那样：“学习和研究历史，必须坚持和贯彻理论和实际相结合的方针。马克思主义的观点和方法是理论和实际的统一，‘史’和‘论’的统一。‘论’就是观点，就是马克思主义理论，毛泽东思想的基本原理；‘史’就是史料。‘史’和‘论’的统一，

① 翦伯赞：《翦伯赞史学论文选集》第三辑，人民出版社1980年版，第78～79页。

就是运用马克思主义的理论和方法，通过对具体历史进行具体分析，揭示出历史发展的规律性。”[①]为了真正做到这种结合，吕振羽认为，必须克服“历史公式主义”。他尖锐地批评道：“公式主义者则不是以马克思主义的理论作为研究历史的指南，而是任意裁割史料，或只罗列一些个别历史事例去填充他们现成的公式。这就是历史公式主义。所谓‘以论代史’或‘以论带史’，实质上也无非是公式主义或类似公式主义。”[②]理论同实际的结合，是在理论的指导下，通过对具体的研究对象的分析、判断，从中得到结论。脱离史料的理论和脱离理论的史料，都不可能做到真正的理论同实际的结合。

对于这个问题，尚钺在1957年曾作了这样的阐述：“我们在谈到理论与实际问题，就包含着三个问题：一个是理论问题，亦即马列主义关于人类发展规律的认识与掌握；第二个是历史材料的选取与掌握；第三个才是理论与实际联系，建立我们的历史科学。这三个问题是必须结合为一而且是缺一不可的。”[③]尚钺强调了理论、材料、结合三者缺一不可，可以认为是对史、论结合作了最简明的概括。同时，尚钺还指出：“历史家不能要求历史为自己主观成见服务”，同时也“不能作史料的尾巴与俘虏”。这就是说，在研究历史过程中，夸大主观意愿和失却主观判断，都是不对的。

在这个问题上，胡绳结合自己的研究和撰述，强调了真实性与科学性的统一，他作了这样的总结：“作者当然不需要在写时丝毫离开历史事实的真相，恰恰相反，越是深入揭露历史事实中的本

① 吕振羽：《吕振羽史论选集》，上海人民出版社1981年版，第610页。

② 吕振羽：《吕振羽史论选集》，第611页。

③ 尚钺：《尚钺史学论文选集》，人民出版社1988年版，第22页。

质、规律性的东西，越是能说明问题。”[1]理论和实际的结合，正是在这个过程中得以实现的。

六　结语：三个重大转折

中国马克思主义史学在其发展过程中，有三个重大的转折。第一个转折，是从理论奠基到理论与中国历史实际相结合，从李大钊到郭沫若，实现了这一转折。第二个转折，是唯物史观在局部地区传播到在全国范围传播，并成为中国史学的主流，新中国的成立实现了这一转折。第三个转折，是从教条主义、实用主义以及简单化、绝对化的缺陷中走出来，走向更加健康的发展道路。对于这后一个转折，可以以1979年理论界、学术界的思想解放、拨乱反正为界标，黎澍对此作了很透彻的阐述。他写道：“一九七九年是在思想解放的高潮中度过的。……历史科学工作者对于以马克思主义为指导思想和研究方法等问题，有了更深刻的理解，这是思想解放带来的有重大意义的发展。”对于“重大意义的发展”，黎澍列举了如下三条。第一条是：“一九七九年历史学界在思想解放运动中一个最重要的收获，就是摆脱了现代迷信、教条主义和实用主义的精神枷锁，逐步回到了马克思主义的轨道。”第二条是：“一九七九年，历史学界还有一个重要收获，就是开始抛弃过去那种简单化、绝对化的形而上学方法，使实事求是的学风逐渐得到发扬。”第三条是：“一九七九年历史学在思想解放运动中所取得的进展和收获，还表现在通过双百方针的贯彻，学术空气渐见活跃，科学研究中的创造

---

① 胡绳：《历史与现实》，上海三联书店1988年版，第210页。

精神进一步得到发扬，从而大大调动了历史学家的积极性，为历史研究工作实现重点转移创造了有利条件。”[①]黎澍所概括的这三条，对于中国马克思主义史学的发展，都是至关重要的，是历史学上的一次真正的思想解放的里程碑。正是在这种历史条件下，史学界才有可能积极开展关于史学自身在发展中的理论问题的探讨。1982 年，白寿彝在他主编的《史学概论》的题记中，详细地讲到了“历史唯物主义”同史学概论的区别，认为后者是在马克思主义基本学理指导下的一门课程，不应当同前者混同起来[②]。这一思想的变化过程，自与思想解放有关。20 世纪 80 年代中期，有多种史学概论著作出版，有些就属于此类情况。

可见，关于史学理论的建设，已越来越受到重视。尹达在 1983 年初提出，一方面要加强马克思主义历史理论研究，同时也应加强历史学科的理论探讨。他认为：

> 在加强马克思主义历史理论研究的同时，我们还应当对历史这门学科的理论探讨给予充分的重视。我国历史学的发展告诉我们，重视史学理论是我国史学的优良传统。刘知幾、章学诚、梁启超在对历史学这门科学的理论总结方面都作出过有重要影响的贡献。我们今天，在马克思主义理论指导下，应该写出超越《史通》、《文史通义》、《新史学》和《中国历史研究法》等的史学理论论著，在这方面作出更大的贡献。[③]

这里提出的写出“史学理论论著”的问题，同样也是在上述历史条件下才有这样的可能。当然，在中国马克思主义史学有了八十多

---

① 黎澍：《再思集》，中国社会科学出版社 1985 年版，第 122～130 页。

② 白寿彝主编：《史学概论》，宁夏人民出版社 1983 年版，第 1～2 页。

③ 尹达：《尹达史学论著选集》，人民出版社 1989 年版，第 408 页。

年历史的今天，撰写这样的史学理论论著，必须充分考虑到中国马克思主义史学在史学观上的成就，这应是现时代史学理论著作的思想基础和学术基础。

本文所论，倘能有助于此，是所幸焉。

（原载《上海大学学报》2006 年第 3 期）

中国史学:中华民族一个共有的精神家园(论纲)

引　言

中国史学有悠久的历史和优良的传统,包含着丰富的内容,积淀着宝贵的历史经验和历史智慧,洋溢着自强不息、革新进取的精神,蕴含着深刻的忧患意识和历史教育的自觉意识,记录了统一多民族国家的伟大历史。这一幅宏伟的历史画卷,展现出生机勃勃的中华民族一个共有的精神家园。

我们感到庆幸的是,在漫长的年代里,我们的先人不仅给我们留下了浩如烟海的历史典籍,也给我们留下了许多箴言和启示:

——《易经》告诉我们,要"自强不息"、"厚德载物"、"君子以多识前言往行,以畜其德"[①]。

——司马迁告诉我们:"居今之世,志古之道,所以自镜也"[②];他写出了第一部翔实的通史,是为了"究天人之际,通古今之变,成

---

① 分别见《易经·乾卦》、《易经·坤卦》、《易经·大畜》,《十三经注疏》本,中华书局 1980 年版。

② 《史记》卷 18《高祖功臣侯者年表》序,中华书局 1959 年版。

一家之言”[①]，为了“述往事，思来者”[②]；他告诫后人，对于历史，要“好学深思，心知其意”[③]。

——唐代史学批评家刘知幾以深邃的史学思想指出一个真理：由于“史官不绝，竹帛长存”，后人方能“见贤而思齐，见不肖而内自省”，提醒人们在历史的长河中，做一个贤者。他还写下了掷地有声的几句话：“史之为用，其利甚博，乃生人之急务，为国家之要道。”[④]他把史学经世致用同人民和国家紧密地联系在一起。

——宋代史学家司马光主编的宏伟著作《资治通鉴》的主旨，概括起来，就是以“关国家盛衰，系生民休戚，善可为法，恶可为戒”[⑤]的史事入史。这两句话，从“通”和“鉴”的意义上说，它可以超越时空而产生巨大的思想震撼，使后人沉思不已，并奋起而有所作为。

——清初史学家王夫之不仅读懂了《资治通鉴》，而且“读懂”了中国历史，在此基础上写了一部《读通鉴论》。在他看来，《资治通鉴》这部书包含着“国是”、“民情”、“边防”，以及士人行为准则、学人品格要求等等，而历史上的经验则是“得可资，失亦可资；同可鉴，异亦可鉴”[⑥]，这部书给后人留下的启示可谓多矣。

——清代思想家、政治家和史论家龚自珍，曾发出这样的感慨，“智者受三千年史氏之书，则能以良史之忧忧天下”，他还认为，学习历史，了解历史，是至关重要的事情，那就是“出乎史，入乎道，

① 《汉书》卷62《司马迁传》，中华书局1962年版。

② 《史记》卷130《太史公自序》。

③ 《史记》卷1《五帝本纪》后论。

④ 刘知幾：《史通·史官建置》，浦起龙通释本，上海古籍出版社1978年版。

⑤ 司马光：《进〈资治通鉴〉表》，见《资治通鉴》附录，中华书局1956年版。

⑥ 王夫之：《读通鉴论·叙论四》，中华书局1974年版。

欲知大道,必先为史”[①],他这里说的“大道”,用今天的话来说,可理解为治国安邦之道,社会变革之道,就像他的诗所表达的那样“我劝天公重抖擞,不拘一格降人才”,这反映出要求社会变革的思想。

——马克思主义史学家李大钊在1924年用李守常的笔名出版了一本名为《史学要论》的著作。在这部著作中,他强调现代史学对于人生态度的影响,他认为:“历史中有我们的人生,有我们的世界,有我们的自己”,学习和研究历史,就是我们“向历史中寻找人生,寻找世界,寻找自己的兴趣”[②]。

胡锦涛同志在党的十七大报告中号召:“弘扬中华文化,建设中华民族共有精神家园。”中国史学是中华文化的一部分,也是中华民族共有精神家园的一部分,我们学习和研究中国历史,就是建设我们的精神家园,守护我们的精神家园。

一 史学与历史文化认同

在中国先秦时期的历史文献如《尚书》、《诗经》、《春秋》、《左传》中,记载了中国古代各民族交往的历史。《尚书·牧誓》记周武王伐纣,就有许多古代民族或部族参与其役。《左传》一书以大量的文字记述了春秋时期诸华(亦称诸夏)与东夷、南蛮、西戎、北狄相互冲突、交往、融合的过程,这个过程往往以征伐、会盟、通婚的形式出现[③]。到了西汉时期,伟大的史学家司马迁在

① 龚自珍:《乙丙之际箸议第九》、《尊史》,《龚自珍全集》第一辑,上海古籍出版社1975年版。

② 李守常:《史学要论》,商务印书馆1999年版,第136页。

③ 参见拙文《论春秋时期各族的融合》,载《学习与探索》1981年第1期。

国家大一统的政治局面和历史条件下，在《史记》中清晰地描述了中原及周边各民族的历史，从而展现出了统一多民族国家的盛大气象[①]。他经过认真考察、抉择历史文献，以《五帝本纪》作为《史记》的开篇，揭开了以黄帝作为中华文明始祖的历史舞台的序幕，为后世历代史家不断续写中华民族的历史奠定了基础。

司马迁撰写多民族统一国家的历史，为后人所认同，《汉书》、《后汉书》、《三国志》都在不同程度上仿效《史记》的做法。尤其值得提出的是：唐代政治家和史学家不满意前人所撰的多种晋史，于是在新修《晋书》中专立"载记"，以记述北方匈奴、鲜卑、羯、氐、羌先后建立的"十六国"的历史。他们在撰写的《隋书·经籍志》史部中，还列出"霸史"一类，著录"十六国"时期的史官们所修的"国史"，并在"霸史"类的小序中称赞说："其君臣忠义之节，经国字民之务，盖亦勤矣。而当时臣子，亦各记录。"[②]与此同时，唐代政治家和史学家们认同魏收撰写的《魏书》(以东魏为"正统")和魏澹的《魏书》(以西魏为"正统")的"正史"地位，并撰写了《周书》和《北齐书》纳入正史范围。这可以看作是继秦汉大一统政治局面下出现《史记》、《汉书》巨著之后，在隋唐大一统政治局面下出现的撰写"正史"的高潮和史学家们的宏大历史视野，而撰述统一多民族国家的历史乃是他们的重要宗旨之一。

元修宋、辽、金三史，承认宋、辽、金三朝"各与正统"，显示了蒙古族贵族为主的统治集团的政治气度，而这个气度正是建立在认同三朝政治统治的"合法性"和历代相传的修史传统的基础上。清

① 《史记》中所写的周边各族传记包括《匈奴列传》、《西南夷列传》、《南越列传》、《东越列传》、《朝鲜列传》、《大宛列传》。

② 《隋书》卷33《经籍志二》，中华书局1974年版。

修《明史》，其情形大致与此相近，只是满族贵族在历史认同即所谓“治统”和文化认同即所谓“道统”方面，有更高的自觉性和更广泛、更有效的积极措施，其中包含清朝诸帝对黄帝陵、炎帝陵的祭文所反映的历史文化认同观念。

可见，历史认同和文化认同的优良传统，是形成中华民族共有精神家园的前提和基础。

二 史学与历史经验

史学的一个重要功能，是从对于历史的描述中，以各种不同的形式总结人们在历史活动中的经验教训。这些经验教训涉及人们社会生活的许多方面，其中以涉及政治上的得失成败最为史学家所关注，这也是政治家、思想家极为关注的问题。古往今来，人们常说的“以史为鉴”，前人在治国安邦方面的得失成败以及国家的治乱盛衰之故，当是一个重要内容。许多事实证明，史学中包含的历史经验影响到政治决策，反映出历史经验、历史见识运用于政治活动的重要价值。然而，历史经验的价值并不仅限于此，它有丰富的内涵和广泛的表现。

在中国古代史学上，“两司马”即司马迁和司马光有重大的影响，无疑有很多原因。第一个原因，《史记》和《资治通鉴》是两部规模宏大的通史，对历史进程都有全面的描述和评论，是其他史书不能相比的。第二个原因，《史记》是纪传体通史的开山，《资治通鉴》首创了严谨的编年体通史，这也是其他史书无法比拟的。第三个原因，“两司马”文采飞扬，具有超出一般史家的精彩史笔，把历史表述得“飞动”起来，这是许多史家都赶不上的。第四个原因，也可以说是一个主要原因，是《史记》和《资治通鉴》在总结历史经验方面，深刻而周详，是一般史书难以达到的。

在中国历史上，一些有识之士能够自觉地重视史学，并从中汲取治国安邦的历史经验。这在历代君主中也不乏其人，而唐太宗可以说是一个突出的代表。从这个角度来看待唐太宗及相关历史人物，可以透视出史学对于政治家的重要性。

三 史学与历史智慧

历史是无情的，也是无私的。历史无情，是因为任何人都不能阻挡历史潮流的前进；历史无私，是因为它总是一如既往地给一代代人留下宝贵的遗产和丰富的智慧。古往今来，许多有识之士都懂得这些遗产和智慧，对于人们从事现实的与未来的创造活动具有非常重要的价值和意义。

人类创造了自己的历史，创造了物质财富和精神财富。而智慧，即人们认识、辨析、判断、处理事情和发明创造的能力，亦可简称为人们的才智、智谋，则是精神财富的重要部分。这些智慧，一方面可以通过大量的物质财富折射出来；一方面又可以以精神产品的形式积累和传承。可以这样说：历史是人类智慧的源泉。对于这一点，中国古代学人，尤其是中国古代史家，从很早的时候起就有十分自觉的认识。史官制度设立之早，就是很好的明证。而从《史记》、《汉书》这两部较早出现的“正史”来看，它们所包含的内容及蕴藏的智慧是极为丰富的。在唐初，人们对史官的规范性要求更为明确。这个要求就是：“必求博闻强识、疏通知远之士，使居其位，百官众职，咸所贰焉。是故前言往行，无不识也；天文地理，无不察也；人事之纪，无不达也。”[①]可见，史官要把前人在社会历史中的创造活动，尤其是在这种创造活动中所积累的各方面的智慧总结出来，记载下来，是多么艰难而崇高的事业。如此看来，在历史运动和历史智慧积累之间，史官发挥了十分重要的作用。从这个意义上看，史官受到公众、社会和国家的重视，是很自然的。

值得注意的是，一方面，历史智慧是同现代科学知识、认识能力相对而言的。正如人们不应当割断历史一样，人们不应当、也不可能割断历史智慧同现代科学知识、认识能力的联系。另一方面，历史智慧，作为前人创造出来的精神财富之一，它的生命力是永存的。如果说人们“多识”的途径最初是依靠口耳相传的话，那么在有了历史记载和历史撰述以后，在史书中汲取前人的道德、智慧就成了主要的途径之一。

史学有多方面的社会功能，而取之不尽、用之不竭地向人们提供历史智慧，正是极其重要的一个方面。

四　史学与文化积累

史学作为一个精神家园，它的重要作用和意义还表现在十分重要的一个方面，即史学作为文化积累的载体而陶冶着人们的精神。

史学与文化发展的关系是辩证的关系：一方面是史学对于文化发展起着积极的推动作用，另一方面是文化的发展也为史学的进步创造了新的、必要的条件。这里，我们着重从史学的文化功能

---

① 《隋书》卷33《经籍志二》史部大序。

来阐述史学与文化发展的关系。

史学与文化有一种特殊的关系。第一，从历史的属性来看，史学作为一种精神创造活动，是我们今天所说的狭义的文化的一个部分。第二，从历史学的研究对象来看，史学又跟我们今天所说的广义的文化有很多相近之处。史学与文化的这种关系，在中国古代史书中表现得十分明显。比如《隋书·经籍志》以经、史、子、集四部并附录道经、佛经，著录学术思想文化成果，史书是其中一部分，这显然属于上面说的第一种情况。而《经籍志》只是《隋书》十志之一，此外还有食货、刑法、百官、地理等志，它们都是史书要反映的历史内容，是《隋书》的一个组成部分，这就类似于上面说的第二种情况。不论今天人们对“文化”提出多少种不同的概念，史学与文化的这种关系似不会有根本性的改变。

由于史学与文化的特殊关系，如果从文化的观念来看史学的话，可以认为史学具有双重的文化品格。从狭义的文化说，作为精神产品的史学，是文化的一个方面；从广义的文化说，正是因为史学全面地记录了文明时代人类文化的创造、积累和发展，或者说它全面地反映了文明时代人类文化发展的面貌。既作为文化的一部分，又作为文化演进的记录或载体，这是否可以看作是史学的双重文化品格。

历史著作作为史学的社会表现形态，具有记录、综合人类文化创造、积累和发展的职能；从文化学的观点来看，它也反映了文化自我表现的属性。如果说《春秋》、《左传》、《国语》等书较多地记载了春秋时期人们在政治、军事、祭祀、伦理、礼法、风俗、民族等方面的活动和观念的话；那么《史记》、《汉书》等纪传体（综合体）史书所记载的，则包含了前人在历史创造或文化创造中更多方面的活动和观念，即今天所说的物质文化、制度文化和精神文化都有不同程度的记载。从文化的视角来看，《史记》、《汉书》有两个方面了不起的创造。第一，是《史记》八书和《汉书》十志所包括的历史内容或文化内涵的丰富性；第二，是《史记》、《汉书》真正把“人”放到了历史活动或文化创造的主要位置之上。

这些事实表明，史学作为文化的一部分，或者作为文化演进的载体，不仅具有开辟的作用，而且具有能动的创造作用。在传统史学与传统文化的关系中，儒家思想对传统史学的影响是最重要的一层关系。这种影响最深层的文化含义是对“人”的重视，其他方面的影响大多由此派生出来。

五 史学与民族精神

中国先民在长期的社会实践和思想认识发展中，形成并总结出了中华民族的民族精神，这主要表现在：自强不息，革新进取，与时俱进，居安思危这几个方面。

古人说：“天行健，君子以自强不息。”[①]这句话最能代表中华民族的民族精神，因为一个民族只有“自强”，才能生生不息，繁衍壮大。当我们讲述夏禹治水的传说、重温《尚书·盘庚》篇殷朝迁都的艰难历程，吟诵《诗经·大雅·公刘》的诗句而知周部落经历的苦难和走向新生的时候，或许就会感受到“自强不息”这四个字具有多么顽强的生命力。同时，历史的发展又总是同革新进取相联系的。古人说的“苟日新，日日新，又日新”[②]，正是在不断的革

① 《易经·乾卦》象辞，《十三经注疏》本。

② 《礼记·大学》，《十三经注疏》本。

新进取中实现的。我们从西周初年的诸多诰文中,可知周公进行了许多改革;春秋战国时期是改革的大时代,田氏代齐、三家分晋、商鞅变法等等,都是改革史上的大事;此后,秦皇、汉武、唐宗、宋祖等,都在进行改革,而人民则是推动这些改革的社会力量。正因为如此,中国封建社会的前期和中期,创造了那个时期世界上最辉煌的文明。革新进取带来社会的变化和进步,而从历史的长河来看,中华民族从不安于现状,而是努力求变,所谓"通其变,使民不倦"[①],说明"通变"是人民的要求。适应这种要求的人便被尊为"圣人",而"圣人"本是与时俱进的人。对此,宋人苏轼曾作了这样的解释:"圣人不能为时,亦不失时。时,非圣人所能为也,能不失时而已。"[②]"圣人"能把握"时"或"时势",故可与时俱进。相比之下,还是太史公司马迁的眼界更开阔一些,他写七十列传的宗旨是"扶义俶傥,不令已失时,立功名于天下"[③]。这就是说,"不令已失时"是许多人都能够做到的。当然,苏轼指出"时"是不可制造出来,人们只能去把握它,"抓住"它,与其一同前进,是很有意义的。

历史总是要进步的,在任何进步、任何成功的情况下,都应居安思危,保持清醒的忧患意识,这同样是中华民族民族精神的一个重要方面。孟子在与人们讨论治国、做人的问题时,讲了这样一段话:"入则无法家拂士,出则无敌国外患者,国恒亡。然后知生于忧患而死于安乐也。"[④]意思是说,一个国家,从内部看没有有法度的大臣和堪为辅弼的人才,从外部看没有足以与之抗衡的敌国和外

① 《易经·系辞下》,《十三经注疏》本。
② 苏轼:《东坡志林》卷5"秦废封建"条,中华书局1985年版。
③ 《史记》卷130《太史公自序》。
④ 《孟子·告子下》,杨伯峻译注本,中华书局1960年版。

患，一般说来容易遭到灭亡。正因为如此，人们也就懂得了生于忧患而死于安乐这个道理了。所谓“生于忧患，死于安乐”的名言，就是从这里来的。千百年来，人们世世代代都传诵着、牢记着这句名言。

这句名言所包含的辩证思想和自警精神，经过长期的积淀，成了中华民族忧患意识的一个突出方面。一个社会的进步和发展，总不能脱离社会各个阶层的人们的认识和实践。人民群众是推动社会前进的伟大力量；而那些站在历史潮流前头思考问题，密切关注国家、民族、社会前途和命运的人们，他们的忧患意识和社会实践，对于社会的进步往往也起着至关重要的作用。

从史学家对于历史和现实的认识来看，常常反映出他们对于社会的前途、命运的忧患意识，这在很大程度上成为他们决心致力于历史撰述的一个思想基础。孟子说的“世衰道微，邪说暴行有作，臣弑其君者有之，子弑其父者有之。孔子惧，作《春秋》”①，其实就反映了孔子作《春秋》时的一种忧患意识。司马迁父子撰述《史记》的最初动机，是出于对史职的忠诚和执著。然而，当司马迁进入到具体的撰述时，他的思想已不止是集中在“史文”问题上了，他对汉武帝统治下的社会前途表现出深深的忧虑。在司马迁的史笔之下，极盛时期的汉武帝统治面临着种种新的问题，显示出作者的忧患意识是多么的深沉。司马迁当然要秉承父亲的遗志，着重写出汉兴以来的“明主贤君”。可是当他考察了汉武帝统治时期的社会历史时，他就不能只是赞扬和称颂了，他的严肃的史学家的批判之笔也不能不时时要触到汉武帝本人。这同巴尔扎克所写的

① 《孟子·滕文公下》，杨伯峻译注本。

《人间喜剧》有一定的相似之处:“当他让他所深切同情的那些贵族男女行动的时候,恰恰是这个时候,他的嘲笑空前尖刻,他的讽刺空前辛辣。”①我们只要读一读《史记·封禅书》,就会感到司马迁的嘲笑和讽刺是何等的尖锐与辛辣。这种嘲笑和讽刺正是对于“宗室有土公卿大夫以下,争于奢侈,室庐舆服僭于上,无限度”②的时尚之深深忧虑的集中反映。总之,从历史上看,居安思危确是中华民族宝贵的精神品质之一。

六　史学与爱国主义

史学既是民族教育的教科书,无疑它也是爱国主义的教科书。对此,我们可以从这几个方面来认识:

第一,中国有五千年文明史,而且是世界上几大文明古国中唯一文明没有中断的伟大国家。这一文明传统及其各方面的优秀遗产,是中国各族人民的伟大创造,每一个中国人都因此而感到自豪。在当今,随着改革开放的事业不断取得新的成就,中国正在以更大的步伐走向世界,世界也在从各个方面走向中国,中华文明、中国文化已成为全世界人们十分关注和钦佩的对象。每一个中国人自应引为自豪,从而更加热爱自己的祖国。

第二,在世界历史进程上,中华文明曾在十多个世纪中走在世界文明发展的前列,并极大地影响了、推动了世界文明的进程,这是许多外国学人的共识。今天,我们每一个中国人重温这段辉煌

---

① 《恩格斯致玛·哈克奈斯》,《马克思恩格斯选集》第4卷,人民出版社1995年版,第684页。

② 《史记》卷30《平准书》。

历史的时候，并不是为了沉浸在过往的辉煌之中，而是从中得到这样一个重要的启示：中华民族曾经为世界文明的发展作出了伟大的贡献，现在和未来也同样会为世界文明的进程作出现时代应有的贡献。这是每一个中国人都应有的自信，都因此而更加热爱我们的祖国。

第三，近代以来至20世纪新中国成立以前，中国落后了，殖民主义、帝国主义纷至沓来，一个个不平等条约的签订，一片片国土的丢失，瓜分中国、占领中国成了侵略者的目标和梦想，但是中国并没有灭亡，而是在奋斗中挺立着，在"义勇军进行曲"中走向胜利、走向新生。百余年苦难和抗争的历史警醒中华民族，警醒每一个中国人：只有奋起自强，才能保卫我们的祖国，才能更深切地热爱我们的祖国。

这就是一部中国历史给我们每一个中国人的精神财富：自豪，自信，自强，是我们爱国主义思想境界中的三个巨大的精神支柱。

七　史学与历史教育

历史教育在过去和现在是一个值得十分重视的问题。人们的现代意识、现代观念的增强和现代文明水准的提高，一方面包含着对历史传统的某些方面的否定，一方面也包含着对于历史传统的某些方面的重新认识、评价、批判继承和发扬光大。如果可以这样来看待历史传统和现代文明的关系的话，那么，历史传统给予现代社会的人们的启示当然是不应当被忽视的，而作为历史传统之重要组成部分的古代史学之优秀遗产在历史教育中的作用，自亦有其不可忽视之处。

一个民族，总不能忘记自己的历史。这是因为，历史不仅可以说明一个民族的过往历程、现实状况，而且还可以指示它的未来方向。关于这一点，世界各国有不少史学家的看法是相同的或相近的。

这里，我们要强调的是，中国人对于历史教育的重要性，不仅很早就有了自觉的认识，而且始终受到重视，留下了许多嘉言懿行。春秋时期，楚国有位大夫叫申叔时，是中国历史上较早阐述以史书作为教育内容的贤者。他在楚庄王时论教导太子说："教之春秋，而为之耸善而抑恶焉，以戒劝其心；教之世，而为之昭明德而废幽昏焉，以休惧其动；教之诗，而为之导广显德，以耀明其志；教之礼，使知上下之则；教之乐，以疏其秽而镇其浮；教之令，使访物官；教之语，使明其德，而知先王之务用明德于民也；教之故志，使知废兴者而戒惧焉；教之训典，使知族类，行比义焉。"[①]按三国吴人韦昭注所说："以天时记人事，谓之春秋。""世，谓先王之世系也。""令，谓先王之官法、时令也。""语，治国之善语。""故志，谓所记前世成败之书。""训典，五帝之书。"这里，除"五帝之书"不可尽信外，其余各种多与史书有关，可以看作是楚国早期的历史文献和历史著作。由此可见，楚国君臣是较早地明确指出了史书的教育作用，并将这一认识付诸实践。其后，孔子整理"六经"以其传世，到了汉代立"五经"为官学，以《诗》、《书》、《礼》、《易》、《春秋》为教学内容，其中包含了丰富的历史教育，并成为中国古代历史上的传统，直至明清。

近代以来，我们要特别提到李大钊对历史教育所作的极其深

---

① 《国语·楚语上》，上海古籍出版社1978年版。

刻而又非常形象的阐述，他这样写道："即吾人浏览史乘，读到英雄豪杰为国家为民族舍身效命以为牺牲的地方，亦能认识出来这一班所谓英雄所谓豪杰的人物，并非有与常人有何殊异，只是他们感受到社会的要求敏锐些，想满足这社会的要求的情绪热烈些，所以挺身而起为社会献身，在历史上留下可歌可哭的喜剧、悲剧。我们后世读史者不觉对之感奋兴起，自然而然地发生一种敬仰心，引起'有为者亦若是'的情绪，愿为社会先驱的决心亦于是乎油然而起了。"①这些话，已不只是一般的感召力量，还有一种深层的理性认识的力量：即由历史感和时代感相结合而产生的力量。历史教育，它是史学工作者和社会公众通过学习历史而获得启示、智慧、勇气和高尚情操的自我教育。历史教育在各种教育活动中具有最广泛的社会覆盖面，从普通公民到各级公务员，不分性别、年龄、民族、信仰，都可以而且应当是历史教育的对象，都能够从历史教育中得到许多教益。历史教育的这种广泛的社会覆盖面，是由历史教育内容的丰富性和广泛性所决定的。

结　语

中国史学记录着我们伟大国家、民族、人民的历史，记录着我们所有先辈为推进中国社会历史的进步所进行的奋斗和遭受的苦难，记录着我们一代又一代前贤在认识历史、认识社会、认识自然的活动中所积累的真知灼见和经验、智慧，记录着古代和近代以来中国同世界许多国家与地区的交往，以及对世界文明进程的伟大

① 李大钊：《李大钊史学论集》，河北人民出版社1984年版，第247页。

贡献。在“振兴中华”成为十三亿中国各族人民伟大心声和坚定信念的今天，我们深深感到，中国史学所记录的这幅宏伟的历史长卷，是这样的真切和激动人心，使我们感到历史和现实是这样紧密地联系在一起。正如一位伟大的政治家和哲人所说：中国人“要懂得些中国历史，这是中国发展的一个精神动力”[①]。尊重历史，重视史学，是我们每一个史学工作者的神圣责任，也是所有国民建设和守护这一共有的精神家园的光荣义务。在这个精神家园里，我们可以获得无穷无尽的精神动力。

（原载《炎黄文化研究》第8辑，大象出版社2008年版）

① 邓小平：《振兴中华民族》，见《邓小平文选》第三卷，人民出版社1993年版，第358页。

下编　历史实际之部

中国历史上历史文化认同的传统

中国自古以来就是一个多民族国家，自秦汉以来更是一个不断发展的统一的多民族国家。这是一个客观存在，也是一个历史发展过程。我们今天来认识这个客观存在和发展过程，主要有两种考察方法：一种方法是考察历史上各民族的历史及各民族之间关系的历史；另一种方法是考察历史上人们在历史文化认同这个问题上思想观念的历史。许多年来，学术界对前一种考察方法运用较多，并有一些研究成果面世，具有较高的学术价值和现实意义①。而对于后一种考察方法，学术界运用较少，研究成果自然就要少一些，这是需要加强研究的方面。当然，这两种考察不是截然分开的，但考察的侧重点毕竟有所不同。鉴于上述情况，笔者试采用后一种方法，进一步探讨中国历史上各民族历史文化认同的传统。

为了明确考察的对象和重点，我们可以从历史认同与文化认

① 参见国家民族事务委员会政策研究室编：《中国民族关系史论文集》（上、下），民族出版社1982年出版；费孝通主编：《中华民族研究新探索》，中国社会科学出版社1991年出版；黄爱萍、王俊义编：《炎黄文化与中华民族》，中国人民大学出版社1996年出版；陈连开主编：《中国民族史纲要》，中国财政经济出版社1999年出版；费孝通主编：《中华民族多元一体格局》，中央民族大学出版社1999年出版；翁独健主编：《中国民族关系史纲要》，中国社会科学出版社2001年出版等，以及林甘泉：《夷夏之辨与文化认同》（《传统文化与现代化》1995年第3期）等。

同两个领域进行探讨。所谓历史认同，主要指关于血缘、地理、治统的联系与认识；而文化认同，主要指关于心理、制度、道统的影响与传承。这里说的“治统”，主要指政治统治的继承性；“道统”，主要指思想传承的连续性。清顺治八年（1651 年），顺治皇帝祭告黄帝文中有这样两句话：“自古帝王，受天明命，继道统而新治统。圣贤代起，先后一揆。功德载籍，炳若日星。”[①]康熙元年（1662 年），康熙皇帝“御制”祭黄帝文中也说：“帝王继天立极，功德并隆，治统道统，昭垂奕世。”[②]由此可以看出，出身于满族的清朝皇帝也都表明，他们是继承了黄帝以来的政治统治，同时也继承了周公、孔子以来的思想传统。看起来话语很简单，其实思想内涵却无比丰富。从今天的观点来看，这可以看作是对历史认同与文化认同的高度概括。在中国历史上，这种认同有其久远的传统。

一　关于历史认同的传统

首先说血缘观念。先秦时期，血缘和政治的关系十分密切。人们的这种观念是跟传说中的黄帝、炎帝有关的。春秋时期，晋国大夫司空季子（即胥臣臼季）在同晋公子重耳的一次谈话中讲道：“凡黄帝之子二十五宗，其得姓者十四人为十二姓。姬、酉、祁、己、滕、箴、任、荀、僖、姞、儇、依是也。”又说：“昔少典娶于有蟜氏，生黄帝、炎帝。黄帝以姬水成，炎帝以姜水成。”[③]这种观念，当是先民口口相传，已有久远的历史了。汉武帝时，司马迁著《史记》，以《五

① 李学勤等：《炎黄汇典》(3)，吉林文史出版社 2002 年版，第 387 页。

② 李学勤等：《炎黄汇典》(3)，第 387 页。

③ 《国语·晋语四》，上海古籍出版社 1978 年版。

帝本纪》开篇，而黄帝居五帝之首。他写道："黄帝二十五子，其得姓者十四人。"又说："自黄帝至舜、禹，皆同姓而异其国号，以章明德。故黄帝为有熊，帝颛顼为高阳，帝喾为高辛，帝尧为陶唐，帝舜为有虞，帝禹为夏后而别氏，姓姒氏。契为商，姓子氏。弃为周，姓姬氏。"[①]从司空季子到司马迁，广泛地传播了炎、黄的观念，尤其是"黄帝二十五子"和"五帝"、"三王"（夏、商、周）的观念，都带有浓厚的血缘关系的色彩。联想到西周社会的特点，这种观念的流传也就顺理成章了。《左传》昭公二十八年记："昔武王克商，光有天下，其兄弟之国者，十有五人；姬姓之国者，四十人，皆举亲也。夫举无他，唯善所在，亲疏一也。"[②]《礼记·礼运》也有明确的说法："天子有田以处其子孙，诸侯有国以处其子孙，大夫有采以处其子孙，是谓制度。"这些都是西周以至于春秋时期血缘与政治密切关系的社会特点。战国以下，尽管从商鞅变法到秦始皇改革，废分封而立郡县，但血缘关系的重要，却在人们思想观念中长久地存在着。司马迁称："匈奴，其先祖夏后氏之苗裔也。"[③]唐初史家称：北周（鲜卑族宇文部所建）文帝宇文泰，"其先出自炎帝神农氏"。[④]"稽胡一曰步落稽，盖匈奴别种"，"库莫奚，鲜卑之别种"。[⑤]又称："突厥者，盖匈奴之别种"。[⑥]元朝皇家史馆修《辽史》时，碰到一个关于血缘观念的难题，但史官们却郑重而又睿智地作了处理，这就是：

---

① 《史记》卷1《五帝本纪》，中华书局1959年版。

② 《左传·昭公二十八年》，杨伯峻注本，中华书局1981年版。

③ 《史记》卷110《匈奴列传》。

④ 《周书》卷1《文帝上》，中华书局1971年版。

⑤ 《周书》卷49《异域传上》。

⑥ 《周书》卷50《异域传下》。

> 庖牺氏降，炎帝氏、黄帝氏子孙众多，五畿之封建有限，王政之布濩无穷，故君四方者，多二帝子孙，而自服土中者，本同出也。考之宇文周之书，辽本炎帝之后，按耶律俨称辽为轩辕后。俨《志》晚出，盍从《周书》。[①]

由此可以认为，这是元朝的史官们结合当时修史中碰到的问题，对约两千年前的司空季子和其后的司马迁、唐初史家们所持观念的极好的继承。同时，我们也从中看到，这一观念的传统，对于书写统一的多民族国家的历史是多么重要。

其次说地理观念。人们都很熟悉这几句古老的诗："溥天之下，莫非王土；率土之滨，莫非王臣。"[②]《诗经》中还多有"四方之纲"、"四方为则"、"四方为纲"、"四方爰发"、"经营四方"、"日靖四方"、"于以四方"等诗句，这些都应与地缘观念有关。联想到上述血缘观念，我们可以看到这二者之间的联系。至晚在战国时期，人们用夏禹的名义提出了"九州"的观念，指出："九州攸同，四隩既宅。九山刊旅，九川涤源，九泽既陂。四海会同，六府孔修。庶土交正，厎慎财赋，咸则三壤成赋。中邦锡土姓，祗台德先，不距朕行。"又指出："东渐于海，西被于流沙，朔南暨声教，讫于四海。禹锡玄圭，告厥成功。"[③]所谓"九州"，是指冀、兖、青、徐、扬、荆、豫、梁、雍，多为后来历代行政建置所沿用。这种地理观念的传统，以及秦、汉皇朝统一政治局面的出现，乃是司马迁、班固撰写成统一的多民族国家历史的重要原因之一。在司马迁写出中原及周边各民族历史的伟大画卷后，班固在《汉书·地理志》序文中宣称：

---

① 《辽史》卷63《世表·序》，中华书局1974年版。

② 《诗经·小雅·北山》，《十三经注疏》本，中华书局1980年版。

③ 《尚书·禹贡》，王世舜译注本，四川人民出版社1982年版。

> 汉兴，因秦制度，崇恩德，行简易，以抚海内。至武帝攘却胡、越，开地斥境，南置交阯，北置朔方之州，兼徐、梁、幽、并夏、周之制，改雍曰凉，改梁曰益，凡十三部，置刺史。先王之迹既远，地名又数改易，是以采获旧闻，考迹《诗》、《书》，推表山川，以缀《禹贡》、《周官》、《春秋》，下及战国、秦、汉焉。[①]

先秦时期人们的地理观念，由于秦、汉统一政治局面的出现而更加发展了，也更加具体化了。显然，司马迁的民族观念和班固的地理观念及其成果与影响，在中国历史上占有同等重要的地位。在此之后，在历代地理总志和有关的地理书中，人们可以清晰地看到这种地理观念的延续和发展，直至《大清一统志》。这是统一的多民族国家之历史认同的又一个重要方面。

再次说治统观念。“治统”是政治统治的继承性，它本质上是关于中国历史上历代政权的连续性的观念。对此，司马迁已经作出了他那个时代的记述与解说。《史记》中的《五帝本纪》、《夏本纪》、《殷本纪》、《周本纪》、《秦本纪》、《秦始皇本纪》、《项羽本纪》及西汉前期诸帝本纪等，还有《三代世表》、《十二诸侯年表》、《六国年表》、《秦楚之际月表》等已清晰地描述出了“治统”的轨迹。其后，班固力主“汉绍尧运”；以及历史上种种正闰之争、“中国”之争、正统之争，而总的方向都没有脱离“治统”的轨迹。“治统”的渊源，自是“五帝三王”；随着历史的发展，其内涵则往往又是指汉、唐政治。如果说羯族出身的石勒不敢以“轩辕之亚”自居，表明若遇汉高祖“当北面而事之”，遇汉光武帝则“并驱于中原”，[②]是真诚的表白的

① 《汉书》卷28上《地理志上》，中华书局1962年版。
② 《晋书》卷105《石勒载记下》，中华书局1974年版。

话；那么，唐高祖李渊所说的东晋十六国、南北朝诸皇朝“莫不自命正朔，绵历岁祀”，各殊徽号，删定礼仪。至于“发迹开基，受终告代，嘉谋善政，名臣奇士，立言著绩，无乏于时”云云①，则显示出他作为政治家的宏大气度。这是从不同的角度、以不同的方式反映出对于“治统”的共识。其他如：辽圣宗留心于唐朝的统治经验，并阅读《唐书》中的高祖、太宗、玄宗本纪，大臣马得臣“乃录其行事可法者进之”②。元初，大臣王鹗向元世祖建议修撰前朝史，认为这是为了“以见祖宗圣德得天下辽、金、宋之由，垂鉴后世，做一代盛典。”③又，元惠宗至顺四年(1333 年)，有人重刻唐代史家吴兢所撰《贞观政要》一书，前翰林学士吴澄作序称，夏、商、周、汉、唐各有美政，“然譬之行远必自迩，譬之登高必自卑，则《贞观政要》之书，何可无也！”④前奎章阁大学士郭思贞作序称：“仁义之心，亘古今而无间，因其所已然，勉其所未至，以进辅于圣朝，则二帝三王之治，特由此而推之耳。观是编者，尚勗之哉！”⑤再如：清道光元年(1821 年)，道光皇帝祭黄帝陵文中有“惟致治莫先稽古”、“四千年帝绪王猷”等语。凡此，都是从不同方面在强调“治统”的重要。尤其是隋唐以下，不论是以契丹族贵族为主的辽朝最高统治集团，以蒙古族贵族为主的元朝最高统治集团，还是以满族贵族为主的清朝最高统治集团，或者是以汉族贵族为主的各个皇朝的最高统治集团，都承认并尊重这个“治统”的传统。在这个意义上的历史认

① 宋敏求编：《唐大诏令集》卷 81《命萧瑀等修六代史诏》，商务印书馆 1959 年版。

② 《辽史》卷 80《马德臣传》。

③ 苏天爵：《元朝名臣事略》卷 12，中华书局 1985 年版。

④ 吴澄：《贞观政要》序，见《贞观政要》书首，岳麓书社 1996 年版。

⑤ 郭思贞：《贞观政要》序，见《贞观政要》书首。

同的重要性是不言而喻的，因为它代表着当时的主流意识形态。

二　关于文化认同的传统

文化认同的传统，主要表现在心理、制度、道统三个方面。

关于心理方面。这主要指人们在心理上对不同民族文化的相互理解、沟通和包容。《诗经》是中国最早的典籍之一，它对西周、春秋以至于后来人们心理的影响是很大的。周灵王十三年（前559年），在一次会盟活动中，晋国大夫范宣子不同意姜戎首领戎子驹支参与会盟，于是发生了激烈的争执。戎子驹支在回顾了晋、戎关系史，陈述了诸戎对晋国的开发和发展的种种贡献后，慨然说道："我诸戎饮食衣服不与华同，贽币不通，言语不达，何恶之能为？不与于会，亦无瞢焉。"他乃"赋《青蝇》而退"。[①]《青蝇》是《诗经·小雅》中的一篇，凡三章：

营营青蝇，止于樊。岂弟君子，无信谗言。

营营青蝇，止于棘。谗人罔极，交乱四国。

营营青蝇，止于榛。谗人罔极，构我二人。

这是一首讽刺统治者听信谗言而误国的诗，戎子驹支在这种郑重的场合把它念出来，表明他认同此诗的含义。这使范宣子十分感动，于是"宣子辞焉，使即事于会，成恺悌也"。[②] 这真是一段反映在心理方面的文化认同的历史佳话。在文化认同的心理方面，孔子是一位雍容大度的学者。周景王二十年（公元前525年），鲁昭

① 《左传·襄公十四年》，杨伯峻注本。

② 《左传·襄公十四年》，杨伯峻注本。

公设宴招待郯子。有人问郯子:"少皞氏鸟名官,何故也?"郯子井井有条地作了一番回答,讲得很有道理。孔子听说此事,"见于郯子而学之。既而告人曰:'吾闻之,天子失官,学在四夷,犹信。'"[1]郯人非夷,然与夷杂居,故孔子有此言。这件事生动地表明了孔子的文化心态:一是相信"天子失官,学在四夷"的说法,二是虚心向别人学习自己所未知的知识,而不考虑民族的界限。正因为如此,孔子产生了"欲居九夷"[2]的想法。孔子的这种文化心态,反映了当时"诸华"与"诸夷"在文化上走向融合的趋势。此后,十六国时,石勒喜读《汉书》。[3] 南北朝时期,北魏与萧齐互遣使臣通好,魏孝文帝常对臣下说:"江南多好臣"。[4] 金朝金世宗设立译书所,翻译"五经"、"十七史"等书,他说:翻译《五经》是要"使女直(真)人知仁义道德所在"。[5] 这些认识,这些观念,都是从不同的角度反映出各族在心理上的文化认同。正是有了这种文化认同,才可能有元代大德年间的历代正史刻本,有明代《永乐大典》和清代《四库全书》的纂修等大型文化工程的问世。

关于制度方面。制度文化是文化的一个重要方面。孔子说:"周监(鉴)于二代,郁郁乎文哉!吾从周。"[6]又说:"殷因于夏礼,所损益,可知也;周因于殷礼,所损益,可知也。其或继周者,虽百世,可知也。"[7]这表明夏、商、周三代的制度是有连续性的。战国

---

① 《左传·昭公十七年》,杨伯峻注本。
② 《论语·子罕》,杨伯峻译注本,中华书局1958年版。
③ 《晋书》卷105《石勒载记下》。
④ 《南齐书》卷57《魏虏传》,中华书局1972年版。
⑤ 《金史》卷8《世宗本纪下》,中华书局1975年版。
⑥ 《论语·八佾》,杨伯峻译注本。
⑦ 《论语·为政》,杨伯峻译注本。

时期,有赵武灵王胡服骑射,这是华族对胡人的学习。南北朝时,北朝有许多制度是南朝人帮助制订的,而魏孝文帝改革也包含了不少“汉化”的内容。隋唐的若干制度却又源于北朝,并形成为基本的定制。辽朝实行南面官、北面官,南面官以汉制治汉人,北面官以契丹制治契丹人,反映了制度文化认同与融合过程中的阶段性特点。金朝实行科举考试制度,是从隋唐制度中得到的借鉴。元朝和清朝是中国历史上的两个统一的大朝代,它们的制度都带着一些蒙古族和满族原有的民族特色,但其主流则仍是汉、唐、两宋以来制度的沿袭和发展。清代乾隆皇帝评论唐代史家杜佑所撰典制体通史《通典》一书说得好:此书“本末次第,具有条理,亦恢恢乎经国之良模矣!”[①]这或许可以看作是各族对中国古代制度文化之认同的代表性言论。

关于道统方面。这在本质上是指周公、孔子以来的思想传统。其人生价值的理想境界,是修身、齐家、治国、平天下,故必须“自强不息”,“厚德载物”;其立身行事的准则,是仁、义、忠、信;其社会伦理思想,是君君臣臣父父子子;其处事方法,是主张“中庸”,等等。这些,都是经书所提倡的。《隋书·经籍志一》经部总序云:

> 夫经籍也者,机神之妙旨,圣哲之能事,所以经天地,纬阴阳,正纪纲,弘道德,显仁足以利物,藏用足以独善,学之者将殖焉,不学者将落焉。大业崇之,则成钦明之德,匹夫克念,则有王公之重。其王者之所以树风声,流显号,美教化,移风俗,何莫由乎斯道?故曰“其为人也,温柔敦厚,《诗》教也;

---

① 乾隆丁卯《御制重刻通典序》,见《通典》卷末附录一,中华书局1988年版。

疏通知远,《书》教也;广博易良,《乐》教也;洁静精微,《易》教也;恭俭庄敬,《礼》教也;属辞比事,《春秋》教也。”遭时制宜,质文迭用,应之以通变,通变之以中庸。中庸则可久,通变则可大,其教有适,其用无穷,实仁义之陶钧,诚道德之橐籥也。其为用大矣,随时之义深矣,言无得而称焉。故曰:“不疾而速,不行而至。”今之所以知古,后之所以知今,其斯之谓也。

其后,宋人朱熹编辑“四书”,他所提倡的大致也是这些道理。清代修《四库全书》,其经部总叙说:“盖经者非他,即天下之公理而已。今参稽众说,务取持平,各明去取之故,分为十类:曰易、曰书、曰诗、曰礼、曰春秋、曰孝经、曰五经总义、曰四书、曰乐、曰小学。”[①]从历史的观点来看,《隋书·经籍志》经部总序是关于中国古代思想即精神文化的一次总结;而《四库全书》经部总叙则是在新的历史条件下,关于中国古代精神文化的又一次总结。其间,经历了悠久的历史岁月,同时也包含了中国历史上许多民族的思想认同,进一步反映了所谓“道统”的传统。这对于统一的多民族国家的发展和巩固,具有十分重大的作用和意义。

最后,我要说明两点:第一,在中国历史上,也存在着与各族历史文化认同趋势相悖的言论和思想,但历史已经证明,这些言论和思想不符合、不顺应中国历史发展的潮流。第二,19世纪中期以后,中国受到殖民主义、帝国主义的侵略,国人震惊,眼界和思想都发生了极大的变化,国家观念、疆域观念、民族观念、文化观念等也

---

① 永瑢等:《四库全书总目·经部一》,中华书局1965年版。

都与以往有所不同，中华民族的历史文化认同的优良传统从而进入了一个新的发展阶段。

（原载《河北学刊》2005 年第 3 期）

从史学发展看炎黄文化的民族凝聚力

炎黄文化作为中华民族文化的象征和代表，至少在两个方面显示出它的重要的历史意义。第一，炎黄文化作为悠久的中华民族文化源头（从传说的范畴而不是从考古的范畴）的最古老的代表，受到历史上的史学家、思想家和政治家的承认与尊崇；这种承认与尊崇因具有长久的历史而形成为一种稳定的、巨大的精神力量。第二，炎黄文化作为观念形态和历史传统，确确实实在中华民族的发展史上发挥出持久的、恢宏的凝聚作用。炎黄文化的这两个方面的意义，在中国史学的发展上有突出的反映；而素称发达的中国古代史学又促进着、强化着炎黄文化在这两个方面的作用。

在中国历史上，秦汉、隋唐和元代，是政治上大一统时代的几个突出代表，也是历史上多民族不断迁移、组合而走向新的融合的几个大时代。这几个时期的史学发展，鲜明地反映出炎黄和炎黄文化的民族凝聚作用。秦、隋两朝年代短促，我着重以汉、唐、元三朝的史学来说明上述认识。

一

西汉司马迁著《史记》——中国古代史学的伟大奠基之作，以《五帝本纪》开篇，而《五帝本纪》又以黄帝居其首。这对于太史公司马迁来说，是一件非同小可的事情。司马迁写历史有自己的宗旨，即“究天人之际，通古今之变，成一家之言”①。那么，“通古今之变”这个“古”，从哪里开始呢？这是司马迁首先碰到的一个大问题，是史书撰写中“正其疆里，开其首端”②的大事。他在《史记·太史公自序》中写道：“网罗天下放失旧闻，王迹所兴，原始察终，见盛观衰，论考之行事，略推三代，录秦汉，上记轩辕，下至于兹”。这一段话，明确地规定了《史记》的上限与下限。关于下限，自不待言；关于上限，司马迁为什么要从黄帝写起呢？他在《史记·五帝本纪》后论中对此作了认真的说明。司马迁这样写道：

> 学者多称五帝，尚矣。然《尚书》独载尧以来；而百家言黄帝，其文不雅训，荐绅先生难言之。孔子所传宰予问《五帝德》及《帝系姓》，儒者或不传。余尝西至空桐，北过涿鹿，东渐于海，南浮江淮矣，至长老皆各往往称黄帝、尧、舜之处，风教固殊焉，总之不离古文者近是。予观《春秋》、《国语》，其发明《五帝德》、《帝系姓》章矣，顾弟弗深考，其所表见皆不虚。书缺有间矣，其轶乃时时见于他说。非好学深思，心知其意，固难为浅见寡闻道也。余并论次，择其言尤雅者，故著为本纪书首。

所谓“本纪书首”，实际上就是《史记》的上限，也就是“通古今之变”这个“古”的起点。

在这段话中，司马迁关于“五帝”、黄帝，他分别讲到了“学者”、“百家”、荐绅先生、孔子所传、本人所访，以及《春秋》、《国语》和《五帝德》、《帝系姓》所记有关内容的关系；应当说，在当时的历史条件

---

① 司马迁：《报任安书》，见《汉书》卷62《司马迁传》，中华书局1962年版。

② 刘知幾：《史通·断限》，浦起龙通释本，上海古籍出版社1978年版。

下，司马迁是作了全面的考察的，所以他得到“书缺有间矣，其轶乃时时见于他说”的结论。由此，我们可以进一步认识到这段话的重要。其一，它表明自春秋以来至西汉时期，人们对古史的追寻已超出了夏、商、周三代而颇重视关于黄帝的传说，从“学者”到“长老”，对此都予以关注，反映出一种比较普遍的历史文化心理，这一事实给予司马迁以极大的影响。其二，司马迁毅然突破《尚书》的界限，把黄帝“著为本纪书首”，从而在中国史学上第一部通史巨著中确认了这种历史文化心理，以至于在中国史学发展上产生了深远的和巨大的影响，陶冶着中华民族的共同心理。尽管清代以来有些学人出于求实的要求，对此提出疑问，并做了不少很有价值的考信工作，但《史记》问世后所产生的这个影响，却是真切的事实，对于这一事实无疑是应当予以承认的。

《史记·五帝本纪》认为：“自黄帝至舜、禹，皆同姓而异其国号……帝禹为夏后而别氏。”《史记》记述了秦、汉统一皇朝周边少数民族的历史，于《匈奴列传》则说：“匈奴，其先祖夏后氏之苗裔也。”这是把黄帝、帝禹、匈奴联系起来了。《史记》对多民族国家历史面貌的反映以及司马迁在民族关系上的这种观念，对中国史学的发展有很大的影响，对中华民族的发展也有不小的影响。这两种影响，都具有重要的意义。

司马迁所谓“上记轩辕，下至于兹”，不仅在本纪中反映出来，在《史记》的表、书中也各有反映。《史记·三代世表》序说：

> 太史公曰：五帝、三代之记，尚矣。自殷以前诸侯不可得而谱，周以来乃颇可著。孔子因史文次《春秋》，纪元年，正时日月，盖其详哉。至于序《尚书》则略无年月。或颇有，然多阙，不可录。故疑则传疑，盖其慎也。

> 余读谍记，黄帝以来皆有年数。稽其历谱谍终始五德之传，古文咸不同，乖异。夫子之弗论次其年月，岂虚哉！于是以《五帝系谍》、《尚书》集世纪黄帝以来讫共和为《世表》。

《三代世表》包含五帝时代，故此表当从黄帝记起。上述两段话是反复说明“殷以前诸侯不可得而谱”，而历代谱谍记“黄帝以来皆有年数”是不可凭信的，故司马迁采取了比较稳妥的做法：“以《五帝系谱》、《尚书》集世纪黄帝以来讫共和为《世表》”。文中，还表明了司马迁对孔子的“疑则传疑”的史学原则与方法的推崇。

司马迁在《史记·历书》序中说：

> 神农以前尚矣。盖黄帝考定星历，建立五行，起消息，正闰余，于是有天地神祇物类之官，是谓五官。各司其序，不相乱也。

司马迁没有对“五官”作说明，故后人多所推测，不得要领。这里，有一个值得注意的问题是：司马迁在《五帝本纪》后论中说“学者多称五帝，尚矣”，在《三代世表》序中说“五帝、三代之记，尚矣”，在《历书》序中又说“神农以前尚矣”等等，说法不一，处置方法也有不同；但是，一个总的目的却始终贯穿其间，那就是“上记轩辕”。本纪，记大事；表，谱年爵；书，写制度：《史记》从这三个方面来反映“上记轩辕”，这是把关于黄帝的零星的传说纳入到比较广阔的和有序的历史视野之中，从而对后世的作为观念形态的炎黄文化的发展，开辟了新的道路。

东汉班固断代为史，写出了中国史学上第一部皇朝史著作《汉书》。但是，汉书的表、志继承了《史记》“通古今之变”之“古”的起点。《汉书》创《古今人表》，将古今人物“列九等之序，究极经传，继世相次”。它以“上上圣人”为第一等，首叙伏羲、炎帝、黄帝。《古今人表》的目的是“归乎显善昭恶，劝戒后人”，反映了鲜明的等级意识和伦理观念，同时也反映出民族的历史文化心理。

《汉书》的志，有几篇是从炎黄讲起的。《律历志》序认为，在黄帝、尧、舜时已有了“律度量衡”了；其叙“世经”，引《春秋》昭公十七年“郯子来朝”诸语，认为“稽之于《易》，炮牺、神农、黄帝相继之世可知。”《地理志》序说：“昔在黄帝，作舟车以济不通，旁行天下，方制万里，画壄分州，得百里之国万区。是故《易》称‘先王建万国，亲诸侯’，《书》云‘协和万国，此之谓也。”这些说法比司马迁所论更加具体，更往前延伸，用司马迁的话来说是更为“尚矣”、更为“难言”了。因此，《汉书》所论炎、黄的意义，主要还是在于它对人们的历史文化心理方面的影响。

《史记》、《汉书》是中国封建社会“正史”的奠基之作，不论是在史学上还是在人们的心目中，都有崇高的地位。它们所反映出来的炎黄或炎黄观念，本身也是炎黄文化的一种表现，并在大约2000年中对中国的史学和历史产生了影响。

二

炎黄文化作为文化观念和社会心理的存在形式，它在秦汉以后的中国历史发展上所起的作用，确有愈来愈强的趋势。这里，我想先举一件很有趣的小事情，来说明这个很重要的大道理。十六国时期，建立后赵朝廷的羯族人石勒，在一次宴请使臣的时候，带着酒兴同大臣徐光有一番问对，史载——

> （石勒）谓徐光曰：“朕方自古开基何等主也?”对曰：“陛下神武筹略迈于高皇，雄艺卓荦超绝魏祖，自三王已来无可比

也，其轩辕之亚乎。”勒笑曰：“人岂不自知，卿言亦以太过。朕若逢高皇，当北面而事之，与韩、彭竞鞭而争先耳。脱遇光武，当并驱于中原，未知鹿死谁手。大丈夫行事当礌礌落落，如日月皎然，终不能如曹孟德、司马仲达父子，欺他孤儿寡妇，狐媚以取天下也。朕当在二刘之间耳，轩辕岂所拟乎！”①

这件小事情可以说明大问题，不止是它生动地反映了石勒对一些帝王的评价以及他的自我评价，更重要的是它反映了这位羯族出身的皇帝对于轩辕（黄帝）的崇敬，认为轩辕的崇高、伟大是不可比拟的。值得注意的是，这种文化心理，在各民族大迁移、大融合的魏晋南北朝时期，并不是个别的现象，也不止是表现在某一个方面的现象，它在许多方面都有所反映。隋唐时期，“天下一家”的观念的提出和发展，同这种文化心理是有密切的联系的。

唐代的大一统政治局面，对史学工作提出了新的认识和要求。从炎黄文化和民族关系来看，唐高祖的《修六代史诏》和唐太宗的《修晋书诏》有两个特点。第一个特点，是强调自黄帝以来的历史发展的古老性和连续性，所谓“伏羲以降，周、秦斯及，两汉继绪，三国并命，迄于晋、宋，载笔备焉”，“考龟文于羲载，辨鸟册于轩年”，就是不仅看到了历史的古老，而且看到了历史的连续。这是对《史记》、《汉书》传统的继承和发展。第二个特点，是对南北朝时期南、北诸多皇朝作同等看待而不强调、渲染华夷之别。唐高祖论南北朝历史说：

自有晋南徙，魏乘机运，周、隋禅代，历世相仍；梁氏称邦，跨据淮海，齐迁龟鼎，陈建宗祊。莫不自命正朔，绵历岁祀，各

① 《晋书》卷105《石勒载记下》，中华书局1974年版。

殊徽号，删定礼仪；至于发迹开基，受终告代，嘉谋善政，名臣奇士，立言著绩，不乏于时。

这里不仅没有渲染华夷，甚至连僭伪也没有说到，显示了唐高祖对待多民族的历史发展有一种宏大的气魄。唐太宗论梁、陈、齐、周、隋“五代史”说：“梁、陈、高氏，朕命勒成；惟周及隋，亦同甄录。莫不彰善瘅恶，激一代之清芬；褒吉惩凶，备百王之令典。”[①]这就是说，在“一代清芬”、“百王令典”方面，南北朝的不同民族、不同皇朝都具有同等的位置。这两点认识，出于唐初两个最有影响的皇帝的修史诏书之中，其分量之重、意义之深，都显得格外突出。

鲜卑族统治者所建立的北魏、北周等皇朝的历史被提到这样的高度上来认识，这在唐代并不是偶然的。唐代史家撰《周书》，称北周皇室宇文氏“其先出于炎帝神农氏”。[②]《周书》还认为：稽胡是“匈奴别种”，库莫奚是“鲜卑之别种”。[③] 唐代史家撰《隋书》，其论周边少数民族，认为：“契丹之先，与库莫奚异种而同类”；“铁勒之先，匈奴之苗裔也，种类最多”；“室韦，契丹之类也”。[④] 它还认为：“吐谷浑，本辽西鲜卑徒河涉归子也”。[⑤] 在唐代史家看来，这许多民族的由来，都可以追溯到炎黄二帝。

唐代史家的通史撰述，大多继承了《史记》的传统：上限都要从黄帝讲起。如马总撰《通历》10卷，起“太古十七氏”、“中古五帝三王”，下迄于隋，“粗述君臣贤否”。又如姚康撰《统史》300卷，“上

① 以上所引均见《唐大诏令集》《修晋书诏》，商务印书馆1959年版。

② 《周书》卷1《文帝纪上》，中华书局1971年版。

③ 见《周书》卷49。

④ 见《隋书》卷84，中华书局1973年版。

⑤ 见《隋书》卷83。

自开辟，下尽隋朝，帝王美政、诏令、制置、铜盐钱谷损益、用兵利害，下至僧道是非，无不备载，编年为之。”[1]《统史》已经失传，《通历》今存后七卷。从今天的眼光来看，它们说的“太古”、“五帝”、“开辟”云云，人们可以有很多挑剔，但它们却反映出了炎黄文化影响的久远与深入，这是实实在在的事实。在这方面，特别应当着重说到的，是大史学家杜佑和他所撰的巨著《通典》。

《通典》200卷，是中国史学上第一部记述历代典章制度的通史，分食货、选举、职官、礼、乐、兵、刑、州郡、边防九门；每门之下有若干子目，子目之下有若干细目，规模宏大，结构严谨。《通典》所记历代典章制度、前人论议，“上自黄帝，迄于我唐天宝之末”。[2]在唐人看来，“上自黄帝，迄于我唐”，这跟司马迁说“上记轩辕，下至于兹”，具有同样重要的意义，即非此不能“通古今之变”。唐人的这种文化心理、历史观念，比起以往的人们来说，是更加强烈了。当然，《通典》在具体的记述上，却是十分郑重的。其《食货典》序称：“陶唐以前，法制简略，不可得而详也。”因此，《通典》所记黄帝事，极为简略，反映出杜佑的严谨的治史态度。在这方面，他也是颇具太史公司马迁的遗风。唯其如此，更加突出地反映出了“上自黄帝”的历史文化影响。然而，《通典》的价值还不止于此，更重要的是，它对中华民族文明的发展提出了独到的、在当时来看是达到了最高认识成就的见解。

杜佑对“中华”、“夷狄”文化同源提出这样的认识：

> 古之人朴质，中华与夷狄同，有祭立尸焉，有以人殉葬焉，

---

① 《旧唐书》卷18下《宣宗纪》，中华书局1975年版。

② 李翰：《通典》序，见《通典》书首，中华书局1988年版。

有茹毛饮血焉，有巢居穴处焉，有不封不树焉，有手抟食焉，有同姓婚娶焉，有不讳名焉。中华地中而气正，人性和而才惠，继生圣哲，渐革鄙风。今四夷诸国，地偏气犷，则多仍旧。①

杜佑从朴素的历史进化观点来看待民族的历史，他认为：

人之常情，非今是古，其朴质事少，信固可美；而鄙风弊俗，或亦有之。缅惟古之中华，多类今之夷狄。②

这些认识，都是在"上自黄帝"这样一个古老的历史文化前提之下提出来的，故所谓"古之人朴质，中华与夷狄同"、"古之中华，多类今之夷狄"，实则包含了"中华"、"夷狄"文化同源的认识。这比起有些挟民族偏见的认识，认为"夷狄"从来本性"贪残"、"华夏"从来本性礼让，实在是一个巨大的进步。在夷、夏文化同源的认识的基础上，杜佑从地理条件的差别来说明夷、夏文化发展的程度，虽非全面的分析，但却认识到地理条件的差异对民族发展进程的影响，并以此来排斥世俗的民族偏见，这也确是当时最正确、最进步的认识。

唐初，李延寿继承父亲李大师的遗志，不赞成在"南北分隔"的情况下，史家著史"南书谓北为'索虏'，北书指南为'岛夷'"的做法，撰成《南史》、《北史》，予以"改正"。③ 如果说李大师、李延寿父子是比较多地着眼"天下一家"的政治形势考虑的话，那么杜佑在《通典》中所提出来的一些认识，就是站在历史发展的高度所作的理性思考了，这可以看作是从政治的层面上和历史的层面上，反映

① 《通典·礼典八》后议。
② 《通典·边防典》序。
③ 《北史》卷100《序传》，中华书局1974年版。

了炎黄文化所具有的民族凝聚力。

三

炎黄文化所具有的民族凝聚力，不仅在史学上有鲜明的反映，而且在人们的社会实践活动中有突出的表现。上引石勒一例，便是很好的说明。以“专取关国家盛衰，系生民休戚，善可为法，恶可为戒”[①]为撰述宗旨的司马光，在《资治通鉴》中记述了唐代政治家们在处置民族关系上的出色的政治实践。这里，举出它所记述的两件事来说明这种情况。一件事情是，唐太宗贞观七年(633 年)十二月：

> (唐太宗)从上皇置酒故汉未央宫。上皇命突厥颉利可汗起舞，又命南蛮酋长冯智戴咏诗，既而笑曰：“胡、越一家，自古未有也！”帝奉觞上寿，曰：“今四夷入臣，皆陛下教诲，非臣智力所及。昔汉高祖亦从太上皇置酒此宫，妄自矜大，臣所不取也。”上皇大悦。殿上皆呼万岁。[②]

这个局面，跟南北朝时南指北为“索虏”、北指南为“岛夷”的局面，是两幅格调迥然不同的历史图画！汉高祖刘邦曾命陆贾总结秦亡汉兴的历史经验，史载：“每奏一篇，高帝未尝不称善，左右呼万岁。”[③]这是非常庄严热烈的历史场面。司马光所记“殿上皆呼万岁”，这也是非常庄严热烈的历史场面。尽管前者是着眼于政治得失，后者是着眼于民族关系，但历史所演出的这两出喜剧，却有惊

---

① 司马光：《进〈资治通鉴〉表》，见《资治通鉴》附录，中华书局 1956 年版。

② 《资治通鉴》卷 194，唐太宗贞观七年。

③ 《史记》卷 97《郦生陆贾列传》。

人的相似之处。

另一件事情是，贞观二十一年(647 年)，唐太宗同大臣们讨论他在政治上获得成功的原因，史载：

> 上御翠微殿，问侍臣曰："自古帝王虽平定中夏，不能服戎、狄。朕才不逮古人而成功过之，自不谕其故，诸公各率意以实言之。"群臣皆称："陛下功德如天地，万物不得而名言。"上曰："不然。朕所以能及此者，止由五事耳。自古帝王多疾胜己者，朕见人之善，若己有之。人之行能，不能兼备，朕常弃其所短，取其所长。人主往往进贤则欲置诸怀，退不肖则欲推诸壑，朕见贤者则敬之，不肖者则怜之，贤、不肖各得其所。人主多恶正直，阴诛显戮，无代无之，朕践祚以来，正直之士，比肩于朝，未尝黜责一人。自古皆贵中华，贱夷、狄，朕独爱之如一，故其种落皆依朕如父母。此五者，朕所以成今日之功也。"①

唐太宗是一位英明的君主，他当然不会相信说他"功德如天地，万物不得而名言"的颂词(如果不是谀词的话)的真实性，而他自己所总结出来的五条历史经验，确乎符合或近于他的政治实践。这里，要着重说明的是其中最后一条，即对于"中华"、"夷狄"的"爱之如一"。唐太宗把这一条看作是他在政治上的巨大成功的原因之一，说明他对于民族政策的制订和实施包含着一定程度的自觉意识；这种自觉意识并不完全是功利主义的反映，从他的修史诏书来看，这也是一种历史认识和文化心理的反映。是否可以这样认为，在唐太宗时代，炎黄文化的凝聚力在历史发展和史学发展上，都有突

---

① 《资治通鉴》卷 198，唐太宗贞观二十一年。

出的表现。这种情况，经过司马光的史笔记载下来，说明了它的影响的深远。

辽、宋、西夏、金、元时期，是中国历史上又一次民族大迁移、大融合时期，元皇朝的政治统一正是这一发展过程的总结。当然，元皇朝的统治，在政治上表现出明显的民族分化政策，这是它不能同唐皇朝相比的地方。但是，元朝统治者对于辽、金、宋这三个不同民族的统治者所建立的皇朝的历史，却都是十分重视的。当时，有人提出了这样的认识："宁可亡人之国，不可亡人之史。若史馆不立，后世亦不知有今日。"[①]修前朝之史，被看作是一个神圣的传统。当然，元朝统治者修辽、金、宋三朝历史，也是为了"以见祖宗圣德得天下辽、金、宋之由，垂鉴后世，做一代盛典"[②]。这就是说，不论从史学上还是从政治上考虑，元朝统治者都认识到修辽、金、宋三史的重要。从官方制订的《三史凡例》来看，可以看出人们对于《春秋》、《史记》以来的史学传统及其所反映出来的历史文化心理的认同。《三史凡例》规定：

——帝纪：三国（按：指辽、金、宋三朝）各史书法，准《史记》、《西汉书》、《新唐书》。各国称号等事，准《南·北史》。

——志：各史所载，取其重者作志。

——表：表与志同。

——列传：后妃，宗室，外戚，群臣，杂传。人臣有大功者，虽父子各传。余以类相从，或数人共一传。三国所书事有与本朝相关涉者，当禀。金、宋死节之臣，皆合立传，不须避忌。

① 王鹗语，见《元朝名臣事略》卷12《内翰王文康公》，中华书局1985年版。

② 《修三史诏》，见《辽史》附录，中华书局1974年版。

其余该载不尽，从总裁官与修史官临文详议。

——疑事传疑，信事传信，准《春秋》。①

文中所说“准《史记》”、“准《南・北史》”、“准《春秋》”等语，反映出对史学传统的认同，对历史上不同民族所建皇朝之历史的适当处置，都是从较深的层面上表现出一种共同的历史文化心理。尽管元朝统治者在政治上实行民族分化政策，但在事实上却又接受了孔子和汉、唐、宋等朝史家的历史观念，并承认是他们的继承者。这一史学现象表明，炎黄文化的凝聚力作用是多么巨大。

元朝统治者这样对待辽、金、宋三朝历史，又颇有些唐初统治者的那种气度。所不同的是，唐代是汉族统治者为汉族、鲜卑族及其他各族统治者所建皇朝撰写“正史”，元代是蒙古族统治者为契丹族、女真族、汉族统治者所建皇朝撰写“正史”。撰写“正史”的史学传统把各民族的历史连接在一起，恰是中华民族的客观历史进程在史学上的反映。从比较具体的问题上看，还有一些值得深长思之的事情。如元朝的史臣们在论述契丹族的先祖时写了这样一段话：

庖牺氏降，炎帝氏、黄帝氏子孙众多，王畿之封建有限，王政之布濩无穷，故君四方者，多二帝子孙，而自服土中者本同出也。考之宇文周之书（按：指唐修《周书》），辽本炎帝之后，而耶律俨（按：辽朝史官）称辽为轩辕后。俨志（按：指耶律俨所撰国史《辽志》）晚出，盍从《周书》。②

《辽史・太祖纪》后论也说：“辽之先，出自炎帝。”元朝史臣以《周

① 《三史凡例》，见《辽史》附录。

② 《辽史》卷63《世表》序。

书》早于《辽志》,故于两说之中采早出者为是。这一方面显示出元代史官们的机智,另一方面也表明了七百年前唐初史臣所撰前朝“正史”的历史影响之大。再者,更使人感到非同一般的是:在上引这段话中所谓“故君四方者,多二帝子孙”云云,若出于汉、唐史家之口,固然有很重的分量,而其出于元代史家之口,显然就有更重的分量;若出于私家历史撰述,无疑反映了民间的传统认识,而其出于官修正史,显然就反映了官方的意识形态。从这两层意义上看,此话可谓一字千钧。它所具有的内涵,又远远超出了考察契丹族究竟出于黄帝还是炎帝的范围,而有一种更广泛的历史认识价值。从这里,人们可以切切实实地感受到炎黄和炎黄文化所蕴含着的伟大的民族凝聚力。

从历史上看,中华民族的发展有一个基本规律,即各民族间的关系虽也经历过种种曲折,但其主流则是相互之间愈来愈加强着联系,人们愈来愈认识到这种联系的历史渊源及其现实意义,从而使我们中华民族愈来愈成为一个自觉维系的伟大的整体。在这个规律性的历史发展趋势中,自有诸多历史因素的作用,而民族凝聚力则是基本的、具有长久生命力的历史因素。我以为,这正是我们探讨、认识炎黄文化之历史价值与现实意义的关键所在。

(原载黄爱平、王俊义编:《炎黄文化与中华民族》,
中国人民大学出版社 1996 年版)

少数民族史学的发展与多民族统一国家观念的形成

中国少数民族史学是中国史学史的一个重要方面。关于中国少数民族史学的研究，我们一方面要作大量的个案研究和区域性研究，这是这个领域研究工作的基础；同时我们也应当思考中国少数民族史学的整体面貌，这是这个领域研究工作的全局。它们的关系是：脱离了具体的研究，无以谈论全局；没有全局和全局观念，具体的研究也难以有进一步提高。

关于全局，至少要关注两个方面的问题：一是如何界定“中国少数民族史学”；二是怎样认识中国少数民族史学发展的总相。就这两个方面，笔者讲一点自己的认识，向同行们请教。

第一，怎样界定“中国少数民族史学”。

是否可以这样认为：这里说的少数民族史学，是指在中国史学发展中，那些记述各少数民族历史或少数民族地区社会历史，记述少数民族统治者建立的政治统治实体及其统治范围内有关少数民族的历史，以及记述少数民族地区及其同中原地区民族与政治统治交往的历史。这些记述，不论其作者出身于何种民族，不论其采用何种文字、何种体裁，也不论其所作是专书、专篇或专书中的某些部分，包括作者的思想和撰述活动，等等，都可视为少数民族史学范围。同时，我们还要注意到，历史上一些少数民族的统治者在其统治范围内，设立了译书所，用以翻译汉文经书和史书，这种翻译史书的活动，也应视为少数民族史学活动。

明确了这一点，我们就不难理解这样一个基本事实，即中国史学中始终存在着撰写少数民族历史的优良传统，因而始终存在少数民族史学发展的优良传统。这同中国自古是一个多民族国家，而自秦汉以后更是一个不断发展的统一的多民族国家的历史事实，息息相关。指出这一点，并不是说中国历史上早已有了民族“平等”的思想了。事实上，在中国历史上存在着不同的民族观念，孔子与孟子的民族观有所不同，司马迁与班固的民族观也有所不同[①]。但这种不同，并不能从根本上阻碍史学家们关于多民族历史的记述，同时，也不能从根本上阻止史学家们对少数民族历史的记述。这就是中国史学中始终存在着少数民族史学发展的优良传统的历史原因。

第二，怎样认识中国少数民族史学发展的总相及其阶段性特点。

这是我们要着重探讨的一个新问题。笔者认为，结合中国历史和中国史学发展来看，中国少数民族史学大致经历了六个发展阶段，其中，每一个阶段都有其自身的特点：

第一阶段，是先秦、秦汉时期的少数民族史学，这是中国少数民族史学研究的起步阶段。

我们所说的少数民族史学发展的传统，至迟可追溯到《尚书》、《诗经》、《春秋》和《左传》等书，它们清晰地反映出了西周时期多民

① 参见白寿彝总主编：《中国通史》第一卷（导论），上海人民出版社 1989 年版，第 1～14 页。

族的存在和春秋时期中原的“诸华”、“诸夏”同周边的戎、狄、蛮、夷不断交往、冲突、融合的历史[①]。从这个意义上说,《左传》一书不只是记述了春秋时期周王朝同各诸侯国的历史,而且也记述了“诸华”、“诸夏”同戎、狄、蛮、夷各族的关系史。清代学者顾栋高著《春秋大事表》,其中的《四裔表》就是从《左传》等书中勾稽出了春秋时期戎、狄、蛮、夷的历史。

两汉时期,《史记》、《汉书》都包含了相当数量的少数民族历史专篇。举《史记》为例,白寿彝这样指出:“《史记》把环绕中原的民族,尽可能地展开一幅极为广阔而又井然有序的画卷。它写了《匈奴列传》、《南越尉佗列传》、《东越列传》、《朝鲜列传》、《西南夷列传》、《大宛列传》。按地区分别写出北方、南方、东南、东北、西南、西北的民族历史。把这六个专篇合起来,可以说是一部相当完整的民族史,其中有些记载是超越当时和今日国境范围的。这与先秦记载之局限于一个民族或几个民族的有关事迹,是大不相同的。秦汉的空前统一局面及其对外交通的发展,使当时人大开眼界,也使我们的历史家能写出这样包容广大的民族史。”[②]班固的民族观比之于司马迁要落后一些,但他还是在《汉书》中撰写了少数民族历史专篇,即《匈奴传》(上、下)、《西南夷两粤朝鲜传》、《西域传》(上、下)。《史记》、《汉书》为少数民族立传,一方面写出了有关民族的历史,同时也写出了这些民族同中原皇朝的联系,可以看作是少数民族史和民族关系史的结合。此后,历代“正史”大多模仿《史记》、《汉书》的作法,从一个重要方面形成了撰写少数民族史优良

---

① 参见拙著《略论春秋时期各族的融合》,《学习与探索》,1981年第1期。

② 白寿彝总主编:《中国通史》第一卷(导论),第6～7页。

传统的一个组成部分。可以认为，《史记》、《汉书》的上述做法，乃是中国少数民族史学的滥觞。

第二阶段，是魏晋隋唐间的少数民族史学，这是中国古代少数民族史学发展的第一个高潮，其特点是多途发展局面的形成。

魏晋南北朝隋唐时期，是中国古代少数民族史学发展的第一个高潮。其发展概况，可以从《隋书·经籍志二》"霸史类"和《新唐书·艺文志二》"伪史类"的著录而得其大体。这时期面世的十三部"正史"中的十一部"正史"，都有少数民族史的专篇；而这十三部"正史"中的《魏书》、《周书》本身就是皇朝史与民族史的结合，《北史》则是几个朝代通代的皇朝史和民族史的结合。这给后人留下了丰富的少数民族史学遗产。《华阳国志》作为较早的地方史撰述，反映了西南少数民族史的面貌，弥足珍贵。崔鸿的《十六国春秋》是少数民族史学的重要著作，可惜久已散佚；其所著《十六国春秋纂录》一书，有《汉魏丛书》本，前人疑者有之，信者亦有之，这里依清人汤球之说，信而存之，并可以其与《晋书·载记》作对比性阐述，以揭示这两部少数民族史的面貌和异同。杜佑《通典·边防典》实质上是一部系统的中国古代少数民族史①，其所记东夷、南蛮、西戎、北狄各族的分布、族源、历史、风俗以及与中原皇朝的关系，条分缕析，灿然可观；尤为难得的是杜佑的进步的民族观和民族史观，这反映了他所处时代的最先进的民族思想。晚唐面世的《蛮书》(亦称《云南记》)是一部反映西南地区少数民族史的专书，包含有丰富的民族史内容，也展示出一部民族史应有的规模。这

---

① 《通典》的九典之中，《兵典》不记兵制而叙用兵方略，被宋人称为是兵家之书。《边防典》不记制度而叙少数民族的历史，同《兵典》相类似，而又各有其旨，反映了作者的深意，即中唐用兵的重要和民族关系的重要。

期间还有一些有关少数民族史学的一些重要事件，如北魏崔浩国史案，北魏宗室元晖主持撰集《科录》，隋朝魏澹著《魏书》、裴矩著《西域图记》，唐初李延寿所著《北史》的少数民族史特色，盛唐时期张大素、元行冲先后撰成的《后魏书》和《魏典》等，说明魏晋隋唐间的北朝史或北朝史所具有的少数民族史学特征，始终受到史学家和政治家的重视。尤其值得注意的是，藏族史学此时已开始产生，汉文典籍《史记》、《尚书》、《战国策》、《礼记》、《左传》、《毛诗》、《文选》等相继传入吐蕃，有的已有藏文译本，所有这些，对藏族史学的产生和发展产生了深远影响[①]。

第三阶段，是辽、宋、夏、金、元时期的少数民族史学，这是中国古代少数民族史学发展的第二个高潮，其特点是深入发展的趋势。

深入发展趋势的标志，首先是少数民族文字的发明及有关少数民族文字文献的出现，如契丹文、西夏文、女真文、蒙古文等，有些少数民族文字的文献并得以流传下来，如西夏黑水城文献、《蒙古秘史》（亦称《元朝秘史》）与《红史》等。其次是少数民族史与少数民族贵族所建皇朝史的进一步结合，这突出反映在辽、金、元三朝的实录和国史的撰写。再者，是辽、金、元三朝均有译书机构，把大量的汉文文献译成契丹文、女真文、蒙古文，其中不乏历史著作，如"十七史"、《贞观政要》、《通历》、《资治通鉴》等，这也是少数民族史学的一部分，它们对促进民族间的历史文化认同发挥了重要作用。

第四阶段，是明清时期（1840 年前）的少数民族史学，这是中国古代少数民族史学发展的第三个高潮，其特点是全面发展

---

① 王尧：《试论藏族的史学和藏文史籍》，《史学史研究》1988 年第 2 期。

的态势。

这种态势主要反映在四个方面:一是方志的蓬勃发展促进了少数民族史的研究和撰述,这在全国总志和众多的地方志中均有突出反映。二是清代方略体史书的出现,这主要是针对少数民族地区政治、军事活动的历史记载,其中包含了不少少数民族史的内容。三是明清两朝的实录部帙浩繁且都流传至今,其中也有丰富的反映少数民族地区社会面貌的记载。四是清代学者对辽、金、元史作了许多补撰和研究;而这一时期藏族史学在史书体裁、史书的数量和种类等方面都有了重要的发展①。

第五阶段,是中国近代(1840—1949 年)的少数民族史学,其特点是在少数民族史学研究和撰述中,民族危机意识和民族觉醒意识的不断提升与中华民族观念的形成及发展。

上述特点,从 19 世纪后半叶张穆的《蒙古游牧记》、何秋涛的《朔方备乘》、姚莹的《康輶纪行》,到 20 世纪上半叶王桐龄的《中国民族史》(北平文化学社 1928 年版)、吕思勉的《中国民族史》(世界书局 1934 年版)、马韬武的《中华民族的形成》(上海民众书局 1942 年版)、吕振羽的《中国民族简史》(上海光华出版社 1948 年版)等书,关于中华民族及其多民族组合的研究,都有充分的反映。这时期的民族意识、民族危机意识、中华民族的观念等,都同近代国家观念、疆域观念相联系,同反对殖民主义、帝国主义的侵略相联系。1939 年,毛泽东在《中国革命和中国共产党》一文中开宗明义,对"中华民族"作了这样的论述,他写道:

我们中国现在拥有四亿五千万人口,差不多占了全世界

① 王尧:《试论藏族的史学和藏文史籍》。

人口的四分之一。在这四亿五千万人口中，十分之九以上为汉人。此外，还有蒙人、回人、藏人、维吾尔人、苗人、彝人、壮人、仲家人、朝鲜人等，共有数十种少数民族，虽然文化发展的程度不同，但是都已有长久的历史。中国是一个由多数民族结合而成的拥有广大人口的国家。

……

中华民族不但以刻苦耐劳著称于世，同时又是酷爱自由、富于革命传统的民族。以汉族的历史为例，可以证明中国人民是不能忍受黑暗势力的统治的，他们每次都用革命的手段达到推翻和改造这种统治的目的。在汉族的数千年的历史上，有过大小几百次的农民起义，反抗地主和贵族的黑暗统治。而多数朝代的更换，都是由于农民起义的力量才能得到成功的。中华民族的各族人民都反对外来民族的压迫，都要用反抗的手段解除这种压迫。他们赞成平等的联合，而不赞成互相压迫。在中华民族的几千年的历史中，产生了很多的民族英雄和革命领袖。所以，中华民族又是一个有光荣的革命传统和优秀的历史遗产的民族。①

这些论述，是对近代以来中华民族认识的最集中、最科学地概括。

第六阶段，是现代的中国少数民族史学，即新中国成立以来的少数民族史学，这是中国少数民族史学研究的新阶段。

所谓"新阶段"的"新"主要表现在三个方面：一是在更大的范围内运用马克思主义唯物史观研究民族史和少数民族史学，这是历史观上的一个根本性变化。二是 20 世纪 50 年代初，在全国范

① 毛泽东：《毛泽东选集》第 2 卷，人民出版社 1991 年版，第 622、623 页。

围内进行了大规模的民族调查，其所得资料在两亿字左右，是中国历史上前所未有的伟大事业。此后，以这些资料为基础撰写的中国少数民族史(志)，也是中国历史上空前的。这为 20 世纪 60 年代以后的中国少数民族史研究打下了坚实的基础。三是涌现出了一大批中国民族史和中国少数民族史专著，开辟了中国少数民族史学的新阶段。

我们提出中国少数民族史学的问题，是为了继承老一辈学者的遗志，推进中国史学史的研究。早在 1986 年，白寿彝在其所著的《中国史学史》第一册中，提出了研究少数民族史学的任务，并强调了这一任务的特殊重要性。我们今天来研究中国少数民族史学，有三个方面的意义：

其一，中国史学有注重多民族史学研究和撰述的传统，加强少数民族史学的研究，可以加深我们对这一优良传统的认识。

其二，中国史学史具有悠久的历史和丰富的遗产，加强少数民族史学的研究，可以深化我们对中国史学史内涵及其价值的认识。

其三，中国是统一的多民族国家，加强少数民族史学的研究，可以从史学发展上和历史文化认同的客观趋势上阐明统一的多民族国家形成和发展的历史及其意义，增强中华民族凝聚力，弘扬民族精神，激发爱国热情，从而推进当前的社会主义事业。

中国少数民族史学这一研究领域有多种途径和广阔的前景：比如关于这方面的汉文文献资料的研究，关于少数民族文字文献资料的研究；又比如可以从文献学入手研究，也可以从史学史入手研究；其研究所得可以撰写成考证性的论文，也可以撰述论述性的论文，还可以写成学术专书，等等，因此我们说它有多种途径和广阔前景。当然，所有这些研究方法和研究成果，都应当具有全局意识和历史主义的分析问题的方法。其中最重要的是,要有高度自觉的反映统一的多民族国家历史发展的观念。

（载于《河北学刊》2007年第6期）

史学:社会变迁的记录和解说

——略论魏晋至隋唐时期的史学与社会

一定时代的史学,总是在一定的程度上反映了这个时代的面貌和特点。从这个意义上说,史学乃是社会变迁的记录和解说。

魏晋南北朝隋唐时期,中国社会经历了巨大的变迁:皇朝迭兴,民族迁移,人口流动,门阀当政,从分裂走向统一,等等。这些因素,有力地影响着史学的发展。史学同时代、社会在更广阔的空间加强了联系。认识这一特点,对于我们从这个时期的史学去看这个时期的社会,或是从这个时期的社会去看这个时期的史学,都是很有意义的。

一　皇朝迭兴与皇朝史撰述:一朝兴亡诸家作史

三国、两晋、十六国、南北朝的370年间,先后出现了约30个皇朝。朝代迭兴,推动了关于朝代史的撰述。不论是撰本朝史,还是撰前朝史,一为保存信史,一为政治需要。《隋书·经籍志二》正史类小序指出:自西晋陈寿著《三国志》后,"世有著述,皆拟班、马,以为正史,作者尤广。一代之史,至数十家。"这是对上述现象的最恰当的概括。唐初设史馆于禁中,短时期内修成八史,盛况空前。可见，魏晋南北朝隋唐时期，皇朝史撰述出现了兴盛的局面。

先说魏晋南北朝时期，由于封建政权的割据和频繁更迭，出现了大批的皇朝，虽兴替匆匆，然皆各修其史。这是这一时期史家撰写皇朝史出现高潮之历史原因。《隋书·经籍志》所谓“正史”，一般仅限于《史记》和历代纪传体皇朝史范围；刘知幾《史通·古今正史》篇则自《史记》、《汉书》以下，不论纪传、编年，凡记一代皇朝之史，皆称“正史”。此处为叙述方便，取《史通》之意，但统称之为“皇朝史”，并作如下概括。

关于东汉史撰述。经东汉数代史家努力撰写的《东观汉记》，是东汉史的最早撰述，但它是一部没有最终完成的著作。三国以下，撰东汉史者，沛然蜂起。其所撰 11 种是纪传体，还有两种编年体，这 13 种东汉史，大多遗佚，今存的只有范晔《后汉书》、司马彪《续汉书》中的 8 志 30 卷和袁宏《后汉纪》。

关于三国史撰述。最早当是三国史家所撰之本朝史，其后，有晋朝史家所撰魏、蜀、吴各朝史，而以三国为一史者，则有晋陈寿《三国志》。自《三国志》出，诸家三国史尽废，以致散佚无存。南朝宋人裴松之兼采众书，作《三国志注》，保存了丰富的三国史事，为世所重，乃与本书共存，流传至今。

关于晋史撰述。魏晋南北朝时期，所谓“一代之史，至数十家”者，以晋史撰述为最。今可考者，共有 23 种，出于晋人所撰 12 种，出于南朝宋、齐、梁三朝史家所撰 11 种。其中纪传体 12 种，另外 11 种是编年体。这些晋史存在两个明显的问题：一是其中有些属于未完成稿，一是其中绝大多数所记皆非晋代全史，或只记西晋，或仅述东晋，或兼记两晋而又不及其终。臧荣绪《晋书》是比较完整的晋史，但又未能包含与东晋并存的十六国史。唐太宗批评这些晋史有的“不预于中兴”，有的“莫通于创业”，有的“略记帝王”，有的“才编载记”，故“虽存记注，而才非良史，事亏实录”[①]。其后，唐代史家重修《晋书》而诸家晋史皆废而不传，这同它们本身存在的缺陷是相关的。

关于十六国史撰述。《隋书·经籍志二》霸史类小序说：“自晋永嘉之乱，皇纲失驭，九州君长，据有中原者甚众。或推奉正朔，或假名窃号，然其君臣忠义之节，经国字民之务，盖亦勤矣。而当时臣子，亦各记录。”这里主要就是指十六国史撰述。唐初史家从传统正闰观念出发，认为十六国君主“推奉正朔”、“假名窃号”，故将其史列为“霸史”。然刘知幾《史通·古今正史》篇，仍以十六国史入“正史”，这是他的卓识。十六国史多数是当时人及北朝人所作，少数为东晋南朝人所撰。清代及近人所考，大致相近，其数凡29种，多以分记十六国各朝史事，通记十六国史事者以崔鸿《十六国春秋》最为知名。刘知幾评其书曰：“考覈众家，辨其同异，除烦补阙，错综纲纪，易其国书曰‘录’，主纪曰‘传’，都谓之《十六国春秋》。”[②]可以认为，《十六国春秋》是反映十六国史事的一部总结性著作。唐修《晋书》中的“载记”，颇参考其书。自宋以后，十六国诸史皆散失无存。

关于南朝史撰述。南朝宋、齐、梁、陈朝代短促，但史家修史之风盛行，除撰有相当数量的东汉、晋史外，于南朝史亦颇多著述。其中宋、齐史各7种，梁史5种，陈史3种，共22种，今存

① 《唐大诏令集》卷81《修晋书诏》，学林出版社1992年版。

② 刘知幾：《史通·古今正史》，浦起龙通释本，上海古籍出版社1978年版。

者，仅沈约《宋书》、萧子显《齐书》（后人称《南齐书》）2种，其余尽散失。

关于北朝史撰述。北朝历北魏、东魏、西魏、北齐、北周五朝，其关于这一时期的历史撰述，经历了坎坷的道路，故修史之风不及南朝为盛。北魏初年，邓渊等受命著《国记》，得十余卷，“编年次事，体例未成”，乃中辍。太武帝拓跋焘时，命崔浩（？—450年）等撰成《国书》30卷。后又命崔浩、高允、张伟等“续成前纪”，“至于损益褒贬，折中润色，浩所总焉”。崔浩应是北魏史撰述的创始人。他接受著作令史闵湛、郄标的建议，以《国书》刊石写之，以示行路，从而因“尽述国事，备而不典”获罪，于太平真君十一年（450年）受诛；“清河崔氏无远近，范阳卢氏、太原郭氏、河东柳氏，皆浩之姻亲，尽夷其族”。崔浩监秘书事，故“其秘书郎吏已下尽死”，“同作死者二十八人”[①]。这就是后史常说到的“崔浩国史案”。以后，北魏皇朝关于本朝史的撰述便无太大举动。直至北齐天保时，魏收等撰成纪传体《魏书》130卷，才有比较完整的北魏史问世，并流传至今。

这个时期，同皇朝史撰述相关联的，还有历朝起居注的撰写。尽管它们都已散失，但它们在史学发展上的作用是应当肯定的。

魏晋南北朝时期撰述皇朝史的高潮，一方面表明史学在封建社会意识形态领域中的作用更加重要了；一方面也表明史学所反映出来的历史文化传统，即使在分裂割据时期，仍然是联结人们思想的纽带，不论是人们对于《史记》、《汉书》的推崇，还是对于《春

① 以上见《魏书》卷35《崔浩传》，中华书局1974年版，《史通·古今正史》，浦起龙通释本。

秋》、《左传》和《汉纪》的仰慕，都有力地证明了这一点。

隋朝与唐朝，统治集团的历史意识进一步强化了，这在历史撰述和历史思想上都有明显的表现。隋文帝在撰史方面首先过问的一件事情，是命魏澹“别成魏史”。而魏澹所撰《魏书》“以西魏为真，东魏为伪”，隋文帝“览而善之”①。这是通过改撰魏史，在历史上为西魏、北周争得合理地位，而最终是为隋朝争得合理地位。隋文帝在撰史方面过问的另一件事情，是在开皇十三年(593 年)下了一道诏书：“人间有撰集国史、臧否人物者，皆令禁绝。”②这表明皇家垄断“撰集国史、臧否人物”的决心，魏晋南北朝以来私人修史的势头受到了扼制。这是中央集权的重建和强化在修史方面最直接的反映。

武德五年(622 年)，唐高祖根据令狐德棻的建议，诏修梁、陈、魏、齐、周、隋六代史。诏书指出：史官的职责是“考论得失，究尽变通”，史学应起到“裁成义类，惩恶劝善，多识前古，贻鉴将来”的作用。魏、齐、周、隋、梁、陈六代都“自命正朔”，“至于发迹开基，受终告代，嘉谋善政，名臣奇士，立言著绩，无乏于时”；然诸史未备，令人惋惜。诏书对撰述六代史提出了总的要求：“务加详核，博采旧闻，义在不刊，书法无隐。”③这道诏书，反映出了唐高祖的政治家气度。他是激烈的政治斗争的胜利者，但他并没有去指斥前朝的错误，而是充分肯定它们的历史地位。他重视周、隋的历史，但也

---

① 《隋书》卷 58《魏澹传》，中华书局 1973 年版，《史通·古今正史》，浦起龙通释本。

② 《隋书》卷 2《高祖纪下》。

③ 《旧唐书》卷 73《令狐德棻传》，据《唐大诏令集》卷 81 于文字略有订正。又见《唐会要》卷 63《史馆上·修前代史》，中华书局 1955 年版。

没有排斥梁、陈，显示出对于史学工作有一种开阔的视野。这次修史工作没有取得具体成果，但它却为唐初修撰前代史确立了宏大的规模。

贞观三年（629 年），唐太宗复命诸大臣撰写梁、陈、齐、周、隋五代史，以房玄龄、魏徵"总监诸代史"，以令狐德棻主修周史并"总知类会梁、陈、齐、隋诸史"[①]。这是武德年间修史工作的继续。经众议，北魏史有魏收《魏书》和魏澹《魏书》二家，"已为详备，遂不复修"。为实现这次修史任务，这一年，唐太宗对修史机构作了重大改革，正式设立史馆，并"移史馆于禁中"，"自是著作郎始罢史职"[②]。贞观十年（636 年），五代史同时修成。唐太宗十分高兴，他勉励史臣们说："朕睹前代史书，彰善瘅恶，足为将来之戒。秦始皇奢淫无度，志存隐恶，焚书坑儒，用缄谈者之口。隋炀帝虽好文儒，尤疾学者，前世史籍，竟无所成，数代之事，殆将泯绝。朕意则不然，将欲览前王之得失，为在身之龟镜。公辈以数年之间勒成五代之史，深副朕怀，极可嘉尚！"[③]这一段话，阐述了唐太宗对史学的社会功用的认识，尤其是史学与政治关系的认识，阐述了唐初统治者在对待史学的态度上跟秦、隋皇朝的区别。隋、唐统治集团在历史意识强化方面是一致的，在对待修史工作的具体政策上却并不相近，这从一个侧面反映出了隋、唐在文化政策上的得失。贞观年间，唐太宗还诏修《五代史志》、重撰《晋书》；史家李延寿秉承家学，撰写《南史》、《北史》。至唐高宗时，这些撰述先后成书，显示出官修皇朝史的重大成就。

---

① 《旧唐书》卷 73《令狐德棻传》。

② 《旧唐书》卷 43《职官志二》。

③ 《册府元龟》卷 554《国史部·恩奖》，中华书局 1960 年版。

二　从分裂到统一:史家政治观念的变化

政治形势往往影响到史家的政治观,这是一个带有普遍性的问题,说明史学同政治本有一种内在的联系。南北朝时史家作史,"南书谓北为'索虏',北书指南为'岛夷'"[1]。这明显地表明"南北分隔"的政治形势和对立倾向。尔后,到了唐初人们撰《隋书》,就强调"《职方》所载,并入疆理,《禹贡》所图,咸受正朔"、"区宇之内晏如也"了[2]。这种政治观念的变化,对史学的发展有重要的意义,即促使史学家更全面地、更真实地认识社会的演变,《隋书》、《晋书》、《南史》、《北史》等就是这种认识的产物。

从史学和政治的关系来看,国家的统一,必然要求产生与之相适应的历史著作。从史学和历史的关系来看,随着历史的发展,史学家对历史的认识也在不断发展,因而史学家对反映历史的史书也要提出新的看法和新的要求。而这种新的看法和新的要求的提出,从终极的原因来说,它无疑是历史发展的产物,但从史学家的直接动因来说,它往往是史学家所处的那个时代的政治局面的反映。因此,史学家的一种历史观点的提出,是必然要受到一定的历史环境的制约的,尤其要受到一定历史环境下的一定政治要求的影响。本文上面所引用的刘知幾的"隋氏受命,海内为家,国靡爱憎,人无彼我"的说法,以及他认为史学家应根据已经变化了的政治形势重新看待历史和撰写史书的见解[3],正是史学和政治、史学和历史这种关系在史学家认识上的反映。

---

① 《北史》卷100《序传》,中华书局1974年版。

② 《隋书》卷2《高祖纪下》后论。

③ 《史通·因习》,浦起龙通释本。

为了节省篇幅，这里只着重讲讲《南史》、《北史》的历史思想与政治观念。李延寿在《北史·序传》中写了他父亲李大师的史学抱负，这就是："大师少有著述之志，常以宋、齐、梁、陈、魏、齐、周、隋南北分隔，南书谓北为'索虏'，北书指南为'岛夷'。又各以其本国周悉，书别国并不能备，亦往往失实。常欲改正，将拟《吴越春秋》，编年以备南北。"李大师没有实现这一愿望，"以为没齿之恨"，而李延寿"追终先志"，完成了他父亲的未竟之业，成为中国史学上的一段佳话。

倾向统一的政治思想，是李大师、李延寿父子共同的思想，也是他们撰述南北朝史的指导思想。从总的方面来看，他们所处的历史环境大致是相同的，但从具体的政治条件来看，李延寿却有着远远优越于他父亲所处的政治环境。李延寿的整个政治生涯和治史道路，几乎都是和历史上著名的"贞观之治"相始终的。其间，许多重大事件都会直接、间接地对他产生影响。譬如，贞观七年(633年)十二月，唐高祖李渊(他当时是太上皇)和唐太宗李世民在汉代未央宫旧址举行宴会。在热烈而融洽的气氛中，北方突厥族首领颉利可汗起舞，统治南方各族的首领冯智戴咏诗。李渊高兴地说："胡越一家，自古未有也！"[①]这是一个庆祝全国统一、"胡越一家"的热烈场面，它同李大师慨然而叹的"南北分隔"的政治局面和互相诬骂的对立情绪比起来，自不可同日而语。又如，贞观二十一年(647年)五月，唐太宗面对群臣，总结自己成功的原因。其中第五个原因是：自古以来多数帝王都以"中华"为高贵，以"夷狄"为低贱；只有我能够同样地看待他们、爱护他们，所以少数民族对待我

① 《资治通鉴》卷194唐太宗贞观七年，中华书局1956年版。

就像对待父母一样亲近。这是我得以取得今天这样的成就的原因之一[①]。唐太宗总结的五条历史经验,前四条都是关于怎样看待人和怎样使用人的问题,第五条是关于民族政策和政治局面问题。这两件事情,贯穿着全国统一、天下一家的思想。

《南史》、《北史》倾向统一的政治思想主要表现在:在政治上,作者充分肯定全国统一、天下一家的政治局面;在历史撰述上,作者明确提出"编年以备南北"和"编次别代,共为部秩"[②]的原则,主张把南北朝各代历史编撰成一部史书。这个指导思想最后由李延寿贯彻到《南史》、《北史》的撰述之中。《南史》、《北史》肯定全国统一、天下一家的政治局面的一个突出表现,是作者取消了一个多世纪以来一直袭用的所谓"索虏"和"岛夷"的称谓。此外,李延寿在讲到如何看待南朝和北朝的历史的时候,反复说明他跟南北朝时期史学家在看法上和历史编撰上的歧异。关于北朝的历史,他不赞成把北魏以前的一些少数民族所建皇朝的历史"编之四夷",认为这是"有欺耳目,无益缃素"的做法,既混淆视听,又无益于史。他赞成唐太宗时重修《晋书》的体例,把它们的历史写入《晋书》载记之中。根据这样的认识,他也不认为北魏所吞灭的一些少数民族所建皇朝属于"四夷",而是把他们的历史写入《僭伪附庸列传》[③]。

总之,李延寿一反南北朝时期史学家的陈旧的传统观念,对北魏、西魏、东魏、北齐、北周等朝史事,均于《北史》中立"本纪";对宋、齐、梁、陈各朝史事,亦于《南史》中立"本纪",从而一概取消了

---

① 参见《资治通鉴》卷一198《唐纪》贞观二十一年。

② 《北史》卷100《序传》。

③ 以上参见《北史》卷93《僭伪附庸列传》序。

所谓“索虏”和“岛夷”的称谓，取消了《索虏传》和《岛夷传》。李延寿在《北史》本纪中称南朝时则书其国号“宋”、“齐”，或书“宋人”、“齐人”；对南朝皇帝，书其谥号或庙号，如“宋顺帝”、“齐高祖”等。同样，他在《南史》本纪中，对北朝也用这样的称谓，或称国号，或称“魏人”、“周人”，对北朝皇帝也都称谥号和庙号。作者这样做，无疑是为了把南朝历史和北朝历史放在同等位置来看待。这种在历史撰述上不再强调南、北对立和华、夷界限的认识和做法，反映了全国统一、天下一家的政治局面，反映了从“南北分隔”到“胡越一家”的历史变化，反映了民族融合的伟大成果。

三　民族大迁移与民族史撰述的勃兴：从民族传记到霸史问世

西晋灭亡后，北方各族纷纷进入中原，先后建立十几个割据的皇朝，前后延续，百年左右，直至北魏统一北方，形成新的南北对峙局面。其间，不论是汉化趋势，还是胡化倾向，在政治格局和民族关系方面，都产生了新的变化。这个变化在史学上的突出表现之一，是民族史撰述的勃兴。上引《隋书·经籍志二》霸史类小序诸语，亦可视为这一趋势的成因。霸史类著录史书 27 部，其实际数字还要更多一些。从后来魏收所撰《魏书》来看，这种以朝代史面貌出现的民族史，具有丰富的内容。

民族史撰述，开始多以专篇形式出现。中国史学上关于民族史撰述的专篇，始于司马迁的《史记》，它把环绕中原的许多民族，尽可能地展开，呈现出一幅极为广阔而又井然有序的画卷，可以说是一部相当完整的民族史。其中有些记载是超越当时和今日国境范围的[1]。这在民族史撰述上具有开创的意义。其后,《汉书》、《东观汉记》、谢承《后汉书》、司马彪《续汉书》、华峤《汉后书》、陈寿《三国志》都有记述民族史的专篇;当然随着民族内部和民族之间的重新组合,专篇内容也不断有所变化。范晔《后汉书》比较晚出,它在继承、综合前史的基础上,写出了魏晋南北朝时期"正史"撰述中最有分量的民族史专篇,可以同《史记》、《汉书》的有关专篇相衔接。

这一时期的史家还写出了许多当代民族史著作,但它们多是以皇朝史或"国史"的形式出现的。崔鸿的《十六国春秋》和魏收的《魏书》是其中最有代表性的,可惜前者已散亡,只有辑佚本流传,已不可窥其全貌了。《魏书》在民族史记述上有一个特点,就是它不仅记述了鲜卑族拓跋部的历史,而且还记述了拓跋部以外的鲜卑族的历史,记述了鲜卑族以外的其他各族的历史,涉及到东北、西北、西域、北方许多民族,显示出在民族史记述上的开阔视野。它在反映这个时期北部中国诸民族的重新组合和融合方面,是具有总结性的著作。

魏晋南北朝时期史家的民族史记述,还包含在大量的地方史撰述和地理书撰述中。如《华阳国志》,它关于西南民族史的记述很丰富。其中,有一些记载,如果对其作深入的研究,可能对说明有关民族的族源、迁徙历史,提供有价值的线索和根据[2]。《隋书·经籍志二》地理类小序引《周官》之义,说:"夏官职方,掌天下之图地,辨四夷八蛮九貉五戎六狄之人,与其财用九谷六畜之数,

---

① 参见白寿彝总主编:《中国通史》第一卷(导论),第6～7页。

② 参见刘琳:《华阳国志校注·前言》,巴蜀书社1984年版。

周知利害，辨九州之国，使同其贯。"这是强调了地理书中关于民族情况的记载。又说到晋挚虞所著《畿服经》170卷，"其州郡及县分野封略事业，国邑山林水泉，乡亭城道里土田、民物风俗，先贤旧好，靡不具悉"；"齐时，陆澄聚一百六十家之说，依其前后远近，编而为部，谓之《地理书》。任昉又增陆澄之书八十四家，谓之《地记》。陈时，顾野王抄撰众家之言，作《舆地志》。"这几部大书都已佚亡，但从上述记载中，可以得知它们是包含了不少民族史方面的记述的。此外，如周处的《风土记》、盛弘之的《荆州记》、谯周的《三巴记》、常宽的《蜀志》(《蜀后志》)等，虽多言一方，但也具有相同的性质。

隋唐时期，人们对于民族关系和民族史的认识，具有超越前人的开阔视野和新的境界。隋炀帝时，裴矩撰《西域图记》一书，其序认为隋代是"混一诸夏"、"无隔华夷"的时代；若对少数民族历史"有所不记，无以表威化之远也"①。此书虽已不存，但从这篇序文中仍可看出作者对当时西域各族社会历史的深入了解。

唐初史家不仅承认记述少数民族政权历史的史书为"正史"的内容，而且也撰写这样的"正史"，这是他们在民族史撰述上的新贡献。《晋书》载记对于石勒、慕容廆、慕容德、赫连勃勃等十六国统治人物也都有一些好的评论。杜佑《通典·边防典》共十六卷，可以看作是当时一部翔实的民族史和域外情况的撰述。杜佑提出的"古之中华，多类今之夷狄"的见解②，从文明发展进程上来看待华夷关系，是朴素的历史进化思想在民族关系上的反映。晚唐时期，

① 《西域图记序》，见《隋书》卷67《裴矩传》。

② 《通典·边防典》序，中华书局1988年版。

民族史撰述有所增多，内容主要集中在两个方面：一是关于中原与“四夷”的关系史，一是关于少数民族地区的社会历史。李德裕的《异域归忠传》、高少逸的《四夷朝贡录》属于前一类著作；后一类著作以关于云南地区的社会历史撰述最为突出，主要有韦齐休的《云南行记》、李德裕的《西南备边录》、窦滂的《云南别录》和《云南行记》、徐云虔的《南诏录》、卢携的《云南事状》、达奚洪的《云南风俗录》、樊绰的《蛮书》（一作《云南志》）等。这些书，多撰于武宗至僖宗年间。可惜这些著作大都亡佚，幸存至今的只有《蛮书》10卷。樊绰在懿宗咸通年间任安南从事，是蔡袭的幕僚，他在咸通四年（863年）的一次事变中得以生还，撰成此书。《蛮书》是一部包括云南之历史和现状、自然和社会的内容丰富的著作，而书中关于唐朝与南诏之关系史的叙述则占有极突出的位置，是一部珍贵的民族史著作，多为后人所引据。

四　门阀社会中的史学特点：家传、谱牒与名教

魏晋南北朝隋唐时期，门阀地主在政治上占统治地位①。门阀地主的旨趣在史学上有突出的反映，这就是家传、谱牒和名教观念的盛行。两晋南北朝，姓氏之书大为发展，不仅“中国士人，第其门阀”，北魏、北周亦多仿效，逮至盛唐，其风不衰。因重门第而重家传，因重郡望而重乡贤，因重门节、家风而重名教，这都是门阀社会的特点，且都在史学上有所反映。《隋书·经籍志二》中的谱系类、杂传类著录诸书，可见一斑。刘知幾称颂“直书”，斥责“曲笔”，

① 据白寿彝说，见《中国通史纲要》，上海人民出版社1980年版，第18页。

但他认为："史氏有事涉君亲，必言多隐讳，虽直道不足，而名教存焉"。他还认为史学的一个任务就是"激扬名教"①。名教观念在一定程度上妨碍了史家追求信史的理想和实践。

家传、谱牒和各种名目的别传的大量涌现，都是这个时期社会历史的特点在史学上的突出反映，都是门阀的政治要求和意识形态在史学上的表现形式。刘知幾《史通·杂述》篇说："高门华胄，奕世载德，才子承家，思显父母。由是纪其先烈，贻厥后来，若扬雄《家谍》、殷敬《世传》、《孙氏谱记》、《陆宗系历》。此之谓家史也。"这里，刘知幾道出了家传的性质，它主要出自"高门华胄"，它的作用是"思显父母"、"贻厥后来"。这里举出的扬、殷、孙、陆四例，是把家传同谱牒合而论之的。《隋书·经籍志》以家史入杂传类（因家史多以"家传"为名），而以"谱系"自为一类。今从《隋志》，分而论之。

《隋书·经籍志二》杂传类自《李氏家传》以下，至《何氏家传》止，共著录家传 29 种，多为两晋南北朝人所撰。南朝梁人刘孝标《世说新语注》引用家传 8 种，其中《荀氏家传》、《袁氏家传》、《李氏家传》、《谢车骑家传》、《顾恺之家传》等 5 种在《隋志》中未见著录②。这 34 种家传，基本上都已不存，其中少数几种在《世说新语注》也只存片言只语。但是，《宋书》和《魏书》的列传，往往以子孙附于父祖而传，一传多至三四十以至五六十人，从中不难窥见这种家传的形式。《隋志》在家传中还著录了明岌《明氏家训》一种，说明"家传"、"家训"有内在的联系。《明氏家训》所记内容，已不可详

① 以上见《史通·曲笔》，浦起龙通释本。

② 参见叶德辉：《〈世说新语注〉引用书目》，上海古籍出版社影印本 1982 年版。

论。从今存北齐颜之推所撰《颜氏家训》来看,“家传”重在讲家族历史,“家训”重在讲家门风教,二者当有所侧重。

家传的另一种表现形式是家谱,它是谱牒的基本构成因素。但谱牒之书往往并不限于一门一姓,有一方之谱,也有全国性或一个皇朝统治范围内的总谱。这是谱牒同家传的一个区别。它们的另一个区别,是家传都撰自私门,而有影响的一方之谱和全国总谱多出于官修。《隋书·经籍志二》谱系类著录的谱牒之书,有帝谱、百家谱、州谱、家谱共 34 种,是属于这个时期所具有的特定意义的谱牒之书,其实际上的数量自然比这要大得多。仅《世说新语注》引用谱书 46 种,就有 43 种不见于《隋志》著录,可见佚亡的或失于著录的数量之大,从而可以推见魏晋南北朝谱牒撰述之盛。

谱牒撰述之盛导致了谱学的产生和发展。东晋南朝谱学有两大支脉,一是贾氏谱学,一是王氏谱学,而后者源于前者。贾氏谱学的奠基者是东晋贾弼之。萧子显《南齐书·文学·贾渊传》记:“先是谱学未有名家,渊祖弼之广集百氏谱记,专心治业。”晋孝武帝太元年间(376—396 年),贾弼之在朝廷支持下,“撰定缮写”成书,并经其子匪之、孙渊“三世传学”。此书包括“十八州士族谱,合百帙七百余卷,该究精悉,当世莫比。”这就是《姓系簿状》一书,是为东晋南朝谱学之渊薮。刘宋时,王弘、刘湛“并好其书”。弘为太保,“日对千客,不犯一人之讳”;湛为选曹,始撰《百家谱》“以助铨序”[①]。萧齐时,王俭重新抄次《百家谱》,而贾渊与之“参怀撰定”。贾渊亦自撰《氏族要状》十五篇及《人名书》。其后,贾渊之子执撰

① 《南史》卷 59《王僧孺传》,中华书局 1975 年版。

《姓氏英贤》一百篇和《百家谱》;贾执之孙冠,承其家学,亦有撰述,这都是王氏之学兴起以后的事了[①]。王氏谱学兴于梁武帝时。尚书令沈约指出:东晋咸和(326—334 年)至刘宋初年,晋籍精详,“位宦高卑,皆可依案”。后来由于晋籍遭到篡改,使“昨日卑细,今日便成士流”。他认为,“宋、齐二代,士庶不分,杂役减阙,职由于此。”梁武帝乃以王僧孺知撰谱事,改定《百家谱》。王僧孺乃“通范阳张等九族以代雁门等九姓。其东南诸族别为一部,不在百家之数”,撰成《百家谱》三十卷。他还集《十八州谱》710 卷,撰《百家谱集抄》15 卷、《东南谱集抄》10 卷[②]。谱牒撰述之盛和谱学的兴起,有深刻的社会原因:“魏氏立九品,置中正,尊世胄,卑寒士,权归右姓已。其州大中正、主簿,郡中正、功曹,皆取著姓士族为之,以定门胄,品藻人物。晋、宋因之,始尚姓已。然其别贵贱,分士庶,不可易也。于时有司选举,必稽谱籍,而考其真伪。故官有世胄,谱有世官,贾氏、王氏谱学出焉。”[③]这表明,凡“品藻人物”、“有司选举”、划分士庶,都以谱牒为据;而谱牒又须“考其真伪”,故有谱学之兴。此外,门阀士族之间的联姻,也往往要互相考察谱牒,以保证门当户对。这两个方面结合起来,就是:“官有簿状,家有谱系;官之选举,必由于簿状;家之婚姻,必由于谱系”[④]。这种社会现象一直继续到唐代,也成为史学发展中的一种特殊表现形式。

唐代跟魏晋南北朝时期一样,是门阀地主占统治地位的时代。重视谱牒,是这个时代的特点。唐代谱牒之学承魏晋南北朝之余

① 参见《新唐书》卷 199《儒学中·柳冲传》,中华书局 1975 年版。

② 《南史》卷 59《王僧孺传》。

③ 《新唐书》卷 199《儒学中·柳冲传》。

④ 郑樵:《通志·氏族略》序,中华书局 1984 年版。

绪，亦曾盛行一时，谱学家代有其人，官私谱牒屡有制作，成为唐代史学上一个重要现象。私家撰述，姑且不论。官修谱牒，其大者有：《氏族志》100卷，唐太宗时高士廉、岑文本等撰；《姓氏录》200卷，唐高宗时孔志约、杨仁卿等撰；《姓族系录》200卷，唐玄宗时柳冲、陆象先、徐坚、刘知幾等撰。这是盛唐时最重要的三部全国总谱。其后还有：《百家类例》10卷，唐肃宗时贾至撰；《元和姓纂》10卷，唐宪宗时林宝撰；《皇室永泰谱》（一作《永泰新谱》、《皇室新谱》）20卷，唐代宗时柳芳撰；《续皇室永泰谱》10卷，唐文宗时柳璟撰；《皇唐玉牒》110卷，唐文宗时李衢、林宝撰。这些书，尚存的仅有《元和姓纂》。关于唐代重谱牒，郑樵有中肯的论断："自隋唐而上，官有簿状，家有谱系。官之选举，必由于簿状；家之婚姻，必由于谱系。……此近古之制，以绳天下，使贵有常尊，贱有等威者也。所以人尚谱系之学，家藏谱系之书。"[①]可以认为，谱牒之学在唐代的兴衰，反映出唐代门阀政治的命运和社会风气的演变。

别传亦与门阀社会有关。按刘知幾的说法，别传是以"类聚区分"的形式出现的。《隋书·经籍志二》杂传类著录中的高士、逸士、逸民、高隐、高僧、止足、孝子、孝德、孝友、忠臣、良吏、名士、文士、列士、童子、知己、列女、美妇等传，都属于别传。但别传也不限于"类聚区分"、多人合传，也有单个人的传记称为别传的。《世说新语注》引用个人别传八十余种（均为《隋志》未曾著录）。前者更多地反映出当时的以"名教"观念为中心的社会道德观念，后者则反映出门阀士族人物的言行，它们都是这个时代的特点在史学上

① 《通志·氏族略》序。

的表现。如《宋书》、《南齐书》首立《孝义传》,《魏书》立《孝感传》,突出"父子之道"的"天性"[1];《宋书》、《南齐书》、《魏书》分别创设《隐逸传》、《高逸传》、《逸士传》,推崇"全身远害"的行为等,都是以强调门阀利益为其出发点和归宿的。

五 从史书诸志看世风面貌与社会变迁

"正史"的志,从不同方面反映了有关时代的世风面貌与社会变迁,这是因为"志"目的设立和"志"的内容,往往都打上了时代的烙印。这就是为什么对于史书"志"的考察,可以在反观社会方面有所启示。魏晋南北朝隋唐时期,史家先后撰写的《续汉书》、《宋书》、《南齐书》、《魏书》、《隋书》、《晋书》等都有志。其中,除沿袭《汉书》诸志外,新写的志有《百官志》(《职官志》、《官氏志》)、《舆服志》、《符瑞志》(《祥瑞志》、《灵征志》)、《释老志》等。简言之,百官、舆服、符瑞、佛道,是这时期人们关注的社会内容。除《续汉书》诸志是反映东汉社会外,其余主要都是反映魏晋南北朝及隋代的社会风貌。今举《百官志》为例:《续汉书·百官志》序文强调的是"世祖节约之制,宜为常宪";《南齐书·百官志》序文突出了"齐受宋禅,事遵常典,既有司存,无所偏废";《魏书·官氏志》序则谓"余官杂号,多同晋朝";《隋书·百官志》序文写出了隋炀帝初年仿《周官》"建官分职","于时三川定鼎,万国朝宗,衣冠文物,是为壮观",以及炀帝后期"以人纵欲,待下若仇,号令日改,官名月易"的局面。这里有两点值得注意:第一,史家所处社会环境不同,则其旨趣有

① 《南齐书》卷55《孝义传》序,中华书局1972年版。

所不同，即在政治统一的局面下，史家比较关注官制的前后变化；在政治分裂的局面下，史家比较关注的是承袭前代之制。第二，官制的繁简同社会状况有关，一般说来，世风好则尚简，世风不好则趋繁，如《续汉书》称道汉光武帝的“节约”，是针对汉武帝说的；《隋书·百官志》序则指出了隋炀帝前期同后期的不同。从中可以看出，这个现象是带有规律性的。

此外，我们从《宋书·州郡志》可以看到人口迁移的情况和侨置州郡的设立；从《魏书·官氏志》可以看到官制和门阀的南北趋同；从《魏书·地形志》可以看到所叙行政建置皆上溯两汉而下及北魏，凡此都反映了南北朝时期民族融合的步伐；从《隋书·经籍志》著录经、史、子、集四部书所撰总序、大序、小序诸文，我们可以看到魏晋南北朝至隋朝统一，文化事业的迅速发展和历史文献的丰富积累等。

本文列举这些事实，不是为了要告诉人们“正史”的“志”在史料上多么重要，这是人们早已熟悉的问题了。本文要强调的是，史学在反映社会面貌和社会变迁方面，具有多么重要的作用；而深入研究史学的发展，对于深入研究和认识历史的发展同样是十分重要的。

（原载冯天瑜主编：《人文论丛》2002 年卷，
武汉大学出版社 2003 年版）

令狐德棻和唐初史学

令狐德棻是唐初的一位史家。他虽然不像刘知幾、吴兢、杜佑那样受到后人重视，也不像姚思廉、李延寿那样常为人们所论及，但他却对唐初史学的发展作出了杰出的贡献，堪称为唐代史学的开山。

令狐德棻(583—666年)是宜州华原(今陕西耀县)人，出身于士族家庭，"其先乃敦煌右姓"[①]。他的祖父令狐整，仕周；父亲令狐熙，"性严重，有雅量"，"博览群书，尤明《三礼》，善骑射，颇知音律"[②]，仕隋。令狐德棻生长在这样的家庭，各方面的熏陶与教育，影响到他后来的学术思想和政治主张。

令狐德棻"博涉文史，早知名"[③]，因隋末动乱，不出仕。唐高祖武德元年(618年)，年已三十五岁的令狐德棻，出任起居舍人，历仕高祖、太宗、高宗三朝，致力于皇家撰述(主要是历史撰述)工作，凡四十余年，而"暮年尤勤于著述，国家凡有修撰，无不参与"。可以说，凡唐初的重大历史著述活动，都倾注了令狐德棻的心血。这是他对唐初史学的贡献的基本方面。现将其主要著述活动按年

① 《新唐书》卷102《令狐德棻传》，中华书局1975年版。

② 以上均见《隋书》卷56《令狐熙传》，中华书局1973年版。

③ 《旧唐书》卷73《令狐德棻传》，中华书局1975年版。以下引文凡未注明出处者，均见此。

代顺序略述如下，有些地方并作简要考证。

（一）主编《周书》。

武德五年（622 年），唐高祖下达《命萧瑀等修六代史诏》，诏令大臣们分工撰写梁、陈、魏、齐、周、隋六代史，“侍中陈叔达、秘书丞令狐德棻、太史令庾俭可修周史”①。然而这次修史工作，大概由于缺乏具体的组织领导，“历数年，竟不能就而罢”。直到贞观三年（629 年），唐太宗“复命修撰”除魏史以外的五代史，“乃令德棻与秘书郎岑文本修周史”；文本“博考经史，多所贯综”，是很好的合作者。德棻“又奏引殿中侍御史崔仁师佐修周史”。贞观十年（636 年），五史皆成，令狐德棻“以修周史赐绢四百匹”。

（二）参与修撰《大唐仪礼》。

《旧唐书·令狐德棻传》载：“（贞观）十一年，修《新礼》成，进爵为子”。《新唐书·艺文志·仪注类》着录：“《大唐仪礼》一百卷。长孙无忌、房玄龄、魏徵、李百药、颜师古、令狐德棻、孔颖达、于志宁等撰。《吉礼》六十篇，《宾礼》四篇，《军礼》二十篇，《嘉礼》四十二篇，《凶礼》六篇，《国恤》五篇，总一百三十篇（按：据此应为一百三十七篇——引者）。贞观十一年上。”可见，令狐德棻参与撰写的《新礼》，就是《大唐仪礼》。

（三）参与修撰《氏族志》。

《旧唐书》卷六五《高士廉传》记：贞观五年（631 年），唐太宗“诏士廉与御史大夫韦挺、中书侍郎岑文本、礼部侍郎令狐德棻等刊正姓氏。于是普责天下谱牒，仍凭据史传考其真伪，忠贤者褒

① 《旧唐书》卷 73《令狐德棻传》。又见《唐会要》卷 63《史馆上·修前代史》，中华书局 1955 年版。《唐大诏令集》卷 81，商务印书馆 1959 年版。

进，悖逆者贬黜，撰为《氏族志》。……及成书，凡一百卷，诏颁于天下”。据《旧唐书》本传，令狐德棻任礼部侍郎当在贞观六年（632年），与此稍有出入。《氏族志》的修成奏上，事在贞观十二年（638年）[①]，令狐德棻“又以撰《氏族志》成，赐帛二百匹”。

（四）参与修撰《晋书》。

令狐德棻因太子承干事株连，“坐除名为民”。贞观十八年（644年），任雅州刺史，旋又免职。贞观二十年（646年），“会修晋家史，房玄龄奏起之”[②]，由是参与《晋书》的修撰工作，并发挥了很重要的作用。贞观二十二年（648年），修成《晋书》，令狐德棻“除秘书少监”。

（五）参与修撰《贞观实录》。

据《旧唐书·令狐德棻传》记载：“（永徽）四年，迁国子祭酒，以修贞观十三年以后实录功，赐物四百段，兼授崇贤馆学士。”考唐初修撰《太宗实录》，仅有两次。一次在贞观十七年（643年），由房玄龄主持修成二十卷，始贞观元年，讫贞观十四年；另一次即是永徽元年（650年），由长孙无忌主持修成二十卷，起贞观十五年，止贞观二十三年。引文中“贞观十三年”，当是“贞观十五年”之误[③]。

（六）参与撰定律令。

《旧唐书·令狐德棻传》云：“永徽元年，又受诏撰定律令。”《新唐书·艺文志二·刑法类》也有令狐德棻奉诏参与撰定律令

---

① 《唐会要》卷36《氏族》。

② 《新唐书》卷102《令狐德棻传》。

③ 参见陈光崇：《唐实录纂修考》，《辽宁大学学报》1978年第3期。

的记载。于此亦可见令狐德棻在唐高宗时期依然是受到十分重视的。

（七）参与修撰《五代史志》。

梁、陈、齐、周、隋五代史撰成后，唐太宗又命于志宁、李淳风等人撰写《五代史志》。唐太宗在世时，未能修成此书。唐高宗即位后，命令狐德棻担任《五代史志》的主编工作（后由长孙无忌担任主编），对促成该书的撰成发挥了积极的作用。

（八）参与撰写武德、贞观二朝国史。

《唐会要》记：显庆元年七月三日，令狐德棻等"修国史成，起义宁尽贞观末，凡八十一卷，藏其书于内府"①。《新唐书·艺文志二·正史类》着录："《武德贞观两朝史》八十卷。长孙无忌、令狐德棻、顾胤等撰"。关于令狐德棻等撰写的这部国史，刘知幾评论说："贞观初，姚思廉始撰纪传，粗成三十卷。"至显庆元年，令狐德棻等"因其旧作，缀以后事，复为五十卷"②。根据刘知幾的这个评论，可以明确：第一，《唐会要》所说的"八十一卷"，当是八十卷之误；第二，这是一部纪传体史书。

（九）修撰《高宗实录》。

《旧唐书·令狐德棻传》说："撰《高宗实录》三十卷，进爵为公。"两唐志所著录许敬宗主持的《高宗实录》（新志作《皇帝实录》）均为三十卷，与《旧唐书·令狐德棻传》同。《唐会要》于正文中不载德棻参与《高宗实录》修撰，显然有疏漏，说是二十卷，恐怕也是不确的。

---

① 《唐会要》卷63《史馆上·修国史》。

② 《史通·古今正史》，浦起龙通释本。

（十）据《新唐书·艺文志》著录，令狐德棻的著作还有《凌烟阁功臣故事》四卷、《皇帝封禅仪》六卷、《令狐家传》一卷等；此外，德棻早年还参加了《艺文类聚》的著述工作。

一个史家，在一生中参与了这么多的著述工作，的确是难得的，而尤其可贵的是，德棻“暮年尤勤于著述”。他在史学的道路上，从来没有停止过自己的脚步。

令狐德棻对唐初史学的杰出贡献，还突出地表现在他的思想远见和史学才能方面。

武德年间，令狐德棻任秘书丞。“方是时，大乱后，经籍亡散，秘书湮缺，德棻始请帝重购求天下遗书，置吏补录。不数年，图典略备”[①]。《旧唐书》以赞叹的口吻说：“及隋氏建邦，寰宇一统，炀皇好学，喜聚逸书，而隋氏简编，最为博洽。及大业之季，丧失者多。贞观中，令狐德棻、魏徵相次为秘书监，上言经籍亡逸，请行购募，并奏引学士校定，群书大备。”[②]这里，有一点是需要纠正的：令狐德棻任秘书少监，事在贞观二十二年（648年），而他的上述建议早在武德年间就提出来了。应当指出，在唐皇朝刚刚建立、百废待举的时候，令狐德棻的这一建议，对于唐初文化的复兴，无疑是非常重要的。这正是一位有作为的历史家所具有的思想远见。遗憾的是，《新唐书·艺文志》仅提及魏徵、虞世南、颜师古等人在这方面的贡献，竟只字未提令狐德棻[③]，这是只看见继为者之劳而无视开创者之功，当然是不公允的。

---

① 《新唐书》卷102《令狐德棻传》。

② 《旧唐书》卷46《经籍志·序》。

③ 《新庸书》卷57《艺文志·序》。

令狐德棻还是唐初第一个向最高统治者提出修撰前朝诸史的建议的史家。在历史上存在了三十余年的隋王朝，在史学方面的工作，存在着许多不足之处。如梁、陈、北齐、北周诸史，本应在隋朝撰成，但因隋朝严禁私人修史，由官府垄断修史工作，这就极大地限制了史才的发展；兼之其经验不足，用人不当，故在前朝史及本朝史的修撰方面，成效都不是十分显著的。直到隋朝灭亡，上述诸史，均未修成。令狐德棻"博涉文史"，深知修史是件大事。因此，他在武德四年(621年)向唐高祖李渊提出如下建议：

> 窃见近代已(以)来，多无正史，梁、陈及齐，犹有文籍。至周、隋遭大业离乱，多有遗阙。当今耳目犹接，尚有可凭，如更十数年后，恐事迹湮没。陛下既受禅于隋，复承周氏历数，国家二祖功业，并在周时。如文史不存，何以贻鉴今古？如臣愚见，并请修之。[1]

令狐德棻的这个建议，对于唐皇朝来说不仅是正确的，而且是重要的。因此，唐高祖采纳了他的建议，于武德五年(622年)下达了《命萧瑀等修六代史诏》。诏书写道：

> 司典序言，史官记事，考论得失，究尽变通，所以裁成义类，惩恶劝善，多识前古，贻鉴将来。……自有魏南徙，乘机抚运，周、隋禅代，历世相仍，梁氏称邦，跨据淮海，名迁龟鼎，陈建皇宗，莫不自命正朔，绵历岁祀，名殊徽号，删定礼仪。至于发迹开基，受终告代，嘉谋善政，名臣奇士，立言着绩，无乏于时。然而简牍未编，纪传咸阙，炎凉已积，谣俗迁讹，余烈遗风，倏焉将坠。朕握图驭宇，长世字人，方立典谟，永垂宪则。

① 《旧唐书》卷73《令狐德棻传》。《唐会要》卷63《史馆上·修前代史》。

顾彼湮落，用深轸悼，有怀撰次，实资良直。[①]

诏书虽是官样文章，废话太多，却也强调了修史的重要性和迫切性；而这正是令狐德棻建议的主旨所在。

贞观三年(629年)，唐太宗诏命诸大臣撰写梁、陈、齐、周、隋五代史。在这次修史工作中，令狐德棻发挥了他的史学才能，促进了修史工作的顺利进行。根据唐太宗的指示，令狐德棻不仅仍然主编周史，而且还负责"总知类会梁、陈、齐、隋诸史"。《旧唐书》载："武德已(以)来创修撰之源，自德棻始也。"这个评价是符合实际的。

令狐德棻在参与修撰《晋书》的工作中，《旧唐书》本传说："当时同修一十八人，并推德棻为首，其体制多取决焉"。《新唐书》本传也说："预柬凡十有八人，德棻为先进，故类例多所諏定。"足见他才能突出，声望颇高。可惜的是，令狐德棻为《晋书》写的《序例》已佚，否则我们将可借此进一步窥见他的史学思想。中华书局点校本《晋书》(一九七四年版)"出版说明"称："修史体例，是敬播拟订的。"这样说，是不妥当的。据《唐会要》所记，是令狐德棻、敬播、李安期、李怀俨等四人共同"详其条例，量加考正"，《旧唐书》也说由敬播与令狐德棻等四人"总其类"，都没有说到敬播一人拟订体例。唯一说到敬播拟订体例的是《新唐书·敬播传》。它写道：敬播"又与令狐德棻等撰《晋书》，大抵凡例皆播所发也"[②]。然而这一记载，不仅同《旧唐书·令狐德棻传》有出入，而且与《新唐书·令狐德棻传》也相抵牾。对《晋书》，刘知幾和后来的一些史家有所

---

① 《旧唐书》卷73《令狐德棻传》。又见《唐会要》卷63《史馆上·修前代史》，《唐大诏令集》卷81。

② 《新唐书》卷198《儒学传上·敬播传》。

批评,但是,《晋书》"参考诸家,甚为详洽"[①],是有许多长处的。例如在体例上,它于纪、传之外,另创载记,分记十六国人物,特别是"三十载记,只说僭伪,而不强调华夷,这与南北朝时期史书北以南为岛夷、南以北为索虏的对立态度不同,而反映了唐统一后天下一家的思想"[②],这与取决体制、诹定类例的令狐德棻自然有极大的关系。

令狐德棻是很有组织才能的,如前所述,修梁、陈、齐、周、隋五代史,他除主编周史外,还"总知类会"其他四史;修《晋书》,他被"推为首",在一定程度上发挥着事实上的主编的作用。更为难能可贵的是,他作为监修国史,曾热情地支持和具体地帮助了李延寿个人撰著《南史》、《北史》的工作。李延寿为了继承父亲李大师的遗志,以十六年时间,撰成《南史》八十卷、《北史》一百卷。李延寿在显庆四年(659 年)撰成《南史》、《北史》后,这样写道:

> 始末修撰,凡十六载。始宋,凡八代,为《北史》、《南史》二书,合一百八十卷。其《南史》先写讫,以呈监国史、国子祭酒令狐德棻,始末蒙读了,乖失者亦为改正,许令闻奏。次以《北史》咨知,亦为详正。国遍咨宰相,乃上表。[③]

可见,由于得到令狐德棻的赞助、支持、检阅、详正,并积极向各位宰相推荐,大师、延寿父子的愿望和心血才没有付之东流。《南史》、《北史》的修成并成为封建社会"正史"即"二十四史"的组成部分,流传至今,显然有令狐德棻的一份功劳。

令狐德棻的政治见解,是极其矛盾、复杂的,进步方面与保守

① 《旧唐书》卷 66《房玄龄传》。

② 白寿彝:《中国史学史教本》上册,北京师范大学 1964 年版,第 79 页。

③ 《北史》卷 100《序传》,中华书局 1974 年版。

方面，都表现得十分鲜明。他主张最高统治者采用“王道”这一统治方术，认为“王道任德，霸道任刑。……如欲用之，王道为最，而行之为难”。他对唐高宗说过这样的话：“古者为政，清其心，简其事，以此为本。当今天下无虞，年谷丰稔，薄赋敛，少征役，此乃合于古道。为政之要道，莫过于此”。当然，真正的“王道”，在历史上是不曾实行过的；但是，“薄赋敛，少征役”的政治主张，还是有其进步意义的。令狐德棻的这些话，恐怕也是有感而发的：它既是对贞观前期的政治的称颂，也是对贞观后期的政治的批评。令狐德棻作为“敦煌右姓”的后裔，他的门阀观念仍然是很浓厚的。他在向唐高祖李渊提出撰修前代历史的建议中，津津乐道于宇文周的历史，说明他一方面寄希望于李唐皇朝的未来，另一方面还沉湎于北周政权的过去，他主编的《周书》，“不仅竭力歌颂宇文政权的骨干人物，所谓‘关右旧族’、‘八柱国、十二大将军’，而且啧啧叹赏‘今之门阀者，咸推八柱国家’”[①]。令狐德棻的这种抬高门阀的庸俗观点，既是魏晋六朝以来旧有历史传统对他的影响，又是唐初庸俗的社会风气在他的思想上的反映，这是我们必须着重指出的。

在中国史学史上，史家们的境遇往往有很大的迥异。有一种史家，在世的时候，就拥有很高的声望；去世以后又留有著作传为不朽，受到后人的推崇。这种史家，自然会被人们所重视。另一种史家生前屡遭逆境，备受挫折，然其发愤著书，以成“名山事业”，所以在他去世以后，大为人们敬仰。这种史家，当然也会受到人们的重视。还有一种史家，尽管生前曾经深深地影响着一代史学，但由于身后没有留下自己单独撰写的宏篇巨制，年代久远，其事迹渐渐

---

① 中华书局点校本《周书》，1971年版“出版说明”。

不为后人所重视。这种史家，易为人们所忽略、轻视。令狐德棻就颇类似于这一种史家。这是我们在研究中国史学史过程中，应当引起注意的一个问题。即以唐初而论，如姚思廉（557—637 年）、李百药（565—648 年）、李延寿等，是人们所熟知的史家，他们都各有自己的长处和专门的著述，都对唐代史学的发展作出了贡献。但是，如果把他们的史学活动放到唐初这一时期中作全面的、综合的考察，那就不难发现：他们比之于令狐德棻，不能不稍逊一筹。我之所以把令狐德棻视为唐代史学的开山，原因就在这里。

（原载《人文杂志》1982 年第 1 期）

略谈《隋书》的史论

一　魏徵与《隋书》史论

唐朝初年官府所修的《隋书》，是我国古代所谓正史的"二十四史"之一。在中国史学史中，它不仅是有代表性的一部官修史书，而且其史论还颇具当时统治者言论的一些特色。

隋唐封建皇朝，是继秦汉之后又一次出现的两个蝉联的封建统一政权，唐初统治者从维护统一和巩固统治的需要出发，着手修撰《隋书》。唐高祖李渊在《命萧瑀等修六代史诏》中清楚地表明：唐初统治者十分重视修撰前朝历史，乃是出于当时的政治需要，即所谓"握图御宇，长世字民"。尤其是对于《隋书》的修撰，具有更为直接的现实意义。这是因为：第一，唐朝的封建统一政权是隋朝封建统一政权的直接继承和发展，没有隋朝，就没有唐朝。因此，唐初统治者对隋朝的统一大业，是极为推崇的，称赞隋文帝顺乎潮流，"乘兹机运，遂迁周鼎"，"劬劳日昃，经营四方"，致使"金陵失险"、"单于款塞"，出现了"《职方》所载，并入疆理，《禹贡》所图，咸受正朔"的统一局面，对隋文帝在统一事业中的作用给予很高的评价。第二，唐初统治者对于隋朝初年的政治，也是异常钦慕的，认为：隋文帝时，"七德既敷，九歌已洽，要荒咸暨，尉候无警。于是躬节俭,平徭赋,仓廪实,法令行,君子咸乐其生,小人各安其业,强无凌弱,众不暴寡,人物殷阜,朝野欢娱。二十年间,天下无事,区宇之内晏如也。考之前王,足以参踪盛烈。”①第三,一个“甲兵强盛”、“风行万里”的隋皇朝,为何在很短的时间内,竟然“率土分崩”、“子孙殄灭”②了呢?这样触目惊心的现实,又不能不引起唐初统治者的警惕和深思。可见,撰述隋朝历史,对于唐朝统治者来说,有着切身的利害关系,有许多引为鉴戒的历史经验教训。因此,唐皇朝建立不久,最高统治集团立即着手修撰《隋书》及其他史书。

武德五年(622年),唐高祖李渊诏令“兼中书令封德彝、中书舍人颜师古可修隋史”③。这次修史工作“绵历数载,不就而罢”。逮及贞观三年(629年),唐太宗李世民乃令“秘书监魏徵修隋史”④,魏徵就做了《隋书》的主编。《旧唐书》卷71《魏徵传》记:“征受诏总加撰定,多所损益,务从简正。隋史序、论,皆征所作。”可见,魏徵不仅主编《隋书》,而且还亲自撰写了《隋书》的序、论⑤。

魏徵是唐初著名的政治家之一。他与唐太宗在政治上有密切关系,是唐太宗统治集团的主要谋划人物和决策人物之一。《隋书》史论,不仅反映了以魏徵为代表的一批谏官、元臣的思想,而且在很大的程度上反映了唐太宗统治集团的政治思想和历史观点。

因此,研究《隋书》史论所提出的一些主张、观点和理论,对于

---

① 《隋书》卷2《高祖纪下》后论,中华书局1973年版。

② 《旧唐书》卷71《魏徵传》,中华书局1975年版。

③ 《唐大诏令集》卷81,学林出版社1992年版。

④ 《旧唐书》卷73《令狐德棻传》。

⑤ 《隋书》纪、志、列传共85卷,其中有序、论77首,计:“纪”有“后论”3首,“志”有“序”7首,“列传”有“后论”50首、“序”14首。除“志”以外,序、论皆徵所作。

揭示唐朝统治集团，特别是唐初统治集团的政治思想和历史观点，进而说明史学发展与历史发展的关系，是不无益处的。

二　探究隋朝何以骤兴骤亡的原因

"隋之得失存亡，大较与秦相类"。这是《隋书》史论对于隋朝历史经验教训的最重要的概括。

唐继隋而起。隋何以亡，唐何以兴？对于这样一个问题的回答，犹如西汉初年陆贾受刘邦之命作《新语》一样[①]，成为《隋书》史论极为重视的中心问题。

《隋书》史论的作者注意从变化的观点来分析历史现象，认为隋朝"衰怠"、"乱亡"的原因，"所由来远矣，非一朝一夕"[②]，而着重分析了隋亡"成于炀帝"的种种政治原因，指出：隋炀帝"负其富强之资，思逞无厌之欲，狭殷、周之制度，尚秦、汉之规摹。恃才矜己，傲狠明德，内怀险躁，外示凝简，盛冠服以饰其奸，除谏官以掩其过。淫荒无度，法令滋章，教绝四维，刑参五虐，锄诛骨肉，屠剿忠良，受赏者莫见其功，为戮者不知其罪。骄怒之兵屡动，土木之功不息，频出朔方，三驾辽左，旌旗万里，征税百端，猾吏侵渔，人不堪命。乃急令暴条以扰之，严刑峻法以临之，甲兵威武以董之，自是海内骚然，无聊生矣。"[③]这一段评论，把隋炀帝统治时期骄横残暴的政治揭示得极为深刻。联系到隋炀帝严刑峻法、穷兵黩武、营造无日、巡幸不止等等做法，这个评论基本是符合历史事实的。其中

① 《史记》卷97《郦生陆贾列传》，中华书局1959年版。

② 《隋书》卷1《高祖纪》后论。

③ 《隋书》卷4《炀帝纪下》后论。

有些见解，如说隋炀帝“淫荒无度，法令滋章”，“骄怒之兵屡动，土木之功不息”，“猾吏侵渔，人不堪命”等等，就是以今天的眼光来看，也不失为正确的论断。这些议论，是接触到了隋朝灭亡的某些根本问题了。

没有比较，便没有鉴别。《隋书》史论为了深入地阐明隋亡的教训，还进一步把文帝、炀帝时期的政治作了比较，指出：“夫以开皇之初，比于大业之盛，度土地之广狭，料户口之众寡，算甲兵之多少，校仓廪之虚实，九鼎之譬鸿毛，未喻轻重，培楼之方嵩、岱，曾何等级！论地险则辽隧未拟于长江，语人谋则句丽不侔于陈国。高祖扫江南以清六合，炀帝事辽东而丧天下。其故何哉”[①]。经过这样的对比，又提出如此尖锐的问题，既表明了《隋书》史论的撰著者对历史事件的深刻的理解，同时也能更强烈地唤起人们的注意而发人深省。魏徵处在唐代第二个皇帝唐太宗时期，提出这个问题，当然是寓有深意的。《隋书》史论认为：文帝、炀帝“所为之迹同，所用之心异也。”就是说，他们的做法似乎是一样的，而他们的目的却完全不同。文帝的统一战争，“十有余载，戎车屡动，民亦劳止，不为无事。然其动也，思以安之，其劳也，思以逸之。是以民致时雍，师无怨讟，诚在于爱利，故其兴也勃焉。”炀帝则不然，“嗣承平乏基，守已安之业，肆其淫放，虐用其民，视亿兆如草芥，顾群臣如寇仇，劳近以事远，求名而丧实。兵缠魏阙，阽危弗图，围解雁门，慢游不息。天夺之魄，人益其灾，群盗并兴，百殃俱起，自绝民神之望，故其亡也忽焉。”这就是“高祖之所由兴，而炀帝之所以灭”[②]的

① 《隋书》卷70后论。

② 《隋书》卷70后论。

原因。《隋书》史论的这个见解是十分难能可贵的。在这里，魏徵认为，隋文帝对人民的“动”是为了使其“安”，对人民的“劳”是为了使其“逸”，故其能以兴；隋炀帝“肆其淫放，虐用其民，视亿兆如草芥，顾群臣如寇仇”，故其必然亡。这无疑是说明人心的向背，决定着隋朝的“兴”、“亡”。魏徵的这种认识，是带有一贯性的。他曾多次引用《荀子·王制》上的话劝告唐太宗：“君，舟也，民，水也。水能载舟，亦能覆舟。”[①]而唐太宗本人也曾用这样的话诲谕太子[②]。《隋书》史论有不少真知灼见，上面所引，便是其中突出一例。

《隋书》史论除了以隋朝自身的历史作比较外，还进而把隋朝的历史与秦朝的历史作了比较，并得出这样的结论：“其隋之得失存亡，大较与秦相类。始皇并吞六国，高祖统一九州，二世虐用威刑，炀帝肆行猜毒，皆祸起于群盗，而身殒于匹夫。原始要终，若合符契矣。”[③]《隋书》史论的撰者在此明确指出：隋亡和秦亡一样，都是被“群盗”所推翻。这就是全部问题的症结所在。可见，他不仅希望唐朝统治者要记取隋亡的教训，而且要记取秦亡的教训。《隋书》史论用这种历史教训来唤起唐朝统治者的警惕，它的政治目的与阶级实质也就表露得再清楚不过了。

此外，《隋书》史论还从经济上探讨了隋朝灭亡的原因，指出：“取之以道，用之有节，故能养百官之政，勖战士之功，救天灾，服方外，治国安人之大经也。”这可以说是《隋书》史论的撰者的根本的经济原则。其具体主张是：“不夺其时，不穷其力，轻其征，薄其赋，

---

① 吴兢：《贞观政要》卷1《政体》、卷3《君臣鉴戒》，上海古籍出版社1978年版。

② 《贞观政要》卷4《教戒太子诸王》。

③ 《隋书》卷70后论。

此五帝三皇不易之教也。”相反，“若使之不以道，敛之如不及，财尽则怨，力尽则叛。”那时人民就要起来造反。质而言之，就是剥削、奴役百姓要有一个“限度”：不超过这个“限度”，就可以“治国安人”，超过这个“限度”，便“怨”、“叛”丛生。《隋书》史论从剥削阶级的立场来评论封建皇朝的经济政策，并提出上述的主张，应当说是很难得的。

《隋书》史论分析了隋朝末年由于劳役、兵役过重，造成了生产力的巨大破坏，以致出现了“……比屋良家之子，多赴于边陲，分离哭泣之声，连响于州县。老弱耕稼，不足以救饥馁，妇工纺绩，不足以赡资装”的悲惨局面，加之“租赋之外，一切征敛，趣以周备，不顾元元，吏因割剥，盗其太半”，终于弄得全国各地“盗贼充斥”，故而“隋氏之亡，亦由于此”。于是《隋书》史论总结出这样的历史经验：“富而教之，仁义以之兴，贫而为盗，刑罚不能止。”[①]这些议论，从阶级实质来看，无疑是为了巩固唐皇朝的地主阶级的统治，并非在为人民着想；从历史观点来看，则比较明确地认识到社会生产的发展与破坏，对于政权的兴盛和衰亡有着直接的关系，这种见解还是应当肯定的。唐初统治集团比较注重发展生产、稳定统治秩序，其思想基础，就在于此。

三　寄寓理想的政治统治秩序

“所居而化，所去见思”。这是《隋书》史论竭力提倡的一种封建吏治和统治秩序。《隋书》史论认为，要避免重蹈秦、隋之亡的覆

① 《隋书》卷24《食货志》序。

辙，还必须对各级封建官吏提出“立身从政”的严格要求，从而建立起一种比较稳定的统治秩序。

魏徵在《隋书》史论中，突出地宣扬“循吏”的作用，认为：“古之善牧人者，养之以仁，使之以义，教之以礼，随其所便而处之，因其所欲而与之，从其所好而劝之。”这就是所谓“化人”的办法；做到这些，就能统治人民，管理政务，天下安定，他还认为：“有无能之吏，无不可化之人”[①]，主张主要通过教化来达到统治人民的目的。他的这个思想，颇像是道家思想的延续，又如同汉初黄老学说的翻版。其实，这种思想恰是唐初历史条件的合乎规律的反映。处在隋末动乱后的唐初社会，犹如处在秦末动乱后的汉初社会一样，当务之急是要稳定统治秩序，“与民休息”，故汉初有黄老政治，鼓吹“无为”，唐初有魏徵的“教化”之说，主张“化人”。这都是历史发展的必然产物。魏徵的高明之处，在于他比其他人更加面对现实，因而也就更清晰地洞察了当时的社会。他在给唐太宗的一篇奏疏中还说过：“知臣莫若君，知子莫若父。父不能知其子，则无以睦一家，君不能知其臣，则无以齐万国。万国咸宁，一人有庆，必藉忠良作弼，俊乂在官，则庶绩其凝，无为而化矣。”[②]可见，他的这种主张教化的思想也是一贯的，而且认为实行这个主张，是要借助于“忠良”、“俊乂”即各级封建官吏的。因此，魏徵激烈地抨击隋炀帝的种种暴政，称赞循吏梁彦光等人“立严察之朝，属昏狂之主，执心平允，终行仁恕，余风遗爱，没而不忘，宽惠之音，足以传于来叶”[③]，给予他们极高的评价。他尤其赞扬梁彦光等人“内怀直道，

① 《隋书》卷73《循吏传》序。

② 《贞观政要》卷3《择官》。

③ 《隋书》卷73《循吏传》序。

至诚待物，故得所居而化，所去见思”①。一个封建官吏，做到居官实行教化，离任被人思念，恐怕是十分不容易的。魏徵的评论，不无夸大之嫌。至于他提出的“化人”的办法和标准，在封建社会里也是不可能完全付诸实行的。而其教化的目的，也还是为了巩固地主阶级的统治。魏徵曾说：“古语云：善为水者，引之使平，善化人者，抚之使静。水平则无损于堤防，人静则不犯于宪章。”足见“化人”的阶级实质是极其鲜明的。

但是问题在于：魏徵在这里借评论历史，既提出了一个理想的统治秩序和政治环境，同时也对各级封建官吏提出了“立身从政”的严格要求。这是一件事情的两个方面，没有后者，便没有前者，为了实现前者，必然要求后者。这在唐初的政治生活中，当然是很重要的课题。一个新建的皇朝，怎样才能巩固自己的统治？为了达到巩固统治的目的，应当采取什么样的统治方略？这不能不成为唐初统治集团十分关注并亟待解决的问题。正是在这个重大问题上，唐初统治集团中存在两种完全不同的认识。宋代著名史家范祖禹记载说：“帝（按：指唐太宗——引者）之初即位，尝与群臣语及教化。帝曰：‘今承大乱之后，恐斯民未易化也。’魏徵对曰：‘不然。久安之民骄佚，骄佚则难教；经乱之民愁苦，愁苦则易化；譬犹饥者易为食，渴者易为饮也。’帝深然之。封德彝非之曰：‘三代以还，人渐浇讹，故秦任法律，汉杂霸道，盖欲化而不能，岂能之而不欲也？魏徵书生，未识时务，若信虚论，必败国家！’徵曰：‘五帝三王不易民而化，昔黄帝征蚩尤，高阳征九黎，汤放桀，武王伐纣。皆能身致太平，岂非承大乱之后耶？若渐致浇讹，则至于今日，当悉

① 《隋书》卷73《循吏传》后论。

化为鬼魅矣，人主安得而治之?'帝卒从徵言。"[①]这一番争论驳难，在魏徵与封德彝之间，自然是十分激烈的；对唐太宗来说，究竟采取什么统治方略，也是极为关键的。由于唐太宗采纳了魏徵的意见，几年之内，收到了预期的效果。《旧唐书》卷3《太宗纪下》记：贞观四年(630年)，"断死刑二十九人，几致刑措。东至于海，南至于岭，皆外户不闭，行旅不赍粮焉。"所以唐太宗曾经兴奋地对长孙无忌等人说："贞观之初，上书者皆云：'宜振耀威武，征讨四夷。'唯徵劝朕偃武修文，中国安，四夷来服……徵之力也。"[②]联系唐初这一段历史，对于魏徵在《隋书》史论中提倡"所居而化，所去见思"的封建吏治和统治秩序的积极作用，就看得更清楚了。当然，唐太宗等人并非完全依靠"教化"来建立稳定的统治秩序的，他们一手抓"教化"，一手制定《贞观律》，这是唐初统治集团巩固统治的两种手法。《贞观律》虽对旧有刑律作了"削繁去蠹，变重为轻"[③]的调整与修改，但它毕竟是封建国家机器的主要成分之一；教化，只是他们实行统治的一种补充手段罢了。

魏徵在表彰循吏的同时，在《隋书》史论中还对那些庸俗、贪婪、无能的官吏给予有力的鞭笞。譬如：他嘲笑李穆，说他先事周，后事隋，"见机而动"，既无"贞烈"，亦无"忠信"，而其子孙"特为隆盛"，这是："得之非道、可不戒欤!"[④]他抨击刘昉、郑译"虑难求全，偷安怀禄"，事周"靡忠贞之节"，奉隋"愧竭命之诚"，而又祈望"不

---

① 范祖禹：《唐鉴》卷2，上海古籍出版社1981年版。《贞观政要》卷1《政体》记于贞观七年，似误。

② 《唐鉴》卷3。

③ 《旧唐书》卷50《刑法志》。

④ 《隋书》卷37后论。

陷刑辟，保贵全生，难矣”[1]。他鄙薄宇文述、郭衍之辈“以水济水，如脂如韦，便辟足恭，柔颜取悦。君所谓可，亦曰可焉，君所谓不，亦曰不焉。无所是非，不能轻重，默默苟容，偷安高位，甘素餐之责，受彼已之讥。此固君子所不为，亦丘明之深耻也。”[2]他蔑视卫玄，说他“西京居守，政以贿成，鄙哉鄙哉，夫何足数”[3]！在魏徵看来，这些人，既不是君主的忠良之臣，又不配充当教化百姓的“父母官”，而是一些贪生怕死、只懂得牟取私利的小人和败类！这同那些“所居而化，所去见思”的循吏们比起来，实在不可同日而语。魏徵在《酷吏传》后论中，甚至发出这样的警告：“后来之士，立身从政，纵不能为子高门以待封，其可令母扫墓而望丧乎？”他在宇文化及等传的后论中又说：“枭獍凶魁，相寻菹戮，蛇豕丑类，继踵诛夷，快忠义于当年，垂炯戒于来叶。呜呼，为人臣者可不殷鉴哉！可不殷鉴哉！”[4]显然，魏徵之所以对这些人要奋笔怒斥，大加挞伐，有着两个目的：一是提醒唐朝统治集团，绝不可依靠这班人来治理国家，统治人民；二是告诫唐朝各级官吏，要以这些人为鉴戒，从中汲取教训。对于这，唐太宗也是与魏徵有着共同的认识的。唐太宗曾说：“为政之要，惟在得人，用非其才，必难致治。今所任用，必须以德行、学识为本。”[5]他讨厌那些“阿旨顺情，唯唯苟过”[6]、“承意顺旨，甘言取容”[7]的庸俗小人；要求官员们敢于说

---

① 《隋书》卷38后论。
② 《隋书》卷61后论。
③ 《隋书》卷63后论。
④ 《隋书》卷85后论。
⑤ 《贞观政要》卷7《崇儒学》。
⑥ 《贞观政要》卷1《政体》。
⑦ 《贞观政要》卷6《悔过》。

话，大胆办事，“若惟署诏敕、行文书而已，人谁不堪？何烦简择，以相委付？”[①]不难看出，魏徵在《隋书》史论中的这些评论，正是在很大的程度上反映了“贞观之治”关于用人方面的某些做法和政策。而这些评论的现实意义，则是希望唐初统治集团能够不断地选拔一批真正的人才，以稳固唐代地主阶级的统治秩序。

四　评价历史人物的卓识

《隋书》史论在评价历史人物的时候，提出了这样一个见解：“大厦云构，非一木之枝，帝王之功，非一士之略。长短殊用，大小异宜，椽棁栋梁，莫可弃也。”[②]这种见解，从历史观点来说，它注意到了众人的智慧和力量以及各种人才的不同作用，比之于把历史事件的发生、发展完全归于一人一谋的论点，是很大的进步。从政治目的来看，《隋书》史论的撰著者正是通过肯定“有隋多士”来肯定一大批唐代的开国元臣、宿将，进而希望唐代统治者继续广开贤路，选拔人才的。

魏徵的这个思想与唐太宗的思想是完全相通的。早在贞观元年(627年)，“上(按：指唐太宗)令封德彝举贤，久无所举。上诘之，对曰：‘非不尽心，但于今未有奇才耳！’上曰：‘君子用人如器，各取所长，古之致治者，岂借才于异代乎？正患己不能知，安可诬一世之人！’德彝惭而退。”[③]在“举贤”的问题上，魏徵的思想要比

① 《贞观政要》卷1《政体》。

② 《隋书》卷66后论。

③ 《资治通鉴》卷192唐太宗贞观元年，中华书局1956年版。《贞观政要》卷3《择官》载此事于贞观二年。

封德彝深刻得多，眼光要比封德彝远大得多。魏徵说的“长短殊用，大小异宜，楶棁栋梁，莫可弃也”，同唐太宗说的“君子用人如器，各取所长”，是完全一致的。

基于上述观点，魏徵在《隋书》史论中称道李谔等人各有所长，“皆廊庙之榱桷，亦北辰之众星”[1]，充分肯定他们各自在某个方面的专长和作用。魏徵夸奖李德林“幼有操尚，学富才优，誉重邺中，声飞关右。王基缔构，协赞谋猷，羽檄交驰，丝纶间发，文诰之美，时无与二”[2]，高度评价了李德林的才华出众及其在隋皇朝建立过程中的作用。魏徵突出地表彰了隋朝在南下灭陈、统一全国的事业中的将领，指出：“贺若弼慷慨，申必取之长策，韩擒奋发，贾余勇以争先，势甚疾雷，锋逾骇电。隋氏自此一戎，威加四海。”[3]赞叹他们在这历史性的事件中所发挥的极不平凡的作用，等等。总之，魏徵认为，一个强大的、统一的隋皇朝的建立，本是各种各样人才发挥作用的结果，并非“一士之略”所能成功的。由于他们在历史上都作出过贡献，因而他们的事迹将“留于台阁”，不可磨灭，并不因为隋朝的灭亡，而使这些“北辰之众星”失去光辉。魏徵能够用这种观点去评价前朝的历史人物，的确是十分难得的。

此外，《隋书》史论在评价历史人物时，还注意到客观环境对人们的影响和作用。譬如，《隋书》史论在评论李圆通、来护儿等人时指出：“圆通、护儿之辈，定和、铁杖之伦，皆一时之壮士，困于贫贱。当其郁抑未遇，亦安知其有鸿鹄之志哉！终能振拔污泥之中，腾跃风云之上，符马革之愿，快生平之心，非遇其时，焉能至

---

① 《隋书》卷 66 后论。

② 《隋书》卷 42《李德林传》后论。

③ 《隋书》卷 52 后论。

于此也!”[1]这就是说,杰出人物的出现,除了自身的条件(如“皆一时之壮士”)而外,还必须具备一定的客观条件(如“遇其时”)。这同许多封建史家宣扬的“英雄造时势”的传统认识比较起来,是大大地向前迈进了一步。

魏徵提出的“大厦云构,非一木之枝,帝王之功,非一士之略”的认识,反映了他的历史思想和政治观点的一个重要的侧面。这个认识,不仅符合隋皇朝建立过程中的基本历史事实,而且对于刚刚建立起来的唐皇朝来说,则具有更为直接的现实意义。首先,他希望巩固唐代开国元臣的地位,充分肯定他们的历史功绩。唐太宗以凌烟阁为名臣图形,应当说就是基于与魏徵相同的认识。其次,他认为“守成”是比“创业”更为艰难的事业[2],因而希望唐朝统治者能够招纳更多的人才,为巩固唐皇朝的统治服务。唐太宗批评封德彝认为当代“未有奇才”的错误认识是“诬一世之人”,正反映了唐太宗求贤的渴望和真诚。于此,我们进一步看到:魏徵的这个认识,固然是他的历史观点、政治思想的表露,同时也是唐初统治集团的意志的反映。大气磅礴、盛极一时的“贞观之治”的兴旺局面,归根到底是当时各族劳动人民创造出来的。但是,这同唐初统治集团的历史观点、政治思想,以及在此基础上制定的种种政策和方略,其中包括对各方面人才的选拔和任用,是有密切关系的。

五 影响与局限

以上所论,并未包括《隋书》史论的全部问题。然而,仅就这几

---

① 《隋书》卷64后论。

② 参考《贞观政要》卷1《君道》,《新唐书》卷96《房玄龄传》,中华书局1975年版。

个方面的问题来看，魏徵在《隋书》史论中反映出来的历史观点，在中国史学史上，尤其在封建皇朝的官修史书中，确实具有独到的见解和突出的成就。

《隋书》史论不仅在当时的政治生活和史学发展中产生了积极的作用，而且也深刻地影响着后世史学的发展。譬如：魏徵提出的“隋之得失存亡，大较与秦相类”的见解，就颇为后人所重视。南宋学者洪迈指出：“自三代讫于五季，为天下君而得罪于民，为万世所麾斥者，莫若秦与隋，岂二氏之恶浮于桀、纣哉？盖秦之后即为汉，隋之后即为唐，皆享国久长，一时论议之臣，指引前世，必首及之，信而有徵，是以其事暴白于方来，弥远弥彰而不可盖也”[①]。他虽然没有提到《隋书》史论，但秦、隋相较，发端于魏徵，洪迈加以发挥，是异常明显的。明末清初著名思想家王夫之说：“秦与隋虐民已亟，怨深盗起，天下鼎沸而以亡国，同也。”[②]这是完全赞同魏徵的观点了。再如：针对着魏徵与封德彝关于是否实行教化政策的争论，后人也发表了不少评论。北宋范祖禹说：“魏徵，仁义之言也；封德彝，刑罚之言也，欲咈天下之性而治之。夫民莫不恶危而欲安，恶劳而欲息，以仁义治之则顺，以刑罚治之则咈矣。故治天下，在顺之而已，咈之而能治者，未之闻也”[③]。这些话，是着重于从政治上的得失考虑来肯定魏徵的主张的。王夫之则进而指出：“魏徵之折封德彝曰：‘若谓古人淳朴，渐至浇讹，则至于今日，当悉化为鬼魅矣。’伟哉其为通论已！”[④]王夫之是着重从历史发展进化

① 洪迈：《容斋续笔》卷5“秦隋之恶”条，上海古籍出版社1978年版。

② 王夫之：《读通鉴论》卷17“炀帝四”，中华书局1975年版。

③ 范祖禹：《唐鉴》卷3。

④ 王夫之：《读通鉴论》卷20“太宗八”。

的观点来肯定魏徵的主张的。比之于范祖禹的评论自然又进了一步,因为王夫之窥见并且肯定了魏徵的发展进化的历史观。范、王二人从不同的侧面肯定了魏徵在同封德彝辩论中的立场,自然也就肯定了魏徵在《隋书》史论中提出的“所居而化,所去见思”的主张和见解,这是不言而喻的。又如:魏徵的“大厦云构,非一木之枝,帝王之功,非一士之略”的思想,亦曾为洪迈所发挥:“帝王之功,非一士之略,必待将如韩信、相如杜公(按:指唐相杜如晦),而后用之,不亦难乎!惟能置萧(何)、房(乔)于帷幄中,拔茅汇进,则珠玉无胫而至矣。”[①]这说的也是知人善任、选拔人才的问题。

当然,《隋书》史论也曾遭到后人的责难。南宋学者叶适指责说:“魏徵作杨玄感、李密赞,并论隋文、炀帝之所以兴亡,略用贾谊《过秦》语意,全不知史家体统。”[②]这个非难,是不公允的。魏徵从谏官做到侍中,又亲身经历隋亡唐兴之变,他的这种亲身经历和政治生涯,使他不独从历史的角度,而且也从政治的角度来总结隋朝的历史经验,从而把文帝、炀帝二朝的政治略作比较,这是无可厚非的。魏徵开始主持《隋书》的修撰工作,事在贞观三年(629 年),上距隋朝灭亡(618 年)仅 11 年时间,唐皇朝百废待举,要做的事情很多;为了给唐太宗统治集团提供历史借鉴,魏徵对文帝、炀帝的政治进行比较,以便从中得到启发,这是很现实、很必要的事情,也是入情入理的。唐皇朝以朝廷的名义和胜利者的姿态为前朝修史,出于自身统治的需要,往往议论横生、大胆褒贬,即便“略用贾谊《过秦》语意”,亦不足为怪。叶适所谓“全不知史家体统”云云,

---

① 洪迈:《容斋随笔》卷 13“萧房知人”条。

② 叶适:《习学记言序目》卷 37“隋书二”,中华书局 1977 年版。

未免责难过分了。

总之，不论赞同也罢，指责也罢，《隋书》史论在史学史上的影响是不小的。

如同许多有成就的封建史家一样，魏徵在《隋书》史论中反映出来的历史观点也是充满着矛盾的。

魏徵的历史观的矛盾，首先表现在他对人民群众的态度上。魏徵无情地揭露隋炀帝的残暴统治导致“海内骚然，无聊生矣”[①]，百姓“皆苦于上欲无厌，下不堪命，饥寒交切，救死萑蒲”[②]，他抨击酷吏，表彰循吏，反对严刑，主张教化。这些，或多或少反映了他对人民群众的某些同情。然而，对于人民群众的起来造反，魏徵则完全抱着仇视的态度，把农民起义诬为“山东群盗”[③]、“群盗蜂起”[④]、“群盗侵扰”[⑤]、“群盗并兴”[⑥]，等等。他还吹捧镇压农民起义的刽子手杨义臣“名重当年，声流后叶”[⑦]。这些又都说明他基本的统治阶级的立场，对人民群众的同情是很有限度的。

其次，《隋书》史论是重视“人事”的，但却未能摆脱“天命”论的影响。例如，《隋书》史论认为：“虽天道有盛衰，亦人事之工拙也。”[⑧]显然，这是着眼于从“人事”来看问题的。但又认为：“斯乃非止人谋，抑亦天之所赞也。”[⑨]这样一来，又把“天”的地位抬高

---

① 《隋书》卷4《炀帝纪下》后论。
② 《隋书》卷70后论。
③ 《隋书》卷70后论。
④ 《隋书》卷5《恭帝纪》后论。
⑤ 《隋书》卷63后论。
⑥ 《隋书》卷84《北狄传》后论。
⑦ 《隋书》卷63后论。
⑧ 《隋书》卷84《北狄传》后论。
⑨ 《隋书》卷2《高祖纪下》后论。

了。这说明《隋书》史论的撰著者没有、也不可能完全摆脱"天命"思想的束缚。

再次,在对历史人物评价的问题上,魏徵提出了不把封建皇朝的兴起归于一人一谋的见解,主张不是从一个人的活动、而是从许多人的活动来说明重大的历史事件。这是很可贵的见解。可是,魏徵毕竟没有跳出英雄史观的窠臼。在《隋书》史论中,他从未正面论及到人民群众的作用。不仅如此,他甚至认为:"一人失其道,故亿兆罹其毒"[①],"一人失德,四海土崩"[②]。把皇朝的衰败、天下的动乱,完全归结到某个君主的罪恶上。他还宣扬什么"君犹天也,天可仇乎!"[③]把封建君主偶像化、神圣化了。这与《隋书》史论的许多精辟论断比较起来,却又大相径庭。

魏徵的这种矛盾的历史观,是他所处的历史条件和阶级地位决定的。他目睹隋末人民的种种苦难,因而对人民寄予一定的同情;但他又亲眼看到农民战争推翻了隋皇朝的统治,所以对农民起义总是抱着仇视的态度。他处在唐初百废待举的时期,认识到"守成"的艰难和广开贤路、选拔人才的重要;但他的这种眼光也只是局限在统治阶级圈子里,而看不到人民群众的伟大创造力量。他热切而虔诚地祈望唐皇朝富强兴盛,长治久安;但是秦、隋二朝短祚而亡的教训,又使他担心唐代的最高统治者不能"克终其美"[④],重蹈历史的覆辙。这些条件和因素,都在不同的程度上影响和决定着魏徵的历史观的矛盾性。

① 《隋书》卷83《西域传》后论。
② 《隋书》卷5《恭帝纪》后论。
③ 《隋书》卷85序。
④ 《贞观政要》卷10《慎终》。

魏徵毕竟是一个处在封建时代的地主阶级的思想家和政治家。我们在评论《隋书》史论的时候，有必要指出他的历史观的矛盾性和局限性；但我们又是不可过分苛求于魏徵的。

（原载《历史研究》1979 年第 8 期）

史学家和政治

——关于唐代史学与政治关系的考察

一　史学家的政治情怀

唐皇朝是中国封建社会史上一个盛大的朝代。史学，作为意识形态的一部分，对于唐皇朝的发展起了重要的作用。这种作用突出地反映了史学与政治的密切关系。史学家和政治的关系以及政治家和史学的关系，是它的两个主要方面，本文着重考察前一个方面，即史学家和政治的关系。

中国古代史家历来有强烈的历史意识。随着历史的进步，这种历史意识在不断地深化着。同时，中国古代史家也有关心政治的优良传统，不少优秀的史家都具有饱满、深沉的政治情怀。这种情况，在唐代史学上是很突出的。首先，唐代史家把撰修前朝史不仅看作是史学工作的一部分，而且看作是政治统治的需要。武德四年(621 年)唐皇朝建立不久，天下尚未安定，史学家令狐德棻就向唐高祖李渊提出建议：

> 窃见近代已来，多无正史。梁、陈及齐，犹有文籍，至周、隋遭大业离乱，多有遗阙。当今耳目犹接，尚有可凭，如更数十年后，恐事迹湮没。陛下既受禅于隋，复承周氏历数，国家

二祖功业，并在周时。如文史不存，何以贻鉴今古？如臣愚见，并请修之。[1]

在这里，令狐德棻首先从历史的角度提出了修撰“近代”历朝正史的重要性，又从政治的角度强调了修撰周、隋二代正史的必要性，其中也还讲到了这种修撰工作的可能性。令狐德棻的建议，在反映唐初史家的历史意识和政治情怀方面，是有代表性的。他的建议是在唐皇朝建立伊始就提出来的，着眼于政治无疑是他的重要的出发点。宋人很赞赏令狐德棻的这种见识，指出：“夫典章国史，有国者尤急，所以考存亡成败，陈诸前而为之戒。方天下初定，德棻首发其议，而后唐之文物粲然，诚知治之本欤！”[2]从政治的观点来看，“诚知治之本欤”这句话的分量很重，也讲得中肯。唐初有梁、陈、齐、周、隋“五代史”和《五代史志》的撰述，有《晋书》的重新撰写，都跟令狐德棻这个建议有直接的或间接的关系，李延寿的《南史》和《北史》，也是在这个总形势的影响下编撰出来的。

唐代史家对撰述本朝史的认识，同样也反映出他们的这种政治情怀。被时人誉为“当今董狐”的史家吴兢，在唐玄宗开元末年撰成《贞观政要》一书，这是一部按专题写成的关于唐太宗时期的政治史。吴兢在本书的序文中写道：

太宗时政化，良足可观，振古而来，未之有也。……于是缀集所闻，参详旧史，撮其指要，举其宏纲，词兼质文，义在惩劝，人伦之纪备矣，军国之政存焉。凡一帙一十卷，合四十篇，名曰《贞观政要》。庶乎有国有家者，克遵前轨，择善而从，则

① 《旧唐书》卷73《令狐德棻传》，中华书局1975年版。
② 《新唐书》卷102后论，中华书局1975年版。

可久之业益彰矣，可大之功尤著矣，岂必祖述尧、舜，宪章文、武而已哉！

这篇序文洋溢着吴兢对唐太宗时期的政治的仰慕之情。他认为，唐太宗君臣“垂世立教”的风范、“典谟谏奏”的治理，均可“弘阐大猷，增崇至道”，具有“焕乎国籍，作鉴来叶”的作用，既使历史生光，又可启迪现实。他在《上〈贞观政要〉表》中，把他写这书的政治寄托阐说得更加明了，即希望唐玄宗“择善而行，引而伸之，触类而长之。……行之而有恒，思之而不倦，则贞观巍巍之化可得而致矣！”显然，在吴兢看来，他所处的时期的政治，已远比不上唐太宗时期的政治了，他甚至感到了一种衰颓的趋势和潜在的危机；因此，他以鲠直而诚恳的心情，向唐玄宗提出了这样的希望。如果说吴兢在开始编《贞观政要》的时候，主要还是出于对“贞观之治”的向往和钦慕的话，那么当他完成本书而作序、上表的时候，他的思想倾向已经转到对现实政治的关注和忧虑了。可以认为，《贞观政要》一书，不仅反映了“良足可观”的“贞观之治”，而且还使人们触摸到开元、天宝之际的政治的脉搏。它从为君之道讲到善始慎终，每篇各有主题，但篇篇着眼于政治，从而把一个史学家的政治情怀淋漓尽致地表现出来。

在史学发展史上，以往也有史家在史学工作上表现出不同程度的政治热情，司马迁和班固在这方面是很突出的。跟班固相比，唐代史家有两点不同。第一，他们明确地承认唐皇朝“受禅于隋，复承周氏历数”，不像班固那样不承认秦、项的存在而反复申言“汉承尧运”。这实际上是承认不承认历史发展的连续性，在这个问题上，唐代史家显示出了更加客观的历史见识和更加豁达的政治度量。第二，他们更鲜明地表现出向前看的自信心，认为唐太宗时的

"政化"是"振古而来,未之有也",足可作为现实政治的楷模,对"祖述尧、舜,宪章文、武",已不像班固那样热烈歌颂了。这实际上是认识不认识历史的发展和进步,在这个问题上,唐代史家确有超过前人的地方。跟司马迁《史记》相比,唐代史家的不少历史撰述在本朝就发挥出了社会作用,不像《史记》那样不被统治者所重视,甚至还被诬为"谤书"。

唐代史家在史学工作上表现出来的政治情怀,在唐代政治生活中产生了积极的影响。贞观十年(636年),"五代史"撰成,房玄龄、魏徵等"诣阙上之"。唐太宗十分高兴。他说:"朕睹前代史书,彰善瘅恶,足为将来之戒。秦始皇奢淫无度,志存隐恶,焚书坑儒,用缄谈者之口。隋炀帝虽好文儒,尤疾学者,前世史籍竟无所成,数代之事殆将泯绝。朕意则不然,将欲览前王之得失,为在身之龟镜。公辈以数年之间,勒成五代之史,深副朕怀,极可嘉尚!"①这显然是受了《隋书》史论中以秦、隋相较总结历史经验的思想的影响。从唐太宗的政治实践来看,他的这些话并非虚言饰词。甚至可以说,他愈是接近晚年,愈是重视史学、重视总结历史经验。在封建帝王中,像他这样把政治器局同历史见识紧密结合起来的人,是不多见的。唐宣宗李忱是晚唐时期较有作为的一个君主,史家称他统治时,"刑政不滥,贤能效用,百揆四岳,穆若清风,十余年间,颂声载路。"②这或许有溢美的成分,不过唐宣宗的确是很重视《贞观政要》这部书的,他曾"书《贞观政要》于屏风,每正色拱手而读之。"③他是把它作为座右铭和教科书来看待的,这跟他的政治

① 王钦若等:《册府元龟》卷554《国史部·恩奖》,中华书局1960年版。

② 《旧唐书》卷18下《宣宗纪》后论。

③ 《资治通鉴》卷248唐宣宗大中二年,中华书局1956年版。

统治不能没有一定的联系。《贞观政要》这部书对后世的影响，一直是很大的。

唐代史家推重秉笔直书，刘知幾撰《史通》，有《直书》专篇，张大、弘扬直书精神。这首先是为了历史记载和历史撰述的真实性，以求得存信史。吴兢参与重修《则天实录》，涉及宰相张说曾诬证魏元忠“谋反”事，张说屡请更改数字。吴兢拒绝说：“徇公之情，何名实录？”[①]他终于没有修改这事。晚唐史官魏謩说过这样的话：“善恶不直，非史也。遗后代，何以取信？”[②]求实、取信，是历史撰述的最根本的原则，唐代大多数史家是恪守这个原则的。同时，“直书”也还有政治上的考虑。唐太宗问史官褚遂良：“朕有不善，卿必记者也？”褚遂良认真地回答说：“守道不如守官，臣职当载笔，君举必记。”[③]史官杜正伦也向唐太宗说过这样的话：“君举必书，言存左史。臣职修起居注，不敢不尽愚直。”[④]另一位史官刘允济自白说：“史官善恶必书，言成轨范，使骄主贼臣有所知惧，此亦权重，理合贫而乐道也。昔班生受金，陈寿求米，仆视之如浮云耳。但百僚善恶必书，足为千载不朽之美谈，岂不盛哉！”[⑤]关于班、陈的说法，只是传闻，但刘允济为史之志的境界诚然是可贵的。这些，都反映出史家关于“直书”的认识，包含着鲜明的政治色彩。从这里也可看出，对于好的史家来说，秉笔直书和政治情怀并不是对立的，而是一致的。

---

① 《新唐书》卷132《吴兢传》。

② 《旧唐书》卷176《魏謩传》。

③ 《旧唐书》卷80《褚遂良传》。

④ 《旧唐书》卷70《杜正伦传》。

⑤ 王溥编：《唐会要》卷63《修史官》条，中华书局1955年版。

二 史学和经世致用

史学家的政治情怀，大多以经世致用为其出发点和归宿。这是中国古代史学的一个特点。按照孟子的说法，孔子作《春秋》，就有自觉的社会目的；章学诚论中国史学的经世致用传统，也是从孔子作《春秋》讲起。司马迁重视"述往事，思来者"，有深邃的历史眼光和对于现实社会的精辟见解。在他以下，史家或史学批评家看待史学的社会作用，多强调鉴戒、惩劝，也有讲有益"风化"和"名教"的。

唐太宗有"大矣哉，盖史籍之为用也"之叹。作为封建皇帝，他认为史籍可以使其"神交千祀之外"、"临睨九皇之表"。[①] 这是从一个特殊的方面指出了史学的作用。刘知幾的《史通》有很多篇都讲到史学的社会作用，而以《史官建置》和《辨职》两篇最为突出。《史官建置》篇说："史之为用，其利甚博，乃生人之急务，国家之要道。有国有家者，岂可缺之哉！"刘知幾认为，史学之所以有这种作用，是因为"史官不绝，竹帛长存"，后人借此可以"神交万古"、"穷览千载"，从而产生"见贤而思齐，见不贤而内自省"的愿望和要求。这是从理论上说明了史学所具有的教育作用。《辨职》篇进而提出了史学的社会作用的三种情况，即：

> 史之为务，厥途有三焉。何则？彰善贬恶，不避强御，若晋之董狐、齐之南史，此其上也。编次勒成，郁为不朽，若鲁之丘明、汉之子长，此其次也。高才博学，名重一时，若周之史佚、楚之倚相，此其下也。苟三者并阙，复何为者哉！

---

① 宋敏求编：《唐大诏令集》卷81《修晋书诏》，商务印书馆1959年版。

这好像是从史家的精神、成果、才名来判断他们的等第，其实，所谓“彰善贬恶”、“郁为不朽”、“名重一时”，也都是史学的社会作用的不同表现。明确提出“史籍”的“为用”，和史学的“为用”，这是中国史学上经世思想的新发展。

在这个发展过程中，杜佑撰述的《通典》，具有里程碑的意义。杜佑在《通典》自序中开宗明义地写道：“所纂《通典》，实采群言，征诸人事，将施有政。”这十六个字，集中反映了作者的历史撰述的旨趣。在史学发展上，由史学家自己申明，他的著作的目的和用途在于“将施有政”，这是第一次。可以说，这是史学家之自觉的和明确的经世致用思想的确立。自称“颇详旨趣，而为之序”的李翰在《通典》序中写道：

> 学者以多阅为广见，以异端为博闻，是非纷然，澒洞茫昧，而无条贯：或举其中而不知其本，原其始而不要其终，高谈有余，待问则泥；虽驰骋百家，日通万字，学弥广而志弥惑，闻愈多而识愈疑，此所以勤苦而难成，殆非君子进德修业之意也。今《通典》之作，昭昭乎其警学者之群迷欤！以为君子致用在乎经邦，经邦在乎立事，立事在乎师古，师古在乎随时，必参古今之宜，穷终始之要，始可以度其古，终可以行于今，问而辨之，端如贯珠，举而行之，审如中鹄。夫然，故施于文学，可为通儒，施于政事，可建皇极。……非圣人之书，乖圣人微旨，不取焉，恶烦杂也。事非经国礼法程制，亦所不录，弃无益也。

这一段话，把《通典》的“经邦”“致用”的主旨阐述得十分清楚。他把“经邦”看作是“致用”的主要目的，他说明“立事”、“师古”、“随时”三者之间的关系，而把“立事”落脚到“随时”上；他认为《通典》

不论“施于文学”即在意识形态方面，还是“施于政事”即在政治事务方面，都可以有所作为。这就充分说明，《通典》确非一般“文章之事，记问之学”所可比拟。杜佑的另一个同时代人权德舆认为，《通典》一书，“诞章闳议，错综古令，经代（世）立言之旨备焉”，[1]也是从经世致用方面来看待这书的。由于《通典》具有“将施有政”的撰述旨趣，以及它在历史编纂上的许多创新和特色，故其问世以后，“大传于时，礼乐刑政之源，千载如指诸掌，大为士君子所称。”[2]这反映了它在中唐的广泛影响。

杜佑在史学上的经世致用思想，是基于他的“以富国安人之术为己任”的政治信念。他不满于“历代众贤著论，多陈紊失之弊，或阙匡拯之方”，[3]而是通过考察和撰述历史上的典章制度，寻求“匡拯”的方略。《通典》跟以前的史书相比，在旨趣上显示出明显的不同，一个重要原因，就是它的作者一方面在政治信念上的坚定性，另一方面在史学经世致用宗旨上的自觉性。这二者的结合，使杜佑成为一个有政治远见的史学家和有历史器局的政治家，他六十年宦途留下的政绩和以三十六年工夫撰成的《通典》巨著，表明他在政治和史学两个方面都取得了卓越的成就。

《通典》“将施有政”即“致用”“经邦”的作用，远不止是“礼乐刑政之源，千载如指诸掌”，这只说明了它在内容上的贯通和条理上的清晰。《通典》的经世致用作用，至少还有两个方面是很重要的。第一，是杜佑对封建皇朝国家机构各种职能在总体上的逻辑认识。

---

① 权德舆：《杜公墓志铭并序》，见《唐文粹》卷68，明嘉靖刻本。

② 《旧唐书》卷147《杜佑传》。

③ 杜佑：《上通典表》，见《旧唐书》卷147《杜佑传》。

他在《通典》自序中写道：

> 夫理道之先在乎行教化，教化之本在乎足衣食。……夫行教化在乎设职官，设职官在乎审官才，审官才在乎精选举，制礼以端其俗，立乐以和其心，此先哲王致治之大方也。故职官设，然后兴礼乐焉，教化隳，然后用刑罚焉；列州郡，俾分领焉；置边防，遏戎狄焉。是以食货为之首，选举次之，职官又次之，礼又次之，乐又次之，刑罚又次之，州郡又次之，边防末之。或览之者，庶知篇第之旨也。

在杜佑之前，从来没有一个史学家把封建皇朝国家机构的各种职能作如此严密的和合理的概括。《通典》"大为士君子所称"，原因之一，就是被它的逻辑力量为征服。人们从这种宏观的逻辑的概括中，清楚地看到了国家机构运转的情形，"士君子"们也从中看到了在这个运转中各自所处的位置和作用。这在政治实践上是有重要意义的。杜佑对国家机构各方面职能不是作完全平列的看待的。他认为"教化"是"理道"的首要任务，而"足衣食"又是"教化"的基础，所以他把"食货"即经济方面的职能列于首位。"教化"是唐初以来的一项国策，"食货"是中唐时期的紧迫问题，这在政治实践上也是有重要意义的。从今天的观点来看，这是一方面要抓意识形态，一方面要抓物质生产。杜佑的这种认识的理论价值是，"在某种程度上，反映了经济基础对建筑在其上的全部庞大的上层建筑的主要的决定作用。"[①]这是中国古代史家第一个达到这种认识成就的人。理论价值和实践意义的结合，使《通典》成为封建社

---

① 胡寄窗：《中国经济思想史》中册，上海人民出版社 1963 年版，第 450 页。

会中经世致用的历史著作的典范。

第二,是杜佑在《通典》各门中针对历史和现实所阐发的许多精辟见解和政治实践上的主张。关于经济问题,他在“食货为之首”的“理道”思想指导下,认为谷、地、人是从经济上达到“治政”的三个重要因素,[①]他主张要处理好“国足”和“家足”的关系,认为“国足则政康,家足则教从”,他还主张在财政方面实行“薄敛”和“节用”,认为“欲人安也在于薄敛,敛之薄也在于节用”。[②]关于人才问题,杜佑认为“官政”于“国本”关系极大,主张以教育促进人才的成长和素质的提高;他不赞成以言取士,提出了包括选拔、奖惩、考课、升黜等各种程序在内的综合的人才管理办法。[③] 关于吏治问题,杜佑主张省吏员,用有才,认为历史上“约人定员,吏无虚设”的办法是正确的,应坚决实行“并省官吏”的措施,起用“有才者”,淘汰“不才者”。[④] 关于法制问题,杜佑认为,对于刑罚的“善用”与“不善用”,直接影响到社会的“治”与“乱”。所谓“善用”,关键“在乎无私绝滥,不在乎宽之与峻。”他还认为法律不可随意解释,并须有一定的稳定性,不应“斟酌以意,变更屡作”。[⑤] 关于军事问题,杜佑强调国家在军事上应保持“强干弱枝之势”,这是安史之乱提供的历史经验教训之一。[⑥]《通典·兵典》阐述了杜佑的战略战术思想,对《孙子兵法》有许多精彩的发挥。

① 《通典·食货田制序》,中华书局 1988 年版。
② 《通典》卷 7《食货七·历代盛衰户口》后论。
③ 《通典》卷 31《选举》序,卷 18《选举六》评曰。
④ 《通典》卷 40《职官二十二》。
⑤ 《通典》卷 163《刑》序。
⑥ 《通典》卷 148《兵》序。

杜佑言兵,是当时形势的需要。关于民族问题,杜佑提出了“古之中华,多类今之夷狄”的论点,[1]甚至认为“古之人朴质,中华与夷狄同”。[2] 他不赞成对周边少数民族滥施兵革,提出“来则御之,去则备之”的方针。这些问题,都是历史上的重大问题,也是中唐以后唐皇朝统治集团面临着的迫切问题。杜佑把历史经验和社会现实结合起来,提出了许多深刻的见解和可行的主张。可以这样说,《通典》全书都贯串着他的“征诸人事,将施有政”的经世致用的撰述旨趣。

《通典》不仅在当时“大传于时”,“大为士君子所称”,有广泛的政治影响;它的经世致用之旨,也受到后世思想家、政治家、史学家的推崇。朱熹指出:“杜佑可谓有意于世务者”[3]。清帝乾隆《重刻通典序》说:“此书……本末次第,具有条理,亦恢恢乎经国之良模矣!”[4]清四库馆臣称《通典》是:“凡历代沿革,悉为记载,详而不烦,简而有要,元元本本,皆为有用之实学,非徒资记问者可比。”[5]清人将《通典》列于“政书”类,是符合杜佑的撰述主旨的,其中也包含着他们关于史学与政治之密切联系的思想。

三 史学和政治决策

唐代史学的经世致用,从史学和政治的关系来看,其重要性莫

---

① 《通典》卷185《边防》序。

② 《通典》卷48《礼八》议曰。

③ 《朱子语类》卷136,中华书局1986年版。

④ 见《通典》卷末附录。

⑤ 永瑢等:《四库全书总目》卷81《史部·政书类一》,中华书局1965年版。

过于影响到政治决策。这种影响,大量的是通过思想领域实现的。这对唐皇朝的巩固、发展产生了积极的作用。

唐朝继隋而起,就像汉朝承秦而兴一样。隋唐皇朝是秦汉皇朝之后又一次两个蝉联的统一政权,其中得失存亡之故,颇有相似之处。唐初史家从对历史经验的总结中,提出了对现实政治极有参考价值的认识。贞观十年成书的"五代史"中的《隋书》,在这方面是有代表性的,魏徵撰写的《隋书》史论,是这些认识中最有见地的。《隋书》总结出来的历史经验很多,大要说来,一是关于得失存亡之辨,二是关于教化和用人。隋何以亡,唐何以兴?这个问题,犹如西汉初年陆贾撰《新语》一样,是《隋书》要回答的根本问题。"隋之得失存亡,大较与秦相类。始皇并吞六国,高祖统一九州,二世虐用威刑,炀帝肆行猜毒,皆祸起于群盗,而身殒于匹夫。原始要终,若合符契矣。"[①]这是《隋书》对隋朝历史经验教训的最重要的概括。对于这个问题的认识,《隋书》史论首先是从变化的观点来分析的,认为隋朝的"衰怠"、"乱亡"的原因"所由来远矣,非一朝一夕",[②]它起于文帝而"成于炀帝"。《隋书》史论分析了隋亡"成于炀帝"的种种政治原因,指出:炀帝统治时,"骄怒之兵屡动,土木之功不息,频出朔方,三驾辽左,旌旗万里,征税百端,猾吏侵渔,人不堪命。乃急令暴条以扰之,严刑峻法以临之,甲兵威武以董之,自是海内骚然,无聊生矣。"[③]这些认识,是接触到了隋朝灭亡的一些根本问题了。其次,《隋书》史论分析了文帝、炀帝在政治举措上出发点的不同,阐述了"高祖之所由兴,

① 《隋书》卷 70 后论,中华书局 1973 年版。
② 《隋书》卷 2《高祖纪》后论。
③ 《隋书》卷 4《炀帝纪》后论。

而炀帝之所以灭”的原因,[①]指出:隋文帝在统一南北的战争中,对人民的“动”是为了使其“安”,对人民的“劳”是为了使其“逸”,故能以致兴;而隋炀帝“肆其淫放,虐用其民,视亿兆如草芥,顾群臣如寇仇”,故必然致亡。这是说到了人心的向背,决定了隋朝的兴亡。魏徵的这个认识是带有一贯性的,他曾多次引用《荀子·王制》篇上的话劝告唐太宗:“君,舟也;民,水也。水能载舟,亦能覆舟。”[②]后来唐太宗本人也用这话诲谕太子。[③]这在唐初统治者中,无疑是一条重要的历史经验。再其次,《隋书》史论还从财政、劳役、兵役等一些具体政策上总结了隋朝兴亡的历史经验教训,认识到“取之以道,用之有节,故能养官之政,勖战士之功,救天灾,服方外,治国安人之大经也”的道理,以及对待人民“不夺其时,不穷其力,轻其征,薄其赋”的必要性。[④]这些见解,从阶级实质来看,是为了巩固唐皇朝的统治而提出来的;从历史观来看,是比较明确地认识到社会生产的发展与破坏,对于政权的兴盛与衰亡有直接的关系。唐初统治集团注重制订发展社会生产、稳定社会秩序的各种措施,其思想基础就在于此。

唐初实行“偃武修文”的“教化”之政的重大决策,是经过一番激烈的争论才制订下来的。唐太宗即位之初,“尝与群臣语及教化”。他说:“今承大乱之后,恐斯民未易化也。”魏徵不赞这种看法,认为:“久安之民骄逸,骄逸则难教;经乱之民愁苦,愁苦则易化,譬犹饥者易为食,渴者易为饮也。”唐太宗认为魏徵说得很对。

---

① 《隋书》卷70后论。
② 吴兢:《贞观政要·政体及君臣鉴戒》,上海古籍出版社1978年版。
③ 《贞观政要·教戒太子诸王》。
④ 《隋书》卷24《食货志》后论。

大臣封德彝反对魏徵的意见，他说："三代以还，人渐浇讹，故秦任法律，汉杂霸道，盖欲化而不能，岂能之而不欲也？魏徵书生，未识财务，若信虚论，必败国家。"魏徵反驳说："若谓古人淳朴，渐至浇讹，则至于今日，当悉化为鬼魅矣，人主安得而治之！"唐太宗最后采纳了魏徵的主张，收到了很突出的政治效果，数年之后他兴奋地对长孙无忌等重臣们说："贞观之初，上书者皆云：'宜振耀威武，征讨四夷。'唯徵劝朕偃武修文。中国安，四夷来服……徵之力也。"[①]这是充分肯定了关于"教化"的决策。魏徵结合隋朝的历史，进一步阐述了"教化"之政的思想，认为："古之善牧人者，养之以仁，使之以义，教之以礼，随其所便而处之，用其所欲而与之，从其所好而劝之。"他称道隋朝的循吏梁彦光等"内怀直道，至诚待物，故得所居而化，所去见思"的风范。[②] 他还指出："有无能之吏，无不可化之人"。[③] 魏徵借评论历史，提出了一个理想的统治秩序和政治环境，也对各级官吏提出了"立身从政"的目标。从上文可以看出，这对唐初的政治生活显然是十分重要的。《隋书》在评价历史人物的时候，提出了这样的见解："大厦云构，非一木之枝；帝王之功，非一士之略。长短殊用，大小异宜，榱棁栋梁，莫可弃也。"[④]从历史观点来说，这种认识注意到众人的智慧和力量以及各种人才的不同的独特作用，比之于把历史的变化完全归于一人一谋的论点，是很大的进步。从政治上的考虑来看，它是通过肯定"有隋多士"来肯定一大批唐朝的开国元臣、宿将，并希望唐朝最高

---

① 范祖禹：《唐鉴》卷3，上海古籍出版社1980年版。

② 《隋书》卷73《循吏传》序及后论。

③ 《贞观政要·择官》。

④ 《隋书》卷66后论。

统治者继续广开言路，选拔人才。纳谏和用贤，是“贞观之治”的政治特色之一，与此不无关系。

关于得失存亡之辨，关于教化和用人，是唐初的史学对唐初的政治决策产生积极影响的两个方面。这种影响的又一个方面，是关于“封建”的讨论，而影响所及直至中唐之末，成为唐代史学上和政治上的一件大事。秦汉皇朝实行郡县制，但关于分封和郡县孰优孰劣的争论却一直延续下来。唐太宗即位后，令群臣议“封建”，即分封诸王、功臣之事。当时大致有三种意见，赞成的，反对的，还有主张“分王诸子，勿令过大”的。魏徵、李百药、于志宁、马周、长孙无忌等都持反对意见。魏徵从唐初的政治、经济状况出发，不赞成分封一事。史臣于志宁认为“古今事殊”，故“宗室、群臣袭封刺史”事，“恐非久安之道”。马周从历史教训考虑，认为分封之制易生骄逸，“则庶兆被其殃，而国家受其败”。长孙无忌虽在受封之列，也反对分封，上表称：“缅惟三代封建，盖由力不能制，因而利之，礼乐节文，多非己出。两汉罢侯置守，蠲除昔弊，深协事宜。今因臣等，复有变更，恐紊圣朝纲纪。”史家李百药更作长篇奏论驳世封之事，指出：“得失成败，各有由焉。而著述之家，多守常辙，莫不情忘今古，理蔽浇淳，欲以百王之季，行三代之法，天下五服之内，尽封诸侯，王畿千里之间，俱为采地。是则以结绳之化行虞、夏之朝，用像刑之典治刘、曹之末，纪纲弛紊，断可知焉。”他批评曹冏的《六代论》、陆机的《五等论》主张分封的说法是谬妄之言，建议唐太宗“以质代文”，不要忙于“定疆理之制，议山河之赏”。[①] 最后，唐

① 以上见《资治通鉴》卷193唐太宗贞观五年卷195，唐太宗贞观十三年；《贞观政要·封建》。

太宗终于罢封建事。这对于唐皇朝的巩固,对于统一的多民族国家的发展,确乎是一桩重大的决策。在这次涉及历史经验和现实政治的反复讨论中,一些史学家参与了,并且相当深入地阐述了历史进化的思想,在政治决策中发挥了重要作用。中唐以后,藩镇割据,其势盛于诸侯。于是柳宗元撰《封建论》,以说明历史而审视现实。《封建论》的理论价值在于,它提出了“不初,无以有封建”和“封建,非圣人意也”这两个前后相关联的论点。柳宗元从人类处于“草木榛榛,鹿豕狉狉”的初始阶段,为了“自奉自卫”必须“假物以为用”到“假物者必争”,从“争而不已”到“听命于能断曲直者”,从“告之以直而不改”到“君长刑政生焉”,一直说到里胥、县大夫、诸侯、方伯、连帅、天子各级统治者的出现。柳宗元认为,这个发展过程就是“封建”出现的过程。跟所谓“圣人之意”是没有关系的。《封建论》还提出“势”这个历史范畴来与“圣人之意”相对立,这是它的理论价值的又一个方面。他反复论证,殷周时代实行分封制带有必然的趋势:“圣贤生于其时,亦无以立于天下,封建者为之也。岂圣人之制使至于是乎?吾固曰:‘非圣人之意也,势也。’”这样,自秦而下,废分封,设郡县,也是一种必然的趋势,“其不可变也固矣”,不能看作是违背了“圣人”的意愿。[①] 柳宗元的这篇著名的史论,接近了把历史进程看作是一个自然发展过程之认识的边缘,从而达到了当时历史思想领域里的最高成就。而《封建论》在当时的政治意义,是为唐宪宗等人对藩镇割据势力进行斗争提供历史根据和理论根据,也是在这方面对割据势力的有力的驳斥。宋人苏轼认为:关于“封

① 柳宗元:《柳河东集》卷3,上海人民出版社1974年版。

建”的讨论，说者甚多，“宗元之论出，而诸子之论废矣，虽圣人复起，不能易也。”[①]这足以说明《封建论》在历史理论和政治影响方面的作用。

从民族关系来看，隋唐皇朝的统一政治局面，是魏晋南北朝民族斗争、迁移、融合的结果。历史发展的这一趋势深刻地启发着史学家的历史思想，对民族关系的发展不断产生出来新的认识；这一种认识又反作用于当时的现实，从而在政治生活中发挥积极的影响。这也是唐代史学关系到政治决策的一个方面。早在隋唐之际，史家李延寿的父亲李大师已不满于“南书谓北为‘索虏’，北书指南为‘岛夷’”的修史情况，打算“编年以备南北”，[②]在历史编纂上对南北关系和民族关系作比较合理的处置。他的这个主张，后来由李延寿撰成《南史》、《北史》而得以实现。唐高祖时，初议修前朝诸史，对于汉族统治者和鲜卑族统治者建立的皇朝，是作同样看待的。唐修《晋书》，对西晋江统的《徙戎论》并不赞赏，指出：“‘徙戎’之论，实乃经国远图。然运距中衰，陵替有渐。假其言见用，恐速祸招怨，无救于将颠也。”[③]这实际上是不同意把西晋的灭亡，归咎于“戎狄”的说法。《晋书·载记》记十六国事，对各族仍不免有微词，但也并非一概骂例，有的甚至给予很高的评价。《隋书·经籍志》史部以“霸史”类著录十六国史著，列于正史、古史、杂史三类之后，起居注类之前，并对它们所记有关十六国史事给予相当好的评价。刘知幾《史通·称谓》篇也指出：“戎羯称制，各有国家，实同王者”。他批评晋人“党附君亲，嫉彼乱华，比诸群盗”，是“苟徇私

① 苏轼：《东坡志林》卷5“秦废封建”条，中华书局1981年版。

② 《北史》卷100《序传》，中华书局1974年版。

③ 《晋书》卷55后论，中华书局1974年版。

忿,忘夫至公"。这些,都反映了史家们力图从历史事实上严肃地看待各民族历史的态度和思想。在这方面,大史学家杜佑在《通典·边防》序中所阐述的思想,具有更高一层的理论价值。他从两个方面说明了华夏跟夷狄的关系。一是华夏、夷狄本无根本的差别,夷狄的"鄙风弊俗",华夏原先也是有的,即所谓"古之中华,多类今之夷狄"。二是华夏、夷狄所处地理环境的不同,以致前者"随时拯弊",后者"莫革旧风",才出现了发展程度上的种种差别。这两点,反映出来史家的历史进化思想,以及在当时所达到的最为正确的民族理论。杜佑仅仅从地理环境的因素来解释华夏、夷狄在发展上出现的差别,显然是不全面的。但他的这个理论上的认识,对于江统《徙戎论》所散布的戎狄"性气贪婪,凶悍不仁"的种种偏见,是有力的批驳,是历史思想上的重大进步。唐代史家关于民族和民族关系的这些认识,是隋唐时期思想领域中"天下大同"、"天下一家"观念在历史理论上的具体反映,它同当时的统一政治局面有关,又进而影响着这一政治局面的发展。看到唐初多民族相聚的局面,唐高祖很自豪地说:"胡、越一家,自古未有也!"唐太宗晚年总结政治经验,把"自古皆贵中华,贱夷、狄,朕独爱之如一,故其种落皆依朕如父母",[1]看做是一条重要的成功经验。这实际上也是唐初的一项基本国策,而它的思想基础是不能脱离当时史家所提出的关于民族和民族关系的认识的。中唐时期的不少文武重臣如郭子仪、杜佑、李德裕等,也都是这项基本国策的执行者和解释者,在政治活动中发挥了积极的作用。

---

① 《资治通鉴》卷194唐太宗贞观七年,卷198贞观二十一年。

唐代史学对于重大政治决策所起的作用，有的是直接的、明显的，有的是间接的、不明显的，都显示出史学对于政治的不可忽视的反作用，成为促进历史进步的一种精神力量。

（原载《史学史研究》1991 年第 4 期）

一个政治家的史学自觉

——略论唐太宗和历史学

这里说的"史学自觉",至少包括两层含义。第一层含义是:对史学的功用有深刻的认识,并能以这种认识运用于一定的社会实践。第二层含义是:对史学活动给予关注,并在史学工作上作出积极的努力以至于作出相应的(直接的或间接的)贡献。一个人具备了这两层含义的要求,可谓之"史学自觉"。在中国古代的政治家中,唐太宗是一位"史学自觉"的突出代表。

一　政治家需要历史学吗?

这个问题,不只是一个理论问题,对于政治家来说,它更是一个实践问题。因此,对于这个问题的回答,必须从认识和实践两个方面进行考察。在中国古代政治生活中,尤其是在中国封建社会的政治生活中,唐太宗是从认识和实践两个方面对这个问题作出了很好的回答的政治家。唐太宗认识历史有一个特点,即他十分重视认识历史的途径。具体说来,他认为:人们通过读史才能了解古代历史的面貌,了解历史上的人和事,从而从历史中得到启示和智慧。反之,离开了史书,这一切都成了不可能的事情。他曾这样写道:

朕拯溺师旋，省方礼毕；四海无事，百揆多闲；遂因暇日，详观典府。考龟文于羲载，辨鸟册于轩年；不出岩廊，神交千祀之外；穆然旒纩，临睨九皇之表。是知右史序言，由斯不昧；左官诠事，历兹未远；发挥文字之本，通达书契之源：大矣哉，盖史籍之为用也。自沮诵摄官之后，伯阳载笔之前，列代史臣，皆有删著。仲尼修，而采《梼杌》；倚相诵，而阐《丘》《坟》。

降自西京，班、马腾其茂实；逮于东汉，范、谢振其芳声。蕞尔当途，陈寿覈其国志；眇哉刘宋，沈约裁其帝籍。至梁、陈、高氏，朕命勒成；惟周及隋，亦同甄录；莫不彰善瘅恶，激一代之清芬；褒吉惩凶，备百王之令典。①

这里说的“神交千祀之外”、“临睨九皇之表”，是强调通过阅读史书，可以使人的思想和视野超越时间与空间；所说“右史序言”、“左官诠事”，“发挥文字之本，通达书契之源”，是指出了史官制度和文字的结合所产生的社会作用和无可替代的特殊意义。惟其如此，唐太宗得到一个明确而极有分量的结论，这就是：“大矣哉，盖史籍之为用也。”

在唐太宗以前，有许多人都曾讲到过对于历史经验的重视及其意义，归结起来，大意都近于“前事之师，后事不忘”、“彰往察来”等等。但如何认识“前事”？“彰往”的途径何在？大多没有作出明确的表述。在这个问题上，唐太宗的认识之所以显得重要，正是因为他指出了人们对历史的了解、认识，是通过“史籍”而得到的。他对于史学工作的重视，就是建立在这样的思想基础之上，而较少狭

---

① 宋敏求编：《唐大诏令集》卷81《修晋书诏》，学林出版社1992年版。

隘的实用的色彩。这里,需要强调的是,唐太宗的这一认识,比起唐代史学批评家刘知幾的论述,还要早五六十年。刘知幾在他的名著《史通》中指出:

向使世无竹帛,时阙史官,虽尧、舜之与桀、纣,伊、周之与莽、卓,夷、惠之与跖、蹻,商、冒之与曾、闵,但一从物化。坟土未干,则善恶不分,妍媸永灭者矣。苟史官不绝,竹帛长存,则其人已亡,杳成空寂,而其事如在,皎同星汉。用使后之学者,坐披囊箧,而神交万古,不出户庭,而穷览千载,见贤而思齐,见不贤而内自省。若乃《春秋》成而逆子惧,南史至而贼臣书,其记事载言也则如彼,其劝善惩恶也又如此。由斯而言,则史之为用,其利甚博,乃生人之急务,国家之要道。有国有家者,其可缺之哉!①

这一段话,非常清晰地阐明了人们之所以能够认识历史上的人和事并进而作出自己的价值判断,正是因有史官的存在和史书的撰述;揭示出"史官不绝,竹帛长存"对于社会和人类进步的意义,从而揭示出史学的真正价值。

我之所以要征引刘知幾的这些话,是为了说明作为政治家的唐太宗,在刘知幾之前已经有了大致相近的认识,这是十分难能可贵的。当然,唐太宗的史学自觉,无疑会反映在他对历史撰述事业的重视。这突出地表现在梁、陈、齐、周、隋"五代史"的修撰和《晋书》的修撰方面。

梁、陈、齐、周、隋"五代史"的修撰,始议于武德四年(621 年)令狐德棻上书建议。他指出:"近代已来,多无正史","当今耳目犹

---

① 刘知幾:《史通·史官建置》,浦起龙通释本,上海古籍出版社 1978 年版。

接，尚有可凭，如更数十年后，恐事迹湮没”，“如文史不存，何以贻鉴今古?”[①]唐高祖赞同他的建议，并于次年颁发了《命萧瑀等修六代史诏》[②]，令诸大臣分工撰述。此次修史动议，由于以下原因，历数年而未果：一是当时全国政局尚未安定，诸大臣无暇顾及修史；二是有的大臣离职或辞世，任务落空；三是缺乏大规模修史的组织经验，无人统筹规划，撰写工作难以有实质性的进展。这是皇家修史的一个重要教训。但是，这次修史动议也展示出了一个事实：唐皇朝建立伊始，即十分重视修史活动，而“修六代史诏”则显示出史学上的宏大气度，为后来的修史活动奠定了思想基础。

八年后，即贞观三年(629 年)，唐太宗建史馆于禁中，命诸臣修撰梁、陈、齐、周、隋“五代史”。诸臣认为，后魏(即北魏)史已有魏收《魏书》、魏澹《魏书》，“以为详备”，不必重修，故由“六代史”变为“五代史”。经过七年的努力，至贞观十年(636 年)，五史皆成，为一代盛事[③]。此次修史成功，同唐太宗的决策有极大关系。一是他设立了史馆，并给史馆以很高的地位，为皇家修史开创了新的局面，在中国史学上是一件里程碑的事件。二是他以房玄龄监修，魏徵“总加撰定”[④]，令狐德棻“总知类会”诸史[⑤]。正是有了修史的专门机构，又有了明确的分工合作，加之比较安定的社会环境，才可能出现中国史学上的这一盛事。显然，唐太宗是这一盛事中的关键人物。

---

① 《旧唐书》卷 73《令狐德棻传》，中华书局 1975 年版。

② 《唐大诏令集》卷 81《修晋书诏》。

③ 王溥编：《唐会要》卷 63《史馆上·修前代史》，中华书局 1955 年版。

④ 《旧唐书》卷 71《魏徵传》。

⑤ 《旧唐书》卷 73《令狐德棻传》。

唐太宗晚年提出了撰写新的《晋书》的要求，这是他在皇家修史活动中的又一重要决策。对此，学术界曾有这样那样的猜测和推论，似也不无参考价值。但我认为唐太宗的这一决定，在他于贞观二十年(646年)下达的《修晋书诏》里本已阐述得清清楚楚，足以表明他的意向和宗旨，舍此而作其他的猜测和推论，恐怕都难以反映历史真相。唐太宗指出：

唯晋氏膺运，制有中原，上帝启玄石之图，下武代黄星之德；及中朝鼎沸，江左嗣兴，并宅寰区，各重徽号，足以飞英丽笔，将美□书。但十有八家，虽存记注；而才非良史，事亏实录。[①]

诏书对十八家晋史一一作了评价，究其根本来说，一则不能称为"实录"，二则不是完全意义上的晋史。他希望写出一部超出现存十八家晋史的《晋书》，其具体要求是"铨次旧文，裁成义类，俾夫湮落之诰，咸使发明"。当然，诏书中所批评以往晋史之缺陷的一些方面，无疑都是应当避免的。因有诸家晋史作为参考，新修《晋书》进展较快，于贞观二十二年(648年)撰成。新修《晋书》的总面貌是：

以臧荣绪《晋书》为本，捃摭诸家及晋代文集，为十纪、十志、七十列传、三十载记。其太宗所著宣、武二帝及陆机、王羲之四论，称制旨焉。房玄龄以下称史臣，凡起例皆(敬)播独创焉。[②]

以一家为本，参考诸家之长，并吸收晋人文集之与史事相关联者入

① 《唐大诏令集》卷81《修晋书诏》。

② 《唐会要》卷63《史馆上·修前代史》。

史，可见唐初史家在撰述路径与方法上的成熟，确为后人修史提供了有益的启示。有一点必须指出：令狐德棻在近二十人的《晋书》修撰者中被推为首，“其体制多取决焉”[①]，而非敬播一人“独创”。今天我们读到的《晋书》，就是唐太宗下诏新修的《晋书》；加上上面已经讲到的“五代史”，总共有六部“正史”撰成于唐太宗在位期间，这占了“二十四史”部数的四分之一。对这六部“正史”，我们不必重复人们已经作过的许多评价，而是要从中窥见唐太宗在史学自觉方面所达到的高度。他创立了比较完备的史馆制度而为后人沿袭一千多年，在他的号召下一举撰成六部“正史”且流传至今，仅此两件事情，他的史学自觉以及他在中国史学上的位置已足以令人赞叹。然而，他的史学自觉还表现在他的政治实践方面，这一点更值得人们关注。

二　史学自觉与政治实践

唐太宗在政治实践上成功的主要标志，是“贞观之治”局面的形成。用今天的眼光来看，“贞观之治”是当时综合国力的表现，它在经济、政治、文化、军事、民族关系、中外关系、民风民俗等方面，都呈现出一种盛世气象。

“贞观之治”局面的出现，是多种原因促成的。但是，有一点是可以肯定的，即唐太宗和他的大臣们非常重视对历史经验的总结和借鉴。作为最高统治者，唐太宗在这方面起了表率的作用，其他如房玄龄、魏徵等这些最高统治集团中的核心人物也发挥了重要

① 《旧唐书》卷73《令狐德棻传》。

作用。唐太宗对历史经验教训的重视，反映出他对史书以至史学的高度重视，换言之，这是他的史学自觉之光折射在政治实践上的光彩之处。

关于唐太宗重视历史经验教训并使之与自身的政治实践相结合的问题，我们要感谢唐玄宗时期的史学家吴兢（670—749年）所撰写的一部历史名著《贞观政要》。这是一部全面记述唐太宗君臣论政之书，对于唐太宗及其决策核心的大臣们如何重视历史经验并竭力从中汲取借鉴有详细的论说。本书含十卷四十篇，可以说篇篇都离不开讨论历史经验及其与现实的关系。其篇目是：君道、政体；任贤、求谏、纳谏；君臣鉴戒、择官、封建；太子诸王定分、尊敬师傅、教戒太子诸王、规谏太子；仁义、忠义、孝友、公平、诚信；俭约、谦让、仁恻、慎所好、慎言语、杜谗邪、悔过、奢纵、贪鄙；崇儒学、文史、礼乐；务农、刑法、赦令、贡赋、辩兴亡；征伐、安边；行幸、田猎、灾祥、慎终。[①] 对于如此丰富的、涉及异常广泛的内容，这里不能作详尽的阐述和评论。因此，只能就笔者认为是尤为重要的几个方面作扼要评述。

第一，关于为君之道。贞观初年，唐太宗曾向魏徵提出一个至关重要的问题："何谓明君、暗君？"魏徵回答说：

> 君之所以明者，兼听也；其所以暗者，偏信也。诗云："先民有言，询于刍荛。"昔唐、虞之理，辟四门，明四目，达四聪。是以圣无不照，故共、鲧之徒，不能塞也；靖言庸回，不能惑也。秦二世则隐藏其身，捐隔疏贱而偏信赵高，及天下溃叛，不得闻也。梁武帝偏信朱异，而侯景举兵向阙，竟不得知也。隋炀

---

① 吴兢：《贞观政要》，上海古籍出版社1978年版。

帝偏信虞世基，而诸贼攻城剽邑，亦不得知也。是故人君兼听纳下，则贵臣不得壅蔽，而下情必得上通也。①

唐太宗对于魏徵所说，十分赞成，故而“甚善其言”。魏徵的回答，是以先贤的言论和历史的事实为依据，并概括出“君之所以明者，兼听也；其所以暗者，偏信也”的认识，对后世产生了深远的影响，以至于使这一问对成为中国政治史上的千古佳话。当然，问题的重要性并不在于这一出色的问对，而在于当事人特别是唐太宗在自己的政治实践中贯彻了作为“明君”的原则。在中国古代历史上，唐太宗不仅是“名君”，而且也是“明君”，与此有极大关系。一般说来，在唐太宗的政治生涯中，他是努力地按照“兼听”的原则行事。唐初，大乱之后，应实行什么样的国策？这是治国安邦的大事。他自己认为，短时期内难以达到至治。于是他征询大臣们的意见。魏徵认为：“凡人在危困，则忧死亡。忧死亡，则思化。思化，则易教。”唐太宗颇有怀疑地反问道：“善人为邦百年，然后胜残去杀。大乱之后，将求致化，宁可造次而望乎？”魏徵进而论道：“此据常人，不在圣哲。若圣哲施化，上下同心，人应如响，不疾而速，期月而可，信不为难，三年成功，犹谓其晚。”唐太宗表示赞同魏徵的看法。这时，大臣封德彝等提出不同的认识，认为：“三代以后，人渐浇讹，故秦任法律，汉杂霸道，皆欲化而不能，岂能化而不欲？若信魏徵所说，恐败乱国家。”魏徵反驳说：“五帝、三王，不易人而化。行帝道则帝，行王道则王，在于当时所理，化之而已。考之载籍，可得而知。昔黄帝与蚩尤七十余战，其乱甚矣，既胜之后，便致太平。九黎乱德，颛顼征之，既克之后，不失其化。桀为乱虐，而汤

① 吴兢：《贞观政要》卷1《君道》。

放之，在汤之代，即致太平。若言人渐浇讹，不及纯朴，至今应悉为鬼魅，宁可复得而教化耶？”①

封德彝等虽无言以对，但终认为魏徵的主张不可施行。这一场激烈的辩论，对于后来“贞观之治”局面的出现有至关重要的作用。在几种不同的意见中，唐太宗毅然采用魏徵的主张，“每力行不倦，数年间，海内康宁”，“华夏安宁，远戎宾服”，唐太宗无限感慨与欣慰，对魏徵给予极高的评价，把自己比作“玉”而把魏徵比作“良工”，他说：“玉虽有美质，在于石间，不值良工琢磨，与瓦砾不别。若遇良工，即为万代之宝。朕虽无美质，为公所切磋，劳公约朕以仁义，弘朕以道德，使朕功业至此，公亦足为良工尔。”

第二，关于认识民力。在中国历史上，不可能产生对民力有完全正确的认识，甚至存在着认识上的很大差别。这种差别又直接涉及到社会的治乱、朝代的存亡。对于这一点，唐太宗君臣屡屡有所讨论。这些讨论，集中到一点，可以概括为水舟关系之论。贞观六年（632 年），魏徵对唐太宗说：

> 自古失国之主，皆为居安忘危，处治忘乱，所以不能长久。今陛下富有四海，内外清晏，能留心治道，常临深履薄，国家历数，自然灵长。臣又闻古语云“君，舟也；人，水也。水能载舟，亦能覆舟。”陛下以为可畏，诚如圣旨。②

此处所谓“人”，即是“民”的代称。贞观十四年，魏徵在一次上疏中又指出：

> 《礼记》曰：“爱而知其恶，憎而知其善。”若憎而不知其善，

① 吴兢：《贞观政要》卷 1《政体》。

② 吴兢：《贞观政要》卷 1《政体》。

则为善者必惧。爱而不知其恶，则为恶者实繁。诗曰："君子如怒，乱庶遄沮。"然则古人之震怒，将以惩恶，当今之威罚，所以长奸，此非唐、虞之心也，非禹、汤之事也。《书》曰："抚我则后，虐我则雠。"荀卿子曰："君，舟也。民，水也。水所以载舟，亦所以覆舟。"故孔子曰："鱼失水则死，水失鱼犹为水也。"故唐、虞战战慄慄，日慎一日。安可不深思之乎？安可不熟虑之乎？①

对于魏徵所强调的这些道理，唐太宗都表示赞同而"深嘉纳之"。他也用这个思想来教导太子。他在晚年所著的《帝范》一书中，突出地论述了这个思想。

第三，关于民族关系。唐太宗在位期间，重视密切各族间的关系。前文说到的"华夏安宁，远戎宾服"，以及"胡越一家"、唐太宗获得"天可汗"的尊号等等，都是在当时历史条件下民族大融合的反映。对此，唐太宗以历史与现实作过比较，故而也有十分的自信。贞观二十一年(647年)唐太宗同大臣们讨论他在政治上获得成功的原因，关于民族关系的认识，尤为可贵。

第四，关于善始慎终。"鲜克有终"，这是历史上历代统治者的一个教训。唐太宗统治集团创造了"贞观之治"的局面，作为最高统治者，唐太宗能否善始慎终，当是这个统治集团十分关注的问题之一。在这方面，唐太宗依然是一个关键人物。应当承认，正如唐太宗晚年自省的那样，在"盛世"之下，他本人也滋长了骄奢之风，因而屡屡受到大臣们的诤谏。但是，作为一代英主，唐太宗自己是不曾忘记"慎终"这一要求的。

---

①　吴兢：《贞观政要》卷3《君臣鉴戒》。

关于善始慎终的政治目标，唐太宗着眼于两点，一是反复向大臣们致意，表明唐皇朝的功业，非其个人可以达到，“实赖诸公之力”；二是反复强调居安思危，即“安不忘危，治不忘乱”。他明确地指出，这都是他阅读史书所得到的启示。其中，秦、汉的经验教训尤为他所关注。吴兢《贞观政要》以卷末记唐太宗重视“慎终”之事，也表明了史家的深意。

贞观五年，太宗谓侍臣曰：“自古帝王亦不能常化，假令内安，必有外扰。当今远夷率服，百谷丰稔，盗贼不作，内外宁静。此非朕一人之力，实由公等共相匡辅。然安不忘危，治不忘乱，虽知今日无事，亦须思其终始。常得如此，始是可贵也。”魏徵对曰：“自古以来，元首股肱不能备具，或时君称圣，臣即不贤；或遇贤臣，即无圣主。今陛下明，所以致治，向若直有贤臣，而君不思化，亦无所益。天下今虽太平，臣等尤未以为喜，惟愿陛下居安思危，孜孜不怠耳！”①

贞观六年，唐太宗对大臣说：

自古人君为善者，多不能坚守其事。汉高祖，泗上一亭长耳，初能拯危诛暴，以成帝业，然更延十数年，纵逸之败，亦不可保。何以知之？孝惠为嫡嗣之重，温恭仁孝，而高帝惑于爱姬之子，欲行废立；萧何、韩信，功业既高，萧既妄系，韩亦滥黜，自余功臣黥布之辈，惧而不安，至于反逆。君臣父子之间悖谬若此，岂非难保之明验也？朕所以不敢恃天下之安，每思危亡以自戒惧，用保其终。②

---

① 吴兢：《贞观政要》卷10《慎终》。
② 吴兢：《贞观政要》卷10《慎终》。

贞观九年，唐太宗又对公卿们说："朕端拱无为，四夷咸服，岂朕一人之所致，实赖诸公之力耳！当思善始令终，永固鸿业，子子孙孙，递相辅翼。使丰功厚利施于来叶，令数百年后读我国史，鸿勋茂业粲然可观，岂惟称隆周、炎汉及建武、永平故事而已哉？"房玄龄因而进言说："陛下撝挹之志，推功群下，致理升平，本关胜德，臣下何力之有？惟愿陛下有始有卒，则天下永赖。"唐太宗回答道："朕观古先拨乱之主皆年逾四十，惟光武年三十三。但朕年十八便举兵，年二十四定天下，年二十九升为天子，此则武胜于古也。少从戎旅，不暇读书，贞观以来，手不释卷，知风化之本，见政理之源。行之数年，天下大治而风移俗变，子孝臣忠，此又文过于古也。昔周、秦已降，戎狄内侵，今戎狄稽颡，皆为臣妾，此又怀远胜古也。此三者，朕何德以堪之？既有此功业，何得不善始慎终耶？"[①]这一番谈话，意味深长，今天读来，仍可令人三思。

贞观十四年，唐太宗和魏徵有一番对话。吴兢写道：

> [太宗曰]"平定天下，朕虽有其事，守之失图，功业亦复难保。秦始皇初亦平六国，据有四海，及末年不能善守，实可为戒。公等宜念公忘私，即荣名高位，可以克终其美。"魏徵对曰："臣闻之，战胜易，守胜难。陛下深思远虑，安不忘危，功业既彰，德教复洽，恒以此为政，宗社无由倾败矣。"[②]

从这些言论和思想来看，唐太宗确是认真阅读史书的，他对于秦汉史事尤为关注和再三思考，他所提出的问题也都是政治实践中的重大问题。由此可见，唐太宗不是一个狭隘的、只讲实用的人，他

---

① 吴兢：《贞观政要》卷10《慎终》。

② 吴兢：《贞观政要》卷10《慎终》。

是把历史和现实联系起来进行思考，并力图从中寻找到正确的路径，以求长治久安。不仅如此，他还致意于有唐一代在历史上的位置，希望“丰功厚利施于来叶，令数百年后读我国史，鸿勋茂业粲然可观”。应当说，这并不是一个奢望或幻想，事实表明，有唐一代的历史不仅在中国古代历史上是辉煌的一页，即使在世界历史上也有它的崇高地位。唐太宗的史学自觉，使他能够想到“数百年后读我国史”的景象，亦足以见其自信之坚、气度之大。

诚然，唐太宗是有自知之明的，他在恢弘的事业成就的道路上，也在不断地自省。他希望这些反思和自省能够成为一笔精神财富，使其后人可以从中得到教益。于是，他把历史经验和政治经验融会起来，写成一部《帝范》，传给后人。这是他的史学自觉的最后的升华。

三　历史经验和政治经验的结合

把对以往的历史经验的理解和对现实政治经验的总结结合起来，著成一部“帝王论”即《帝范》留给后人学习、参考，可以看作是唐太宗把自己的史学自觉推向了他所能达到的高峰。

《帝范》是唐太宗辞世前的著作，一说作于贞观二十二年(648年)，即他辞世前一年；一说作于贞观二十三年(649年)，即他辞世的当年①。《帝范》凡十二篇，篇名为：君体、建亲、求贤、审官、纳谏、去谗、诫盈、崇俭、赏罚、务农、阅武、崇文。卷首有序，卷末有后

① 《唐会要》,《册府元龟》二说不同，笔者以为当从《唐会要》作贞观二十三年为是。参见吴云等编：《唐太宗集》，陕西人民出版社1986年版，第205页。

序。唐太宗在《帝范》序中表明四层意思：一是再三致意创业维艰，"战战兢兢，若临深而御朽；日慎一日，思善始而令终。"二是指出太子李治从小养尊处优，"未辨君臣之礼节，不知稼穑之艰难。余每此为忧，未尝不废寝忘食。"三是历史上"经天纬地之君，纂业承基之主，兴亡治乱，其道焕焉"，是后人应当了解和思考的。四是指出撰写《帝范》的主旨，即"披镜前踪，博采史籍，聚其要言，以为近诫"[①]，希望太子认真学习，引以为戒，将来治理好国家。这篇序文，文字不多而含意甚深，表达了一位政治家对历史的洞察和对未来的关注。

《帝范》各篇所论，都要言不烦，切中本质。其《君体篇》，在"民者，国之先，国者，君之本"的思想指导下，全面阐述了"为君之体"。《建亲篇》从总结历史经验教训入手，强调"众建宗亲而少其力"的做法，这是肯定西汉贾谊政治主张的正确和借鉴意义。《求贤篇》阐述了"国之匡辅，必待忠良，任使得其人，天下自治"的思想，对西汉皇朝在这方面的得失颇多论述。《审官篇》指出，明主当用人之所长："智者取其谋，愚者取其力，勇者取其威，怯者取其慎，无智愚勇怯，兼而用之。"太宗朝人才济济，同他的用人之道是分不开的。尤其是他能做到"不以一恶而忘其善，勿以小瑕掩其功"的态度对待周围的人，实为难能可贵。《纳谏篇》指出："王者高居深视，亏聪阻明，恐有过而不闻，惧有阙而莫补"，故必须"倾耳虚心，伫忠正之说"，以形成"臣无隔情于上，君能遍照于下"的政治局面。但是，"昏主则不然：说者拒之以威，劝者穷之以罪。大臣惜禄而莫谏，小臣畏诛而不言"，以致"其为壅塞，无由自知"，"身亡国灭，岂不悲

---

① 董诰编：《全唐文》卷10，中华书局1983年版。

矣！此拒谏之恶也。"纳谏与拒谏所造成的两种不同的政治前途，如此分明。《去谗篇》是《纳谏篇》的进一步发挥，指出："谗佞之徒，国之蝥贼也"，"故明主纳谏，病就苦而能消；暗主从谀，命因甘而致殒。可不诫哉！"《诫盈篇》阐述"俭则民不劳，静则下不扰。民劳则怨起，下扰则政乖"的道理，故应切记"骄奢之忌"。《崇俭篇》是《诫盈篇》的姊妹篇，进一步论述了"奢俭由人，安危在己"的思想。《赏罚篇》认为："赏罚之权"应做到"无偏无党，王道荡荡"。《务农篇》说："食为人天，农为政本。仓廪实则知礼节，衣食乏则忘廉耻。"又说："国无九岁之储，不足备水旱；家无一年之服，不足御寒温。"全篇反复致意于"务农之本"。《阅武篇》一方面指出"兵甲者，国之凶器也"，一方面又指出"土地虽广，好战则民凋；邦境虽安，忘战则民殆。"这里包含着对"兵甲"的辩证观点。《崇文篇》指出："弘风导俗，莫尚于文；敷教训人，莫善于学。因文而隆道，假学以光身。不临深溪，不知地之厚；不游文翰，不知智之源"，"光于天下不朽者，其唯为学乎！""文武二途，舍一不可；与时优劣，各有其宜"，全面强调"文"对于政治统治、"弘风导俗"的重要。

以上这十二篇的主旨所在，就是唐太宗在序中所说的，自古以来"经天纬地之君，纂业承基之主，兴亡治乱，其道焕焉"。当然，由于他自身的丰富而宏大的政治活动，在这些理解中渗透着他的亲身体验和经验教训。从这个意义上说，《帝范》一书可视为唐太宗在总结自身政治活动及体验的基础上所撰成的一部"君主论"。唐太宗在《帝范》后序中深自反省，他写道：

> 君子劳处其难，不能逸居其易，故福庆流之。是知祸福无门，唯人所召。欲悔非于既往，唯慎过于将来。择哲王以师，与无以吾为前鉴。夫取法于上，仅得为中；取法于中，故其为

下；自非上德，不可效焉。吾在位以来，所缺多矣。奇丽服玩，锦绣珠玉，不绝于前，此非防欲也。雕楹刻桷，高台深池，每兴其役，此非俭志也。犬马鹰鹘，无远必致，此非节心也。数有行幸，以亟人劳，此非屈己也。斯数事者，吾之深过也。勿以兹为是而后法焉。[1]

他的这种自我批判，几近于苛刻的程度，有的话或许后人中那些最严厉的批评家都会觉得过分。但是，我们对唐太宗自省的真诚之心和他对继承人的热切期望似不必有什么怀疑。反之，对暮年的唐太宗能够有这样的气度和胸襟，倒是应当给予高度评价的。可以说，《帝范》是他留给太子李治的一份政治遗嘱，也是他留给后世的一份政治思想遗产。

唐太宗的史学自觉，绝不是偶然的，而是在长期的政治生涯中学习、思考和体验的结果。早在他作为秦王的年代，秦府的学士们多是饱学之士。其中，虞世南同秦王李世民讨论历史问题最多。虞世南所撰《帝王略论》一书，以“公子曰”、“先生曰”的问对形式表述，当是他同秦王讨论历代帝王的事迹和得失而写成的[2]。史载：

太宗重其博识，每机务之隙，引之谈论，共观经史。世南虽容貌懦愞，若不胜衣，而志性抗烈，每论及古先帝王为政得失，必存规讽，多所补益。太宗尝谓侍臣曰：“朕因暇日与虞世南商略古今，有一言之失，未尝不怅恨，其恳诚若此，朕用嘉焉。群臣若皆世南，天下何忧不理。”[3]

---

① 董诰编：《全唐文》卷10。

② 瞿林东：《唐代史学论稿》，北京师范大学出版社1989年版，第131～132页。

③ 《旧唐书》卷72《虞世南传》。

贞观十二年(638 年),虞世南去世,唐太宗十分悲痛,说:"虞世南于我,犹一体也。拾遗补阙,无日暂忘,实当代名臣,人伦准的。吾有小失,必犯颜而谏之。今其云亡,石渠、东观之中,无复人矣,痛惜岂可言耶?"从这些记载来看,秦王李世民从虞世南那里受到的史学熏陶是很深刻的。

秦王李世民的这种史学修养,在他即位之后又不断得到提升。按旧制,帝王不得亲览国史,但唐太宗却提出要观览国史的要求,他坦然地表明自己的意见。史载:

> 贞观十四年,太宗谓房玄龄曰:"朕每观前代史书,彰善瘅恶,足为将来规诫。不知自古当代国史,何因不令帝王亲见之?"对曰:"国史既善恶必书,庶几人主不为非法。止应畏有忤旨,故不得见也。"太宗曰:"朕意殊不同古人。今欲自看国史者,盖有善事,固不须论;若有不善,亦欲以为鉴诫,使得自修改耳。卿可撰录进来。"玄龄等遂删略国史为编年体,撰高祖、太宗实录各二十卷,表上之。①

贞观七年(636 年)当梁、陈、齐、周、隋"五代史"纪传同时修成时,唐太宗十分高兴,他在奖赏修史大臣时说:

> 朕睹前代史书,彰善瘅恶,足为将来之戒。秦始皇奢淫无度,志存隐恶,焚书坑儒,用缄谈者之口。隋炀帝虽好文儒,尤疾学者,前世史籍竟无所成,数代之事殆将泯绝。朕意则不然,将欲览前王之得失,为在身之龟镜。公辈以数年之间,勒成五代之史,深副朕怀,极可嘉尚。②

---

① 吴兢:《贞观政要》卷 7《文史》。

② 王钦若等:《册府元龟》卷 554《国史部 · 恩奖》,中华书局 1989 年版。

“览前王之得失，为在身之龟镜”，这正是唐太宗史学自觉在政治实践中的格言之一。与此密切相联系的，是他还提出自己有“三镜”：“以铜为镜，可以正衣冠。以古为镜，可以知兴替。以人为镜，可以明得失。朕常保此三镜，以防己过。”[①]对于唐太宗来说，所谓“以古为镜”，可以看作是史学自觉的又一种表述形式。唐太宗的史学自觉，还表现在他要求臣下认真读史，从史书中得到提高。他曾赠大臣李大亮《汉纪》一部，并嘱咐他说：

> 卿立志方直，竭节至公，处职当官，每副所委，方大任使，以申重寄。公事之闲，宜观典籍。兼赐卿荀悦《汉纪》一部，此书叙致简要，论议深博，极为政之体，尽君臣之义，今以赐卿，宜加寻阅。[②]

《汉纪》改《汉书》纪传为编年，记西汉一代史事，自不限“极为政之体，尽君臣之义”，但作为政治家的唐太宗对《汉纪》的这个评价，可谓切中要旨。

综上，我们是否可以得到这样一个总的认识：唐太宗的史学自觉，是“贞观之治”的思想基础之一；他的史学自觉在政治实践和史学事业中的作用及其产物是“贞观之治”积极成果的重要方面。历史发展了，时代特点不同了，但史学自觉对于政治家的重要，自有其一定之理，这仍然是值得今天的人们认真思考的。

（原载《山西师大学报》2003年第4期）

---

① 《旧唐书》卷71《魏徵传》。

② 吴兢：《贞观政要》卷2《纳谏》。

唐代谱学和唐代社会

唐代谱学是唐代史学的一个组成部分。郑樵《氏族略》指出：

> 自隋唐而上，官有簿状，家有谱系，官之选举必由于簿状，家之婚姻必由于谱系。历代并有图谱局，置郎、令史以掌之，仍用博通古今之儒知撰谱事。凡百官族姓之有家状者，则上之，官为考定详实，藏于秘阁，副在左户。若私书有滥，则纠之以官籍；官籍不及，则稽之以私书。此近古之制，以绳天下，使贵有常尊，贱有等威者也。所以人尚谱系之学，家藏谱系之书。①

可见，谱学在封建地主阶级的政治生活和婚姻关系中，起着极其重要的作用。据《新唐书·艺文志》乙部《谱牒类》著录，谱系之书凡1617卷，合王玄感以下共2050卷，内中属唐代者近半数；故郑樵认为，"姓氏之学，最盛于唐"②，这话不是没有根据的。

本文仅就谱学在唐代的发展情况，以及谱学和唐代的政治生活、社会风气的关系等问题，作初步的探讨，以就教于史学界的同志们。

---

① 郑樵：《通志》卷25《氏族略》序，中华书局1988年版。

② 《通志》卷25《氏族略》序。

一 谱学在唐代的兴替

唐代谱学是魏晋以来谱系之学的继续和发展。唐代著名谱学家柳芳曾经对谱学源流作过详细的论述①,从中不难窥见唐代谱学与魏晋以来谱系之学的渊源关系。宋人郑樵进而写道:

汉有《邓氏官谱》,应劭有《氏族》篇,又有颍川太守聊氏《万姓谱》。魏立九品置中正:州大中正主簿,郡中正功曹,各有簿状,以备选举。晋、宋、齐、梁因之。故晋散骑常侍贾弼、太保王弘,齐卫将军王俭,梁北中郎将谘议参军知撰谱事王僧孺之徒,各有《百家谱》,徐勉又有《百官谱》。宋何承天撰《姓苑》,与后魏《河南官氏志》,此二书尤为姓氏家所宗。唐太宗命诸儒撰《氏族志》一百卷,柳冲撰《大唐姓系录》二百卷,路敬淳有《衣冠谱》,韦述有《开元谱》,柳芳有《永泰谱》,柳璨有《韵略》,张九龄有《韵谱》,林宝有《姓纂》,劭思有《姓解》。②

这是郑樵对汉、唐间谱学发展情况所勾画的一个基本轮廓,其中尤以唐代最详。唐肃宗时史官柳芳在谈到本朝的谱学家时说:"唐兴,言谱者以路敬淳为宗,柳冲、韦述次之。李守素亦明姓氏,时谓'肉谱'者。后有李公淹、萧颖士、殷寅、孔至,为世所称。"③总括柳芳、郑樵所论,本文将首先对唐代的主要谱学家和主要谱牒著作作一简要的考察,庶几可见唐代谱学兴替之一般情况。

---

① 《新唐书》卷199《儒学传中·柳冲传》,中华书局1975年版。

② 《通志》卷25《氏族略》序。

③ 《新唐书》卷199《儒学传中·柳冲传》。

（一）主要的谱学家

唐代谱学家甚多，我们按照唐代前期、中期、后期三个时期分别加以考察。唐代前期的谱学家主要有李守素、高士廉、路敬淳、柳冲等。

李守素，赵州（今河北赵县）人，出身于山东名族，唐高祖武德四年（621 年），任文学馆学士、天策府仓曹参军。李守素"尤工谱书，自晋、宋以降，四海士流及诸勋贵，华戎阀阅，莫不详究"，因而"世号'肉谱'"[①]，被人们看作是一部活的谱书。当时著名学者虞世南与李守素讨论谱系之学，亦为之叹服，并把李守素比做一本活的《人物志》[②]。李守素可以称得上是唐代第一位谱学大师了，但他并没有留下什么谱学著作。与李守素同时的，还有渭州刺史李淹"亦明谱学"，"守素所论，惟淹能抗之"[③]。不过对于李淹，人们知之甚少。高士廉，下文将论及，此不赘述。

较李守素稍晚一点的路敬淳是唐代前期最有影响的谱学家。路敬淳（？—697 年），贝州临清（今山东临清）人。他在贞观末年，"官至申州司马"；武则天天授年间（690—692 年），"历司礼博士、太子司议郎，兼修国史，仍授崇贤馆学士"，路敬淳勤奋好学，"不窥门庭，遍览坟籍"，而"尤明谱学，尽能究其根源枝派，近代已来，无及之者"[④]。他曾撰《著姓略记》20 卷、《衣冠谱》60 卷[⑤]，对唐代谱学发展产生很大影响。故柳芳认为："唐兴，言谱者以路敬淳为

---

① 《旧唐书》卷 72《褚亮传》附《李守素传》，中华书局 1975 年版。

② 《隋唐嘉话》上："秦王府仓曹李守素，尤精谱学，人号为'肉谱'。虞秘书世南曰：'昔任彦升善谈经籍，时称为五经笥，宜改仓曹为人物志。'"中华书局 1979 年版。

③ 《新唐书》卷 102《褚亮传》附《李守素传》。按：李淹，前引柳芳文作李公淹。

④ 以上均见《旧唐书》卷 189 下《儒学传下·路敬淳传》。

⑤ 见《新唐书》卷 58《艺文志二》。

宗”。《新唐书》也说：“唐初，姓谱学唯敬淳名家。其后柳冲、韦述、萧颖士、孔至各有撰次，然皆本之路氏”[①]。可见，路敬淳的影响又在李守素之上。

柳冲（？—717 年），蒲州虞乡（今山西平陆）人。唐中宗景龙年间（707—710 年），任左散骑常侍，修国史。“（柳）冲博学，尤明世族，名亚路敬淳”[②]，于唐中宗神龙元年（705 年）受命参与修撰《姓族系录》，至唐玄宗先天二年（713 年）成书，开元二年（714 年）定稿，凡 200 卷。[③]

此外，生活在唐代前期的大史学家刘知幾（661—721 年），对谱学也有精湛的研究。他的谱学著作受到当时学者极高的评价；同时，他还参与过大型官修谱牒的著述和定稿工作。

唐代中期的谱学家主要有韦述、萧颖士、孔至、柳芳等。

韦述（？—757 年），京兆万年（今陕西西安）人。唐玄宗开元五年（717 年）为栎阳尉，受诏于秘阁编次图书。“（韦）述好谱学，秘阁中见常侍柳冲先撰《姓族系录》200 卷，述于分课之外，手自抄录，暮则怀归。如是周岁，写录皆毕，百氏源流，转益详悉。乃于《柳录》之中，别撰成《开元谱》20 卷”[④]。韦述在谱学方面的造诣很深，声誉很高。封演说他“谙练士族，举朝共推，每商榷姻亲，咸就谘访”[⑤]，俨然是当朝的谱学顾问。

韦述居史职时，曾竭力推荐萧颖士来接替他的职务。萧颖士，

---

① 《新唐书》卷 199《儒学传中・路敬淳传》。

② 《旧唐书》卷 189 下《儒学传下・柳冲传》。

③ 《旧唐书》卷 189 下《儒学传下・柳冲传》。

④ 《旧唐书》卷 102《韦述传》。

⑤ 《封氏闻见记》卷 10《讨论》，《丛书集成初编》，中华书局 1985 年版。

梁鄱阳王七世孙,“四岁属文,十岁补太学生。观书一览即诵,通百家谱系”。唐玄宗天宝初年,萧颖士已经“名播天下”。他曾经依《春秋》体例著史传 100 篇,起汉初,迄隋末。因爱好谱学,“通百家谱系”[①],乃撰《梁萧史谱》20 卷[②]。

孔至,越州山阴(今浙江绍兴)人,唐玄宗时任著作郎。孔至“明氏族学,与韦述、萧颖士、柳冲齐名”,曾撰《百家类例》;“时述及颖士、冲皆撰《类例》,而至书称工”[③],受到韦述的赏识。

柳芳是在学术上与韦述关系更为密切的谱学家[④]。他是蒲州河东(今山西永济)人,唐肃宗时为史官,受诏“与韦述缀辑吴兢所次国史,会述死,芳绪成之,兴高祖,讫乾元,凡百三十篇”。他又仿编年法,著《唐历》40 篇,“颇有异闻”[⑤]。柳芳于唐玄宗开元末年入仕,自永宁尉、直史馆,转拾遗、补阙、员外郎,多居史任,“勤于记注,含毫罔倦”,而尤“精于谱学”。唐代宗永泰年间(765—766年),柳芳“按宗正谱牒,自武德已来宗枝昭穆相承,撰皇室谱二十卷,号曰《永泰新谱》”[⑥]。他对于谱学源流的研究着力不小,“著论甚详”,《新唐书》作者曾予以删削而载其要旨[⑦]。

韦述、萧颖士、孔至、柳芳等是唐代谱学持续发展阶段的几个代表人物。这一时期,不论是从谱学家的个人造诣来看,还是从官

---

① 见《新唐书》卷 202《文艺传中・萧颖士传》。

② 见《新唐书》卷 58《艺文志二》。

③ 《新唐书》卷 199《儒学传中・孔若思传》附《孔至传》。

④ 《唐国史补》卷上:“柳芳与韦述友善,俱为史官。述卒后,所著书有未毕者,多芳与续之成轴也。”上海古籍出版社 1979 年版。

⑤ 《新唐书》卷 132《柳芳传》。

⑥ 《旧唐书》卷 149《柳登传》。《唐会要》卷 36《氏族》亦载:“永泰二年十月七日,宗正卿吴王祗奏修史馆太常博士柳芳撰《皇室永泰谱》二十卷,上之。”

⑦ 《新唐书》卷 199《儒学传中・柳冲传》。

修谱书的数量、质量来看，都无逊于前一时期。此后，唐代谱学便转而走向衰落，突出的谱学家寥寥可数。

唐代后期，治谱学者尚有柳璟、李衢、林宝等。

柳璟，柳芳之孙。他在唐敬宗宝历年间(825—827 年)登进士第，三迁监察御史，累迁吏部员外郎。唐文宗开成初年为翰林学士；开成四年(839 年)，奉敕修《续皇室永泰新谱》[①]。其始末是这样的："(柳)璟因召对，言及图谱事，文宗曰：'卿祖尝为皇家图谱，朕昨观之，甚为详悉。卿检永泰后试修续之。'璟依芳旧式，续德宗后事，成十卷，以附前谱"[②]。其实，柳璟的撰成《续皇室永泰新谱》，并非是他长于谱系之学，而是因为其祖柳芳撰《永泰新谱》，"自后无人续修"，他为了继承祖志，又得到唐文宗的指示，乃撰成是书。唐代谱学的衰落趋势，于此可见一斑。

林宝和李衢是唐代谱学家中的两位殿军。林宝是唐代后期以谙于谱学而著称的学者之一[③]，于唐宪宗时撰成《元和姓纂》10 卷[④]。文宗开成二年(837 年)，他与李衢合撰《皇唐玉牒》110 卷[⑤]，这是唐代最后一部较大的官修谱书。开成四年(839 年)，李衢奉敕"修撰《皇后谱牒》"[⑥]，还著有《大唐皇室新谱》1 卷[⑦]。但是，林宝

---

① 《唐会要》卷 36《氏族》，中华书局 1955 年版。

② 《旧唐书》卷 149《柳登传》附《柳璟传》。按："续德宗后事"，当为"续永泰后事"之误。《新唐书》卷 132《柳芳传》附《柳璟传》作："诏璟捃摭永泰后事缀成之"，当是。

③ 《唐国史补》卷下："大历已后，专学者有蔡广成《周易》，强象《论语》。啖助、赵匡、陆质《春秋》，施士丐《毛诗》，刁彝、仲子陵、韦彤、裴茝讲礼，章廷珪、薛伯高、徐润并通经。其余地理则贾仆射，兵赋则杜太保，故事则苏冕、蒋乂，历算则董和，天文则徐泽，氏族则林宝。"

④ 见《新唐书》卷 58《艺文志二》。

⑤ 见《新唐书》卷 58《艺文志二》。

⑥ 《唐会要》卷 36《氏族》。

⑦ 《新唐书》卷 58《艺文志二》。

和李衢无论如何也造成不了像路敬淳、韦述、柳芳那样的影响，他们毕竟只是唐代谱学衰落时期的代表人物。

谱学在唐代的发展，不仅表现在产生了这些谱学家，而且还突出地表现在产生了一些大型的官修谱牒著作和许多私家著述的谱书，据《新唐书·艺文志》著录，其总数在60种以上，将近1000卷。

（二）主要的谱牒著作

《氏族志》。唐太宗时期修订的《氏族志》是唐代第二部大型官修谱牒。贞观五年（631年），唐太宗"诏士廉与御史大夫韦挺、中书侍郎岑文本、礼部侍郎令狐德棻等刊正姓氏。于是普责天下谱牒，仍凭据史传考其真伪，忠贤者褒进，悖逆者贬黜，撰为《氏族志》。……及书成，凡一百卷，诏颁于天下"[①]。《氏族志》成书于贞观十二年（638年），自起手至撰成，历时7年。参加编撰的高士廉等人，不仅均出身于士族，"谙练门阀"，熟悉各地的士族门第，而且又都是当时的著名文学之士。高士廉，渤海蓨（今河北景县）人，出身于山东著名士族。他于贞观五年（631年）任吏部尚书，其"奖鉴人伦，雅谙姓氏，凡所署用，莫不人地俱允"[②]，颇具士族遗风。韦挺，雍州万年（今陕西西安）人，是关中士族。他任御史大夫时，对于寒门出身的官员，"殊不礼之"[③]，俨然士族风度。岑文本，南阳棘阳（今河南南阳）人，是南方没落士族，因而自称是"南方一布衣"，唐太宗时官至中书令。岑文本"博考经史，多所贯综，美谈论，

---

① 《旧唐书》卷65《高士廉传》。按：《氏族志》，《唐会要》卷36《氏族》及两《唐志》均作100卷。唯《旧唐书》卷3《太宗纪下》云："高士廉等上《氏族志》一百三十卷"，当误。

② 《旧唐书》卷65《高士廉传》。

③ 《旧唐书》卷77《韦挺传》。

善属文”。他在参与撰写《氏族志》的同时，还于贞观十年(636 年)同令狐德棻共同撰成《周书》，“其史论多出于文本”[1]。令狐德棻，宜州华原(今陕西耀县)人，“先居敦煌，代为河西右族”。他“博涉文史，早知名”。唐高祖武德五年(622 年)，与陈叔达等撰《艺文类聚》；唐太宗贞观十年(636 年)，与岑文本撰成《周书》；以后又参与《新礼》、《晋书》、《高祖实录》等书的著述工作，史称“武德已来创修撰之源，自德棻始也”[2]，故其在唐初学术史上具有一定的影响。正因为如此，这部奉旨修订的《氏族志》撰成以后，“升降去取，时称允当，颁下诸州，藏为永式”[3]。

《姓氏录》。事实上，《氏族志》并没有真正成为“藏为永式”的谱牒著作。唐高宗显庆四年(659 年)，即《氏族志》成书 21 年后，在武则天的支持下，许敬宗、李义府建议修改《氏族志》。唐高宗乃“专委礼部郎中孔志约、著作郎杨仁卿、太子洗马史玄道、太常丞吕才重修……更名为《姓氏录》”[4]，凡 200 卷[5]。据称，参加修订《姓氏录》的共有 12 人[6]，足见最高统治集团对此事的重视。

《姓族系录》。自《氏族志》颁行后，近 70 年间，“门胄兴替不常”，故谱学家柳冲于唐中宗神龙元年(705 年)上表“请改修其书”。唐中宗命魏元忠、张锡、萧至忠、岑羲、崔湜、徐坚、刘宪、吴兢

① 以上均见《旧唐书》卷 70《岑文本传》。

② 以上均见《旧唐书》卷 73《令狐德棻传》。

③ 《旧唐书》卷 82《李义府传》。

④ 《旧唐书》卷 82《李义府传》。

⑤ 《旧唐书》卷 46《经籍志上》：“《姓氏谱》二百卷，许敬宗撰。”《新唐书》卷 58《艺文志二》：“《姓氏谱》二百卷，许敬宗、李义府、孔志约、阳仁卿、史玄道、吕才撰。”按阳仁卿，或作杨仁卿。

⑥ 参见《唐会要》卷 36《氏族》显庆四年条原注。

以及柳冲 9 人,“共取德功、时望、国籍之家,等而次之”[1],从而开始了《姓族系录》的第一阶段的修撰工作。其后,因魏元忠等相继物故,修撰工作便中止了。逮至唐玄宗先天二年(713 年),“(柳)冲始与侍中魏知古、中书侍郎陆象先及徐坚、刘子玄、吴兢等撰成《姓族系录》二百卷奏上”[2]。这是《姓族系录》的第二阶段的修撰工作,参加这一阶段工作的还有萧至忠、窦怀贞和崔湜等人[3]。开元二年(714 年),唐玄宗“又敕(柳)冲及著作郎薛南金刊定《系录》,奏上,赐绢百匹”[4]。这是《姓族系录》的第三阶段的修撰工作,即定稿工作。参加这次定稿工作的除了柳冲和薛南金外,还有著名史家刘知幾[5]。《姓族系录》一书,从柳冲提出动议,着手修撰,至最后定稿,凡 19 年。其间,撰人几经补充。前后参加工作的共 13 人,极当时之选。内中,徐坚、刘知幾、吴兢等是著名的学者和史家,柳冲是当时最有声望的谱学家。《姓族系录》可以被认为是唐代官修谱牒发展到全盛时期的主要标志。

《百家类例》。唐肃宗乾元元年(758 年),著作郎贾至撰。其序旨称:“以其婚姻承家,冠冕备尽,则存谱。大谱所纪者,唯尊官清职,传记本原,分为十卷”[6]。

《元和姓纂》。唐宪宗元和七年(812 年)七月,太常博士林宝

① 《新唐书》卷 199《儒学传中·柳冲传》。

② 《旧唐书》卷 189 下《儒学传下·柳冲传》。参见《唐会要》卷 36《氏族》:“先天二年三月,柳冲奏所备《姓族录》成,上之,凡二百卷。”

③ 《旧唐书》卷 92《萧至忠传》:“先天二年,(萧至忠)复为中书令。是岁,至忠与窦怀贞、魏知古、崔湜、陆象先、柳冲、徐坚、刘子玄等撰《姓族系录》二百卷。”

④ 《旧唐书》卷 189 下《儒学传下·柳冲传》。

⑤ 《旧唐书》卷 8《玄宗纪上》。开元二年七月,“昭文馆学士柳冲、太子左庶子刘子玄刊定《姓族系录》二百卷,上之。”

⑥ 《唐会要》卷 36《氏族》。

撰，王涯为之序，故《唐会要》题为“王涯撰”[①]。关于林宝撰《元和姓纂》的起因，宋人陈振孙曾这样写道：

> 《元和姓纂》十卷，唐太常博士三原林宝撰。元和中，朔方别帅天水阎某者，封邑太原，以为言。上谓宰相李吉甫曰：“有司之误，不可再也！宜使儒生条其源系，考其郡望、子孙、职任，并总缉之。每加爵邑，则令阅视。”吉甫以命（林）宝，二十旬而成。[②]

把一个天水人封邑于太原，被视为笑话，以致使唐宪宗非常生气。为了使有司不重犯类似错误，林宝乃受命撰成《元和姓纂》，以备“每加爵邑，则令阅视”之需。

《皇室永泰谱》与《续皇室永泰谱》。此二书分别撰成于唐代宗永泰二年（766 年）和唐文宗开成四年（839 年）。唐代官修谱书，至此已明显地衰落下来。第一，在著述规模上已大不如前，说明修订新的大型谱牒已不是最高统治集团的迫切政治需要；第二，在著述内容上也日渐狭窄，由修撰总谱而变为修撰皇室谱，说明刊正全国姓氏、区分门第高下已逐步失去了它原有的那种重要意义。

《皇唐玉牒》。此书《旧唐书·经籍志》不著录。《新唐书·艺文志》云：“《皇唐玉牒》一百一十卷。开成二年，李衢、林宝撰。”如同李衢、林宝是唐代谱学家的两位殿军一样，他们合著的《皇唐玉牒》乃是唐代官修谱书的尾声。

在唐代谱学著作中，除了这些官修谱牒外，还有许多私家著述

---

① 《唐会要》卷 36《氏族》：“元和七年七月，尚书兵部员外郎、知制诰王涯撰《姓纂》十卷，上之。”按此即林宝所撰《元和姓纂》。

② 《直斋书录解题》卷 8，徐小蛮等点校本，上海古籍出版社 1987 年版。

的谱牒，其中多以家谱为主。例如，著名史家刘知幾曾撰《刘氏家史》15卷及《谱考》3卷[1]。比刘知幾稍早一点的王方庆（？—702年），“博学好著述，所撰杂书凡二百余卷”[2]，曾著《王氏家牒》15卷、《家谱》20卷。武则天时的四门博士、直弘文馆王元感一生中著书数百篇，“年虽老，读书不废夜”[3]，撰《姓氏实论》10卷。凡此等等，《新唐书·艺文志·谱牒类》所载甚详，不一一赘述。

综上所述，不论从谱学家来看，还是从谱学著作（主要是官修谱牒）来看，唐代谱系之学的发展呈现出明显的阶段性：自唐初至玄宗以前为发展时期，玄宗年间为全盛时期，肃宗以后为衰落时期。唐代谱学的这个兴盛、衰落的发展趋势，是同唐代的政治生活紧密地联系在一起的，尤其是同唐代地主阶级中士族地主与庶族地主的矛盾、斗争相关联的。

二　唐代谱学和唐代的士庶斗争

有唐一代，为什么那么多的史家、学者潜心积思，致力于谱学的研究？为什么最高统治集团如此重视谱系之学，组织修撰了一部又一部大型谱牒著作？究其主要原因，这是唐代政治生活的需要，即是最高统治集团为了调节地主阶级各阶层之间的关系的需要。唐代谱学是唐代政治的附属品和折光镜：它从属于政治，又曲折地反映着政治；它由于政治上的某种迫切需要而发展起来，又随着此种需要的迫切性的逐步消失而衰落下去。

---

① 《旧唐书》卷102《刘子玄传》；《新唐书》卷58《艺文志二》。

② 《旧唐书》卷89《王方庆传》。

③ 《新唐书》卷199《儒学传中·王玄感传》。

早在南朝时期，士族地主的政治势力开始出现衰落的迹象，庶族地主在政治上的权势则不断上升。庶族地主中的一些人，“有的致位将帅，任专方面；有的作为皇帝的爪牙，出任宗室诸王镇将的典签，实际上掌握了州郡和军府的权柄。在中央政权中，寒族地主充当中书省的通事舍人，参与机密，出纳王命，权势更为显赫”①。隋朝统一后，在全国实行均田制和科举制，进一步削弱了士族地主的势力。在轰轰烈烈的隋末农民战争中，起义军“得隋官及士族子弟，皆杀之”②，给士族地主以特别沉重的打击。但是，士族地主并没有就此退出历史舞台。众所周知，李唐皇朝就是依靠着关陇士族、山东士族、江南士族和一部分庶族地主的支持而建立起来的。因此，唐太宗初年，随着唐皇朝对各地大规模军事征服活动的结束，以及国家统一局面的形成和政治统治的逐步走上轨道，为了巩固中央集权，稳定统治秩序，唐太宗在采取一系列经济、政治措施的同时，还十分注意于调整统治阶级内部错综复杂的关系。《氏族志》的修订，就是在这种历史条件下进行的。

贞观五年（631 年），唐太宗命高士廉、韦挺、岑文本、令狐德棻等“刊正姓氏”，基本原则有两条：一条是普遍搜集全国谱牒，“凭据史传考其真伪”，真者存之，伪者黜之，即仍然承认魏、晋以来的士族地主的门阀地位。另一条是“忠贤者褒进，悖逆者贬黜”；所谓“忠贤”、“悖逆”，自然主要是视其对李唐政权的态度而定。前一条原则注重于历史，后一条原则则着眼于现实。但是，传统的门阀观念很深的高士廉诸人，根据这两条原则，在《氏族

---

① 翦伯赞主编：《中国史纲要》第 2 册，人民出版社 1965 年版，第 98 页。

② 《资治通鉴》卷 183 隋炀帝大业十二年，中华书局 1956 年版。

志》的初稿中，依然习惯地把山东崔干列为第一等。对此，出身于关陇士族且又身居最高统治者的唐太宗当然是不能接受的。事实上是自唐皇朝建立以来，最高统治者就曾不止一次地批评过山东士族[①]，现在居然又搞出了一部把山东崔氏置于天下之冠的《氏族志》来，这使唐太宗不能不感到愤慨。因此，他严厉而又明确地指出：

> 我与山东崔、卢、李、郑，旧既无嫌，为其世代衰微，全无冠益，犹自云士大夫，婚姻之间，则多邀钱币。才识凡下，而偃仰自高，贩鬻松檟，依托富贵。我不解人间何为重之？祇缘齐家惟据河北，梁、陈僻在江南，当时虽有人物，偏僻小国，不足可贵，至今犹以崔、卢、王、谢为重。我平定四海，天下一家，凡在朝士，皆功效显著，或忠孝可称，或学艺通博，所以擢用。见居三品以上，欲共衰代旧门为亲，纵多输钱帛，犹被偃仰。我今特定族姓者，欲崇重今朝冠冕，何因崔干犹为第一等？昔汉高祖止是山东一匹夫，以其平定天下，主尊臣贵。卿等读书，见其行迹，至今以为美谈，心怀敬重。卿等不贵我官爵耶？不须论数世以前，止取今日官爵高下作等级。[②]

在这里，唐太宗强调了：第一，必须突出皇室的崇高地位，以歌颂其"平定四海，天下一家"的盛德；第二，"崇重今朝冠冕"，以肯定开国元臣们的"功效显著"；第三，重新评定山东士族的门第，以符合他

---

① 如《唐会要》卷36《氏族》："武德元年，高祖尝谓内史令窦威曰：……'比见关东人崔、卢为婚，犹自矜伐……'"又如《资治通鉴》卷192《唐纪》8太宗贞观元年："上尝语及关中、山东人，意有同异。殿中侍御史义丰张行成跪奏曰：'天子以四海为家，不当有东西之异，恐示人以隘。'上善其言，厚赐之。"

② 《旧唐书》卷65《高士廉传》。

们“世代衰微，全无冠盖”的现实状况。为此，他重新规定了总的修撰原则，即：“不须论数世以前，止取今日官爵高下作等级”。这个总原则，不仅是对以山东士族为代表的旧士族的沉重打击，而且也是对魏晋南北朝以来谱学传统的重大改变。按照这个总原则修订的《氏族志》，必将不是原来意义上的（即魏晋南北朝时期那样的）谱牒著作了，因为它看重的是现实而不是历史，它突出的是官爵高下而不是门第、郡望。

根据唐太宗的意见，高士廉等对《氏族志》初稿作了修改，以皇族为第一等，后族为第二等，“遂以崔干为第三等”[①]，全书“合二百九十三姓，千六百五十一家，分为九等”[②]。《氏族志》的修撰和颁行，从政治上和理论上确立了皇室和新贵的地位，有些非士族出身的新贵也由此进入士流；对于历来地位崇隆的山东士族，一方面给以限制和打击，另一方面也实行某些妥协，故使崔干居于皇族、后族之下列为三等，也还是二族之下、百族之上了；对于江南士族，虽自南朝以来已渐陵替，但经过“考其真伪”，也予以承认。总之，最高统治者通过修订《氏族志》，取得了抑制山东士族的胜利，提高了最高统治集团的威望，也作出了不妨碍大局的妥协，故《氏族志》颁行后，“升降去取，时称允当”，起到了在一定程度上调节地主阶级内部相互关系的作用。从谱学的发展、演变来看，像《氏族志》这样混士、庶于一书之中的谱牒，自然已不同于魏晋六朝旧有谱牒。这是谱学发展中的一个不可忽视的新的动向。

---

① 《旧唐书》卷65《高士廉传》。
② 《唐会要》卷36《氏族》。

随着唐代科举制度的发展，越来越多的地主阶级知识分子由科举踏入仕途[①]，有些庶族地主并由此登上显位。因此，《氏族志》所规定的门第等级状况，也越来越不符合那些出身于庶族寒门的新贵们的意愿了。唐高宗永徽六年（655 年），出身于商人地主家庭的武则天被立为皇后，参与朝政，与高宗并称“二圣”。武则天为了巩固自己的政治地位，打击那些在皇后废立问题上反对她的关陇贵族（多数是开国功臣），争取更多的庶族地主的支持，便积极主持了对《氏族志》的修改工作。

首先提出修改《氏族志》的是许敬宗和李义府。许敬宗认为《氏族志》“不载武后本望”，应当删正；李义府则出于“耻先世不见叙”，建议对《氏族志》进行修改。他们的主张得到了唐高宗、武则天的支持。这次修改《氏族志》的总的政治原则是：“以仕唐官至五品者皆升士流”[②]。这个原则，比起唐太宗所制定的“崇重今朝冠冕”、“不须论数世以前，止取今日官爵高下作等级”这一原则来说，不仅明确得多、具体得多，而且范围也扩大得多了。这将使大批庶族地主涌入士流，也使许多由科举入仕的士族地主得以继续保持其门第。因此，我们可以认为：这个政治原则事实上已经打破了传统的士、庶界限，进一步促使了士庶合流。修改后的《氏族志》更名为《姓氏录》，于唐高宗显庆四年（659 年）颁行，其具体情形如下：

合二百三十五姓，二千二百八十七家，帝自叙所以然。以

① 有的研究者据徐松《登科记考》统计：在唐太宗统治的 23 年中，进士共 205 人；而在唐高宗和武则天统治的 55 年中，进士共有 1 000 余人，平均每年录取人数较贞观时增加一倍以上。参见翦伯赞主编：《中国史纲要》第 2 册，人民出版社 1965 年 8 月第 1 版，第 166 页。

② 《新唐书》卷 223《奸臣传上・李义府传》。

四后姓、酅公、介公及三公、太子三师、开府仪同三司、尚书仆射为第一姓，文武二品及知政事三品为第二姓，各以品位高下叙之，凡九等，取身及昆弟子孙，余属不入，改为《姓氏录》。当时军功入五品者，皆升谱限，搢绅耻焉，目为"勋格"。[①]

由于《姓氏录》所排列的姓氏等级是"各以品位高下叙之"。故虽出身士族而品位低下者当然不得入谱，相反，虽出身庶族而位至五品者则可升入谱限。可见，《姓氏录》所载"士流"，已非魏晋六朝之士族，在此基础上形成的唐代谱学，自然也有别于魏晋六朝之谱学。

如果说，《氏族志》是庶族与士族、新门与旧家相互斗争和相互妥协的产物的话，那么，《姓氏录》则是前者对后者的斗争取得进一步胜利的产物。从谱学的变化来看，《氏族志》与《姓氏录》都是将当时官高者收入谱限，混士（魏晋以来旧家）庶（唐代新起豪门）于一书，反映了唐代士庶合流的客观趋势：如果把《氏族志》比作士庶合流的滥觞，则《姓氏录》就是士庶合流的巨澜了。

这里，有必要简略地讨论以下两个问题：

其一，有的论者认为，由于经过隋末农民革命战争的打击，在唐代，"士族地主作为一个特殊阶层，便退出了历史舞台"，"士族和庶族在经济上和政治上的差别已经基本消失，地主阶级中也就不存在这两个等级的区别了"[②]，因此，不应当用士庶斗争来解释唐代地主阶级内部斗争。笔者对于唐代经济史、政治史所知甚少，本文也不打算就此进行专门讨论。但是，通过谱学曲折反映出来的若干事实来看，在唐初，不仅士族没有"退出了历史舞台"，而且士、

---

① 《新唐书》卷95《高俭传》。

② 参见何汝泉：《关于武则天的几个问题》，载《历史研究》1978年第8期。

庶之间的矛盾还是很尖锐的。唐太宗修订《氏族志》，矛头对着魏晋六朝以来影响最大的士族门阀。如北魏太和年间（477—499年）"定四海望族"，陇西李宝，太原王琼，荥阳郑温，范阳卢子迁、卢浑、卢辅，清河崔宗伯、崔元孙，前燕博陵崔懿，晋赵郡李楷等均为天下冠族"其后矜尚门地，故《氏族志》一切降之"①。唐太宗认为，山东士族"世代衰微，全无冠盖"，重新评定他们的门第是理所当然的。他这样做的目的，当然是为了突出皇室的崇高地位，同时也是为了"崇重今朝冠冕"，以新贵（其中有些乃是庶族出身）代替旧家。许敬宗建议修改《氏族志》，是为了巴结非士族出身的武则天；李义府建议修改《氏族志》，则是为了使自己挤入士流。他们的出发点，格调不高，但却说明士、庶差别是存在的。《姓氏录》规定以仕唐品位高下叙其等级，把大批庶族地主"升入谱限"，目的就是为了从政治上打掉魏晋六朝旧家"矜尚门第"的威风，所以《姓氏录》才被旧士族谥为"勋格"。这不也证明士、庶区别是客观存在的吗！当然，唐代士族不同于魏晋六朝士族，但不能因此而否认唐代士族的存在。同样，唐初出现了士庶合流的趋势，但不能因此而否认士庶之间的差别，因为这种差别的缩小乃至消失，是一个历史发展过程。最近，读到韩国磐教授所著《隋唐五代时的阶级分析》一文，很受教益。韩文根据对于大量历史材料的分析，指出：

> 隋唐时的士族就是魏晋以来士族的继续，他们仍然享有很高的社会地位和政治特权，有着很大的经济势力。固然，在阶级斗争和统一局面下中央集权的发展，其势力已日趋衰落，其经济和政治特权已发生了若干变化，但不是士族这一等级

① 《新唐书》卷95《高俭传》。

已不存在了。唐末农民大起义，才基本结束了士族势力，直到宋代，才不复以氏族为事，这是我国中世纪等级关系的一大变化，不可忽略的。[①]

笔者认为，韩国磐对士族地主的历史发展过程的论断，是符合历史本来面貌的。

其二，有的论者也认为唐代存在着士族地主和庶族地主这两个阶层以及他们之间的矛盾、斗争，但是，在对于唐太宗修订《氏族志》和唐高宗、武则天修订《姓氏录》的评价上，却提出了不完全一致甚至完全不一致的两种见解。如，认为唐太宗修订《氏族志》，"对于提高现政权的威信，削弱门阀观念，显系具有进步意义的"，唐高宗、武则天修订《姓氏录》，"以五品入士流(包括军功者在内)，不过扩大了士族的队伍，并没有打击或贬抑士族，有何进步可言?"[②]如前所述，唐太宗修订《氏族志》，是要"崇重今朝冠冕"，规定"不须论数世以前，止取今日官爵高下作等级"的原则，对于"削弱门阀观念"确实起了积极的作用。根据同样的道理，武则天修订《姓氏录》，是"各以品位高下叙之"，规定"以仕唐官至五品者皆升士流"的原则，对于"削弱门阀观念"当然起了更加积极的作用。一个十分明显的问题是：修订《氏族志》和修订《姓氏录》的总的政治原则是一致的，前者是后者的依据，后者是前者的发展，它们所起的作用，当然是在同一个历史发展方向上的作用。因此，不能认为《氏族志》"具有进步意义"，而《姓氏录》反倒"有何进步可言"了。至于说"扩大了士族的队伍"，那也是《氏族志》开其端，《姓氏录》继

---

① 韩国磐：《隋唐五代史论集》，三联书店1979年版，第23页。

② 熊德基：《论武则天》，吉林人民出版社1979年版，第31、32页。

其后。再说,这种“扩大了”的“士族队伍”中,已包括了大批仕进的庶族地主在内,因而与魏晋六朝旧有士族有别。可见,这种“士族队伍”的出现,并不是历史的倒退,而是历史的前进。一言以蔽之,武则天修订《姓氏录》同唐太宗修订《氏族志》一样,都是应当给予肯定的。

现在,让我们再回到这一部分的本题上来。

唐玄宗开元二年(714 年),柳冲等撰成《姓族系录》,上距《氏族志》成书的贞观十二年(638 年)已经将近 80 年,士、庶力量的消长又发生了一些变化,即所谓“门胄兴替不常”。但柳冲等人修订《姓族系录》的宗旨仍然是“叙唐朝之崇,修氏族之谱”,继承了《氏族志》和《姓氏录》的遗风。《姓族系录》是唐代最后一部重要的大型官修谱牒,是唐朝建国以来,地主阶级内部各种矛盾、斗争反映到谱学上的一个总结。此后,皇家也还陆续组织了一些谱学家撰写谱牒,但不论是在规模上还是在重要的程度上,都已经大不如前了。这种现象,曲折地反映出唐代建国以来的近百年中,士、庶斗争日益缓和(不是矛盾消失了,而是被新的矛盾所代替),士、庶界限日渐缩小;唐代谱学(主要是官修谱牒)作为士、庶斗争的一个工具,已逐步失去它的重要作用而不断走向衰落。有的学者认为:六朝以前,谱学在官,唐宋而下,谱在私家,唐代实谱学转变的关键时期之一[①]。我认为这个看法是对的。《姓族系录》便是这个“谱学转变的关键时期”的一个重要标志。

唐代宗时,谱学家柳芳论谱学源流以及谱学与政治的关系,认

① 韩国磐说。按:此系韩国磐教授于 1980 年 4 月 16 日写给笔者的信中的一段话。

为："人无所守，则士族削；士族削，则国从而衰"；又说："隋氏官人，以吏道治天下，人之行，不本乡党，政烦于上，人乱于下……故亡"[①]等等。显然，柳芳把国家衰落的原因归结为士族的衰落，认为隋亡于"以吏道治天下"，没有紧紧依靠士族云云，都是错误的。

唐代后期，由于士、庶界限十分模糊，官修谱牒不再受到重视。谱牒著述上亦出现严重的紊乱、不实等情况。唐宣宗大中六年(852年)，宗正寺修图谱官李宏简奏称：

> 伏以德明皇帝之后，兴圣皇帝以来，宗祊有序，昭穆无差。近日修撰，率多紊乱，遂使冠履僭仪，元黄失位，数从之内，昭穆便乖。今请宗子自常参官并诸州府及县官等，各具始封建诸王、及五代祖、及见在子孙，录一家状，送图谱院，仍每房纳，于官取高，处昭穆取尊，即转送至本寺所司，磨勘属籍，稍获精详。[②]

宗正寺是专门掌管序录皇室诸王及诸宗室亲属远近的机构。这时就连在这个机构任职的修图谱官李宏简都认为，皇家宗室图谱"冠履僭仪，元黄失位"，紊乱无稽。这就充分证明，唐代后期，官修谱牒已成强弩之末，走到了它的尽头了。

这里，还有一个问题是需要简略地加以说明的。旧说：唐代后期的牛李党争，是出身于"关东著名士族地主的后裔"的李德裕、郑覃为首的"李党"，同进士出身的"进士贵族"牛僧孺、李宗闵为首的"牛党"的斗争[③]。这样，牛李党争无疑便成了唐代前期士、庶斗争的继续，岂不是与上文所述唐代后期士、庶界限日渐缩小的论点相

---

① 《新唐书》卷199《儒学传中·柳冲传》。

② 《唐会要》卷36《氏族》。

③ 翦伯赞主编：《中国史纲要》第2册，第209页。

抵牾？其实，在9世纪上半叶唐代历史上延续了数十年之久的牛李党争，并不是什么士、庶斗争。众所周知，唐代后期的一个严重社会问题是藩镇割据。所谓牛李党争，即是唐代后期官僚集团在如何对待这一割据势力方面所形成的两种政见、两个派别的斗争。至于说“科场出身与非科场出身的互相排斥，不过是争夺(官位)时若干借口中的一个，事实上首领出身门荫的朋党也容纳进士，首领出身科场的各个朋党，互相间也同样仇视，并不因出身相同有所减轻”。[①]

现在，我们可以作出这样的结论：唐代的谱系之学(特别是官修谱牒)是政治斗争的工具，是为最高统治集团加强中央集权，调整地主阶级各阶层相互关系(主要通过提高庶族地主地位，限制士族地主势力发展以造成士、庶合流的新关系)服务的。唐代前期，由于士、庶矛盾、斗争比较尖锐，官修谱牒自然受到最高统治集团的重视，得到了相当程度的发展；唐代中、后期，随着士庶矛盾、斗争的缓和以及它终为新的矛盾、斗争所代替，这种官府谱学也就随之失去了它存在的必要性而衰落下去。此其一。其二，唐代的谱系之学既是魏晋六朝谱学的继续和发展，又不完全同于魏晋六朝的谱学，即继承了形式，改变了内容。郑樵云“姓氏之学最盛于唐”，只是看到了唐代谱学发展中的表面现象，而未窥见到谱系之学在唐代的这种形式上的“发展”，正是它开始自我否定的表现。如果用“官之选举，必由于簿状；家之婚姻，必由于谱系”这两条原则来检验“姓氏之学最盛于唐”的结论的话，人们不难看出：前一条原则在唐代已经越来越不管用了，而后一条原则在唐代却还起着

---

① 范文澜：《中国通史》第3册，人民出版社1978年版，第209～210页。

相当的作用。这是唐代谱学不同于魏晋六朝谱学的又一个方面。至于这后一条原则在唐代究竟起着多大作用，这可以从唐代的社会风气中得到进一步的证明。

三　唐代谱学和唐代的社会风气

唐代的谱学，不独是当时政治生活的记录，而且也是当时社会风气的反映。

魏晋六朝谱学的突出特征之一是鲜明的门阀观念和森严的等级界限。刘宋谱学家王弘因"日对千客而不犯一人讳"[①]传为美谈。唐代谱学本脱胎于魏晋六朝谱学，因而这种鲜明的门阀观念和森严的等级界限当然也就得以继续传播。它们在官谱（如《氏族志》、《姓氏录》）中虽一再遭到削弱，但在大量的私谱中却仍旧保持着相当的影响。

郭沫若指出："中国封建时代的地主阶级，一般都以氏族传统的'高贵'而自豪。"[②]这种炫耀家庭出身而与众不同的门阀观念，正是魏晋以来士族地主的意识形态的重要支柱之一。唐代地主阶级中的许多人承袭了这种庸俗的世风，竞相吹嘘，以其家世不凡而自鸣得意。与此密切有关的，便是十分讲究宦婚，即在婚姻关系上严格计较门第，鼓吹"门当户对"，否则就会遭到物议。

唐代地主阶级中的许多人，为了证明自己的身世"高贵"，也为了给宦婚提供依据，因而热衷于谱系之学。这是唐代私家谱

---

① 杜佑：《通典》卷3《食货典·乡党》，中华书局1988年版。

② 郭沫若：《李白与杜甫》大字精装本，人民文学出版社1971年版，第220页。

学发展的重要原因。例如,凡大臣显官,均“各修其家法,务以门族相高”[①];许多学者、史家,亦以谙于谱学为荣;有些非士族出身的官僚,则厚着脸皮与山东士族叙昭穆、拉关系,强行“合谱”;有的人甚至滥用职权,为所亲者“曲叙门阀”,凡此种种,证明谱牒之学与唐代的社会风气之间存在着密切的联系。

在夸耀身世方面,唐高祖李渊算得上是一个庸俗透顶的人物。唐皇朝刚刚建立,他十分得意地与内史令窦威作了这样一番谈话:

> 武德元年,高祖尝谓内史令窦威曰:“昔周朝有八柱国之贵,吾与公家,咸登此职。今我已为天子,公为内史令,本同末异,无乃不可乎?”威曰:“臣家昔在汉朝,再为外戚,至于后魏,三处外家。今陛下龙兴,复出皇后,臣又阶缘戚里,位忝凤池,自唯叨滥,晓夕兢惧!”高祖笑曰:“比见关东人崔、卢为婚,犹自矜伐;公世为帝戚,不亦贵乎!”[②]

李渊对自己的家世引为无上的荣耀,而窦威也以与皇室屡次联婚,以至“再为外戚”、“三处外家”,用来吹嘘。像李渊这样公然夸耀自己出身的人,竟批评山东士族“崔、卢为婚,犹自矜伐”,岂不是绝妙的讽刺!

更有甚者,李渊居然认为,他的这个“高贵”的出身,使得他比起历史上其他些皇帝来说,都显得更加非凡。武德三年(620年),李渊对尚书右仆射裴寂说:“我李氏昔在陇西,富有龟玉,降及祖祢,姻娅帝王。及举义兵,四海云集,才涉数月,升为天子。至如前世皇王,多起微贱,劬劳行阵,下不聊生。公复世胄名家,

① 《新唐书》卷71上《宰相世系表》序。

② 《唐会要》卷36《氏族》。

历职清要，岂若萧何、曹参，起自刀笔吏也?！唯我与公，千载之后，无愧前修矣”①。显然，当李渊如此得意地夸耀其非凡的身世时，他早已把如火如荼的隋末农民大起义忘得一干二净了，不仅如此，就连他儿子李世民为建立唐皇朝而东征西讨的赫赫战功也都忘得一干二净了，剩下的只是他那“高贵”的出身！

这种传统的思想影响和庸俗的门阀气味，在唐代的一些士族出身的大臣中间，都不同程度地存在着。例如，武则天时的宰相王方庆，是东晋大姓王导之后。武则天曾向其询问有关王羲之墨迹。非常熟悉自己家谱的王方庆，便乘此机会向武则天炫耀了他的非凡身世②。反之，出身于庶族地主的官员们则没有此种优越感。他们中间，有的人为士族地主的“矜尚门阀”而愤愤不平。唐太宗时，马周“以布衣上书，太宗览之，未及卷终，三命召之。所陈世事，莫不施行”③。后马周任监察御史，关中士族韦挺“以周寒士，殊不礼之”；及马周官至中书令，便多方设法给以报复④。有的人则为自己出身于庶族寒门而感到羞耻，一旦有人问到他的出身，竟然丧魂失魄，“殆不能步，色如死灰”⑤。事实证明，在唐初，庶族寒门出身的官员在政治上存在着一种深刻的自卑感，他们同士族高门出

① 《唐会要》卷36《氏族》。

② 《旧唐书》卷89《王方庆传》。

③ 《隋唐嘉话》卷中，中华书局1979年版。

④ 《旧唐书》卷77《韦挺传》。

⑤ 《资治通鉴》卷195唐太宗贞观十四年：“上闻右庶子张玄素在东宫数谏争，擢为银青光禄大夫，行左庶子。……玄素少为刑部令史，上尝对朝臣问之曰：“卿在隋何官?”对曰：‘县尉。’又问：‘未为尉时何官?’对曰：‘流外。’又问：‘何曹?’玄素耻之，出阁殆不能步，色如死灰。谏议大夫褚遂良上疏，以为：‘君能礼其臣，乃能尽其力。玄素虽出身寒微，陛下重其才，擢至三品，翼赞皇储，岂可复对群臣穷其门户！弃宿夕之恩，成一朝之耻，使之郁结于怀，何以责其伏节死义乎！’上曰：‘朕亦悔此问，卿疏深会我心。’”

身的官员之间的思想裂痕是很深的。有的论者不承认唐代有士、庶之分,那么此种现象又应作何解释呢?

值得注意的是,即使是那些在某个方面具有进步思想倾向的人,也都不能摆脱这种庸俗气味的影响。著名大史学家刘知幾,曾经花费很大的气力考证自己的家世,撰写了《刘氏家史》15 卷和《刘氏谱考》3 卷,"推汉氏为陆终苗裔,非尧之后。彭城丛亭里诸刘,出自宣帝子楚孝王嚣曾孙司徒居巢侯刘恺之后,不承楚元王交。皆按据明白,正前代所误,虽为流俗所讥,学者服其该博"[①]。著名的现实主义大诗人杜甫,在诗文中也曾一再矜夸自己身世的不凡与高贵。他宣扬杜姓是陶唐氏尧皇帝的后人,又以东晋杜预为远祖而自豪。他在诗文中曾反复吟咏他作为陶唐氏后裔的光荣和骄傲[②]。可见这种门阀观念在当时地主阶级中具有多么广泛的影响!

《新唐书·宰相世系表》序云:"唐为国久,传世多,而诸臣亦各修其家法,务以门族相高。其材子贤孙不殒其世德,或父子相继居相位,或累数世而屡显,或终唐之世不绝。呜呼,其亦盛矣!"由此可以看出,所谓"诸臣亦各修其家法,务以门族相高",实为有唐一代的世风。尤其应当指出的是,在"唐宰相三百六十九人,凡九十八族"中[③],士族出身的宰相有一百二十五人,其余多为庶族出身的宰相[④]。这说明不仅仅是士族地主热衷于"修其家法",就是出

① 《旧唐书》卷 102《刘子玄传》。

② 郭沫若:《李白与杜甫》大字精装本,第 220～221 页。

③ 《新唐书》卷 75 下《宰相世系表五》下。

④ 参见乌廷玉:《唐代士族地主和庶族地主的历史地位》,《中国史研究》1980 年第 1 期。

身于庶族寒门而登宰辅之位者，亦同样热衷于“修其家法”。这正是唐代私家谱牒能够得到发展的社会根源，也是唐代之所以成为由谱学在官向谱在私家转变的关键时期的历史原因之一。

谱系之学原与仕宦、婚姻有密切联系。由于唐代继承并且发展了隋代的科举制，九品官人法（九品中正制）早已废除，因此簿状、谱牒日益失去了作为仕宦依据的那种重要作用。唐高祖武德七年（624 年），曾下诏“依周、齐旧制，每州置大中正一人，掌知州内人物，品量望第，以本州门望高者领之，无品秩”[①]。然而这不是真的要恢复九品中正制，不过是给士族地主做个样子而已。因此，这不是现实本身，只是现实对于自身以往历史的回忆罢了。

但是在婚姻方面，唐代地主阶级仍然保持着较严格的门户界限。这一方面表现为某些士族地主虽然在政治上日益失意，但他们还力图维持在婚姻上的门当户对的传统，保住他们作为士族的“高贵血统”。另一方面又表现为某些庶族地主虽在政治上有所提高，但他们为着进一步巩固自己的地位，还必须利用社会上仍然存在着的士族的影响，不惜低声下气向士族攀亲，迎合整个社会崇尚门阀的风气。

关东士族“自魏太和中定望族，七姓子孙迭为婚姻，后虽益衰，犹相夸尚”[②]，约在一个半世纪中维持着这种门当户对的“高贵”的联姻。唐太宗决定修订《氏族志》，主要目的固然是为了从政治上削弱关东士族的势力和影响，突出皇室和功臣的地位；但是“山东

① 《资治通鉴》卷 190。

② 《新唐书》卷 223《奸臣传上・李义府传》。

士人尚阀阅，后虽衰，子孙犹负世望，嫁娶必多取赀，故人谓之卖昏(婚)"的情形[①]，也使唐太宗极为不满，认为此种做法"甚伤教义"[②]。因此，唐太宗一方面指示高士廉等撰《氏族志》，一方面杜绝皇室与山东士族联姻，故当时"王妃、主婚皆取当世勋贵名臣家，未尝尚山东旧族"[③]。这样做的目的无疑是抬高皇室和新贵，着意打击山东士族。这个政策，在唐代前期是没有改变的；直到唐代中后期，随着士、庶界限的日益缩小，它才不再具有原先那样的约束力了[④]。

皇室和新贵们在婚姻方面刻意抑制山东士族，主要是出于政治上的需要，并不是他们自己完全没有门阀等级观念。唐高宗开耀元年(681 年)，薛绍尚武则天女儿太平公主。武则天听说薛绍之嫂萧氏、弟媳成氏出身"非贵族"，乃曰："我女岂可使与田舍女为妯娌邪!"甚至要迫使萧、成二氏与薛家离婚，后经他人解释，才未予以深究[⑤]。此外，尽管大部分新贵不与山东士族联姻，但也有少数显赫新贵还是攀附名门士族结为姻亲，以进一步提高自己的声望；山东士族虽然"矜尚阀阅"，但对于少数名声卓著的新贵，也是乐于巴结的，从而借以延缓他们的衰落。例如，房玄龄、魏徵、李勣等与山东士族为婚，后者因此得到扶持，"故望不减"[⑥]，足见此种

---

① 《新唐书》卷 95《高俭传》。

② 《旧唐书》卷 65《高士廉传》。

③ 《新唐书》卷 95《高俭传》。

④ 《新唐书》卷 146《李栖筠传》附《李吉甫传》载：唐宪宗时，"十宅诸王既不出阁，诸女嫁不时，而选尚皆繇中人，厚为财谢乃得遣。(李)吉甫奏：'自古尚主必慎择其人。江左悉取名士，独近世不然。'帝乃下诏皆封县主，令有司取门阀者配焉。"

⑤ 以上见《资治通鉴》卷 202《唐纪》18。

⑥ 《新唐书》卷 95《高俭传》。

婚姻，原是互相利用。有的人甚至认为，未能与山东五大姓崔、卢等联婚，乃是人生三大憾事之一[①]。至于唐高宗时的吏部尚书李敬玄与山东士族联婚，可以说是互相利用而联婚的典型。史载："敬玄久居选部，人多附之。前后三娶，皆山东士族，又与赵郡李氏合谱，故台省要职，多是其同族婚媾之家。"[②]又如，"新门"张说，"好求山东婚姻，当时皆恶之。及后与张氏为亲者，乃为甲门"[③]，也属于此类情形。如果我们忽略了这种相互利用的婚姻关系，就会误认为唐代士庶之间在婚姻上的界限已经消失，认为当时已"彻底打破了'身分内婚制'。唐代的庶族只要有财有势，便可以与士族通婚"[④]。事实上在唐代前期，这只是一种为数不多的现象。李敬玄终为唐高宗所贬斥，张说则为当时人们所"恶之"，证明那时的庶族并非"只要有财有势，便可以与士族通婚"。关于此，我们从以下的事实中，可以看得更加清楚。

李义府出身于庶族地主，但其门第观念极重。史书上说他"既贵之后，又自言本出赵郡，始与诸李叙昭穆，而无赖之徒苟合，藉其权势，拜伏为兄叔者甚众。给事中李崇德初亦与同谱叙昭穆，及义府出为普州刺史，遂即除削。义府闻而衔之，及重为宰相，乃令人诬构其罪，竟下狱自杀"[⑤]。这不只是士、庶之间利用谱学进行勾结、角逐的一幕丑剧，而且还生动地揭示了谱牒作为婚媾依据的虚

---

① 《隋唐嘉话》卷中："薛中书元超谓所亲曰：'吾不才，富贵过分，然平生有三恨：始不以进士擢第，不得娶五姓女，不得修国史。'"（又见《唐语林》卷4《企羡》，中华书局1987年版）

② 《旧唐书》卷81《李敬玄传》。

③ 《唐国史补》卷上。

④ 参见乌廷玉：《唐代士族地主和庶族地主的历史地位》。

⑤ 《旧唐书》卷82《李义府传》。

伪。李义府为了攀附士族，曾多次为其子求婚于士族，均遇拒绝。于是他一怒之下，"乃奏陇西李等七家，不得相与为婚"[①]，作为他对于那些好自矜尚的士族地主的报复。这件事，一则说明身居相位的李义府门阀观念的浓厚，同时也说明士族地主也并非是只要有财有势便可与婚，他们是要有所选择的。这里，我们还要提到的一个人，即是与李义府同时的许敬宗。许敬宗掌修国史，"嫁女与左监门大将军钱九陇，本皇家隶人，敬宗贪财与婚，乃为九陇曲叙门阀，妄加功绩，并升与刘文静、长孙顺德同卷"[②]，因而遭到物议。许敬宗死后，袁思古历数其错误，其中之一便是"嫁少女于夷落"，名与实爽，请谥为"缪"。许敬宗出身于士族，他的所作所为受到非议，反映了舆论的倾向仍在于崇尚门阀；而许敬宗因为贪财替钱九陇"曲叙门阀"，也正是这种崇尚门阀的社会风气的表现。这种情形，自然不能称为历史的漫画，而是漫画化的历史。

通过以上论述，我们可以归结为这样一些认识：在唐代，旧士族以婚姻相矜尚，拒绝与庶族地主联婚，是为了保持他们"高贵"的血缘传统，并以此证明他们过去曾经是非常高贵的，现在也还是十分特殊的；皇室不与山东士族联婚，是为了打击这个历来势力最大、目前虽已削弱但仍有相当影响的旧士族集团，从而突出最高统治者和皇室在政治统治、思想传统、社会影响等方面的绝对优越地位；少数新贵与旧家的联婚，前者是仰慕旧士族的传统声望，后者则企图借此来延缓自身衰落的趋势和进程；一些庶族地主不惜以重金作为聘礼，去"高攀"旧士族的千金小姐，是企图借此来提高自

① 《旧唐书》卷82《李义府传》。
② 《旧唐书》卷82《许敬宗传》。

己的身份，而旧士族不顾背着“卖婚”的恶名，恰是为了证明庶族地主的与他们联婚该是何等的艰难和荣耀，等等。这就是以谱学作为某种理论上和历史上的根据而表现出来的唐代地主阶级的婚姻状况。不管我们今天看起来是怎样的庸俗不堪和不可理解，但这毕竟是唐代存在着的历史现象。恩格斯在剖析中世纪的剥削阶级的婚姻关系时指出：“对于骑士或男爵，像对于王公一样，结婚是一种政治的行为，是一种借新的联姻来扩大自己势力的机会；起决定作用的是家世的利益，而决不是个人的意愿。”[①]唐代地主阶级在门阀观念指导下所实行的婚姻关系的本质，不正是如此吗！历时近300年的唐皇朝，是我国封建社会史上一个非常重要的朝代。这一时期产生了许多极其宝贵的物质文明和精神文明，至今还给人们以种种启示和鼓舞。我们要批判地加以总结和继承这一份珍贵遗产。然而，对于这种崇尚门阀的婚姻制度，以及由此而产生的种种庸俗的社会风气，除了对其给予科学的说明之外，实在不值得作任何肯定并应彻底摒弃之！

唐代的谱系之学，作为政治斗争的工具，它曾经起到了抑制和打击旧士族的积极作用；反之，作为地主阶级各阶层（主要是士族地主阶层）在婚姻关系上的依据，它却发挥着那种崇尚门第的庸俗透顶的婚姻关系的护法神的作用。唐代谱学在不同的领域中产生了不同的影响和作用。怎样解释这一“矛盾的”现象呢？这是因为：唐代谱学作为政治斗争的工具，它只是承袭了魏晋六朝谱学的外壳（形式），而它的内核（本质）已经不是为突出士族地主的政治

① 恩格斯：《家庭、私有制和国家的起源》，《马克思恩格斯选集》第4卷，人民出版社1995年版，第76～77页。

地位（“官之选举，必由于簿状”）服务了，而是为加强李唐皇朝的皇权和新贵的政治地位服务，并为大批庶族地主的青云直上、涌入“士流”提供依据。可是，在婚姻关系方面，唐代谱学作为讲究门户、崇尚阀阅的婚姻关系的根据，却依然保持着它历来所发挥的那种传统的作用（“家之婚姻，必由于谱系”），这正是魏晋六朝谱学的本质特征之一；所以它既是唐代地主阶级庸俗的社会风气的产物，同时又转而为这种庸俗的社会风气张目。

四　结　语

唐代的谱系之学作为唐代史学的一个组成部分，给我们提供了阐明史学发展与历史发展密不可分的有力证据。即：唐代谱系之学的兴替，既反映了士族地主、庶族地主双方力量的消长，也反映了士族地主的门阀观念（一种典型的封建等级观念）的顽固性；如果离开了唐代的士、庶矛盾斗争，离开了门阀观念所赖以存在的封建等级制度和历史传统影响，也就无法去讨论、认识与说明唐代的谱系之学。此其一。其二，中国封建史学固然有其基本的、一般的发展规律；但它在每一个发展阶段上，却往往会显示出某些不同于其他阶段的特征。例如，谱系之学就是魏晋至隋唐这一时期封建史学的重要特征之一，而在此之前或在此之后，都不存在这样发展的、典型的谱系之学。声势浩大的唐末农民革命战争，使“衣冠荡析”，故宋人王明清云：“唐朝崔、卢、李、郑，及城南韦、杜二家，蝉联珪组，世为显著，至本朝绝无闻人”，反映出士族地主的被彻底清除[①]。

① 《挥麈前录》卷2，丛书集成初编，中华书局1985年版。

郑樵认为，五代以前，“人尚谱系之学，家藏谱系之书。自五季以来，取士不问家世，婚姻不问阀阅，故其书散佚，而其学不传”[①]。他的这个结论，大抵是不错的。

（原载《中国史研究》1981 年第 1 期）

① 《通志》卷 25《氏族略》序。

论《通典》的方法和旨趣

唐代有两部历史著作在中国史学史上极负盛名，一是刘知幾(661—721 年)所撰的《史通》，一是杜佑(735—812 年)所撰的《通典》。《史通》着意于对史学活动的反省，意在作出评论和总结；《通典》则注重于沟通史学与社会的联系，意在推动史学的经世致用。刘知幾和杜佑分别生活在唐盛世和唐中叶，他们的历史撰述以不同的风貌和成就反映了那个时期我国史学发展的特点。本文仅就《通典》的方法和旨趣作初步的分析，不当之处，祈请学术界同志批评指正。

一

杜佑的《通典》跟他以前的历史著作比较，在史学方法上有很大的发展，从而在一定程度上反映了历史和逻辑的一致。

恩格斯在讲到对经济学的批判时指出，“逻辑的研究方式”实际上无非是“历史的研究方式”，二者是一致的。他说：

> 历史从哪里开始，思想进程也应当从哪里开始，而思想进程的进一步发展不过是历史过程在抽象的、理论上前后一贯的形式上的反映；这种反映是经过修正的，然而是按照现实的历史过程本身的规律修正的，这时，每一个要素可以在它完全

成熟而具有典型性的发展点上加以考察。[1]

恩格斯在这里所阐明的,是历史发展和人类思想进程的一致性的原则。然而,就历史家个人(当然,也包括其他任何个人)来说,其认识能力究竟能够在多大的程度上反映客观的"历史过程",则是千差万别的。唯物主义和唯心主义的歧异,对历史上思想资料积累和继承的多寡,以及对现实生活经验的总结和吸收的程度,等等,都可能造成这种差别。这种差别,毫无疑义地要表现在历史家研究历史、撰写历史的方法上。

《通典》问世以前,最有影响的历史著作莫过于《史记》和《汉书》。因此,考察《史》、《汉》的史学方法,对于我们认识《通典》的史学方法究竟在何等意义上取得了重大的发展,是有很大的启发的。司马迁在谈到他著《史记》的具体方法时说:

网罗天下放失旧闻,王迹所兴,原始察终,见盛观衰,论考之行事,略推三代,录秦汉,上记轩辕,下至于兹,著十二本纪,既科条之矣。并时异世,年差不明,作十表。礼乐损益,律历改易,兵权、山川、鬼神,天人之际,承敝通变,作八书。二十八宿环北辰,三十辐共一毂,运行无穷,辅拂股肱之臣配焉,忠信行道,以奉主上,作三十世家。扶义俶傥,不令已失时,立功名于天下,作七十列传。[2]

这里说的纪、表、书、世家、列传,反映着社会历史的五个方面,也是《史记》一书的五个层次。在司马迁看来,他所制定的纪、表、书、世家、列传,是有其自身的逻辑的,不论他是否意识到这一点。那么,

① 恩格斯:《卡尔·马克思〈政治经济学批判。第一分册〉》,《马克思恩格斯选集》第2卷,人民出版社1995年版,第43页。

② 《史记》卷130《太史公自序》,中华书局1959年版。

司马迁所提出的逻辑和客观历史进程是什么关系呢？它们在多大的程度上达到了一致呢？依我的浅见：《史记》写了大量的、不同社会地位的人物的活动和思想，写了政治、经济，写了天文、地理，写了有关的制度；其中，有许多是光辉的篇章，也有不少卓识。但是，从它的纪、表、书、世家、列传这五个方面或五个层次来看，还不能说它基本上（或者说在一定程度上）反映了历史和逻辑的一致。不错，这五个部分是相互补充、相互联系的，但这种联系毕竟不同于客观历史进程中的那种联系。

班固断代为史，撰写《汉书》百卷，他的方法是：

> 叙帝皇，列官司，建侯王（按：以上指帝纪、《百官表》及《诸侯王表》）。准天地，统阴阳，阐元极，步三光（按：以上指《天文志》、《五行志》、《律历志》）。分州域，物土疆，穷人理，该万方（按：以上指《地理志》、《沟洫志》、《古今人表》及《郊祀志》）。纬《六经》，缀道纲，总百氏，赞篇章（按：以上指《艺文志》和人物列传）。函雅故，通古今，正文字，惟学林（按：以上是说《汉书》文字的典雅和内容的宏富）。[①]

这一段话，集中反映了班固撰写《汉书》的逻辑方法，即首叙帝、王、百官，天文，五行、律历次之，地理、沟洫、郊祀又次之，艺文又次之，末叙各种人物。班固提出的这个逻辑，同样也没有反映出客观的历史进程。但是，有一点是应当注意到的，就是：班固在表述他的逻辑方法时，好像比司马迁表述自己的逻辑方法更清楚一些，而这主要表现在班固对《汉书》十志的作用的认识上。

《史记》和《汉书》在中国古代史学史上都有很高的地位，但如

① 《汉书》卷100下《叙传》下，括号中语为引者所加，中华书局1962年版。

果从历史和逻辑的一致这一要求来看，从它们所反映出的史学方法来看，证明它们还处在史学发展的早期阶段。这并不奇怪，因为它们都是我国封建社会成长时期的史学著作。

《通典》产生于封建社会的发展时期，它的作者所处的历史环境，所能够继承的历史上的思想资料，所能够接触的当时的社会思潮，都比马、班时代广泛得多、丰富得多、深刻得多。这些，都会反映在杜佑对社会历史的观察和分析上，反映在他研究、撰写历史的方法上。

先从宏观方面考察。杜佑明确地指出：

> 夫理道之先，在乎行教化；教化之本，在乎足衣食。……夫行教化在乎设职官，设职官在乎审官才，审官才在乎精选举，制礼以端其俗，立乐以和其心：此先哲王致治之大方也。故职官设，然后兴礼乐焉；教化隳，然后用刑罚焉；列州郡，俾分领焉；置边防，遏戎狄焉。是以食货为之首，选举次之，职官又次之，礼又次之，乐又次之，刑又次之，州郡又次之，边防末之。或览之者，庶知篇第之旨也。[①]

杜佑的这一段话，是用大手笔勾画出封建社会的经济、政治结构及其相互关系。在杜佑看来：应当通过教化去达到“致治”的目的，而“教化”，则应以食货为基础；在这个基础上，制订出一套选举办法和职官制度；礼、乐、兵、刑，乃是职官的职能；州郡、边防是这些职能在地域上的具体实施。因此，作者在《通典》中首先论述经济制度，然后依次论述选举制度和职官制度，礼、乐制度，战守经验，刑罚制度，最后论述地方政权的建置和边防的重要。

---

① 杜佑：《通典·自序》，中华书局1988年版。

这里应当指出两点：第一，杜佑把《食货》置于《通典》各门之首，然后分别论述了上层建筑的一些重要方面。作者这一研究和表述历史的方法，可以说是在根本点上体现了历史和逻辑的一致。杜佑这一方法的理论根据是："《洪范》八政，一曰'食'，二曰'货'。《管子》曰：'仓廪实，知礼节；衣食足，知荣辱。'夫子曰：'既富而教'。斯之谓矣。"[①]乍看起来，这些理论根据并没有什么新奇之处，只是集中了古代思想家在同一个问题上的一些思想资料的片断而已。但是我们应该注意到：在杜佑之前的所有历史家，都没有像他这样重视前人的这些思想资料，并把它们作为首先必须研究社会经济制度的理论根据。仅此而论，杜佑的史学思想和史学方法已经远远超过了他的前辈。马克思和恩格斯指出：

> ……一切人类生存的第一个前提，也就是一切历史的第一个前提，这个前提是：人们为了能够"创造历史"，必须能够生活。但是为了生活，首先就需要吃喝住穿以及其他一些东西。因此第一个历史活动就是生产满足这些需要的资料，即生产物质生活本身，而且这是这样的历史活动，一切历史的一种基本条件，人们单是为了能够生活就必须每日每时去完成它，现在和几千年前都是这样。……因此任何历史观的第一件事情就是必须注意上述基本事实的全部意义和全部范围，并给予应有的重视。[②]

马克思和恩格斯在这里说的是唯物史观的基本原则。科学的唯物史观，在马克思恩格斯以前，人们是不可能提出的。但是，在中国

① 《通典·自序》。又见《通典》卷7《食货七》后论。

② 《德意志意识形态》(节选)，《马克思恩格斯选集》第1卷，第79页。

哲学史和史学史上，唯物史观的萌芽是早就存在的。是否可以这样认为：杜佑已朦胧地意识到物质生活本身在人类历史发展中的重要作用。他的《通典》一书以“食货为之首”的见识和方法，是我国中世纪史家“为历史提供**世俗**基础”[①]的天才尝试。杜佑虽然从他的先辈那里继承了某些思想资料，但他对它们都进行了一定的改造，并赋予它们新的含义和新的生命。本来只是某些思想片断，而在杜佑这里却成了一种史学观点和史学方法，成了一种学术思想的基础和出发点。毫无疑义，杜佑取得了他的前辈们所不曾达到的思想成果。

诚然，这一新的思想成果，与其说是思维发展的必然结果，毋宁说是历史现实的必然产物。《通典》以“食货为之首”的思想和方法，无疑反映了时代的精神。唐代自安史之乱（755—763 年）以后，不仅政治上从极盛的顶点跌落下来，社会秩序极不安定，而且社会经济也出现了日益严重的危机，国家财政十分窘迫。对于这样一个巨大的历史变化，盛唐以后的政治家、思想家、史学家、诗人在他们的著述、作品和言论里都有强烈的反映。而整顿社会经济，增加财政收入，则是人们关注的重大问题。于是，在肃、代、德、顺、宪、穆、敬、文、武等朝的八九十年间，讨论经济问题的史者纷至沓来，相继于世。其中，比杜佑略早或大体跟杜佑同时的，有刘晏、杨炎、陆贽、齐抗；比杜佑稍晚的，有韩愈、李翱、白居易、杨于陵、李珏等[②]。刘晏的理财，“常以养民为先”[③]。杨炎倡议和实行的两税

---

① 《德意志意识形态》（节选），《马克思恩格斯选集》第 1 卷，第 79 页。

② 参见胡寄窗：《中国经济思想史》（中），上海人民出版社 1963 年版，第 450 页。

③ 《资治通鉴》卷 226 唐德宗建中元年，中华书局 1956 年版纳。“养民”，一作“爱民”。

法，以及朝廷围绕实行两税法所展开的激烈的争论，是唐代经济制度史上很重要的事件。陆贽的经济思想在某些方面跟杜佑很相近，他认为："建国立官，所以养人也"，"故立国而不先养人，国固不立矣；养人而不先足食，人固不养矣"[①]。这些政治家的经济改革活动和经济思想，都是当时的历史现实的产物。而这样的历史现实、经济改革和经济思想，在很大程度上影响着、启迪着杜佑的史学理论和史学方法。我们是否可以这样说：杜佑在《通典》里以"食货为之首"，正是一个卓越的历史家在自己的历史著作中回答了现实所提出的问题。《通典》之所以在根本点上反映了历史和逻辑的一致，这是一个重要原因。

第二，从《通典·食货》以下所叙各门来看，它们之间的逻辑联系也是很显然的，反映了作者对封建社会上层建筑各部门的关系及其重要性的认识。杜佑认为，在选举、职官、礼、乐、兵、刑、州郡、边防各门中，职官制度是最重要的，所谓"行教化在乎设官职"，就是着重强调了这一点。选举制度是为职官制度服务的；而礼，乐、兵、刑等则是各级官吏代表最高封建统治者行使的几种职能，这些职能主要地表现为两个方面，一是教化，一是刑罚，所谓"职官设然后兴礼乐焉，教化隳然后用刑罚焉"，就是这个意思。至于州郡，需要各级官吏"分领"；边防，也需要各级官吏处置：这是实施上述各种职能的必不可少的环节。由此可以看出，杜佑所叙封建社会上层建筑的各个部分，大致有三个层次：一、选举、职官；二、礼、乐、兵、刑；三、州郡、边防。这三个层次，把封建国家在政治领域的几个主要方面都论到了，反映了作者对历史和现

---

① 《陆宣公奏议全集》卷 4，丛书集成初编，中华书局 1985 年版。

实的卓越的认识。

现在，我们再从微观方面考察。杜佑《通典》对封建社会历史的观察和分析，一方面是用大手笔勾画轮廓，另一方面是对每一领域作细致的解剖，而于后者也同样略见其逻辑的研究方法，体现出历史同逻辑的一致。以《食货典》而论，它共包含十二卷，即：第一，田制上；第二，田制下，水利田，屯田；第三，乡党，土断、版籍并附；第四，赋税上；第五，赋税中；第六，赋税下；第七，历代盛衰户口，丁中；第八，钱币上；第九，钱币下；第十，漕运，盐铁；第十一，鬻爵，榷酤，算缗，杂税，平准（均输附）；第十二，轻重。人们不能不注意到：这是一个很严密的逻辑体系。作者首先叙述土地制度，因为土地是封建经济中最基本的生产资料；其次叙述与这种封建土地制度相适应的农村基层组织，再次，叙述以这种土地所有制形态为基础的赋税制度；再次，叙述历代户口盛衰，这关系到劳动人手的多寡和赋税的数量；再次，从第八卷以后，叙述到货币流通、交通运输、工商业、价格关系等等。这样一个逻辑体系，极其鲜明地反映了作者研究封建社会经济的几个层次：从基本的生产资料出发，依次叙述劳动组织形式、赋税关系、人口关系和其他社会经济关系。在这里，作者研究问题的逻辑方法，跟封建经济的特点是相吻合的。因此，可以认为："《通典·食货门》，从生产论到流通，从土地关系论到一切社会经济关系，这种逻辑体系应该说在当时的历史条件下是最能反映社会经济中基本问题的。"①毫无疑问，这又体现出杜佑的卓识。

然而，杜佑的这种卓识，并不仅仅限于他对"食货"所作的剖

① 胡寄窗：《中国经济思想史》（中），第452页。

析，在《通典》其他各门中也有不同程度的反映。例如《职官典》包括二十二卷：首先论历代官制要略（第一卷），然后分别论述三公、宰相、尚书、御史、诸卿、武官、东宫官属、王侯封爵、州郡、散官（第二卷至第十六卷），最后论禄秩和秩品（第十七卷至第二十二卷）。作者从京官论到外官，从职事官论到散官，从禄秩论到秩品，逻辑体系十分严密。值得注意的是，杜佑即便在这样一个具体的领域里，也是采用鸟瞰全局和剖析局部相结合的研究方法。如他论宰相，首先是把这个官职放在整个职官的全局中加以考察，然后才对这一官职进行细致的分析。而进行细致分析的时候，则是层层推进，条分缕析。如作者在《宰相》条下，列子目“门下省”、“侍中”、“中书省”、“中书令”；进而于“侍中”之下又分细目“侍郎”、“给事中”、“散骑常侍”、“谏议大夫”、“起居”、“补阙”、“拾遗”、“典仪”、“城门郎”、“符宝郎”、“弘文馆校书”等等。作者用这种研究方法，把历代职官制度剖析得清清楚楚，洪纤无失。《通典》全书除《兵典》一门外，其他各门，亦多类此。

总之，不论是从宏观方面还是从微观方面来考察，可以说《通典》都有其自身的逻辑体系。这个逻辑体系，是作者观察和分析历史，特别是观察和分析现实社会所取得的成果。对于这个成果，当时人的评价是：“若使学者得而观之，不出户知天下，未从政达人情，罕更事知时变。为功易而速，为学精而要。其道直而不径，其文甚详而不烦。推而通，放而准，语备而理尽，例明而事中，举而措之，如指诸掌，不假从师聚学而区以别矣。非聪明独见之士，孰能修之。”[①]“（杜佑）阅天下之义理，究先王之法志，著《通典》二百篇，

---

① 李翰：《通典序》，见《通典》书首。

诞章闳议，错综古今，经代立言之旨备焉”[①]。这些评论，虽有过誉之处，但这里说的“推而通，放而准，语备而理尽，例明而事中。举而推之，如指诸掌”，“诞章闳议，错综古今”却都不失为中肯的评价。当然，我们的认识还有超出前人的地方，这就是：我们是把《通典》一书及其逻辑体系放在客观历史和作者主观认识之相互关系的位置上来考察的。通过上面的分析，是否可以认为，杜佑研究历史，并不是按照某种传统的思想模式（特别是儒家的思想模式）来铸造历史，恰恰相反，他大致上是按照历史发展的本来面貌来撰写历史。虽然他也照例要受到历史条件和阶级地位的局限，但跟他的那些杰出的前辈或同辈比起来，他毕竟又朝着历史的真实向前跨越了一步。因此，是否可以进而认为，杜佑《通典》所反映的逻辑体系，是那个时代历史家对客观历史之认识所达到的最高成就。

杜佑之所以能获得这样的成就，是有几个方面的原因的。首先，我国封建社会的经济制度、政治制度经过将近一千年的发展，至唐代中叶已臻于完备，这就为历史家进行系统的总结提供了可能。诚如陈寅恪先生所说：“隋唐两朝为吾国中古极盛之世，其文物制度流传广播，北逾大漠，南暨交趾，东至日本，西极中亚。”[②]对这样的文物制度作出总结，并考镜源流，厘清脉络，阐明得失成败，本是历史提出的课题。第二，杜佑的历史见识，是他能够完成这个课题的主观条件。李翰说杜佑“雅有远度，志于邦典，笃学好古”，是“聪明独见之士”[③]，这当不是凭空吹捧的谀辞。《旧唐书·杜佑

① 权德舆：《唐丞相金紫光禄大夫守太保致仕赠太傅岐国公杜公墓志铭并序》，见《唐文粹》卷68，明嘉靖刻本。

② 陈寅恪：《隋唐制度渊源略论稿》，中华书局1963年版，第1页，参见同书第158页。

③ 李翰：《通典序》。

传》谓：杜佑"敦厚强力，尤精吏职"；"性嗜学，该涉古今，以富国安人之术为己任"。要之，宦途的实践，渊博的学识，对史学的兴趣和时代的责任感，是造成杜佑这种历史见识的内在因素。第三，前人的思想资料，特别是同时代的一些政治家、历史家、学者的思想的启迪，是杜佑获得如此成就的又一个原因。第四，这是最直接、最重要的一个原因，就是唐代中叶以后的社会动乱，尤其是封建国家财政收入日益窘迫的现实，把作为政治家和历史家的杜佑，推到了他应当占据的位置之上。关于这一点，本文下面还要详细地加以论述。

二

杜佑的卓越的史识，固然反映在《通典》写作方法的成就上，但这仅仅是从史学发展的一个方面即史学如何反映一定的经济、政治这个方面来考察的。如果从另一个方面即史学如何反作用于一定的经济、政治这个方面来考察的话，那么，杜佑的卓识，还有其更重要的意义和价值。这主要表现在他的历史撰述的旨趣上。

为《通典》作序的李翰[①]，因为"颇详旨趣，而为之序"，可以说是深得《通典》要旨的第一人。有的论者认为，杜佑在大历初年请李翰为《通典》作序，是想借助于李翰作为左补阙的官职及其名气，以扩大《通典》的影响。这无疑是把李翰的《通典序》理解得过于狭窄了。李翰说：

① 李翰在《旧唐书》和《新唐书》中都有传，具体见《旧唐书》卷 190 下《文苑传下》及《新唐书》卷 203《文艺传下》。

……学者以多阅为广见，以异端为博闻，是非纷然，澒洞茫昧，而无条贯；或举其中而不知其本，原其始而不要其终，高谈有余，待问则泥；虽驱驰百家，日诵万字，学弥广而志弥惑，闻愈多而识愈疑，此所以勤苦而难成，殆非君子进德修业之意也。今《通典》之作，昭昭乎其警学者之群迷欤！以为君子致用在乎经邦，经邦在乎立事，立事在乎师古，师古在乎随时；必参古今之宜，穷终始之要，始可以度其古，终可以行于今，问而辨之，端如贯珠，举而行之，审如中鹄。夫然。故施于文学，可为通儒；施于政事，可建皇极。……非圣人之书，乖圣人微旨，不取焉，恶烦杂也；事非经国礼法程制，亦所不录。弃无益也。[①]

在李翰看来，杜佑撰《通典》，绝非为了追求广见博闻，高谈阔论，为史学而研究史学；反之，他是为了"经邦""致用"而撰述《通典》的。"度其古"是为了"行于今"，"问而辨之，端如贯珠"最后还是要落实到"举而行之，审如中鹄"上。因此，《通典》跟一般的"文章之事，记问之学"迥然不同。此即李翰所窥见的《通典》一书的旨趣所在。这同上文所引另一个杜佑的同时代人权德舆所说的《通典》"诞章闳议，错综古今，经代（世）立言之旨备焉"，是完全一致的。

当然，考察一部史书的旨趣，更重要的还要看作者撰述的目的。杜佑撰述《通典》的目的，在《通典》自序、《上〈通典〉表》以及他后来撰写的《理道要诀》自序、《上〈理道要诀〉表》中，都有明确的说明。在《通典》自序里，他开宗明义地写道："不达术数之艺，不好章

① 李翰：《通典序》，见《通典》书首。

句之学。所纂《通典》，实采群言，征诸人事，将施有政。”这几句话，集中地反映了《通典》一书的旨趣所在。杜佑在《进〈通典〉表》中，进一步阐述了他的撰述旨趣，着重指出两点：一、《孝经》、《尚书》等儒家经典，多属空泛言论，“罕存法制”，使人不得要领。二、历代前贤论著，大多是指陈“紊失之弊”，往往缺少“匡拯之方”。因此，他主张：“理道不录空言”，必须“探讨礼法刑政”[①]，仅仅停留在对最高统治者的“规谏”上是远远不够的，要研究“政理”的具体措施[②]。杜佑的这些看法，贯串着一个主旨，就是“理道”。他在贞元十九年（803年），辑录《通典》要点，另成《理道要诀》三十三篇（一说三十二篇），“详古今之要，酌时宜可行”[③]。《理道要诀》可以认为是《通典》的“简本”或缩写本，杜佑用“理道要诀”名之，可见他撰述《通典》的主旨本在于此。说“《通典》的精华就是‘理道’的‘要诀’”[④]，可谓切中肯綮。

杜佑说的“理道”即“治道”，同李翰《通典序》说的“经邦”，“致用”是一致的。李翰自称“颇详旨趣，而为之序”，当是实话。这里，有一点需要特别指出：像杜佑这样明确地宣布，其历史撰述就是“征诸人事，将施有政”、为现实“理道”服务的，在他以前的史家中，几乎还不曾有过。从中国古代史学发展来看，杜佑以前的史家，主要地是通过他们的历史撰述来反映客观的历史，总结历史经验，从而给人们提供丰富的历史借鉴。据说，“孔子成《春秋》而乱臣贼子惧”[⑤]，

---

① 杜佑：《进〈理道要诀〉表》，见《玉海》卷51，广陵书社2003年版。

② 参见杜佑：《理道要诀》自序，见《玉海》卷51。

③ 杜佑：《进〈理道要诀〉表》，见《玉海》卷51。

④ 范文澜：《中国通史》第4册，人民出版社1978年版，第363页。

⑤ 《孟子·滕文公下》，杨伯峻译注本，中华书局1960年版。

但这只是孟子的说法;孔子是怎么讲的,人们并不清楚。而所谓“乱臣贼子惧”,主要也是从“君君臣臣父父子子”的关系上来说的,还谈不到具有“经世”的意义。司马迁是伟大的史家,他撰《史记》是要“究天人之际,通古今之变,成一家之言”,是要“述往事,思来者”,设想和成就都是很高的,但他却宣布要把《史记》“藏之名山,副在京师,俟后世圣人君子”[①],也不是要用它来“经邦”“致用”。至于班固撰《汉书》,只是为了证明“汉绍尧运,以建帝业”[②],格调就低得多了。陈寿著《三国志》,时人称为“辞多劝诫,明乎得失,有益风化”[③]。其实,他着力宣扬的不过是皇权神授的思想和封建伦理观点,苍白的历史观和政治观决定了他不可能考虑“经邦”“致用”的问题。杜佑不赞成前人“多主于规谏而略于体要”[④]的撰述宗旨,把历史撰述跟“理道”直接联系起来,这是对史学作用认识的一个很重要的发展。当然,这绝不是说杜佑以前的历史撰述是脱离现实、不为现实服务的。恰恰相反,《春秋》以下的任何一部史书,都是和现实有密切联系的,都是在一定程度上为现实服务的,而且在有些方面已经达到了很高的成就。例如西汉初年的政治家、思想家、历史家在总结秦亡汉兴的历史经验方面,唐初的政治家、思想家、历史家在总结隋亡唐兴的历史经验方面,都有比较深刻、系统的见解;《史记》、《隋书》分别集中了这方面的成果,特别是《隋书》总结的历史经验,对于唐太宗贞观年间的政治是有直接的影响的[⑤]。杜预说孔子作《春秋》,“上以遵周公之遗制,下以明将

① 以上见《汉书》卷62《司马迁传》、《史记》卷130《太史公自序》。

② 《汉书》卷100下《叙传》下。

③ 《晋书》卷82《陈寿传》,中华书局1974年版。

④ 《理道要诀》自序,见《玉海》卷51。

⑤ 参见拙作《略谈〈隋书〉的史论》,见《历史研究》1979年第8期。

来之法”[1]，司马迁“述往事，思来者”，唐初李渊《命萧瑀等修六代史诏》说“多识前古，贻鉴将来”[2]等等，都包含着要以史学为现实和将来服务的思想。这样的例子在史学上是很多的。那么，杜佑在把史学和现实直接联系起来这个问题上，比起他的前辈究竟有什么不同呢？我以为至少有两个方面：一、从认识的自觉程度来看。杜佑宣布他撰《通典》是“征诸人事，将施有政”，为“理道”服务，表明他在这个问题的认识上有较高的自觉性，这是中国古代史家对史学的社会作用之认识的一个飞跃。二、从撰述的内容来看。杜佑对“术数之艺”，“章句之学”，“文章之事，记问之学”，都没有很大兴趣。故《通典》一书“不录空言”，专事“探讨礼法刑政”，“事非经国礼法程制”者，不录。这样，《通典》在内容上就突破了“规谏”、“劝诫”的窠臼，更讲求实际，其所叙历代典章制度，多与现实有直接联系。这是杜佑不同于他以前的史家的又一个重要之处。

诚然，杜佑以史学著作“理道”、“施政”的经世致用的主张，并不是他思想上固有的模式，而是时代的产物，是时代潮流的反映。杜佑生活在唐中叶的变乱时期。从玄宗后期起，至宪宗末年，朝政的紊乱，朝廷和藩镇割据势力的斗争，藩镇之间的斗争，以及民族间的矛盾、斗争，是这一时期政治上和军事上的特征。由于变乱的不断发生，人民流离失所，生产遭到破坏，社会经济和国家财政面临着严重的困难，则是这一时期经济上的特征。唐中叶变乱的转折关键是历时八年之久的安史之乱，而其影响所及，则终唐之世。然而，正是这样的社会变乱，造就了一大批人才。中唐时期，地主

① 《春秋左氏传序》，见《春秋左传正义》书首，《十三经注疏》本，中华书局1980年版。

② 《唐大诏令集》卷81《修晋书诏》，商务印书馆1959年版。

阶级中的有识之士接踵而至，形成了继唐初之后又一个人才高峰。其中，比较著名的有：政治家如陆贽、李吉甫、裴度，军事家如郭子仪、李晟，李愬，理财家如刘晏、杨炎，思想家和文学家如韩愈、柳宗元、刘禹锡，诗人如杜甫、白居易，等等。他们大多是一些思想进取、锐意改革的人。他们的言论、行事、著作和作品，一般都反映了时代的精神和特征。杜佑和他的这些同时代人一样，是站在历史潮流前面的人，而他的“以富国安人之术为己任”的政治胸怀和经世致用的学术思想，也都可以从他们那里找到渊源或共鸣。史称：理财家刘晏“富其国而不劳于民”[①]，“体国安民之心，不可没矣”[②]。政治家陆贽“以天下事为己任”，对“理道”、“理兵”、“足食”有许多切中时弊的建议，他的“经国成务之要，激切仗义之心”[③]对当时和后世都有极大的影响。柳宗元、刘禹锡都是“永贞革新”的积极参加者，这次革新虽然失败了，但他们的的改革精神是应该肯定的。特别是柳宗元的政论、史论、杂文和其他作品，都贯串着“不以是取名誉，意欲施之事实，以辅时及物为道”[④]的宗旨。白居易在宪宗元和十年(815年)写道：“自登朝来，年齿渐长，阅事渐多，每与人言，多询时务；每读书史，多求理道；始知文章合为时而著，歌诗合为事而作。”[⑤]白居易的这种文学思想，无疑也是中唐时期的经世致用的社会思潮在文学创作上的反映。李吉甫当国，史称其“该洽

① 《旧唐书》卷123《刘晏传》后论，中华书局1975年版。

② 王夫之：《读通鉴论》卷24，中华书局1975年版。

③ 《旧唐书》卷139《陆贽传》及后论。

④ 柳宗元：《答吴武陵论〈非国语〉书》，见《柳河东集》卷31，上海人民出版社1974年版。

⑤ 白居易：《与元九书》，见《白居易集》卷45，中华书局1979年版。《旧唐书》卷166《白居易传》。

多闻，尤精国朝故实，沿革折衷，时多称之”，他撰的《六代略》、《元和郡县图志》、《元和国计簿》和《百司举要》等书，都有鲜明的经世致用的特点，用他的话说，就是“成当今之务，树将来之势”[①]。清代学者孙星衍说李吉甫主要行事“皆切时政之本务”，所著诸书“悉经世之学”[②]，是很中肯的。上面所举这些事实证明，在唐代中叶，倡导并致力于经世之学者，绝非三两个人而已；经世之学，至少在地主阶级的一些有识之士中，已逐渐形成一种倾向。而杜佑正是这种倾向在史学领域的先驱和突出代表，《通典》一书可以认为是开中国史学史上经世史学的先河。

杜佑的经世致用的主张，在《通典》一书各部分内容中都有具体的反映，兹撮述其要点如下：

（一）经济思想方面。杜佑经济思想之最重要的方面，首先是他认为物质经济生活是一切政治措施的基础。他在给部帙浩繁的《通典》所写的极其简短的序言中，用画龙点睛之笔勾勒出他的“教化之本在乎足衣食”的经济思想和《通典》在编次上以“食货为之首”的撰述意图，序言末强调了“或览之者，庶知篇第之旨也”，尤其显示出他对序言中所写的这些话的高度重视。有的研究者认为：杜佑的这种认识和作法，“在某种程度上，反映了经济基础对建筑在其上的全部庞大的上层建筑的主要的决定作用。”[③]这种评价是并不过分的。我们可以认为，在经济和政治的关系的认识上，杜佑是我国封建史家中第一个达到这种成就的人。其次是《通典·食货典》的逻辑体系，反映出杜佑对封建社会经济各部门及其相互联系的认识，

① 以上均见李吉甫：《元和郡县图志·序》，中华书局1983年版。

② 孙星衍：《元和郡县图志》序，中华书局1983年版。

③ 胡寄窗：《中国经济思想史》（中），第456页。

已经达到了基本上符合当时历史实际的程度。如果说以上这两个方面主要地表现为认识上的价值的话，那么以下几个方面则反映了杜佑经济思想在实践上的意义，即：一、谷、地、人，是从经济上达到“治政”的三个关键。他说：“谷者，人之司命也；地者，谷之所生也；人者，君之所治也。有其谷则国用备，辨其地则人食足，察其人则徭役均：知此三者，谓之治政。夫地载而不弃也，人著而不迁也，国固而不动，则莫不生殖。”[①]在杜佑看来，只要解决好粮食、土地、劳动人手这三个问题，就能达到“国用备”、“人食足”、“徭役均”的目的，社会经济才能不断发展。二、在经济政策上要处理好“国足”和“家足”的关系。他认为：“国足则政康，家足则教从”；家足的办法不是逃税而是土著，国足的办法不是重敛而是相反的做法[②]。杜佑还说：“宁积于人，无藏府库。百姓不足，君孰与足？”[③]认为“家足”是“国足”的基础，“国足”不能离开“家足”，这样社会才能安定。三、在财政思想方面主张“薄敛”和“节用”。杜佑说：“夫欲人之安也在于薄敛，敛之薄也在于节用；若用之不节而敛之欲薄，其可得乎？”[④]他高度评价了唐代开国初的“薄赋轻徭”的政策在稳定社会秩序方面的作用，多次指出“厚敛”必然导致社会的动乱和政权的败亡。因此，他主张国家应该“省不急之费，定经用之数”，改变当时“甲兵未息，经费尚繁”的状况。杜佑的这些具体经济主张，都是为了避免“赋阙而用乏，人流而国危”[⑤]的局面的出现。

---

① 《通典》卷1《食货一·田制上·序》。
② 《通典》卷7《食货七·历代盛衰户》后论。
③ 《通典》卷4《食货四·赋税上》序。
④ 《通典》卷12《食货》后论。
⑤ 《通典》卷12《食货》后论。

（二）人才思想方面。杜佑认为，人才对于管理国家政治起着决定的作用，他说："为国之本资乎人，甿人之利害系乎官政。"①他不认为政治的好坏只是"明君"或"昏君"一个人的事情，即所谓"君不独理，故建庶官"，所以"官政"如何，于"国本"关系极大。这是杜佑人才思想的一个基本出发点。他在人才思想方面的具体主张是：一、以教育促进人才的成长。杜佑认为："上材盖寡，中材则多，有可移之性，敦其教方善；若不敦其教，欲求多贤，亦不及已。非今人多不肖、古人多材能，在施政立本使之然也。"这里有两点是值得重视的，一是人才不是"天生"的，是要靠教育的手段才能得到的；二是今人并非不如古人，人才都是在政治活动的实践中造就成的。二、反对以言取士。杜佑对魏晋以来的取士制度颇持批判的态度，他主张选拔人才，要注意到"行备，业全，事理，绩茂"这样几个因素，即着重从其实际才能方面进行考察，那么真正的人才就会被选拔出来。所以，他坚定地认为："以言取士，既已失之；考言唯华，失之愈远。若变兹道，材何远乎！"三、主张采用多种办法和途径选拔人才，鼓励人才发挥作用。杜佑认为，在人才问题上，"诚宜斟酌理乱，详览古今，推仗至公，矫正前失。或许辟召，或令荐延，举有否臧，论其诛赏，课绩以考之，升黜以励之。拯斯刓弊，其效甚速，实为大政，可不务乎！"这里，他提出了一套综合的人才管理办法，包括古今的经验教训，当事人的公正态度，考核制度和升黜制度。杜佑把这看作是一件"大政"，足见他对人才问题的重视。正因为如此，他极不赞成"行教不深"而"取材务速"的急躁做法和"以俄顷之

① 以下所引，凡未注明出处者，均见《通典》卷13《选举》序，《通典》卷18《选举六评》。

周旋定才行之优劣”的轻率态度。

（三）吏治思想方面。杜佑的吏治思想有两点是很突出的，一是省吏员，一是用有才。他在《通典·职官典》后论中引用唐睿宗时监察御史韩琬的话说：“量事置官，量官置人，使官称其人，须人不虚其位。”[①]又引他自己在唐德宗建中年间的“上议”，说“详设官之本，为理众庶，所以古昔计人置吏。”所以他认为历史上那种“约人定员”，“吏无虚设”的办法是正确的。杜佑从经济的观点和财政收入的具体状况考虑，认识到维持一个庞大的官吏队伍，这对封建国家本身来说实在是一个严重的负担，是一个“大弊”，不改革是不行的。这就是杜佑关于省吏员的基本出发点。他断然说：“有才者即令荐用，不才者何患奔亡！”在他看来，在“并省官吏”的改革中，起用“有才者”，淘汰“不才者”，是很正常的事情，有什么可以担心的呢！这是他的用有才的主张。

（四）法制思想方面。杜佑的法制思想有两点是很突出的。首先，他认为对于刑罚的“善用”和“不善用”，直接影响到社会的“治”和“乱”。所谓“善用”，关键“在乎无私绝滥，不在乎宽之与峻。”其次，他认为法律不可随意解释，并须有相当的稳定性，不应“斟酌以意，变更屡作”[②]。

（五）军事思想方面。杜佑饱读兵书，而且熟悉中唐以前的全部战争史。他的《通典·兵典》部分，不记历代兵制，而叙军事理论和战争胜败的经验。早在宋代，“世之言兵者，或取《通典》”[③]，足见《兵典》影响之大。我认为，《兵典》不记兵制而专论用兵之道，是

① 《通典》卷40《职官》二二，下同，不一一作注。

② 以上所引，均见《通典》卷163《刑典》序。

③ 苏轼：《东坡志林》卷4“房琯陈涛斜事”条，中华书局1981年版。

因为作者认识到后者比前者有更重要的实践意义。杜佑写道:"语有之曰:'天时不如地利,地利不如人',诚谓得兵术之要也。以为孙武所著十三篇,旨极斯道。故知往昔行师制胜,诚当皆精其理。今辄捃摭与孙武书之义相协并颇相类者纂之,庶披卷足见成败在斯矣。"[①]研究兵事,目的在于了解行师制胜的道理,这就要涉及战争史上的各种战例,而不是靠着记述历代兵制所能达到的。作者的撰述意图即在于此,这应是我们评价《通典·兵典》的一个基本出发点。杜佑的军事思想可以从两方面来看,一个方面是战略思想,另一个方面是战术思想。在战略思想方面,杜佑认为,封建国家在军事上应始终保持着"强干弱枝之势"。他引用贾谊的论点说:"治天下者,令海内之势如身之使臂,臂之使指,莫不制从。若惮而不能改作,末大本小,终为祸乱"。他认为安史之乱的发生,就是"边陲势强"、"朝廷势弱"的缘故。他主张在政治上和军事上加强朝廷对地方的控制,以保持社会的安定局面。在战术思想方面,杜佑认为,每一战役的胜利,主要在于指挥者的应变能力,即"因我便而乘敌",这也就是他进而解释的"凡兵以奇胜,皆因机而发"。因此,他主张在军队的训练上应讲究实际,将帅还要善于"抚众",这样就可"用无弱卒,战无坚敌"[②]。可见,杜佑在战役应变思想方面,主要立足于从实际情况出发,他基本上摆脱了战争理论上的神秘因素,这是很可贵的。《兵典》凡十五卷,下列一百三十余条子目,大多是关于战术方面的理论。由于《兵典》是以《孙子兵法》为纲撰述的,所以从一定的意义上来说,它是一部对《孙子兵法》作了

① 《通典》卷148《兵典》序。
② 《通典》卷148《兵典》序及序末自注。

最详尽的阐发的军事著作。

（六）民族思想方面。杜佑在民族思想方面的一个突出的贡献，是他提出了"古之中华，多类今之夷狄"的论点。用我们今天的观点来看，他是从民族学和民俗学的角度来论证这个论点的。杜佑写道："人之常情，非今是古，其朴质少事，信固可美，而鄙风弊俗，或亦有之。缅惟古之中华，多类今之夷狄，有居处巢穴焉，有葬无封树焉，有手团食焉，有祭立尸焉，聊陈一二，不能徧举"①。对此，他在自注中都作了明确的解释。杜佑从民族习俗上证明，上古之时，"中华"也有许多"鄙风弊俗"，跟"夷狄"是没有什么两样的。他在讲到古代礼俗的时候，甚至认为："古之人朴质，中华与夷狄同"②。杜佑的这些看法在理论上有重要的意义，它们进一步打破了中国历史上这样一个传统观念，即"中华"一向就是先进的民族，而"夷狄"从来就是落后的民族；同时，作者已经朦胧地认识到，上古之时"中华"与"夷狄"本是"一家"。杜佑的这些论点是有意义的，甚至可以说是包含着某些真理的成分。恩格斯曾经说过：

> 我们越是深入地追溯历史，同出一源的各个民族之间的差异之点，也就越来越消失。一方面这是由于史料本身的性质，——时代越远，史料也越少，只包括最重要之点；另一方面这是由这些民族本身的发展所决定的。同一个种族的一些分支距他们最初的根源越近，他们相互之间就越接近，共同之处就越多。……这一种或那一种特点，可能只有地方性的意义，

---

① 《通典》卷185《边防》序。

② 《通典》卷48《礼典八》后议。

但是它所反映的那种特征却是整个种族所共同具有的，而史料的年代越是久远，这种地方性的差别就越是少见。①

杜佑当然不可能懂得这样的科学观点和科学方法，但他在一千多年前能够提出“古之人朴质，中华与夷狄同”的论点，的确是难能可贵的。在民族关系上，杜佑反对对周边少数民族滥施兵革，提出“来则御之，去则备之”的方针，他批评秦始皇、汉武帝、隋炀帝在这方面的失误，造成了“万姓怨苦”的局面，称赞汉光武帝在这方面“深达理源”，有所节制。他的结论是：“持盈固难，知足非易”；“持盈知足，岂特治身之本，亦乃治国之要道欤！”为了进一步证明这个看法的正确，杜佑针对玄宗以来的历史现实写道：“向无幽寇内侮，天下四征未息，离溃之势，岂可量耶？前事之元龟，足为殷监者矣②。”关于民族间的战争，其情况是非常复杂的，杜佑不可能对它们作出具体的分析、判断，但是，他对民族间战争的总的看法，还是有积极意义的。

从以上列举的杜佑的几个方面的思想来看，贯串于其中的一个鲜明的特点，是他十分重视把历史经验跟当时的社会现实结合起来，他的许多见解和主张都有相当的准确性和突出的针对性，具有直接为现实服务的作用和价值。这是他“征诸人事，将施有政”的经世致用学术旨趣的反映。关于这一点，不仅仅是与杜佑同时代的李翰、权德舆等非常重视，而且也引起了后人的十分注意。朱熹一语破的地指出：“杜佑可谓有意世务者。”③乾隆《重刻通典序》

---

① 恩格斯：《爱尔兰史》，《马克思恩格斯全集》第16卷，人民出版社1964年版，第570～571页。

② 《通典》卷185《边防》序。

③ 《朱子语录》卷136，中华书局1986年版。

谓:"此书……本末次第,具有条理,亦恢恢乎经国之良模矣!"这个看法,也可以说是深得《通典》的要旨。后永瑢、纪昀等修《四库全书总目》,称《通典》是:"凡历代沿革,悉为记载,详而不烦,简而有要。元元本本,皆为有用之实学,非徒资记问者可比。"[①]在考据之学盛行的年代,清人尚能如此称道《通典》,说它是"经国之良模"、"有用之实学",正可以反衬出《通典》在经世致用方面的特点是何等突出。近人梁启超认为:杜佑的"《通典》之作,不纪事而纪制度,于国民全体之关系有重于事焉者也"[②]。这是从《通典》的内容来说明它的经世致用的旨趣。要之,自唐代至近世,人们对杜佑的经世致用的学术思想是给予了相当的评价的。

关于经世致用之学,我国学者一般都认为它产生于明末清初,而在清嘉(庆)道(光)年间得到发展。但是,根据唐代中叶一些思想家、政治家、历史家、文学家的学术思想,尤其是根据杜佑在《通典》中所反映的经世致用的学术旨趣判断,上述看法是可以商榷的。我初步认为:中国历史上的经世致用之学,滥觞于唐中叶,从代宗大历年间至宪宗元和年间则显得尤其活跃;这时期的经世致用之学,用杜佑的话来说,它是作为"术数之艺"、"章句之学"的对立物而出现的。其后,南宋学者陈亮、叶适主张"功利"之学和"务实"之道,对朱熹学派宣扬的义理说教进行批判,是经世致用之学在理论上的前进;明末清初顾炎武等人更进一步把对理学的批判跟著述的实践结合起来,力倡"文须有益于天下"[③]。所有这些,都

---

① 永瑢等:《四库全书总目》卷81《史部·政书类一》,中华书局1965年版。

② 梁启超:《新史学·中国之旧史》,见《饮冰室合集·文集》,中华书局1989年版。

③ 顾炎武:《日知录》卷19"文须有益于天下"条,黄汝成集释本,岳麓书社1994年版。

是嘉、道年间勃兴起来的经世致用之学的前驱。

《通典》的旨趣，反映了作者的鲜明的时代感。这就是说，杜佑在《通典》中不仅反映了他所处的那个时代的特点和问题，而且在一定的程度上回答了这些问题。《通典》的时代感，上承司马迁《史记》实录精神的遗风，下开经世史学的先河，在中国史学史上起着继往开来的重要作用。《通典》的旨趣，建立在作者的朴素的唯物主义历史哲学的基础上。这样一种历史哲学，在作者的认识论和方法论上都有比较充分的表现。《通典》的旨趣，还反映了作者的历史进化思想。进化的观点，讲"形势"、讲"事理"的观点，以及变革的观点，是杜佑历史进化思想的几个主要方面，而核心则在于主张对陈旧的、过时的制度进行变革。正因为如此，杜佑在《通典》中反复阐明"随时立制，遇弊变通"[①]、"随时拯弊，因物利用"[②]、"弊而思变"[③]、"便俗适时"[④]的论点。这里，最重要的。一是"变通"，二是"适时"。离开"变通"和"适时"，经世致用也就成了空话。在杜佑的历史哲学中，还有一点也不可忽视，这就是他的朴素的辩证思想。是否可以认为，杜佑是以"《食货》为之首"作为构筑其著作大厦的基础的；但是，他并不是只强调"食货"的作用，无视或轻视其他领域的作用，恰恰相反，他对于后者的作用是给予极大的注意的。他在《兵典》序中指出：对于甲兵，"若制得其宜，则治安；失其宜，则乱危"。他对于刑罚的作用也是这么看的："善用则治，不善用则乱。"[⑤]他

① 《通典》卷40《职官》二二引杜佑《省官议》。

② 《通典》卷185《边防》序。

③ 《通典》卷12《食货》一二后论。

④ 《通典》卷74《礼典》三四《宾礼》序。

⑤ 《通典》卷163《刑典》序。

甚至对于音乐和人的情绪的关系，也持有这种朴素的辩证观点，认为："夫音，生于人心，心惨则音哀，心舒则音和；然人心复因音之哀和，亦感而舒惨"①。像这样带有朴素辩证观点的认识，在《通典》里还可以举出不少。这是《通典》的作者留给后人的一份宝贵的思想资料。

*　　　*　　　*

《通典》是我国史学史上的巨制，甚至可以说是史学史上的一座丰碑。但是，它也不是没有缺陷的。

首先，从历史编纂来看。《通典》以一百卷、占全书二分之一的篇幅写"礼"，其中"沿革篇"六十五卷，"开元礼"三十五卷，不仅失于重复，而尤其失于烦琐。这是它在历史编纂上最突出的缺陷。

其次，从历史思想来看。在杜佑的历史哲学中，朴素的唯物观点、朴素的辩证观点和历史进化的观点，是其积极的一面。其消极的一面，主要表现为"英雄史观"，而与此相联系的则是对人民群众的作用的漠视，并把人民群众的起来造反斥为"群盗蜂起"②。他还说："民者，瞑也，可使由之，不可使知之。审其众寡，量其优劣，饶赡之道，自有其术。"在杜佑看来，人民群众完全成了等待"贤者"、"圣者"恩赐的、消极的历史因素。反之，那种"成王业兴霸图"、"富国强兵"的伟大事业，都是个别杰出人物造成的，而这样的人物又是很难得出现的，以至自汉代以降，"不可多见"③。这种把历史的活动归结为个别杰出人物活动的英雄史观，不仅同杜佑自己说的"非今人多不肖，古人多材能，在施政立本使之然也"相矛

① 《通典》卷141《乐典》序。
② 《通典》卷171《州郡》序。
③ 《通典》卷12《食货》后论。

盾，而且同唐初史家如魏徵等人在这个问题的看法上相比也是一个退步[①]。

再次，从社会思想来看。《通典》从经济制度和政治制度方面对封建社会确有不少深刻的揭露，本文已择其重要者作了评论。这是《通典》的民主性精华方面。但是，《通典》的作者毕竟是封建社会秩序的积极的维护者，是一个“始终言行，无所玷缺”[②]的标准的士大夫。因此，要求改革封建社会的某些弊端同从根本上为封建统治秩序作辩护，构成了杜佑社会思想中两个相反相成的方面。而他的这种辩护，有时甚至成了对封建统治的粉饰。这是《通典》的封建性糟粕方面。其中，杜佑对封建国家的刑罚的看法，是最能说明问题的。如他论唐代的刑罚说：“圣唐刑名，极于轻简……如罪恶既著，制命已行，爱惜人命，务在哀矜，临于剿绝，仍令数覆。获罪自然引分，万姓由是归仁，感兹煦妪，藏于骨体……国家深仁厚德，固可侔于尧、舜。夏、殷以降，无足征矣”[③]。在这里，严峻的法律，被说成是阳光雨露，“深仁厚德”！杜佑还认为：武则天以周代唐、安史之乱倾陷两京的事件所以不能长久，是因为唐开国以来“刑轻故也”，这就近于奇谈了。更有甚者，杜佑还替帝王执法过程中“急于黎庶，缓于权贵”[④]的屈法行为作辩护。在他看来，衣冠（士族）受刑，虽罪有应得，亦应为之“伤悯”；黎庶（匹庶）被戮，虽法不当罚，也无须为之“嗟叹”。这二者的区别，就像“摧茂林”和斩野草那样的不同[⑤]。

① 参见《隋书》卷66后论，中华书局1973年版。《贞观政要》卷3《君臣鉴戒》篇等，上海古籍出版社1978年版。

② 《旧唐书》卷147《杜佑传》。

③ 《通典》卷170《刑典》八《宽恕》后论。

④ 《通典》卷170《刑典》八《舞紊》。

⑤ 《通典》卷164《刑典》二《刑制》中。

像杜佑这样直率地为最高统治者徇情枉法作辩护、宣扬“黎庶”和“权贵”在法律面前本应受到不平等待遇的论调，在封建统治者的言论中，也是比较突出的。可见，杜佑毕竟是他那个阶级的忠实的历史家和代言人。

《通典》的这些缺陷，究其原因，或是受着总的时代条件和阶级地位的限制，或是由于具体历史环境的影响，或是因为作者见识上的局限，等等。对此，本文不再作详细的论述。尽管《通典》一书存在着这些缺陷，但作者从许多方面提出了前人不曾提出的见解，取得了前人不曾达到的成就，这是必须给予恰当的评价的。

（原载《历史研究》1984年第5期）

两宋史家的忧患意识

清人龚自珍曾这样深刻地指出："吾闻深于《春秋》者，其论史也。""智者受三千年史氏之书，则能以良史之忧忧天下。"[①]龚自珍的话，揭示出了中国古代史家的一个思想特点，也从一个方面概括了中国史学的优良传统。可见，所谓"良史"，其撰述一方面是受到社会的激励，一方面也深为这一优良传统所影响。关于这一点，两宋史家给予后人很多启示。

一　史家的忧患意识传统

中国古代史家，历来有一种忧患意识。这种意识主要表现为对于朝代、国家的兴亡盛衰以及社会治乱、人民生活的关注。这是同史学的本质与功能密切相关的。这是因为，史学家对于历史的认识，往往是和对于现实的认识联系起来，故而从史学家对于历史和现实的认识来看，常常反映出他们对于社会的前途、命运的忧患意识，这在很大程度上成为他们决心致力于历史撰述的一个思想基础。孟子说："世衰道微，邪说暴行有作，臣弑其君者有之，子弑其父者有之。孔子惧，作《春秋》。"[②]这就反映了

① 龚自珍：《龚定庵全集类编》卷4《乙丙之际著议·第九》，中国书店1991年版。

② 《孟子·滕文公下》，杨伯峻译注本，中华书局1960年版。

孔子作《春秋》时的一种忧患意识。司马迁父子撰述《史记》的最初动机，是出于对史职的忠诚和执著。这就是司马谈对司马迁说的一番话："今汉兴，海内一统，明主贤君、忠臣死义之士，余为太史而弗论载，废天下之史文，余甚惧焉，汝其念哉！"①司马谈之所惧，是"废天下之史文"的问题；然而，当司马迁进入到具体的撰述之中的时候，他的思想已不只是集中在"史文"问题上了，他对汉武帝统治下的社会前途表现出深深的忧虑。读《史记·平准书》可以看到，在司马迁的史笔之下，极盛时期的汉武帝统治面临着许多新的问题，显示出作者的忧患意识是多么的深沉。司马迁当然有秉承父亲的遗志，着重写出汉兴以来的"明主贤君"，可是当他考察了汉武帝统治时期的社会历史时，他就不能只是赞扬和称颂了，他的严肃的史学家的批判之笔也不能不时时触到汉武帝本人。这同巴尔扎克所写的《人间喜剧》有一定的相似之处："当他让他所深切同情的那些贵族男女行动的时候，恰恰是这个时候，他的嘲笑空前尖刻，他的讽刺空前辛辣。"②我们只要看一看《史记·封禅书》，就会感到司马迁的嘲笑和讽刺是何等的尖刻与辛辣。这种嘲笑和讽刺正是对于"宗室有土公卿大夫以下，争于奢侈，室庐舆服僭于上，无限度"③时尚的深深忧虑的集中反映。

司马迁处在西汉由鼎盛开始走向衰落的时期，他的深邃的历史眼光使他看到了这一变化，故而发出了"物盛而衰，固其变

---

① 《史记》卷130《太史公自序》，中华书局1959年版。

② 《恩格斯致玛·哈克奈斯》（1888年），《马克思恩格斯选集》第4卷，人民出版社1995年版，第684页。

③ 《史记》卷30《平准书》。

也”的感叹。唐代史家吴兢也有大致相仿的经历。吴兢生活在唐代武则天至唐玄宗时期，他目睹了唐代盛世即“开元盛世”，同时也敏感地觉察到唐玄宗开元后期滋生起来的政治上的颓势。于是，他写出了著名的《贞观政要》一书。吴兢从玄宗时大臣源乾曜、张嘉贞任相职时“虑四维之不张，每克己励精，缅怀故实，未尝有乏”的做法中得到启发，认为唐太宗时期的“政化”，“良足可观，振古而来，未之有也”，所以决心写一本反映唐太宗贞观年间政治统治面貌的专书。吴兢认为，此书“人伦之纪备矣，军国之政存焉”，其义在于“惩劝”。吴兢对于此书在政治上的作用有充分的信心。他说：“庶乎有国有家者克遵前轨，择善而从，则可久之业益彰矣，可大之功尤著矣，岂必祖述尧、舜，宪章文、武而已哉！”[①]可见，史学家吴兢是很“现实”的：与其侈谈尧、舜、文（王）、武（王），不如就从学习本朝“贞观之治”做起。他的这种现实的态度，既是对唐太宗时“政化”的仰慕，又是出于对唐玄宗开元后期李林甫、杨国忠辈当政的忧虑。此书以《君道》开篇，以《慎终》结束，也反映出这位被当时人誉为董狐式的史学家的忧患意识。他在《上〈贞观政要〉表》中，把这种忧患意识表述得更加明显了，他说：“望纡天鉴，择善而行，引而伸之，触类而长之……伏愿行之而有恒，思之而不倦，则贞观巍巍之化可得而致矣！”《贞观政要》这部书在晚唐以后的历代政治生活中产生了很大的影响。唐宣宗是晚唐时期一位尚有作为的皇帝，史家对他有较好的评论。史载，唐宣宗曾经“书《贞观政要》于屏风，每正色拱手而读之。”[②]辽、金、元三朝统治者，都曾把《贞观政要》译成

---

① 以上所引均见吴兢：《贞观政要·序》，上海古籍出版社 1978 年版。

② 《资治通鉴》卷 248 唐宣宗大中二年，中华书局 1956 年版。

本民族文字，作为政治教科书。

二 两宋史家的忧患意识与历史撰述

两宋史家的忧患意识，既有史家忧患意识传统的影响，又有时代情势的激发，因而显得十分突出。

北宋立国，积贫积弱，士大夫阶层的忧患意识显得格外凝重。范仲淹在《岳阳楼记》中写出了这种忧患意识的深沉的境界，他写道：

> 嗟夫！予尝求古仁人之心，或异二者之为，何哉？不以物喜，不以己悲。居庙堂之高，则忧其民；处江湖之远，则忧其君：是进亦忧，退亦忧。然则何时而乐耶？其必曰：先天下之忧而忧，后天下之乐而乐！①

这种"进亦忧，退亦忧"、"先天下之忧而忧，后天下之乐而乐"的意识与境界，在当时和后世都有很大的影响，《岳阳楼记》因此而成为千古不朽的名篇。

王安石是继范仲淹之后的又一位改革家，他在推行变法之前的一份《上皇帝万言书》中，分析了当时种种社会矛盾，披露了他的重重忧虑。《万言书》提出的社会问题是：

> 臣窃观陛下有恭俭之德，有聪明睿智之才，夙兴夜寐，无一日之懈，声色狗马，观游玩好之事，无纤介之蔽，而仁民爱物之意，孚于天下，而又公选天下之所愿以为辅相者，属之以事，而不贰于谗邪倾巧之臣，此虽二帝、三王之用心，不

① 范仲淹：《范文正公集》卷7，中华书局1984年版。

过如此而已，宜其家给人足，天下大治。而效不至于此，顾内则不能无以社稷为忧，外则不能无惧于夷狄，天下之财力日以困穷，而风俗日以衰坏，四方有志之士，諰諰然常恐天下之久不安。此其故何也？患在不知法度故也。[①]

值得注意的是，王安石在这里道出了“四方有志之士，諰諰然常恐天下之久不安”的忧患意识，这种忧患意识已超出了个人的思想范围，而具有一定的社会意义。

北宋史家的忧患意识正是在这样的条件下形成和发展的。司马光、范祖禹等史学家的忧患意识具有更加突出的历史感，司马光《历年图序》深刻地反映了这种历史感，他写道：

臣光拜手稽首曰：臣闻《商书》曰：“与治同道罔不兴，与乱同事罔不亡。终始慎厥与，惟明明后。”《周书》曰：“我不可不监于有夏，亦不可不监于有商。我不敢知，曰：有夏服天命，惟有历年。我不敢知，曰：不其延。惟不只厥德，乃早坠厥命。我不敢知，曰：有商受天命，惟有历年。我不敢知，曰：不其延。惟不只厥德，乃早坠厥命。”盖言治乱之道，古今一贯，历年之期，惟德是视而已。臣性愚学浅，不足以知国家之大体，然窃以简策所载前世之迹占之，辄敢昧死妄陈一二……

接着，司马光便言其作《历年图》之目的在于察历代“治乱兴衰之迹”，以使今人“法善”、“戒恶”，明乎“治不忘乱”的道理。他写道：

夫道有失得，故政有治乱；德有高下，故功有大小；才有

① 王安石：《王文公文集》卷1，上海人民出版社1974年版。

美恶，故世有兴衰。上自生民之初，下逮天地之末，有国家者，虽变化万端，不外是矣。三王之前见于《诗》、《书》、《春秋》，愚臣不敢复言。今采战国以来至周之显德，凡小大之国所以治乱兴衰之迹，举其大要，集以为图，每年为一行、六十行为一重，五重为一卷。其天下离析之时，则置一国之年于上，而以朱书诸国之君及其元年系于其下，从而数诸国之年，则皆可知矣。凡一千三百六十有二年，离为五卷，命曰《历年图》，敢再拜稽首上陈于黼扆之前。庶几观听不劳而闻见甚博，善可为法，恶可为戒，知自古以来，治世至寡，乱世至多，得之甚难，失之甚易也……《易》曰："君子安不忘危，存不忘亡，治不忘乱。"《周书》曰："制治于未乱，保邦于未危。"今人有十金之产者，犹知爱之，况为天下富庶治安之主，以承祖宗光大完美之业，呜呼，可不戒哉！可不慎哉！①

这是司马光在撰写《资治通鉴》之前所撰写的一段文字，从中可以看出，史学家同政治家对世事的忧患是相通的。司马光同王安石政见不合，而在忧患意识方面，却并无二致。宋神宗一方面任用王安石变法，一方面又慨然为司马光所主编的史书作序，并赐名为《资治通鉴》，正可表明其间的相通之处。

北宋史家忧患意识的深沉历史感，同样也包含着强烈的时代感。史学家范祖禹是司马光撰《资治通鉴》的助手之一，他著有《唐鉴》一书，其序文在讲到唐代历史的经验教训和他撰写此书的目的时指出：

昔隋氏穷兵暴敛，害虐生民，其民不忍，共起而亡之。

① 司马光：《稽古录》卷16，王亦令点校本，中国友谊出版公司1987年版。

> 唐高祖以一旅之众，取关中，不半岁而有天下，其成功如此之速者，因隋大坏故也。以治易乱，以宽易暴，天下之人归往而安息之。方其君明臣忠，外包四荒，下遂万物，此其所由兴也。其子孙忘前人之勤劳，天厌于上，人离于下，宇内圮裂，尺地不保，此其所由废也。其治未尝不由君子，其乱未尝不由小人，皆布在方策，显不可掩。然则今所宜监，莫近于唐。

他认为唐皇朝的兴废治乱之迹，对于北宋皇朝来说，是最切近的事情，所以提出"今所宜监，莫近于唐"的认识。这跟上述吴兢认识历史的方法有相似之处。范祖禹又略述北宋开国后百余年的历史，并不无深意地说："夫唐事已如彼，祖宗之成效如此。然则今当何监，不在唐乎！今当何法，不在祖宗乎！夫惟取监于唐，取法于祖宗，则永世保民之道也。"①其忧患意识正寓于其深意之中。

南宋时期，因朝代更迭、政治形势骤变而激发了史学家的忧患意识，他们受着"伤时感事，忠愤所激"的政治、文化氛围的影响，矢志著书，以存信史，以寄忧思，以警后人。史学家李焘撰《续资治通鉴长编》980卷(今存520卷)，徐梦莘撰《三朝北盟会编》250卷，李心传撰《建炎以来系年要录》200卷，都是属于两宋之际的本朝史或"当代史"，都是"忧世"、"泣血"之作。史载李心传曾向宋理宗谏言，分析政治与天灾的关系，指出：

> 陛下愿治，七年于此，灾祥饥馑，史不绝书，其故何哉？朝令夕改，靡有常规，则政不节矣；行赍居送，略无罢日，则使民

① 范祖禹：《唐鉴》卷12，上海古籍出版社1981年版。

疾矣；陪都园庙，工作甚殷，则土木营矣；潜邸女冠，声焰兹炽，则女谒盛矣；珍玩之献，罕闻却绝，则苞苴行矣；鲠切之言，类多厌弃，则谗夫昌矣。此六事者，一或有焉，犹足以致旱。愿亟降罪己之诏，修六事以回天心。群臣之中有献聚敛剽窃之论以求进者，必重黜之，俾不得以上诬圣德，则旱虽烈，犹可弭也。然民怨于内，敌逼于外，事穷势迫，何所不至！陛下虽谋臣如云，猛将如雨，亦不知所以为策矣。①

李心传曾先后两次因言而罢官，联系上述引文，可以想见其为人。唯其如此，"有史才，通故实"的李心传，在他的历史著作中自然蕴含着深刻的忧患意识。

这个时期的另一位史学家袁枢，把编年体的《资治通鉴》创造性地改撰成纪事本末体的《通鉴纪事本末》，也寄寓了他的"爱君忧国之心，愤世疾邪之志"。故当时的诗人杨万里说："今读子袁子此书，如生乎其时，亲见乎其事，使人喜，使人悲，使人鼓舞。未既，而继之以叹且泣也！"②反映出史书所能产生的社会影响，也折射出史学家的忧患意识的感染力。

如果说历史运动是两宋史家历史撰述的客观动因的话，那么，史家的忧患意识可以看作是两宋史家历史撰述的主观动因；当然，史家的主观动因，归根结底，还是受到时代的激励和历史传统的影响。

三　关于史家之忧的思考

宋代史家还从一般的意义上对史家之忧做进一步思考，从而

① 《宋史》卷438《李心传传》，中华书局1977年版。

② 杨万里：《通鉴纪事本末·序》，见《通鉴纪事本末》卷首，中华书局1959年版。

拓展了关于这个问题的理论空间。

苏辙曾说："父兄之学，皆以古今成败得失为议论之要。"[1]苏洵、苏轼、苏辙号称"三苏"，以文学名于世，但他们确与史学有密切关系。苏洵撰有《史论》三篇，他在上篇中写道：

> 史何为而作乎？其有忧也。何忧乎？忧小人也。何由知之？以其名知之。楚之史曰《梼杌》；梼杌，四凶之一也。君子不待褒而劝，不待贬而惩，然则史之所惩劝者独小人耳。仲尼之志大，故其忧愈大。忧愈大，故其作愈大。是以因史修经，卒之论其效者，必曰"乱臣贼子惧"。由是知史与经皆忧小人而作，其义一也。[2]

通观全篇，苏洵主要是阐述他对经与史的关系的见解，但他起首便讲到了史家之忧及忧之所在的问题。苏洵认为，史家之忧是"忧小人"，因为只有"小人"才需要惩劝，而君子则无需褒贬便能自觉懂得惩劝的。他还以梼杌是四凶之一及孔子作《春秋》而"乱臣贼子惧"为根据，来证明他的这个见解。

苏洵把史家作史的原因归结为"其有忧"、把忧之所在归结为"忧小人"的见解，这是过于狭隘了。他以楚国国史《梼杌》之名为证，亦甚牵强，一则与晋之《乘》、鲁之《春秋》不相符合，二则《梼杌》也是古代传说中的神名之一。[3] 孟子说过"孔子成《春秋》而乱臣贼子惧"[4]的话，但这并不意味着史书只是用来惩劝"小人"而与

---

① 苏辙：《历代论一》，见郭预衡主编：《唐宋八大家散文总集》卷 10，河北人民出版社 1996 年版，第 6886 页。

② 苏洵：《史论上》，《唐宋八大家散文总集》卷 4，第 2633 页。

③ 《国语・周语上》："商之兴也，梼杌次于丕山。"上海古籍出版社 1978 年版。

④ 《孟子・滕文公下》，杨伯峻译注本。

"君子"无关。晋国的韩宣子曾到鲁国"观书于大史氏，见《易》、《象》与《鲁春秋》"。[①] 孔子本人也读史书，所以他说"吾犹及史之阙文也"。[②] 至于《春秋》，绝不止是给"乱臣贼子"读的，正如司马迁所说，"为人君父"、"为人臣子"者，都"不可以不知《春秋》"、不可以"不通于《春秋》之义"。[③] 从司马迁父子作史的旨趣来看，他们的境界之高、视野之广，与苏洵所论确有天壤之别。尽管如此，苏洵提出了史家之忧的问题还是有意义的。若考虑到他所处的时代及其所关注的时势，对他的上述见解就不会过于苛责了。苏洵在《论衡·远虑》一文中论君臣关系和"社稷之忧"，从另一个方面透露出了他的忧患之心。他写道：

> 近世之君抗然于上，而使宰相眇然于下，上下不接，而其志不通矣。臣视君如天之辽然而不可亲，而君亦如天之视人，泊然无爱之之心也。是以社稷之忧，彼不以为忧；社稷之喜，彼不以为喜。君忧不辱，君辱不死。一人誉之则用之，一人毁之则舍之。宰相避嫌畏讥且不暇，何暇尽心以忧社稷？数迁数易，视相府如传舍。百官泛泛于下，而天子茕茕于上。一旦有猝然之忧，吾未见其不颠沛而殒越也。[④]

显然，这种君臣关系和这种用人原则，自然令人堪忧，而且的确是属于"社稷之忧"的范围的。苏洵还强调指出，从历史上看，君主只有任用"腹心之臣"，才可应天下"不测之变"。可见苏洵所关注的"社稷之忧"已突破了他所尊崇的史家之忧了。

---

① 《左传·昭公二年》，杨伯峻注本。

② 《论语·卫灵公》，杨伯峻译注本。

③ 《史记》卷130《太史公自序》。

④ 《唐宋八大家散文总集》卷4，第2633页。

值得注意的是，苏洵关于君臣关系之忧等等，是有人与之共鸣的。曾巩与宋代史学关系十分密切，并担任过史馆修撰之职。曾巩之忧当是史家之忧的一种反映，而他的一些见解恰与苏洵有相同之处。曾巩在《说遇下》一文中写道：

> 近世自王公大臣之进见，皆俯首侧身，屏息以听仪相者疾呼姓名敕进，使拜舞已，则立而侍。设有宴享，则郎中以降皆坐于庑下，与工祝为等侪，王者遇之，体貌颜色未尝为之变也，而曾起且下，又不名乎。其于进退疾病死丧，未尝皆备其礼也。自公卿莫能得其从容，而况于疏远之臣庶乎？上下之情间然可知矣。至有罪故，则又困辱而刑之。此所以使偷安幸进之利深，无节自薄之俗胜，百官之于上，苟若而已，能无因败而利之者邪？国家之治最甚已，可无变欤？[1]

如果苏洵所披露的君臣关系的淡漠还比较含蓄的话，那么曾巩所描述的这种关系就很形象具体了。可以想见，这种关系笼罩下的政治绝不会是强有力的政治，其应付各种事变的能力和效率必然受到很大的限制。曾巩的这些见解，确乎是"社稷之忧"，反映了他深刻的忧患意识。

宋朝的积贫积弱局面的形成，同最高统治集团的思想状态、运转机制有极大的关系。这一点，是应当重新作出估量的。曾巩在关于用人问题上，也同苏洵有类似的见解。他在《治之难》一文中指出："治世非无小人也，其信正人也，固其相参非庸者也，虽有，正人弗病也。"反之，情况就不一样了，"可得天下国家之安乎？"他根据汉代正反两个方面的经验，认为："呜呼！治之难也。

---

① 《唐宋八大家散文总集》卷4，第2859页。

以此视天下者，不观小人、正人、贵贱、升黜，观其用否如何耳，则治乱审矣。”[①]从这些话来看，曾巩所论与苏洵也有不同处，苏洵是“忧小人”，曾巩认为“小人”、“正人”总是会有的，而所当忧的是“用否如何”，这就比较切合实际了。

同曾巩比较起来，欧阳修的忧患意识也是史家之忧的突出反映。欧阳修曾撰《原弊》一文，指出：

> 昔者用常有余而今常不足，何也？其为术相反而然也。昔者知务农又知节用，今以不勤之农赡无节之用故也。非徒不勤农，又为众弊以耗之；非徒不量民力以为节，又直不量天力之所任也。

昔者“常有余”、今者“常不足”的差别，是不同的政策造成的；而造成“今”与“昔”政策上变化的具体根源又在于“众弊”的存在。“何为众弊？有诱民之弊，有兼并之弊，有力役之弊。”但是，弊端还不止于此。欧阳修进一步指出：

> 夫此三弊，是其大端。又有奇邪之民去为浮巧之工，与夫兼并商贾之人为僭侈之费，又有贪吏之诛求，赋敛之无名，其弊不可以尽举也。既不劝之使勤，又为众弊以耗之……天下几何其不乏也！[②]

众弊丛生，天下匮乏，这不能不说是十分严重的“社稷之忧”、“天下之忧”。欧阳修还进而分析了“不量民力以为节”关键是“未尝量民力而制国用”，“不量天力之所任”即“不知水旱之谓也”。他在本文末写道：“今士大夫方共修太平之基，颇推务本以兴农，故辄原其弊

① 《唐宋八大家散文总集》卷4，第2868～2869页。
② 《唐宋八大家散文总集》卷2，第1032页。

而列之，以俟兴利除害者采于有司也。”这反映了史家之忧的积极意向。

综上，可以做以下两点概括：第一，史家之忧，充分说明史家都是关注现实社会的前途命运的；第二，史家之忧，说到底是以社会之忧为忧，以天下之忧为忧。中国史学的这一特点，在两宋时期甚为突出。史家的忧患意识在历史撰述上和社会影响上都有重要的意义。从历史撰述上看，史家的忧患意识往往同他们的历史思想变化结合在一起，因而能够深刻地揭示历史发展和现实社会中一些带有普遍性的重大问题，这就是司马迁说的“物盛则衰，时极而转，一质一文，终始之变也”。[①] 从社会影响上看，优秀史家因有上述思想为指导，其历史撰述则必然贯穿着历史感与时代感相结合的旨趣，使后世读史之人亦能产生共鸣。从这个意义上讲，史学的社会功用总是伴随着人们的忧患意识而表现出来的。

（原载《学习与探索》1999 年第 3 期）

---

① 《史记》卷 30《平准书》后论。

开眼看世界
——中国近代史学开始走向世界的历程

在中国近代史学萌生过程中，中国史家关于边疆史地的研究和关于外国史地的研究，可以说是同步展开而又互有交叉的。鸦片战争前夕，出于民族危机的预感，龚自珍已着手于边疆史地的研究，而林则徐则倡导对外国史地的认识与研究。对边疆史地的研究，固已涉及对外国的历史与现状的考察；而关于外国史地的研究，则往往联系着对当时中国前途的抉择和命运的估量。这两股史学潮流的奔腾、激荡，都同时代的脉搏发生着共振。

林则徐在广州禁烟时，有一种了解世界、认识世界的迫切感，乃命人翻译英人慕瑞所著《世界地理大全》，亲自润色，编订刊刻，定名为《四洲志》。这是一本简略介绍世界各洲 30 多个国家地理、历史的书。此书虽止 1 卷，但开风气之先，对后来中国学人研究、撰述外国史地之风，有倡导的作用。这也表明林则徐作为"开眼看世界的第一人"对近代史学萌生所起的作用。继林则徐之后，魏源写出了《海国图志》，王韬写出了《普法战纪》、《法国志略》等书，黄遵宪则有《日本国志》的撰述。这些关于外国史地的著作，在当时的中国，尤其在日本，都产生了重大的影响。从史学发展的观点来看，它们反映了在近代史学萌生中，中国史学开始走向世界的历程。

一　魏源与《海国图志》

魏源（1794—1857年），原名远达，字默深，湖南邵阳人。他28岁中举人，50岁才中进士，仕途不算通达。但他在三四十岁时，政治经历丰富，著作繁多。鸦片战争时，为两江总督裕谦幕僚，参与浙东抗英之役，与龚自珍、林则徐、姚莹等关系密切，思想相投。他痛感英军入侵，撰《圣武记》一书，以激励时人，并希望朝廷重温历史，振作武功，以坚御侮之志。此书共14卷，前10卷历述清朝武功及用兵成败之道，兼及有关军事制度；后4卷为作者论议，阐述了他关于练兵、整军、筹饷、驭夷的见解和主张。从当时的历史环境和社会界潮来看，这书在史学上的价值，其论议部分远在记事部分之上。魏源在《圣武记·叙》中写道："先王不患财用而惟亟人材，不忧不逞志于四夷，而忧不逞志于四境。官无不材，则国桢富；境无废令，则国柄强。桢富柄强，则以之诘奸，奸不处；以之治财，财不蠹；以之搜器，器不窳；以之练士，士无虚伍。如是，何患于四夷，何忧乎御侮！"可见作者认为，肃清政治是御侮的基础，而人材又是其中的关键。这实际上是指出了当时的政治腐败，造成了侵略者有可乘之机。他在叙中特意说明此书"告成于海夷就款江宁之月"，即《南京条约》签订之时，又引用《礼记·哀公问》篇中"物耻足以振之，国耻足以兴之"的话，都是寓有深意的。

魏源在《南京条约》签订之后，又撰写了《道光洋艘征抚记》上下篇。这一长文，详细记载了鸦片战争的经过和《南京条约》签订前后的清朝政治和中外关系，记事起于道光十八年（1838 年）四月黄爵滋奏言鸦片输入之害，迄于咸丰元年（1851 年）“特诏奖雪林则徐及姚莹、达洪阿之尽心竭力于边，而斥耆英畏葸骄敌之罪，中外翕然钦颂”。它阐述了当时有识之士关于英人鸦片贸易对中国危害的认识，伸张了禁烟之举的正义性，揭露了鸦片战争中道光皇帝的昏聩和琦善、耆英的无能、误国，肯定了林则徐、邓廷桢等主战派的主张和措施并为其所蒙之冤辨正；它歌颂了三元里人民的抗英斗争，阐述了作者对这一重大历史事件的认识，是关于鸦片战争的一篇信史。作者在本文末了论道，“尽转外夷之长技为中国之长技”，乃是“富国强兵”的关键之举，又指出：“时乎时乎，惟太上能先时，惟智者能不失时，又其次者，过时而悔，悔而能改，亦可补过于来时也。”这是他希望朝廷能从这次事变中吸取历史经验教训。此文流传甚广，名称亦多，它同稍后夏燮所撰《中西纪事》一书在当时都有广泛的社会影响。

从《圣武记》的撰述到《道光洋艘征抚记》的撰述，尽管时间相距很近，但却有了比较明显的变化，即后者把“尽转外国之长技为中国之长技”作为“富国强兵”的重要问题提出来。作者的这个思想，在其所撰《海国图志》一书中，可谓发挥得淋漓尽致。

在近代史学萌生过程中，《海国图志》是第一部系统的研究外国史地的巨著。对于魏源来说，这不仅跟他早年辑《皇朝经世文编》及经学研究有很大的不同，而且跟他的上述两种著作在内容上也有很大的不同。这部书，是确立了魏源在中国近代史学上之突出地位的代表作。此书原刻为 50 卷，后增为 60 卷，复又增为 100 卷。据咸丰二年（1852 年）古微堂重刊定本所载，有魏源写于道光二十二年（1842 年）的 60 卷本《原叙》和写于咸丰二年的

100 卷本《后叙》。[①]《海国图志》是在林则徐主持编译的《四洲志》的基础上并受到林则徐的鼓励而撰述的。魏源《原叙》一开始就写道："《海国图志》六十卷，何所据？一据前两广总督林尚书所译西夷之《四洲志》，再据历代史志及明以来岛志及近日夷图、夷语。钩稽贯串，创榛辟莽，前驱先路。"以《四洲志》为基础，博采中外文献，尤其是最新的一些西人论著、图说，编撰一部系统的世界史地及现状的著作，的确是开创性的前驱工作。魏源又明确指出此书同以往的"海图之书"的区别是："彼皆以中土人谭西洋，此则以西洋人谭西洋也"。这是中国历史撰述上的一大变化，是近代史学萌生的特点之一。

魏源在《原叙》中郑重指出了撰述《海国图志》的目的，他说："是书何以作？曰：为以夷攻夷而作，为以夷款夷而作，为师夷长技以制夷而作。"有很高政治声望的林则徐任两广总督时，"日日使人刺探西事，翻译西书，又购其新闻纸"等做法，影响了一大批注重世务的士人。鸦片战争的经过及其结局，魏源进一步认识到，要富国强兵、有效御侮，不仅要内修政理，还要学习外国长技。从历史观点来看，这是中国史家从沉痛的历史教训中获得的新认识。这个事实进一步证明，中国历代的优秀史家，总是能够站在历史潮流的前头，回答历史和现实所提出的迫切问题。

《海国图志》60 卷本包含 18 个方面的内容，魏源《原叙》对每一方面的内容均有概括性说明，后增为 100 卷，亦大致未超出这些方面。它们是：《筹海篇》（卷 1 至卷 2），《各国沿革图》（卷 3 至卷 4，

---

① 关于《海国图志》两次增补的时间，诸说歧异，且与此二叙所署时间不相吻合，故存而不论。

咸丰二年本总目作《海国沿革图》),《东南洋海岸各国》(卷5至卷10,总目作《东南洋海岸之国》),《东南洋各岛》(卷11至卷18,总目作《东南洋海岛各国》),《西南洋五印度》(卷19至卷32,总目作《西南洋诸国》),《小西洋利未亚》(卷33至卷36),《大西洋欧罗巴各国》(卷37至卷53,总目作《大西洋》),《北洋俄罗斯国》(卷54至卷58,总目作《北洋》),《外大洋弥利坚》(卷59至卷70,总目作《外大西洋》),《西洋各国教门表》(卷71,总目作《南、西洋各国教门表》),《中国西洋纪年表》(卷73,总目作《中西纪年通表》),《中国西历异同表》(卷72,总目作《中西历法同异表》,编于《纪年表》之前),《国地总论》(卷74至卷76),《筹夷章条》(卷77至卷80,总目作《筹海总论》),《夷情备采》(卷81至卷83),《战舰条议》、《火器火攻条议》、《器艺货币》(卷84至卷100,这3个方面,总目无分类标目,卷目上亦无“货币”字样,但在卷94《西洋技艺杂述》中引《澳门杂录》有关外国货币及其与中国白银比值关系的文字)。以《原叙》中所概括的这18个方面,同咸丰二年刊本总目相比较,一是可以看出100卷本大致保持了60卷本的结构,二是可以看出作者增补、修订的情况(有些卷目之下,注有“原无今补”字样)。

在中国史学发展上,《海国图志》有3个方面的特点。第一,作为一部系统反映世界地理、历史和现状的著作,是前所未有的。作者从亚洲、澳洲、非洲、欧洲、美洲依次展开叙述,反映了东方学者的世界眼光,这跟欧洲人之以欧洲为世界中心大为迥异。第二,当中国史家真正从具有近代意义“开眼看世界”时,便首先面临着“御侮”的问题,这在中国历史学的撰述主旨上,是一个重大转折。因此,《海国图志》开卷就是“筹海”之议:议守,议战,议款。作者在《筹海篇》起首写道:“自夷变以来,帷幄所擘画,疆场所经营,非战即款，非款即战，未有专主守者，未有善言守者。不能守，何以战？不能守，何以款？以守为战而后外夷服我调度，是谓以夷攻夷，以守为款而后外夷范我驰驱，是谓以夷款夷。自守之策二，一曰守外洋不如守海口，守海口不如守内河；二曰调客兵不如练土兵，调水师不如练水勇。攻夷之策二，曰调夷之仇国以攻夷，师夷之长技以制夷。款夷之策二，曰听互市各国以款夷，持鸦片初约以通市。"这里讲的"自守"、"攻夷"、"款夷"，跟古代史学上经常讲到的皇朝与皇朝的更迭、皇朝自身的盛衰得失有所不同，它讲的是中国和世界的关系，即中国是世界的一部分，世界是中国生存的环境，所谓议守、议战、议款，都以此为出发点。本书卷 77 至卷 80 为《筹海总论》，系作者所辑有关撰述、章奏，可与卷首《筹海篇》3 卷比读、参照，益见作者撰述本书之主旨。第三，《海国图志》中，讲科学技术的卷帙，占了将近五分之一的篇幅，这在以往的历史撰述中也是罕见的。本书从卷 84 至卷 100，其卷目依次是：《仿造战船议》、《火轮船图记》、《铸炮铁模图记》、《仿铸洋炮议》（含《炸弹飞炮说》、《炮车炮图说》）、《西洋用炮测全记》（上下篇）、《西洋炮台记沙》、《西洋自来火杭法》、《攻船水雷图记》、《西洋技艺杂述》、《西洋远镜作法》、《地球天文合论》（五篇）。这些，虽多属于攻守之器，但都与近代科学技术相关，是作者之"师夷长技以制夷"主张的重要方面。

但是，作者所谓"师夷长技以制夷"的撰述思想在本书中的反映，不论其自觉认识程度如何，当不限于科学技术方面，这在卷 81 至卷 83 作者所辑《夷言备采》中，表现得尤为突出。所辑内容，涉及西方国家的政治、经济、法律、宗教、科学技术在生产中的应用等，其中多有中西比较的言论。如卷 83 所辑《贸易通志》，其中有这样的话："中国以农立国，西洋以商立国，故心计之工，如贾三倍。”同卷所辑伯驾翻译的《滑达尔各国律例》第292条中有这样的规定：“英吉利王无有巴厘满衙门会议，亦不能动用钱粮、不能兴兵，要巴厘满同心协议始可。”在作者看来，“夷言备采”的范围，原是很广泛的。道光二十八年（1845年），徐继畬撰有《瀛环志略》10卷，也是讲世界历史、地理、现状的著作，但其在“御侮”、“自强”意识上，比《海国图志》逊色得多。

《海国图志》在道光三十年（1850年）传入日本，对明治维新前的日本社会思潮产生了积极的影响，促进了明治维新运动的发展，从而在中国东邻的历史上扮演了喜剧的角色。它在自己的故乡，虽也产生了广泛的思想影响，但毕竟未能成为历史喜剧的角色，这说明史学之反作用于社会，仍然要受到社会条件所容纳的或所提供的限度。

二　王韬的多种撰述

王韬（1828—1897年），原名畹，字利宾，号兰卿，后改名韬，字子潜（紫诠），号仲弢，晚年自号天南遯叟，江苏甫里（原半属昆山、半属吴县）人。道光二十五年（1845年）成了秀才，次年应闱试，不中，遂绝科举之事。道光二十九年（1849年），他在上海受英人麦都思之邀，至其所办墨海书馆参与编校工作，历时13年。同治元年（1862年）因上书太平军而为官军所察，以“通贼”论，乃更名而逃亡香港，开始了漫游生涯，逐步接受西方资产阶级社会思想。同治十三年（1874年），他在香港创办《循环日报》，发表政论、史论，宣传变法自强的主张，成为中国早期的改良主义者之一。他先后游历了英、法、俄、日等国。

王韬晚年回忆起他的“逍遥海外作鹏游，足遍东西历数洲”的情怀说：“于是登宗悫引风之筏，乘张骞贯月之槎。将东泛乎扶桑，西极乎阿兰。”“经历数十国，往来七万里，波涛助其壮志，风雨破其奇怀，亦足豪矣。而尤足以快意肆志者。余之至泰西也，不啻为先路之导，捷足之登”[①]。他在当时，确是罕有的“曾经沧海，遍览西学”的中国学人。他的这种经历，使他有可能写出《法国志略》、《普法战纪》、《扶桑游记》、《漫游随录》等书，从而在中国近代史学上成为研究外国史地的先驱之一。

在王韬的这些撰述中，《法国志略》是最重要的。此书初撰于同治十年（1871 年），是他漫游欧洲回到香港时所作，凡 14 卷。光绪十六年重订刊刻时增补为 24 卷。据光绪庚寅仲春淞隐庐刊本《重订法国志略》卷首《法国志略·原叙》（下称《原叙》）所说，初撰 14 卷的内容和编次是：法兰西总志 3 卷；法京马黎斯志 1 卷；法兰西郡邑志 2 卷；广述 8 卷，含法英婚盟和战纪 2 卷、拿破仑第三用兵记 2 卷、普法战纪 3 卷、琐载 1 卷。其书原有凡例 10 条，第 4 条中有“今上自美罗万氏，下至首领麦马韩，上下一千五六百年，历代治乱兴废之迹，尽括之于十数卷中，挂漏之讥，知所不免，见者幸无讥焉。”这是指初撰 14 卷本说的。《凡例》第 10 条又说：“此书甫经属稿，即授于民，未经删削，故字里行间，时多疵纇，知不免为识者所诃。客俟异日译事稍暇，尚当重为更定，俾法国自古迄今之事，采摭靡遗，而成一代信史，庶几大快于厥心。”由此看来，作者于初撰成稿时，便有“重为更定”的打算。《重订法国志略》不仅在内容上增补了约三分之二，在体例和编次上也有不少变化。卷 1 至卷 10，

① 王韬：《漫游随录·自序》，钟叔河主编：《走向世界丛书》，岳麓书社 1985 年版。

是纪事本末体和编年体相结合的事目编年，首叙"开国纪原"，从"纪元前二千年，始移于高庐"讲起，依次叙述法国历史变化、王朝更迭与复辟、普法之战，直至19世纪70年代中期法国议会的各种活动和政策，纲举目张，详近略远。卷11至卷14，是纪事本末体，依次叙述了"法英婚盟和战纪"、"法英助土攻俄记"、"法奥战和始末"等。卷15是"摭遗"，记难为专篇的一些军政大事。卷16至卷17是"广志"上下篇，略如纪传体中的志，志目有名号、统系、职官、国用(附国债)、税务、国债、银肆(附国债)、商务、国会、民数、礼俗、学校、学术、教会、兵籍、车路、邮政、刑律、水利等。卷18是"广述"，所记略同于"摭遗"而兼及社会风俗。卷19至卷24，略同于地理志，依次记述了"法兰西疆域总志"(上下)、"法京巴黎斯志"、"法兰西郡邑志"(上下)、"法国藩属附志"。以初撰和重订《法国志略》两两比较，前者详于地理，约占14卷的三分之一，后者详于史事和制度，地理部分只占24卷的六分之一左右，在内容上和体例上都比前者丰富、完备，其记事尤详于19世纪70年代，有的还涉及法国议会和政府关于80年代的预算。又因作者另外著有《普法战纪》一书，故《重订法国志略》中简记了这方面的记载，卷目亦不再予以反映。此外，从初撰到重订，近20年，可见作者在这期间对法国历史和现状的关注，表明了作者撰述思想和旨趣所在。

《法国志略》初撰本，作者取资于日本冈千仞的《法兰西志》、冈本监辅的《万国史记》，参考《西国近事汇编》，"不足，则复取近时之日报，并采辑泰西述撰有关于法事者"。作者对于冈千仞所译法国人所著的3本法国史《法国史要》(1866年)，《近古史略》(1869年)，《法国史》(1870年)，亦曾披阅，认为其"尚属简略，摭拾他书以补之"(详凡例第1条、第3条)。可以看出，作者在法国史的研究上视野的开阔和采辑的丰富。作者撰述《法国志略》的目的，在《原叙》、《凡例》和《重订法国志略·序言》中都反复予以说明。在《原叙》中，他说："两经法都，览其宫室之雄丽，廛市之殷阗，人民之富庶，兵甲之盛强，未尝不叹其外观之赫耀也；及徐而察其之风俗之侈靡，习尚之夸诈，官吏之骄惰，上下之猜忌，亦未尝不虑其国不可以为国，而初不料一蹶不振如是之速也！""吾愿欧洲诸国以法为鉴焉可也，特余志法之意。"可见他的撰述目的，是具有世界历史的眼光。他又指出："更有进于此者，法通中国已三百余年，于泰西诸国为独先，名流硕彦接踵而来，无非借天算格致以阴行其主教，其势几至上动帝王、下交卿相，有明之季，靡然成风，实足为人心学术之隐忧，流弊至今，亦缓通商而急传教，中外龃龉，率由此起。"他认为宗教之于法国起了消极的作用，"法不自知，而尚欲强行之于他国，不亦慎乎！"这些话，对于当时中国、法国的情况，都是切合实际的。20 年后，作者在重订本《序言》中，除进一步从国际关系方面指出了法国历史的变迁外，还突出批判了路易十四的"据无上之尊，肆无限之权"，以致"国人愤郁，渐至放恣。此所谓川决而堤溃，其势使之然也"。这反映了作者对君主专制政治的批判态度。此外，作者尤其强调了这样的见解："方今泰西诸国，智术日开，穷理尽性，务以富强其国，而我民人固陋自安，曾不知天壤间有瑰伟绝特之事，则人何以自奋，国何以自立哉！"又说："欧罗巴列邦于明万历年间已来中国，立埠通商，聚居濠镜。逮《明史》作传，犹不能明法兰西之所在，几视与东南洋诸岛国等，是其于艾儒略所著之《职方外纪》尚未寓目，况其他哉？宜其为远人所致诮也。"作者从欧洲各国的历史和现状，提出了中国人了解世界、认识世界的紧迫性，"固陋自安"则人无以自奋、国无以自立。他联想到清初修《明史》

时，人们甚至说不清楚法兰西位于何处，不禁感慨万千。这是王韬撰写《法国志略》的更深层的原因。

《法国志略》突出地反映出作者对君主专制制度的批判态度。作者在卷5《波旁氏纪》卷末以“逸史氏王韬”的名义发表议论，指出法国国王所以祸国、亡身者，“顾迹其祸之由来，不能和众而得民心，自恃居民之上，而好恶不与民同，怨之所及，足以亡身。故厉王监谤，卒流于彘。法之失政，履霜坚冰，非一朝夕矣。路易至是，遂受其殃。法人弑王，而叛党旋覆；英人弑王，而高门士亦随灭。不独天道好还，而亦可以观世变矣。然则为人君者，其可逞欲而妄为哉！”这些见解并不都是正确的，但他对君主专制是持否定态度。这从作者在本卷中对路易十四的专横、路易十五的奢淫的记载中看得很清楚。作者对“路易十六新政”表示赞赏，说他“大矫旧政之弊”，而对路易十六之“从容就死”，深致同情。这又表明作者是称道君主立宪而不赞成法国大革命的暴力行动。作者向往君主立宪制度，还表现在他对拿破仑第一和拿破仑第三的评价上。他引用日人野口之布的话说：“古今英雄规模宏远者，往往不留心于细务，独仑帝攻略之暇，用心吏治，定五法、创诸学，精到周详，各国奉为模范。仑帝洵高出他英雄上哉。千百世下，犹令人闻风兴起焉。”[①]作者以极大的兴致记述了拿破仑第三之被“公举为总统”和“终升帝位”，记述了他的种种作为，对他在“普法交兵”中遭致失败颇致惋惜之情，并历数他的许多“政绩”，说是“其所措施，裨益于人世者。不暇枚举”[②]。作者在《凡例》第9

① 王韬：《法国志略》卷6后论，光绪十六年（1890年）淞隐庐刊本。

② 均见王韬：《法国志略》卷7。

条中指出:“法兰西素以文明称,制度文物之备,宫室衣食之美,诸国莫能及焉。拿破仑出,更定法律,其精审为欧洲冠。”可以说,向往、宜扬君主立宪的资产阶级政治制度,是《法国志略》的主要历史观点。

本书卷16至卷17“广志”上下篇,比较全面地反映了近代法国的政治制度和社会面貌,反映资本主义制度下科学技术和生产力的进步以及人类文明的发展。作者赞美法国的国会制度说:“国会之设,惟其有公而无私,故民无不服也。欧洲诸国,类无不如是。即有雄才大略之主崛起于其间,亦不能少有所更易新制、变乱旧章也。”他还称道上下两院议员的“公举”之法,认为“其进身之始,非出于公正则不能得。”[①]作者在《志车路(附电线)》中,叙述了欧洲各国铁路交通和电报通讯的情况,惊叹于科学技术的发展促进了社会的迅速变化,他写道:“车路之建不过五十年,电线之行亦不过三四十年,而甚已如此,飚发风驰,遍于各国,抑何速也!”他认为这两项技术的发展,“必相辅而行,互为表里”,“而藉以觇国势之盛强焉”[②]。作者还记述了1878年5月法国巴黎博览会的盛况[③],记述了1253年路易第九派人“始通中国”的情形[④]等。《法国志略》以不少篇幅叙述了法国的外交、贸易、通商、殖民等活动。

《法国志略》不同于《海国图志》,它详细记述了一个西方国家的历史、地理、现状,反映了资本主义世界在当时取得的进步,也反映了作者的进步的历史观点和社会理想。

---

① 王韬:《法国志略》卷16《志国会》后论。

② 王韬:《法国志略》卷17。

③ 王韬:《法国志略》卷10。

④ 王韬:《法国志略》卷16。

王韬在完成《法国志略》初撰本的同年，还编撰了《普法战纪》一书。1870 年至 1871 年的普法战争刚刚结束，王韬随即“摭拾其前后战事，汇为一书，凡十有四卷”①，刊行于世。他如此关注这次战争的记载，无疑是他有志于法国史研究的继续。他指出：“观夫普法战争之际，而求其盛衰升降之故，成败胜负之端。”②自鸦片战争以后，中国在对外关系上，已陷于多事之秋，民族危机日甚一日。所谓“盛衰升降之故，成败胜负之端”，他想到的自然不止是“欧洲列邦”，还有“中原天地”③。这跟他在《法国志略》中反复强调“君民共主”。以国宪定君民之分，宣扬“欲其国之永安久治，以制国宪定君民权限为第一要义也”④，是同一个道理。光绪十二年（1886 年），王韬根据继续搜集到的有关文献，重订《普法战纪》，增为 20 卷。《普法战纪》初撰本在 19 世纪 70 年代传入日本，受到日本学人的重视，这是他后来应约东游扶桑的一个重要原因⑤。

《扶桑游记》和《漫游随录》二书，是游记性质的著作。前者是关于日本的游记；后者所记不限于外国，但主要是记作者游历欧洲的见闻。这两部书，在反映外国历史和现状方面，也有一定的价值。

《扶桑游记》3 卷，作者记其光绪五年（1879 年）的日本之游，日记体，起三月初七，迄七月十五，有作者七月八日写于日本的自序。

① 王韬：《普法战纪 · 前序》，光绪十二年（1886 年）刻本。

② 王韬：《普法战纪 · 代序》。

③ 王韬：《漫游随录》卷 2《伦敦小憩》记：“伦敦画馆请余以日影绘像，既成，悬之阁中，而以十二幅赠予。不余题二律于后云……。”所题二诗，有“尚戴头颅思报国，犹馀肝胆肯输人？”“异国山川同日月，中原天地正风尘”之句。

④ 王韬：《法国志略》卷 16。

⑤ 见王韬：《扶桑游记》之中村正直序，龟谷行、平安西尾、冈千仞跋。

当年(即明治十二年),日本报知社印行上卷,翌年出版中卷、下卷。书首有重野安绎序和中村正直序,书末有龟谷行跋、平安西尾跋和冈千仞跋,语多论及王韬《普法战纪》在日本的流传和影响。作者《自序》说,此行是应日本友人"以为千日之醉,百牢之亨"之邀,"敢不唯命是听"。故在日期间,"壶觞之会,文字之饮,殆无虚日","日所游历,悉纪于篇,并汇录所作诗文附焉"。与王韬所交游者,多是拥护明治维新的一派人物。他们所讨论的,除诗文、撰述外,就是时势、西法。四月初二记冈鹿门(千仞)的话说:"方今宇内形势,以俄为急。时人比俄于战国之虎狼秦,而实为今日亚细亚洲之大患。"四月十九日记与西尾鹿峰论及中西诸法,王韬认为:"法苟择其善者而去其所不可者,则合之道矣。"五月二日记其评论冈本监辅所著《万国史略》,认为"有志于泰西掌故者,不可不观"。又不无所指地发表议论说:"余谓仿效西法,至今日可谓极盛;然究其实,尚属皮毛。并有不必学而学之者,亦有断不可学而学之者。"时值中国洋务派活跃时期,此言当有所指。这从四月初二记与重野、鹿门笔谈看得十分清楚:"重野谓予曰:'或序先生之文,谓为今时之魏默深。'""余曰:'当默深先生之时,与洋人交际未深,未能洞见其肺腑;然师长一说,实倡先声。惜昔日言之而不为,今日为之而犹徒袭皮毛也。'鹿门曰:'魏默深血性人耳,得先生继起,而后此说为不孤矣。'"所谓"壶觞之会,文字之饮",实关乎兴衰、改良之旨。在日本友人中,冈千仞可称得上是王韬的知心之交,他践《扶桑游记》说:"盖先生慨欧人耽耽虎视,亲航欧洲,熟彼情形,将出其所得以施之当世,而未有所遇。""以有为之才,处多故之世,一朝风会,去泥土,冲云霄,霈然膏雨,使万生仰苏息之恩,先生盖其人也。"这话,道出了王韬的漫游与撰述之旨。

《漫游随录》3 卷，凡记 51 事，每事以 4 字为目。诠次、编订于光绪十三年(1887 年)，原有图 80 幅。所记，由故里而他乡，由中国而欧洲，约起于道光二十四年(1844 年)，止于同治九年十二月(1871 年 1 月)自苏格兰回至香港，首尾 20 余年。其中，三分之二是游历英、法两国的见闻。此书所记，虽有不少琐闻细事，然于英、法两国文物制度、科学技术、社会风貌多有实录，并往往联系到中西比较，发其感慨。卷 2《制造精奇》记："英国以天文、地理、电学、火学、气学、光学、化学、重学为实学，弗尚诗赋词章。其用可由小而至大。如由天文知日月五星距地之远近、行动之迟速，日月合璧，日月交食，彗星、行星何时伏见，以及风云雷雨何所由来。由地理知万物之所由生，山水起伏，邦国大小。由电学知天地间何物生电，何物可以防电。由火学知金木之类何以生火，何以无火，何以防火。由气学知各气之轻重，因而创气球，造气钟，上可凌空，下可入海，以之察物、救人、观山、探海。由光学知日月五星本有光耀，及他杂光之力，因而创灯，戏变光彩，辨何物之光最明。由化学、重学辨五金之气，识珍宝之苗，分析各物体质。又知水火之力，因而创火机，制轮船火车，以省人力，日行千里，工比万人。穿山、航海、掘地、浚河、陶冶、制造以及耕织，无往而非火机，诚利器也。"作者仅以数百字，几将西方近代科学技术及其功效概括无遗，其观察思考之深，可以想见。当然，这些都是"诗赋词章"所不能达到的。卷 3《游博物院》记英国所铸大炮性能之佳后，作者写道："倘我国仿此制造，以固边防而御外侮，岂不甚美？惜不遣人来英学习新法也。"又同卷《苏京琐记》记参观一印书馆，"浇字、铸板、印刷、装订，无不纯以机器行事"，"苟中国能仿而为之，则书籍之富可甲天下"。王韬在英国曾多次发表讲演，"宣讲孔孟之道"，吟诵唐人诗文，听众为之倾倒,使其也颇有“吾道其西”之慨(《英土归帆》),反映出中西文化交会、互补的意识。

《扶桑游记》多论及形势、时政,《漫游随录》多谈到科学技术,它们是对《法国志略》和《普法战纪》之撰述宗旨的饶有兴味的补充。这4部书,集中反映了王韬在19世纪七八十年代考察和研究外国历史、地理、现状及科学技术之应用的成果。在当时,能够取得这些成果的人,在近代史学上确乎是凤毛麟角。

王韬东游日本时,曾会见了当时正在日本的黄遵宪,多次“剧谈”,志为同道。恰在王韬《漫游随录》诠次成书之年,黄遵宪写出了《日本国志》一书。

三　黄遵宪的《日本国志》

黄遵宪(1848—1905年),字公度,别号人境庐主人,广东嘉应州(今广东梅州市)人。黄遵宪在光绪二年(1876年)乡试中举,此后的20年中,他的政治生涯可以说是同光绪朝的历史同起同落的。光绪三年,黄遵宪作为中国驻日使馆参赞东渡日本,居留近5年。头两年中,所见所闻,寄以诗篇,名《日本杂事诗》。这两年中,他“稍稍习其文,读其书,与其士大夫交游”,开始了解日本的历史、文化,尤为明治维新以来日本近十几年的巨大变化所吸引,约当光绪五年(1879年),乃发凡起例,着手撰写《日本国志》一书。经过3年,书稿未就,于光绪八年(1882年)调任驻美国旧金山总领事。他携稿赴任,但“无暇卒业”。光绪十一年(1885年)由美回国,谢辞他任,闭门编纂,于光绪十三年(1887年)卒成此书,首尾费时8年。

《日本国志》“为类十二，为卷四十”，“以其体近于史志”，故名。作者之所谓“类”，是以事类区分，采用纪传体史书中志的体例。12类是：《国统志》3卷、《邻交志》5卷、《天文志》1卷、《地理志》3卷、《职官志》2卷、《食货志》6卷、《兵志》6卷、《刑法志》5卷、《学术志》2卷、《礼俗志》4卷、《物产志》2卷、《工艺志》1卷，凡40卷。又卷首另作《中东年表》，系中日纪年对照表，“以便观者”。作者在本书《凡例》中说：“日本古无志书，近世源光国作《大日本史》，仅成兵、刑二志；蒲生秀实欲作氏族、食货诸志，有志而未就（原注：仅有职官一志，已刊行）；新井君美集中有田制、货币考诸叙，亦有目而无书。此皆汉文之史而残阙不完，则考古难。”但自维新以来“礼仪典章颇彬彬矣”，故作者较易采辑。据薛福成《日本国志序》称，黄遵宪所采之书至200余种之多。

黄遵宪在《日本国志・自叙》中说到了他撰写此书的初衷，他写道：“昔契丹主有言：‘我于宋国之事，纤悉皆知，而宋人视我国事，如隔十重云雾。’以余观：日本士夫类能读中国之书，考中国之事；而中国士夫好谈古义，足以自封，于外事不屑措意，无论泰西，即日本与我仅隔一衣带水，击柝相闻，朝发可以夕至，亦视之若海外三神山，可望而不可即！”他援引《周官礼》所载“外史”之职，乃撰此书，并自比“外史氏”而发论议，只是为了说明：“今之士夫亦思古人学问，考古即所以通今，两不偏废。”其良苦用心，可见一斑。从这些话中，反映出作者对于研究“外事”的强烈的自觉意识，对于中国当时的士大夫“好谈古义，足以自封”的狭隘眼光何等不满，何等忧虑！3年之后，即光绪十六年（1889年），黄遵宪在改订《日本杂事诗・自序》中，叙述了他对于明治维新以来日本形势的认识过程。当其“拟草”《日本国志》一书时，意在“网罗旧闻，参考新政”；

而后，“及阅历日深，闻见日拓，颇悉穷变通久之理。乃信其政从西法，革故取新，卓然能自树立。”作者这个认识，表明他是站在历史发展潮流前头来观察日本的历史和现状，同时也是以此为镜来观察中国的历史和现状的。而“信其政从西法，革故取新，卓然能自树立”这几句话，则集中地概括了《日本国志》的主旨。它突出表现在以下几个方面：

肯定君主立宪的政治体制。《国统志》系志名而纪体，记载了自古代至明治十一年(1878年)八月的历史。于明治时期，则逐年逐月详其维新改良措施。元年(1868年)，记明治“以二条城为太政官代裁决庶政”，并“亲临会公卿诸侯，设五誓：曰万机决于公论，曰上下一心，曰文武一途，曰洗旧习、从公道，曰求智识于寰宇”。[①]其后，种种“革故取新”之举，均由此开始。八年(1875年)，记明治废左右院，置元老院、大审院的诏敕说：“中兴日浅，未臻上理”，在“五誓”之誓的基础上，“乃扩充誓文之意，更设元老院以定立法之源，里大审院以巩司法之权；又召集地方官，以通民情、图公益，渐建立宪政体。”又记次年明治命栖川亲王“斟酌海外各国成法”，起草立宪“条例”。作者论道：“立宪政体，盖谓仿泰西制，设立国法，使官民上下分权、立限，同受治于法律中也。”[②]作者在《国统志》卷末发表长篇评论，分析了当时各个阶层、各种政治势力围绕着政体所展开的激烈的争论，“喧哗嚣竞，哓哓未已”，但朝廷下诏“已以渐建立宪政体，许之民论”。当作者在驻英使馆改订《日本杂事诗》时，他在《自序》中写道：“今年日本已开议院矣，进步之速，为古今

---

① 黄遵宪：《日本国志》卷3，上海古籍出版社2001年版。

② 黄遵宪：《日本国志》卷3。

万国所未有。”“政从西法”，这是作者撰写《日本国志》所最关注的问题，故有此论。作者在《职官志》序中，考察了中国历史上围绕官制而展开对于《周礼》的争论，认为这是很可悲的。他说：“古人有言，礼失而求诸野。则曷不举泰西之政体而一证其得失也？日本设官，初仿《唐六典》；维新之后，多仿泰西。今特详志之，以质论者。”作者首叙官制的一般原则，如等级、俸禄、勋位、章服、黜陟，而于黜陟一项尤详维新以来的重大变化；次叙设官分职，作者自注说，“维新以来，设官分职，废置纷纭”，“今专就明治十四年冬现有之官，分条胪举，其仿照西法、为旧制所无者，特加详焉”，故于元老院、大审院、文部省、府县等地方政权，叙致尤详，反映了“政从西法”在官制方面的变化。

注重富国强兵、科技实学。《食货志》序称：“日本维新以来，尤注意于求富。然闻其国用则岁出入不相抵，通商则输出入不相抵，而当路者竭蹶经营，力谋补救，其用心良苦，而法亦颇善。观于此者，可以知得失之所在矣。”[①]在作者看来，求富之路，并非可一蹴而就，维新带来的阵痛是难以避免的。《兵志》序又称：“今日之列国，弱肉强食，眈眈虎视者乎。欧洲各国数十年来，竞强角力，迭争雄霸，虽使车四出，槃敦雍容，而今日玉帛，明日兵戎，包藏祸心，均不可测。各国深识之士，虑长治久安之局不可终恃，皆谓非练兵无以弭兵，非备战无以止战。”结合自鸦片战争以来中国历史来看，作者对当时世界形势的估量可谓明澈而清醒。作者认为：“日本维新以来，颇汲汲于武事，而其兵制多取法于德，陆军则取法于佛（法），

① 黄遵宪：《日本国志》卷 6。

海军则取法于英。故详著之,观此亦可知欧洲用兵之大凡。”虽言日本,而意亦含欧洲。作者进而指出:“今天下万国,鹰瞵鹗视,率其兵甲,皆可横行。有国家者不于此时讲求兵制,筹一长久之策,其可乎哉!”①他在讲到英国海军之强以及日本欲效英国之法时,又强调指出了上述见解②。黄遵宪认为,富国强兵之道,固与“政从西法”密切相关,但绝离不开工艺实学的发展。他在《工艺志》序中论道:中国古代原有重视工艺实学的传统,可惜“后世士大夫喜言空理,视一切工艺为卑卑无足道”,以致“实学荒矣”。他慨然指出:“今欧美诸国,崇尚工艺,专门之学,布于寰区。余尝考求其术,如望气察色、结筋搦髓、破腹取病,极精至能,则其艺资于民生;穷察物性、考究土宜,滋荣敷华,收获十倍,则其艺资于物产;千钧之炮、连环之枪,以守则固,以战则克,则其艺资于兵事;火轮之舟、飞电之线,虽千万里顷刻即达,则其艺资于国用;伸缩长短,大小方圆,制器以机,穷极便利,则其艺资于日用。举一切光学、气学、化学、力学,咸以资工艺之用,富国也以此,强兵也以此:其重之也,夫实有其可重者在也。”这一段议论,同前文所引王韬《漫游随录·制造精奇》中所描述的科学技术的广泛应用,可谓同曲同工,识见相谐。所不同的是,黄遵宪对“今万国工艺以互相师法,日新月异,变而愈上”的趋势,更有紧迫之感,而对中国士大夫“喜言空理,不求实事之过”,尤有切肤之痛。他后来成为改良主义的推行者,绝不是偶然的。

主张汉学、西学兼西用之。黄遵宪在《学术志》中提出了汉学、

---

① 黄遵宪:《日本国志》卷21后论。

② 黄遵宪:《日本国志》卷26后论。

西学兼而用之的主张，这是从观念形态上提出了更深层的认识。黄遵宪首先叙述了汉学在日本传播和发展的历史，认为它在日本有久远的渊源和深厚的基础。人们“耳濡目染，得知大义”。他举例说：“尊王攘夷之论起，天下之士一倡百和，卒以成明治中兴之功。则已明明收汉学之效矣。”他希望“日本之治汉学者，益骛其远大者以待时用可也！”[①]同时他又指出，明治维新之前，西学也在日本传播，“今之当路诸公，大率从外国学校归来者也”，他们成了推行维新政治的得力人材。而“维新以后，壹意外外，既遣大使巡览欧洲诸大国，目睹其事物之美、学术之精，益以崇尚西学为意”。明治四年(1871 年)，设立文部省，“寻颁学制于各大学区”，全面推行西方教育制度和教学内容，一方面“争延西人为之教师”，一方面有大批公费、私费学生“留学外国”。同时兴建其他各种文化设施，等等。“由是西学有蒸蒸日上之势”，虽然也存在着“异论蜂起，倡一和百”的情况，但“国家政体，多采西法”，已成大势所趋。作者进而著论批评在中国存在着对于西学的保守、狭隘看法，“恶其异类而并弃之；反以通其艺为辱，效其法为耻，何其隘也！”他进而分析说：“彼西人以器用之巧，艺术之精，资以务财训农，资以通商惠工，资以练兵，遂得纵横倔强于四海之中，天下势所不敌者，往往理反为之屈。我不能与之争雄，彼挟其所长，日以欺侮我、凌逼我，我终不能有簪笔雍容坐而论道之日。则思所以扞卫吾道者，正不得不藉资于彼法以为之辅。以中土之才智，追之数年，即当远驾其上，内则追三代之隆，外则居万国之上：吾一为之，而收效无穷矣。”这一段，显然是针对当时中国士大夫说的，颇有循循善诱之意，故在论

---

① 黄遵宪：《日本国志》卷 32《学术志・汉学》后论。

西学之长时，口气多有缓和，不似他处激昂，足见作者良苦用心。当然，黄遵宪并不主张“尽弃所学而学他人”，但他毕竟是了解世界、面对现实的，他提醒人们注意到这样的道理和事实：“器用之物，原不必自为而后用之。泰西诸国，以互相师法而臻于日盛，固无论矣。日本，蕞尔国耳，年来发愤自强，观其学校，分门别类，亦骎骎乎有富强之势。”[①]他是以此反复说明，不可盲目排斥西学，以致陷于“不达事变”之境。

总的来看。黄遵宪以日本明治维新的历史证明汉学、西学兼用的必要性，这也是言为日本而意在中国。而他所说的“西学”，非仅指器用而言，而是同他说的“政从西体”的主张相表里的。他虽然还没有完全跳出中国士大夫传统的窠臼，但他毕竟已经清醒地认识到效法西学实为历史发展的趋势。尤为可贵的是，他在推重西学的同时，已朦胧地觉察到西方国家所潜伏的弊病：“尚同而不能强同，兼爱而无所用爱，必推而至于极分裂、极残暴而后已。执尚同、兼爱以责人，必有欲行均贫富、均贵贱、均劳逸之说者。吾观欧罗巴诸国，不百年必大乱。”[②]19 世纪末至 20 世纪的欧洲史和世界史证明，黄遵宪的预见并不是毫无根据的。

自魏源、王韬到黄遵宪的外国史地研究，从一个重要方面反映出 19 世纪后半叶中国史家爱国图强的时代精神，以及他们开阔视野、研究外国历史的自觉意识。《海国图志》作为当时的世界史著作，《法国志略》和《日本国志》作为当时的国别史著作，都达到了较高的水平，是近代史学萌生过程中的代表性著作。它们在体裁、体

① 黄遵宪：《日本国志》卷 32《学术志·西学》后论。

② 黄遵宪：《日本国志》卷 32《学术志》序。

例和详近略远的撰述思想上，继承了中国古代史学的优良传统，对今天的世界史研究和撰述，仍有借鉴的意义。

（原载《社会科学战线》1993 年第 2 期）

近代意识与世界意识
——浅谈姚莹和夏燮史学的一点启示

姚莹（1785—1852年），安徽桐城人，字石甫，号明叔、展和，晚称幸翁。夏燮（1800—1875年），安徽当涂人，字嗛甫（一作嗛父），又字季里，别号江上蹇叟、谢山居士。他们是鸦片战争后中国史学发展新趋势中的两位杰出的皖籍史家。

姚莹和夏燮的史学之共同的特点是：审势察几，据事直书，寄深忧于硕画，存信史于纪事，饱含经世之旨，洋溢爱国之情，在中国近代史学起步之时，显示出鲜明的时代特征。对此，学界多有评论，本文不再重复。这里我想从另一个角度，谈谈姚莹和夏燮史学的一点启示。

一　鸦片战争与中国史学发展的新趋势

1840年，英国殖民主义者发动了侵略中国的鸦片战争，由此产生的一系列事变，极大地震动了中国社会。中国史学的发展，由于历史的剧变而出现了新的趋势。强烈的时代特色和鲜明的民族意识，是这一新趋势的主要内涵，而救亡图强的爱国精神则是其核心。

从史学思想和历史撰述来看，中国史学发展的新趋势的主要

标志是:

第一,重视鸦片战争史的撰述。对于鸦片战争及其结局,史学家们痛定思痛,乃纷纷记述其经过,评论其因果,为的是有助于人们总结经验教训,增强忧患意识,"防患于未然","补过于来时"。这方面的代表作有魏源撰写的《道光洋艘征抚记》、梁廷枏撰写的《夷氛闻记》、夏燮撰写的《中西纪事》。这三部书除有共同的旨趣外,也有各自的特点。《道光洋艘征抚记》重在用历史事实说明,欲求自强御侮之道,必须"购洋炮洋艘","练水战火战","尽收外国之羽翼为中国之羽翼,尽转外国之长技为中国之长技",并指出尽快作出抉择的紧迫性,强调"时乎时乎,惟太上能先时,惟智者能不失时;又其次者,过时而悔,悔而能改,亦可补过于来时也"①。魏源提出了富国强兵的战略原则及其紧迫性。同《道光洋艘征抚记》从政治和军事着眼不同,《夷氛闻记》一书着眼于从经济上揭示出英国殖民主义者发动鸦片战争的深层原因,并根据英国殖民主义者攻据印度海口"凡租地开花取液出口,四征其税,所以资于鸦片者甚厚"的历史事实,论证其"争市牟利,倾国以求尝试"之侵略中国的方针不会改变,驳斥主和派、投降派的种种谬说,歌颂了主战派和人民群众的抗英斗争。《中西纪事》以纪事本末体记述了两次鸦片战争的史实,这是它在内容上、形式上不同于《道光洋艘征抚记》和《夷氛闻记》之处;在撰述思想的侧重点上,它是要达到反映出"中西争竞之关键"以备"异日史家之采择"②的双重目的。

第二,重视边疆史地的考察与撰述。鸦片战争的结局与《南京

---

① 魏源:《道光洋艘征抚记·后论》,人民出版社 1984 年版。

② 夏燮:《中西纪事》之《原叙》、《次叙》,岳麓书社 1988 年版。

条约》的签订，国人无比震惊；国土意识、中华民族之整体的民族意识，都在付出巨大的代价之后有了新的觉醒。史学家们在四五十年代孜孜于边疆史地的考察与撰述，正是这种觉醒的有力表现之一。张穆的《蒙古游牧记》、何秋涛的《朔方备乘》、姚莹的《康輶纪行》是这方面的几部杰作。《蒙古游牧记》一书，以方域为骨骼，以史实为血肉，记述了内外蒙古自古代迄于清道光年间的地理沿革和重大史事，"尊宠命"、"志形胜"、"贵朝宗"，尤其"详于四至、八到以及前代建置"，其主旨是"稽史籍，明边防，成一家之言"①。《朔方备乘》一书，着重考察东北、北方、西北的边疆沿革、攻守形势和中俄关系的历史，作者的撰述宗旨是"旁搜博采，务求详备，兼方志外纪之体，揽地利戎机之要"。作者认为，"是书备用之处有八：一曰宣圣德以服远人，二曰述武功以著韬略，三曰明曲直以示威信，四曰志险要以昭边禁，五曰列中国镇戍以固封圉，六曰详遐荒地理以备出奇，七曰征前事以具法戒，八曰集夷务以烛情讹"②。《康輶纪行》是一部关于西藏历史、地理、政治、宗教、戍守的札记体著作，对于外国史地、政治以及外国侵略者觊觎中国领土亦表示关注和忧虑。因作者有抵抗英国侵略军的实际经历，故于"留心世务"反复致意。这三部书所关注的边疆史地诸问题，均可谓远见卓识。

第三，重视外国史地的研究与撰述。鸦片战争使国人感到震惊的另一个方面，是中国以外的世界，竟有能够制造坚船利炮的国家，中国的士大夫们确有坐井观天、夜郎自大之悲了。于是先进的中国人产生了了解世界的要求，而林则徐则是较早睁眼看世界的

---

① 张穆：《蒙古游牧记·自序》，同治六年（1867年）刻本。

② 何秋涛：《朔方备乘·凡例》，咸丰八年（1858年）刻本。

代表人物，他主持编写的《四洲志》是中国人关于外国史地撰述的先驱。此后，魏源的《海国图志》、梁廷枏的《海国四说》、徐继畬的《瀛环志略》、王韬的《法国志略》、黄遵宪的《日本国志》等先后问世，蔚然大观，影响所及，超出中国，成为中国近代史学走向世界的开端。《海国图志》按亚洲、澳洲、非洲、欧洲依次叙述了世界各国的历史、地理，反映了东方学者的世界眼光，而“御侮”的撰述宗旨和科技所占的分量，都十分突出。魏源在《原叙》中写道：“是书何以作？曰：为以夷攻夷而作，为以夷款夷而作，为师夷长技以制夷而作”。黄遵宪在《日本国志·自序》中说：“日本士夫类能读中国之书，考中国之事；而中国士夫好谈古义，足以自封，于外事不屑措意，无论泰西，即日本与我仅隔一衣带水，击柝相闻，朝发可以夕至，亦视之若海外三神山，可望而不可即！”他认为这是中国士大夫的悲哀，强调了了解外国历史、现状的必要。魏源、黄遵宪的这些认识，反映出了当时史家关于外国史地撰述的基本宗旨。

以上这几个方面所汇聚起来的中国史学发展的新趋势，反映了当时中国历史的时代特点和志士仁人救国图强的愿望，在中国史学上具有划时代的意义。

二 姚莹史学的近代意识

姚莹和夏燮，都是鸦片战争后中国史学发展新趋势中的优秀史家。他们的史学，在其主要的或基本的方面，都反映着这一新的趋势。同时，他们的史学，也都有自己的特点。

姚莹史学的特点，是具有鲜明的近代意识。

首先，姚莹较早地意识到殖民主义者侵略中国的野心和危害。他自述道："莹自嘉庆中每闻外夷桀骜，窃深忧愤，颇留心兹事，尝考其大略，著论于《识小录》矣。"[1]这是指嘉庆十四年(1809年)姚莹作为百龄的幕僚相随入粤，目睹英军屡屡在广东海面武装挑衅；姚莹为协助粤督防备英军挑衅，乃购求外国书报，了解"夷情"，其《识小录》便是此时所撰，而内容则多涉及边防与外事。后来他到台湾任职，并于道光九年(1829年)撰成《东槎纪略》一书，反映了他对台湾事务的关注。鸦片战争期间，他又直接率军抵抗英军的入侵，捍卫了祖国的领土。这些亲身经历，使姚莹对外国侵略者觊觎中国领土，始终抱有极大的敏感和深切的忧虑，而以英国殖民主义者对西藏的窥伺最为关注。可以认为，他的《康輶纪行》一书，主要即为此而作。诚如他在《〈西藏外各国地形图〉说》中指出：英吉利在"东印度全境已据其七八"；"先是哲孟雄与披楞隔界有大山，甚险阻，无路，有一线道可容羊行。近为英人所据，屯兵其上，凿宽山道，可以长驱抵藏矣"；"近年英、俄二夷，在西北二印度之间构兵，盖俄罗斯之垂涎印度，亦犹英吉利之垂涎前、后藏也。今为此图，俾吾中国略知其形势云。"[2]从19世纪40年代起，这始终是姚莹最关注的问题，并贯穿于其论著之中。

其次，姚莹出于对外国侵略者的深刻认识，故而十分重视边疆事务，重视对边疆史地的考察与撰述。他在鸦片战争前撰写的《东槎纪略》，详述台湾的防务、关隘、里道、开发及治台方略，显示出对国家东南之海上屏障的重视和远见。书中《筹建鹿耳门炮台》一

---

① 姚莹：《康輶纪行·自叙》，黄山书社1990年版。

② 《康輶纪行》卷16。

文,系转录道光四年(1824年)观喜等人“上议建炮台于鹿耳门”文。其文开宗明义写道:“台湾孤悬海外,屏障四省。郡城根本重地,设险预防,尤为紧要。”[①]在《台湾班兵议(上)》中,姚莹写道:自康熙朝管辖台湾以来,“于今一百三十三载。设立重镇,总摄师干,俾以专杀之典,为东南沿海数十郡外藩。日本、荷兰无敢窥伺者,台湾之功也。”[②]这两段话,有力地表明了台湾在国家防务上的重要地位。姚莹在本书《自序》中说:“余以羁忧,栖迟海外,目睹往来论议区画之详,实能明切事情,洞中机要。苟无以纪之,惧后来者习焉不得其所以然,设有因时损益,莫能究也。乃采其要略于篇,附及平素论著涉台政者,而以陈周全之事终焉。世有审势察几之君子,尚其有采于兹。”十余年后,鸦片战争爆发,姚莹在台湾率军抗击入侵英军,功劳显著,其《东槎纪略》一书的远见卓识和经世价值,受到了严峻而有效的检验。姚莹友人吴德旋序其书曰:“石甫(姚莹字——引者)方以高才硕画,见重当世,造物者盖将有以大用之,非仅于此书为足自表见也。然即此而观,后之从事台湾者,必取其言以为鉴,岂非不朽之盛业也哉!”此论可谓知人知言。在经历了鸦片战争之后,姚莹的边疆意识和关于边疆史地考察之重要性的认识更加鲜明、更加深刻了,又以极大的热忱和深切的忧患撰写了《康輶纪行》。《康輶纪行》凡16卷,内容很丰富,姚莹自己概括说:“大约所纪六端:一、乍雅使事始末;二、刺麻及诸异教源流;三、外夷山川形势风土;四、入藏诸路道里远近;五、泛论古今学术事实;六、沿途感触杂撰诗文。”其中:一、二、四,多论西藏的历史、

① 姚莹:《东槎纪略》卷1,黄山书社1990年版。
② 《东槎纪略》卷4。

地理、宗教、戍守等；三，多论外国史地；五、六，多是学术与杂感，亦往往与西藏事务相关涉。姚莹对西藏史地、事务的研究，在认识上确有深入于《东槎纪略》的地方，如他在《诸路进藏道里》一文末了写道："中国舆地，历代文人学士多详考之，本朝一统无外，殊方异域，皆我版图，况今夷务纷纭，岂可不于此加之意乎！"[①]"况今夷务纷纭"这6个字，足以反映这位史家深刻的忧患意识。正因为如此，他认为，边疆史地的研究首先是为着时务的需要，不应仅仅视为书斋里的学问。他真诚地说："疆域要隘，通诸外藩形势，尤为讲边务者所当留意，不仅供学人文士之披寻也。"[②]这些话，不仅反映了他本人经世之学的宗旨，也反映了那个时代的边疆史地研究潮流的宗旨。姚莹在此书的《自序》中还写道："昔苏子瞻在海南，杨升庵在滇，皆多所论著。莹何敢望前贤，庶贻同志明所用心而已。"这是他的谦词，从时代意义和经世致用的价值上说，他已经超过"前贤"了。

再次，姚莹认为，要有效地抵御外侮和加强边务，必须认真了解外国、认识世界。这是姚莹从19世纪初开始几十年中所追求的。《康輶纪行·自序》说："莹自嘉庆中每闻外夷桀骜，窃深忧愤，颇留心兹事，尝考其大略，著论于《识小录》矣。然仅详西北陆路，其西南海外，有未详焉。及乎备兵台湾，有事英夷，钦奉上询英地情事，当时第据夷酋颠林所言，绘陈图说，而俄罗斯距英地远近，莫能明焉，深以为恨，乃更勤求访问。适友人魏默深贻以所著《海国图志》，大获我心。故乍雅之役，欣然奉使，就藏

① 《康輶纪行》卷3。
② 《康輶纪行》卷9"《西藏赋》言疆域"条。

人访西事，既得闻所未闻，且于英人近我西藏之地，与夫五印度、俄罗斯之详，益有征焉。”这是他对自己几十年中所作努力的简要概括，这种意识，确是前人所没有的。他说《海国图志》“大获我心”，反映了他的欣慰之情。《康輶纪行》一书中，十几处提及《海国图志》，绝非偶然。值得注意的是，在考察边疆事务的过程中，致力于询访“西事”，正是姚莹治学的特点。故书中撰有《俄罗斯方域》、《英吉利》、《佛兰西》、《英吉利幅员不过中国一省》等诸多篇目，以及外国地图的解说等篇目，涉及到“外夷山川形势风土”。姚莹认为，要了解外国、认识世界，当从留心外国文字入手。他从“外夷留心中国文字”的事实，论证这一必要性，从而语重心长地写道：“及秦、汉以来，天下一统，则昔之所要荒者，今皆吾接壤，直侯、甸耳，岂勤远略哉！谓固我屏障，不劳师于异域可也，若坐井观天，视四裔如魑魅，暗昧无知，怀柔乏术，坐致其侵凌，曾不知所忧虑，可乎！甚矣，拘泥之见，误天下国家也！平居大言，谓一事不知为耻，乃勤于小而忘其大，不亦舛哉！观英吉利、普鲁社、耶马尼之留心中国文字，日本、安南、缅甸、暹罗之讲求记载，是彼外夷者，方孜孜勤求世务，而中华反茫昧自安，无怪为彼所讪笑、轻玩，致启戎心也。然如西洋士罗所印，说英吉利留心中国史记、言语，亦不过十二人，礼拜庙中尚无坐位，岂叶公好龙，中外有同慨耶！余于外夷之事，不敢惮烦，今老矣，愿有志君子，为中国一雪此言也。”[①]这些话，反映了姚莹之史学的世界意识，即使在今天看来，也还具有启发后人之价值。除文字外，姚莹还强调“详考外域风土”的必要性。他说：“习其山川，则知形势之险易；习其人物风土，则知措施之所

① 《康輶纪行》卷12。

宜:非如文人词客,徒资博雅助新奇也。故留心世务者,皆于此矻矻焉。”[①]他热忱希望人们致力于外域状况的考察,在“夷务纷纭”的年代,这关系到国家和民族的命运。

吴德旋称颂姚莹说:“石甫尝谓余:有志立言之士,遇所闻见,美恶皆宜据事直书,以寓劝惩之旨,乃克扶树教道,而有补于人心。读石甫之书,足以知其识之宏,而志之所存者远矣。”[②]经过历史的积淀,回首细察,我们从姚莹的“识之宏”、“志之远”中,确能真切地窥见他的史学的近代意识。

三　夏燮史学的世界意识

夏燮的史学也具有近代意识,而其近代意识的突出之点即是近代的世界意识。

同样是记载鸦片战争的历史,夏燮为自己的著作取名为《中西纪事》,这跟《道光洋艘征抚记》、《夷氛闻记》比较起来,其特点极为突出。它的思想倾向虽不如后者鲜明,但却显示出恢廓的视野。具体说来,夏燮是从中西关系这一大背景下来认识和撰述鸦片战争这段历史的。魏源著《海国图志》、梁廷枏著《海国四说》,也都是具有世界意识的史家;但在鸦片战争史的撰述上,夏燮是独具特色的。

其一,把鸦片战争放到中西关系中来考察。夏燮认为:“猾夏起于通番,漏卮原于互市,边衅之生由梼于此。”[③]故《中西纪事》开篇即记“通番之始”。此篇详叙欧罗巴洲及其主要国家东来的始

① 《康輶纪行》卷5“详考外域风土非资博雅”条。

② 《东槎纪略·序》。

③ 《中西纪事·目录后序》。

末,文中屡屡提到《海国图志》、《瀛环志略》,说明夏燮是深受它们影响的,但夏燮却是运用它们的某些材料来揭示鸦片战争的世界历史背景。

其二,从西方国家在中国的传教和通商,揭示了英国发动侵略中国的鸦片战争的必然性。夏燮以丰富的史实揭露西方传教士在中国"妄行传教"的活动,以至于传教士"皆与大吏分庭抗礼"[①]。而在通商活动中,西方国家亦往往提出非分之要求,动辄"连兵"入侵,以武力相威胁,以达到它们在通商中所不能达到的目的。尽管夏燮还不可能认识到这正是近代资本主义野蛮掠夺的强盗行径,但他客观上已从世界范围内揭露出这种野蛮掠夺的事实。从这一基本认识出发,夏燮驳斥了所谓"中西之衅自烧烟启之"的论调(这实际上是把鸦片战争的责任推到以林则徐为代表的禁烟派身上的论调),指出:"今载考前后,乃知衅端之原于互市,而非起于鸦片也。夫互市者,实中西交争之利,而关胥牙侩必欲专之,外洋因利而得害,乃思以害贻中国而阴收其利。"从"互市"即通商来揭示"中西之衅"即鸦片战争的深层原因,确是夏燮的卓见。"外洋"为了逐利而采用非法手段也是势在必然。当然,夏燮对"外洋"与中国通商本质上是为了"利"的认识,也还是有局限性的,因此他不免夸大了"关胥牙侩"在"中西之衅"中的作用。正如他在另一处所说:"即使鸦片不入中国,亦未能保外洋之终于安靖而隐忍也。且鸦片之来,亦为货物之亏折起见耳;货物不得其利,乃思取违禁之物以补偿之。"[②]夏燮一方面看到"外洋"之来中国通商,绝不会安分的,目

① 《中西纪事·猾夏之渐》。
② 《中西纪事·互市档案》后论。

的是为了“利”，这是完全正确的；但他认为“外洋”以走私鸦片求得“补偿”似是不得已而为之，这就不对了。英国鸦片贸易史的本质，是不择手段地对印度、中国等亚洲国家进行掠夺，“补偿”一说，不免失于幼稚。正因为如此，夏燮在鸦片走私的“源”与“流”的判断上，亦陷于失当。他认为：“西人之言曰：‘若想印度人不栽波毕（即罂粟——引者），除非中国人不食鸦片。’是则中国之害虽自外洋贻之，而外洋之利实自中国启之。”[1]其所引“西人”之言，恰是“西人”自我开脱之词。以此为据辨别“源”、“流”，岂不谬哉。这是夏燮的局限，也可以说是那个时代许多人的局限。这里所要肯定的，是夏燮从中西通商、“夷人惟利是趋”的世界眼光来阐明鸦片战争爆发的必然性，显示出他对“外洋”的深刻认识。

其三，注意到从复杂的国际关系来分析列强对中国侵略的一致性。夏燮在《四国合纵》篇中，先是一一阐述了“英法和战之始末”、“英弥（美）和战之始末”、“英俄交恶及中西构衅之始末”，继而阐述英、法、弥（美）、俄“四国联盟而合纵称兵”一齐侵略中国，以武力攫取种种特权，直至咸丰十年（1860年）英军“入寇京师”而“上狩滦阳”。篇中，夏燮对英、法、美、俄四国的侵略野心颇有揭露和抨击，尤其对俄国强迫清廷割让大片领土表示极大愤慨，显示了一个爱国史家的明确立场。他还引用《西人月报》的评论，指出：“中西相持，俄人又将从中窥衅，以收渔人田父之利。此不可不虑者也。”[2]不幸的是恰被他言中了。

如果说第一次鸦片战争中的国际关系还比较简单的话，那么

---

① 《中西纪事·漏卮本末》后论。

② 《中西纪事·天津新议续议》。

第二次鸦片战争中的国际关系就变得更加复杂、多变和险恶了。这是《中西纪事》给予今人的一个非常重要的启示。夏燮正以一种在当时是至为难得的世界意识，把两次鸦片战争置于中西关系总的历史背景下进行考察和叙述，指出鸦片战争是不可避免的，从深层次上揭示了“外洋”之“惟利是趋”的侵略本质。夏燮史学之世界意识的价值即在于此。

同姚莹比起来，夏燮没有直接参与抗击列强入侵的斗争，也缺少同主战派人物的交往，故对林则徐销烟抗敌的气概，对魏源师夷制夷的战略，在书中缺乏足够的评论，甚至还有误解之处。当然，此是枝节，不必苛求。夏燮还著有《明通鉴》等书，因不在本文论题讨论范围之内，兹不赘述。

1997 年是安徽建省 330 周年，又欣逢香港回归祖国之世纪性的历史大事，重读前贤之著作，阐扬他们作为爱国者的时代精神和作为史学家的经世致用的学术宗旨，对我们做好今天的史学工作是有深刻的启示的。

（原载唐先田主编：《奋进中的思考——纪念安徽建省
330 周年暨省情再认识学术研讨会论文集》，
安徽人民出版社 1997 年版）

世界眼光与中国特色

中国史学进一步走向世界，要在两个方面作出新的努力。一个方面是要有新的世界眼光，一个方面是要更加自觉地彰显中国史学的民族特色。这两个方面的结合，将会推进中国史学的发展并使其以更大的步伐迈向世界。

史学工作者的世界眼光和彰显中国史学的民族特色，关键在于史学工作者高度的自觉意识。

(一)关于世界眼光。依我的肤浅认识，这里有三个问题需要加以强调。

首先，中国史学家的世界眼光，有一个从不自觉到自觉的发展过程。司马迁著《史记》，写张骞通西域，到达大夏、康居、乌孙①；又写到张骞见到身毒(天竺)的物品，并打听其所在地等②。范晔著《后汉书》，涉及域外史事甚多，他关于"倭国"的记载，成为今人研究日本古代历史的重要参考文献。欧阳修、宋祁撰写的《新唐书》，在《西域传》中写到天竺、师子、波斯、大食等域外风貌等等。③正史如此，即使是私人撰述，也多有涉及域外史地的。法显的《佛

① 参见《史记》卷111《卫将军骠骑列传》、卷123《大宛列传》，中华书局1959年版。

② 参见《史记》卷116《西南夷列传》。

③ 参见《新唐书》卷221上《西域传上》、卷221下《西域传下》，中华书局1975年版。

国记》、玄奘的《大唐西域记》、杜佑《通典》中引用杜环的《经行记》[①]，以及元代徐明善撰写的《安南行记》、周达观撰写的《真腊风土记》、汪大渊撰写的《岛夷志略》（原称《岛夷志》）等，都广泛地涉及域外的历史地理面貌。

近代以来，史学家们的世界眼光有了新的发展。魏源的《海国图志》、徐继畬的《瀛环志略》、王韬的《法国志略》和《普法战纪》、黄遵宪的《日本国志》等，都是史学家们在自觉的世界意识下撰写的世界史和国别史著作，成为中国史学走向近代的标志之一。20 世纪的中国史学，可以说是面向世界的史学。西方的欧美史学，东方的日本史学，以及 20 世纪五六十年代的苏联史学，都在很大程度上影响了中国史学的发展。

其次，主体意识的变化。从 20 世纪以前的中国史学来看，史学家们的世界眼光，虽有从不自觉到自觉的发展过程，但总的说来都是在"以我为主"的历史视野下发生和发展的。而 20 世纪的中国史学，尽管面向世界的规模扩大了，但"以我为主"的视野却发生了变化，太多以他人为主，即以我们自己的史学去适应他人史学的模式。在这个过程中，得与失兼而有之。所得者，在历史观、方法论方面，中国史学进入了一个新的发展阶段；所失者，中国史学的历史传统和民族风格未能得到相应的发扬，优秀的史学遗产未能受到应有的重视。这种情况的出现，有其历史的必然性，但也有值得后人反思的问题和空间。

再次，什么是新的世界眼光？当世界历史进入 21 世纪的时候，尤其是中国史学工作者在经历了 20 世纪中国史学的巨大变革

---

① 参见杜佑：《通典》卷 193《边防九》，中华书局 1988 年版。

的今天，中国史学工作者的世界眼光势必有新的发展、新的取向和新的视野。是否可以认为，这种新的发展、取向和视野主要反映在以下几个方面：

第一，从一般性的引进和模仿，走向合理的引进和理性的借鉴。这是在新的历史条件下，史学家们在更高的层次上“以我为主”的自觉的世界眼光的反映。换言之，中国史学家已经走过了“拿来主义”的阶段，从而走上择善而取之的路向。这是对于“它山之石，可以攻玉”的更深刻的认识。

第二，在对外国史学的借鉴过程中，中国史学家在世纪之交进一步提升了自己的辨析能力，越来越显示出其高水平的学术含量，从对外国史学的一般性介绍走向研究和判断的层面，从而提供了中外史学家真正“对话”的可能和前提。

第三，中国史学家将更加意识到，在考察外国史学的历史和现状时，应当把中国史学的历史和现状作为参照物；反之，在考察中国史学的历史和现状时，应当尽可能地把外国史学的历史和现状作为参照物。这种互为参照物的方法和视野，才是真正的世界眼光。在这方面，中外史学家要研究的问题很多，发展的空间很宽阔。应当强调的是，对于中国史学的历史和现状，外国同行和公众确有进一步了解、认识的必要。这是外国同行所要做的工作，而中国史学家也应为此提供准确的信息和必要的条件。在这里，所谓“世界眼光”，更能表现出一种平常的心态和实事求是的学风。

第四，新的世界眼光，还反映在一个十分重要的方面，即关注世界史学发展的趋势。20 世纪 70 年代，英国历史学家杰弗里·巴勒克拉夫写出了《当代史学主要趋势》一书，就关于变动世界中的历史学、探索新概念和新方法、社会科学对历史学的影响、历史学的新领域，以及国别史、比较史学和“元历史学”等问题作了阐述和分析。20世纪80年代，此书被译成中文在中国传播，产生了很大的学术影响，足以表明中国史学家对世界史学发展趋势的关注。近三十年来，中国史学家对“趋势”的关注与日俱增，其具体表现在对“全球史”问题、环境史问题、后现代思潮对历史学的影响问题等许多前沿问题上，都敏锐地作出反应，提出了中国史学家的独立见解。这种对“趋势”的高度关注和学术热情，必将促进中国史学家以更大的步伐参与到对“趋势”的认识和把握的行列，并发挥应有的学术作用。

（二）关于中国特色。诚然，当中国史学家以新的世界眼光看待当今世界史学的时候，势必也会以同样重视和严谨的态度对待中国史学的民族特色。史学，追求历史的真相和发挥其社会功能方面，是其普遍的本质和品格。但由于各国、各民族历史研究的对象与内容都是具体的或特定的，且又多有自己的传统，故而必定呈现出不同的特点和风格。就中国史学来说，它具有以下几个特点：

历史记载和历史撰述的连续性，是中国史学最突出的特点。就目前考古学成果所确认，甲骨文记事是中国现在所知最早的历史记载，《尚书》中有的篇章大致与此时代相仿佛。西周时期，周王室与各诸侯国出现了“国史”的撰述，虽其名称各异，但从《春秋》、《左传》、《礼记》等文献来看，“国史”记事与撰述原则当大致相同。“国史”出于官修，而自孔子据鲁史作《春秋》，则首开私人撰史的先河。此后，官修、私撰连绵不断，相得益彰，成为中国古代史学发展的两大脉络。魏晋南北朝时期，私人著史蔚为风气；而唐初设史馆撰写前朝史与本朝史，则把官修史书推向高潮并进而形成制度。这种重视修史的传统，直至明清而不曾中断。史家的层出不穷和史著的丰富积累，为中华文明之连续发展的历史，留下了翔实的记录，成为世界史学史上的宏伟奇观和伟大创造。中华文明的发展不曾中断，记述中华文明发展史的中国史学两千多年来不曾中断，这是世界文明史上所仅见的。

中国史学在两千多年前确立了人本主义传统，这是中国史学之民族特点的又一个突出表现。中国古代史学重视天人关系的探讨，人们在关于"天命"与"人事"、"天道"与"人道"之关系的漫长的思考之后，到了司马迁撰写《太史公书》即《史记》时，奠定了中国古代史学的人本主义传统的基础。《史记》由本纪、表、书、世家、列传五种体例综合而成，史学上称为纪传体。纪传体史书的特点，是以人物为记事的中心。《史记》的本纪、世家、列传都是记述历史人物的言论、行事，表明司马迁不仅认识到而且在历史撰述中充分反映出人在历史中的中心位置。其后，历代"正史"都以纪传体为撰述宗旨，从而贯穿了中国古代史学的人本主义传统。可以认为，在历史撰述中写出了成千上万的各阶层代表人物的历史活动及其作用，中国史学的这一特点在世界各国史学发展上是罕与其匹的。

内容的丰富性和体裁的多样性的结合，也是中国史学民族特点之一。中国有三千多年有文字可考的历史，自秦朝以后形成了一个统一的多民族国家，历史内容非常丰富。对于丰富、复杂的历史内容，中国史学在历史编纂方面有广泛的创造，以反映丰富、复杂的社会历史进程。从历史内容来看，唐初成书的《隋书·经籍志》著录的史部书，按内容分为 13 类。从史书体裁来看，《春秋》、《左传》开编年体史书之先河，司马迁《史记》、班固《汉书》是纪传体史书的前驱，杜佑《通典》创制度史规模，袁枢《通鉴纪事本末》立纪事本末体史书之体例，都是源远流长，传承不断。此外，民族史、学术史、传记、史论、史评、史注、史考、长编、笔记等等，可谓浩如烟海、汗牛充栋，构成了中国史学遗产的宏伟的宝藏。举例来说，如关于纪传体史书，刘知幾这样概括它的内容，指出："纪以包举大端，传以委曲细事，表以谱列年爵，志以总括遗漏，逮于天文、地理、国典、朝章，显隐必该，洪纤靡失。"①又如关于不同体裁的通史所记述的历史内容的特点，章学诚作了这样的概括，他写道："总古今之学术而纪传一规乎史迁，郑樵《通志》作焉。统前史之书志而撰述取法乎《官礼》，杜佑《通典》作焉。合纪传之互文而编次总括乎荀、袁，司马光《资治通鉴》作焉。汇公私之述作，而铨录略仿乎孔、萧，裴潾《太和通选》作焉。此四子者，或存正史之规，或正编年之的，或以典故为纪纲，或以词章存文献，史部之通，于斯为极盛也。至于高氏《小史》、姚氏《统史》之属，则撙节繁文，自就隐括者也。罗氏《路史》、邓氏《函史》之属，则自具别裁成其家言者也。范氏《五代通录》、熊氏《九朝通略》，标通而限以朝代者也。李氏《南北史》，薛、欧《五代史》，断代而仍行通法者也。其余纪传故事之流，补辑纂录之策，纷然杂起，虽不能一律以绳，要皆仿萧梁《通史》之义而取便耳目，史部流别不可不知也。"②由此可见，把丰富的历史内容和多样的史书体裁结合起来，以反映纷繁复杂的历史进程，中国史学家显示出可贵的创造才能。

中国史书的文字表述，不论在语言艺术方面，还是在文风传承方面，更是鲜明地反映出中国史学的民族特点。《春秋》在遣词造句上的用例，《左传》的擅长写辞令，《史记》的写历史场面和种种人

---

① 刘知幾：《史通·二体》，浦起龙通释本，上海古籍出版社1978年版。

② 章学诚：《文史通义·释通》，中华书局1961年版。

物的特征，《资治通鉴》的写战事过程及胜败之机等等，都是准确而凝练，真实而生动。用晦、尚简、两两对照、寓论断于序事之中，是这方面的几条基本经验。①

中国史学还有一个突出的民族特点是应当予以重视的，这就是它的理论成就。在历史理论方面，中国史学重视天人关系、古今关系、时、势、理、道的探讨，同时在国家职能、民族关系、人物评价标准、地理条件与历史进程之关系等方面，都有许多真知灼见。在史学理论方面，唐人刘知幾所著《史通》、宋人编纂的《册府元龟·国史部》、清人章学诚撰写的《文史通义》等书，提出了几十个史学方面的范畴或概念，显示出了中国史学发展中对于自身反省和总结的自觉性及理论上创造精神。尤其是中国古代史家不离事而言理和对于重大理论问题的连续不断的探讨，从一个重要方面反映了中国古代史家的思维方式、语言风格和中国史学发展的连续性特点。②

在21世纪的历史条件下，中国史学进一步走向世界，怎样以新的世界眼光看待史学的发展，怎样使中国史学带着自身的民族特点参与21世纪世界史学的建设和创造，是相辅相成的两个方面。就世界眼光来说，是一种开放意识；就民族特点来说，是一种主体意识。应当强调的是，在当今中国史学的发展中，如何在世界眼光的视野下合理地彰显中国史学的固有特点，既使中国史学的特点有其连续性的新发展，又使外国同行对中国史学的特点之本

---

①　参见《史通·叙事》，同前引书；白寿彝：《史记新论》，求实出版社1981年版，第86～91页；顾炎武：《日知录》卷26“史记于序事中寓论断”条，岳麓书社1994年版。

②　参见拙著《中国史学的理论遗产》，北京师范大学出版社2005年版，第29～47页。

来面貌有基本的了解，这对于中外史学的交流和对话，是非常重要的。

（原载《江海学刊》2007 年第 1 期）

［作者附记］　本文是应《江海学刊》杂志之约，为“走向世界的中国史学”笔谈所撰写的一篇短论。

2008 年 4 月 17 日

后　记

本书所收录的文稿，虽作于不同的年代，但却都是针对相同或相近的问题而展开的，故在论述上或资料的运用上，难免出现重复的现象，为保持文稿的原貌，也为了使读者了解文稿撰写及发表时的社会环境与学术背景，故一仍其旧。还需要说明的是，为使论题相对完整，本书包含了作者其他论著中已收录的几篇论文。对此，请读者朋友予以谅解。

本书引文中涉及马克思主义经典作家的言论，凡有新的版本面世，均以新版进行校正，以符合当今的学术规范。同时，书中有些注释所引证文献的版本，现在已很少见，或已有更好的新版本，它们虽在作者撰文之后出版，为便于读者阅读，也一并改为较新的版本。

商务印书馆对本书的出版给予支持，责任编辑为编辑本书付出辛劳，谨致谢忱！在裒辑、编次本书的过程中，阎静博士自始至终参与此事，用力甚多；刘开军博士和博士研究生陶晓姗同学整理并校读了部分书稿；博士研究生毛春伟、陈安民、杨俊光，硕士研究生王光、庄倩倩协助我校对书稿清样，我也向他们表示谢意。

真诚地期待着同行和读者的批评、指正！

作　者

2010 年 11 月 8 日